古代ユダヤ戦争史

聖地における戦争の地政学的研究

モルデハイ・ギホン＆ハイム・ヘルツォーグ［著］
池田 裕［訳］

BATTLES of the BIBLE : A Military History of Ancient Israel

悠書館

序文

本書は、二〇年ほど前に企画された同名の作品を、その間になされた研究や考古学的発見の成果などを採り入れて書き改めたものである。この機会に地図や挿絵も全く新しくした。

本書は、聖書の物語を現代の軍事的思考や理解に当てはめて考えたらどうなるか、という視点から書かれた。

そこでわれわれは、聖書の軍事史を現代の軍事的概念や軍事用語を用いて語ってみたいと思った。こうして現代とのひんぱんな比較をしているうちに、われわれは、聖書の物語に登場する戦争の指揮者たちの多くが見せた軍事的天才の全体像をはっきりととらえることができた。また、他方、戦争の法則は、数千年の歴史を超えて適用可能であることをくり返し認識させられたのであった。

われわれが研究を始めたとき、はたして現代の軍事的理論を二千年や三千年も前の時代に適用できるのか懸念されたが、実際に本書執筆の過程でその懸念は消えていった。現代の兵器や軍事的装備がもたらした量的変化のことを十分に心に留めた上で言えるのは、現代の通常兵器に適用する基本的法則——戦略と作戦——が、遠い過去の戦争に適用されていたという事実である。

時代を超えて軍事指導者が常に頭に入れておかなければならないのは、非常に厳密かつ明確な地理上の要因である。われわれ自身、長年軍務についた者として、現在のイスラエルの独立と安全を守るための戦いが直面する問題をどうやって乗り越えるかというときに、古代から教えられることがしばしばあった。昔のユダ王国やイスラエル王国の将軍たちに影響を与えた諸々の要因は、そのまま今日のイスラエルの将軍たちにとっての重要な問題である。

聖地が東地中海地域における主要な「陸橋」としてもつ戦略的重要性は、古来、そこの住民たちからすれば、もし独立と自由を保持したいと思うなら、そのために有効な軍備をほどこし、しかもそれを専門的に使いこなす技を時あるごとに磨いていなければならない、ということを意味した。そういう仕方でこそ、また地勢や地形の徹底的活用によってのみ、古代のユダヤ人はこの地域を、事実上、千二百年もの間、統治できたのである。

そうした小国がしばしば多くの不利な条件にもめげずに見せた軍事的偉業を、現代の視点から見直すことは十分に意味あることである。聖書に記されている軍事的出来事の批判的検証は、聖書の歴史を形づくっている出来事の軍事的背景の理解の助けになるだけでなく、現在でも通用する重要な事柄を教えてくれる。

多くの学者は、旧約聖書がもつ霊的価値を認めながら、同時に旧約聖書の各書はさまざまな史料が何世紀もの間に織りまぜられて作られたとする理解においても一致している。聖書は一冊のまとまった歴史あるいは年代記を目指して生まれた書物ではない。実を言えば、聖書の記述の中にも史料として利用された「ユダの歴代誌」や「イスラエルの王たちの歴代誌」についての言及があちこちに見られる。聖書の意図は、その歴史的書物の中で、選択された出来事を用いながら人びとを教え導くことにあって、特に完全で偏向のない歴史を書こうとしたのではなかった。したがって、先王国時代に語られた出来事のすべてを聖書の英雄たちと結びつける必要もなければ、年代順にただしく並べようと思う必要もない。最後に、多くの重要な出来事が、あれこれの編集者によって特に断りもないまま取るに足らぬものとして扱われてしまったが、たまたま聖書外史料に言及されていたために完全な忘却から救出されたケースもわずかながらある。われわれは、必要と思われた場合には、それらのテキストに書き留められた事柄について必ず言及するであろう。

他方、軍事的事柄や聖書の戦闘が行なわれた実際の場所に慣れ親しんでいるわれわれの目から見ると、聖書の歴史がいよいよ膨らんで行く部分を簡単に英雄伝説として分類するのは誤りであり、またその部分は後代の無名の民間伝承者たちによる実用主義的発明ないしは原因潭的解釈であって、それが聖書正典（カノン）の編集者たちにより利用されたのだとする解釈も誤りである。[1]

聖書における戦闘の戦術的描写は、入り組んだ地政学的背景およびそれに伴って起き、戦闘の流れを形成する軍隊の動静、策略、地形などの詳細な論理的相互作用とのかかわりで記されているのである。それを、語り手たちによる単なる創作として説明することはできない。たとえば、ミディアン人とその同盟軍に対するギデオンの軍事遠征を、ホメロスの『イリアス』に描かれた「トロイア戦争」の戦闘と比較するだけで十分である。後者にとっては、どの海岸であっても、そこからあまり離れていないところに要塞都市さえあれば、地理的設定としてよく当てはまる。ヒサルリク／トロイア（現トルコ西岸）の丘の代わりにガザ、あるいはアシュケロン、あるいはリミニ（その他パレスティナ海岸にある都市のどれでもよい）に置き換えても、『イリアス』の出来事をそのまま移すことができるかもしれない。『イリアス』は地理的詳細にいっさい触れていないからである。聖書のギデオン物語の場合、そうはいかない。特殊な地形的状況と長さ六五キロメートル以上にもわたる広い舞台で展開される、敵味方双方の行動との相互作用をもとにした細かな戦術的動きや遭遇戦は、設定場所を他に移しては絶対に語れるものではない。

このように、われわれは、聖書に語られている戦闘の戦略的語りの信憑性を認めないわけにはいかない。もっとも、主に王国成立前の時代に関して、起きた戦闘が、間違ってあるいは故意に、実際とは違う部族指導者や時期に結びつけて語られたケースがあることについては、すでに述べた通りである。

考古学的調査は、われわれの研究の具体的背景や根拠を明らかにし、さらにはひょっとすると出来事に直接関係する——少ないだけにますます貴重な——文献史料を提供してくれるかもしれないという意味で、非常に重要である。他方、そうした考古学的資料から少なからぬ学者が導き出す結論の多くは憶測によっていて、確固たる根拠にもとづくものとはとうてい言えない。一部の学者の基本的姿勢は、意識的あるいは無意識的な社会的・政治的意図や偏向に影響されていて、すべて遺跡からかき集めた証拠から総括的・最終的結論を導き出そうとするものばかりである。しかも、そうした遺跡のうち絶対確実な方法で完全に発掘し終えたものはひとつもなく、しばしば、きちんとした最終的発掘報告が出版される前に、勝手に結論を引き出している始末である。[2]

特に、研究者たちは、地理的現実を無視するだけでなく、自分にとって「不適切な」事実的証拠を「うまく説明して片付けてしまう」ため、正しい裏付けもないまま自由に聖書テキストを修正するケースが多く、これは残念なことである。しかしながら、われわれがそれを背景にして聖書の戦闘について眺める必要がある歴史的文脈や出来事に関し、将来どのようなバランスのとれた判断が下されようと、それでもって聖書の記事に本来そなわっている真実性や確かさが失われるわけではない。[3]

本書では、軍事的事柄の範囲を超えて議論することはできないので、われわれは、どこまでも聖書の記述においてヨシュアその他の軍事的指導者の功績とされている出来事に集中して見て行きたいと思う。[4]

われわれは、聖書の戦場に関係する写真を新たに用意してくれたナティ・ツァメレトとエフライム・メルツェル中佐、地図の作成を担当したジョン・リチャード、そして本書を出版してくださったライオネル・レヴェンタル、その助手のケイト・ライルその他、本書の改訂版を出すにあたって協力してくださった多くの方々に心から感謝する。

本書はふたりの著者の協力によって生まれた作品である。われわれは互いに議論し意見を交換し合いながら執筆に務めた。モルデハイ・ギホンは第一神殿時代を担当した。ハイム・ヘルツォーグは第二神殿時代を担当し、ユダ・マカベアの死に至るまでの戦いについて執筆した。

本改訂版のために新しい考古学的事実や新しい視点や理論を検討しながら、あらためて確認できたこと、それは、われわれが聖書から学ぶ戦略的・戦術的教えは、今でも十分通用し価値があるということであった。

年　表

紀元前

27～22 世紀	エジプト古王国時代
2350 頃	エジプトの将軍ウニのカナン侵攻
18～16 世紀	カナン、ヒクソス帝国の一部となる
16～11 世紀	エジプト新王国時代
1468～1436	トゥトモセ 3 世、カナンおよびさらに北の地域で何回か軍事遠征を行なう
14 世紀	ヘブライ人の諸部族、カナンに侵入。イスラエル人のエジプト居住。
13 世紀	モーセ率いるイスラエル人のエジプト脱出。ヨシュアのカナン征服、場所によっては平和的に定住
12～11 世紀	士師たちの時代。ペリシテ人その他の「海の民」、カナン（パレスティナ）海岸平野に定住
1050 頃	サムエル
1025～1006 頃	サウル
1006～968 頃	ダビデ、エジプト国境からユーフラテス川まで帝国の版図を広げる
968～928 頃	ソロモン、エルサレムに神殿建設。フェニキアのツロ（ティルス）と同盟を結ぶ
925 頃	イスラエル統一王国、南北に分裂

イスラエル王国（北王国）	**ユダ王国**
	928～911 頃　レハブアム、ユダを統治
925～907 頃　ヤロブアム、イスラエルを統治。エジプト王シシャクの侵攻	924 頃　エジプトのシシャク、ユダとイスラエルに侵攻
882～870 頃　オムリ、イスラエルを統治。サマリアの建設。ツロとの条約を更新	908～867 頃　ユダの王アサ、レハブアムが築いた大防衛システムを含め、国防を一層強化する

イスラエル王国（北王国）	ユダ王国
870～851頃　アハブ、イスラエルを統治。アラム人の攻撃を撃退。反アッシリア同盟軍の指導者として、シリアのカルカルでシャルマネセル3世の軍隊と戦う（853年）	867～851頃　イェホシャファト、ユダを統治。イスラエルと協力して防衛、攻撃の両面において軍事力を強化
858～824頃　シャルマネセル3世、シリアへの遠征を繰り返し、アラム人を服従させ、ギルアドやガリラヤにまで進軍	851～843頃　ユダの王イェホラム、エドムの再征服を試みるが成功せず
852頃　モアブの王メシャ、イスラエルに対し反旗を翻し、独立を取り戻す	
850～842頃　イェホラム、イスラエルを統治	
850頃　イスラエルとユダ、モアブに侵攻、しかし不成功に終わる	
824～814頃　イエフ反乱、預言者エリシャの支持を得て王位に就く。内部抗争のため、イスラエルはダマスコのハザエルの力に頼る	812～810頃　イェホアシュ王のユダ、ダマスコの影響下に置かれる
	799～785頃　アマジア、ユダの独立を回復し、エドムを再び征服
800～785頃　イェホアシュ（ヨアシュ）、イスラエルの独立を取り戻す	786～758頃　ウジヤ、ユダの黄金時代を復活、領土を東、南、西に向けて拡大。預言者イザヤ、活動を開始し、ヒゼキヤの時代まで続ける
785～750頃　ヤロブアム2世、ユダのウジヤと協力して、ソロモン時代のイスラエル国境を取り戻す。預言者アモスの活動	

イスラエル王国（北王国）	ユダ王国
745～727頃　ティグラト・ピレセル3世、数度にわたりパレスティナに侵攻し、征服。ユダだけがかろうじて独立を保持する	
722頃　サマリア、アッシリアのシャルマネセル5世の軍に3年間包囲され、最終的にサルゴン2世により征服される。住民の大半はアッシリア帝国の遠隔地へ連行される（「失われた十部族」）。残った住民は新たに植民した異国の民と混じり、正統的ユダヤ教を遵守しなかった	724～697頃　ヒゼキヤ、ユダを統治。アッシリアのセンナケリブの侵攻に耐える（701年）
722～628頃　イスラエル、アッシリアの属州の一部となる	628～609頃　ヨシヤの統治。アッシリアの弱体化に乗じ、北王国（イスラエル）旧領土の大半をユダに併合
	609頃　ヨシヤ、エジプト王ネコとメギドで戦って死ぬ
604～539頃　イスラエル、バビロニア帝国の属州の一部となる	605頃　新バビロニア帝国樹立、アッシリアの領土のほとんどすべてを占領
	586頃　ネブカドネツァル、エルサレムを征服、エルサレム神殿（第一神殿）炎上。ユダ住民の大半、捕囚としてバビロニアに連行される。その後、残ったユダ住民の一部エジプトに逃れる（預言者エレミヤも同行を強いられる）。エジプトにおける最初のユダヤ教神殿の建設
604～539頃　イスラエル、ペルシア帝国の属州の一部となる	

537～332	ペルシア時代
537	ペルシアの支配下、バビロニア捕囚のユダヤ人、祖国ユダへの帰還を許される
515	エルサレム神殿の復興（第二神殿の建立）
440頃	ネヘミヤ、バビロニアから帰還し、エルサレム城壁を再建
435頃	書記エズラ、バビロニアから戻り、ネヘミヤと協力して、エルサレムの再建とユダヤ共同体の復興に努める
332～134	ヘレニズム時代
332	アレクサンドロス大王、ペルシア帝国を倒し、パレスティナを含む旧ペルシア領を支配。アレクサンドロス大王のエジプト遠征にはユダヤ人弓手たちも加わる
301～200	パレスティナ、プトレマイオス朝の支配下に置かれる
198	シリアのセレウコス朝のアンティオコス3世、プトレマイオス朝からパレスティナを奪い取る
190	アンティオコス3世、マグネシアの戦いでローマに敗れる
188	アパメア条約により、アンティオコス3世の息子、人質としてローマに送られる
187	アンティオコス3世の息子、セレウコス4世の即位
175	セレウコス4世の兄弟、アンティオコス4世エピファネスの即位。エルサレムの伝統主義者のユダヤ人で大祭司のオニアス、皇帝の命令で追放される。代わりに親ヘレニスト派のヤソンが大祭司職に就く。セレウコス朝によるユダヤのヘレニズム化の開始
172	ヤソン、解職され、トランス・ヨルダンに逃れる。代わりに極端なヘレニスト派のメネラオスが大祭司になる
170	アンティオコス4世、最初のエジプト遠征を行なう
168	ローマ、マケドニアを征服。アンティオコス4世、二度目のエジプト遠征を行ない、エジプトの征服にほとんど成功しかかったが、ローマの介入で、彼は撤退せざるを得なかった。エルサレムで反乱が勃発。アンティオコス4世は鎮圧部隊を派遣。多くのユダヤ人が殺害され、エルサレム神殿は略奪に遭った。エルサレムの「要塞」（アクラ）を強力なセレウコスの軍事基地として建て直す
167	アンティオコス4世、反ユダヤ的勅令を発布

同12月	エルサレム神殿、汚される
167	モディインでの事件。マタティアとその息子たち、反旗を翻す。ユダ・マカベア、ゲリラ隊を結成。ダニエル書、公にされる
167〜166	マタティアの死。ユダ、マカベア軍の指揮者となる。アポロニウス、ゴフナ近郊で起きたマカベア軍とセレウコス軍の最初の戦いに敗れる
165	セロン、ベト・ホロンの戦いに敗れる。アンティオコス4世、東征に出立。ニカノルとゴルギアス、エマウスの戦いに敗れる
164	リュシアス、ベト・ツルの戦いで撃退される
同12月	マカベアの人々、エルサレム神殿を潔め、再奉献。ハヌカの祭（光の祭）の起源
163	ユダ、ギルアドのユダヤ人救済のために遠征。シモン、西ガリラヤ救出のために遠征。ユダ、海岸平野およびイドゥマヤへ軍事遠征。アンティオコス4世エピファネスの死。その幼い息子アンティオコス5世エウパトール即位、フィリッポスが摂政となる
162	ユダの兄弟エレアザル、ベト・ザカリアの戦いで倒れる。リュシアス、エルサレムに到着、アンティオコス5世の名により反ユダヤ的条例を廃止。大祭司メネラオスの退位と処刑。デメトリオス、ローマを脱出、セレウコス朝の皇帝（デメトリオス1世ソーテール）を僭称。アンティオコス5世とリュシアス殺害。アルキモス(エルヤキム)大祭司に任命される。ニカノル、カファルサルマの戦いで撃退される
161	ニカノル、アダサの戦いで死ぬ。ユダ・マカベア、ローマと友好同盟を結ぶ。
160	マカベア軍、エラサの戦いでバキデスの軍に敗れる。ユダ・マカベア戦死。その兄弟ヨナタン、指揮権を受け継ぎ、ユダヤ南東部に撤退
152	ヨナタン、ユダヤの再征服を開始、ローマおよびスパルタと友好同盟を締結
142	マカベア兄弟の最後の1人となったシモン、ヨナタンの後継者となり、ユダヤの最終的独立を達成

古代ユダヤ戦争史——目次

地図・イラスト・写真一覧

【地図一覧】

【イラスト一覧】

【写真一覧】

第Ⅰ部

第1章　場面の設定

地理的舞台

エレッツ・イスラエル——聖書の伝承によると、神がアブラハムにユダヤの民が恒久的に住む特別な故郷となることを約束した土地はこう呼ばれたが、実際には、そこは、歴史的出来事が文字に記録されるようになる最初期の頃からずっと主要な軍事的街道のひとつであった。事実、われわれに伝えられている最初の首尾一貫した軍事的遠征として研究者たちが認めているのは、エジプトのカナン侵攻に関する記録である。これはファラオ・ペピ一世の軍司令官ウニの墓に記された碑文である。碑文は、「砂地の住民の地」を水陸両面から攻めて征服したことを誇らしげに語っている。(1)ウニの軍隊のうち、海路をとった部隊は、「カモシカの鼻」と呼ばれた岬の背後から上陸を決行した。敵の背後に迫るだけでエジプトの勝利に十分貢献できたであろうが、彼らは、海岸平野を北上してくる他のエジプト部隊が戦場に到達する前に、敵を征服してしまった。時は、前二四世紀、「砂地の住民の地」は現在のイスラエルの地で、「カモシカの鼻」はカルメル岬を指すと思われる。

以後、エジプト人はその地域を自国の「カナン州」と見なすようになるが、そこにイスラエルの民が定着するのは、ウニの軍事遠征から一千年後のことである。しかし、ウニの軍事遠征は、その後の「聖地」の長い激動に満ちた歴史の地政学的要因や特質を記した最初の史料である。

詳細に入る前に、地理的名称の使用について二、三述べておきたい。前述の通り、「エレッ・イスラエル」は、聖地を指すヘブライ語であり、他方「カナン」は、イスラエルが征服するまで使用されていた聖地の名称である。イスラエル王国〔ダビデ・ソロモン王国〕が前九二五年ごろ、南北に分裂すると、「イスラエル」は北王国の名称となり、一方、南王国は「ユダ」と呼ばれた。最終的に、「ユダ」は、前五三七年にイスラエル人がバビロニア捕囚から戻ってきたのち、ハスモン王朝を含むユダヤ人による統治が行なわれた地域――その境界線はいろいろ変わるが――を指す用語となった。ユダヤ人がウェスパシアヌスとその息子ティトス率いるローマ軍と戦って（紀元六六～七三年）敗れると、「ユダ（ユダヤ）」はローマの属州の名称となった。その後、ハドリアヌス皇帝の治世に起きた、バル・コクバを指導者とするユダヤ人の大規模な反乱（紀元一三二～一三五年）が失敗に終わると、州名はユダヤからパレスティナに変更された。以後、この地域はパレスティナの名前で呼ばれ、アラブ人もトルコ人もそれをそのまま使用し、今日に至っている。

本書において「パレスティナ」は、いかなる政治的集団とも関係なく、もっぱら「地理的」用語と

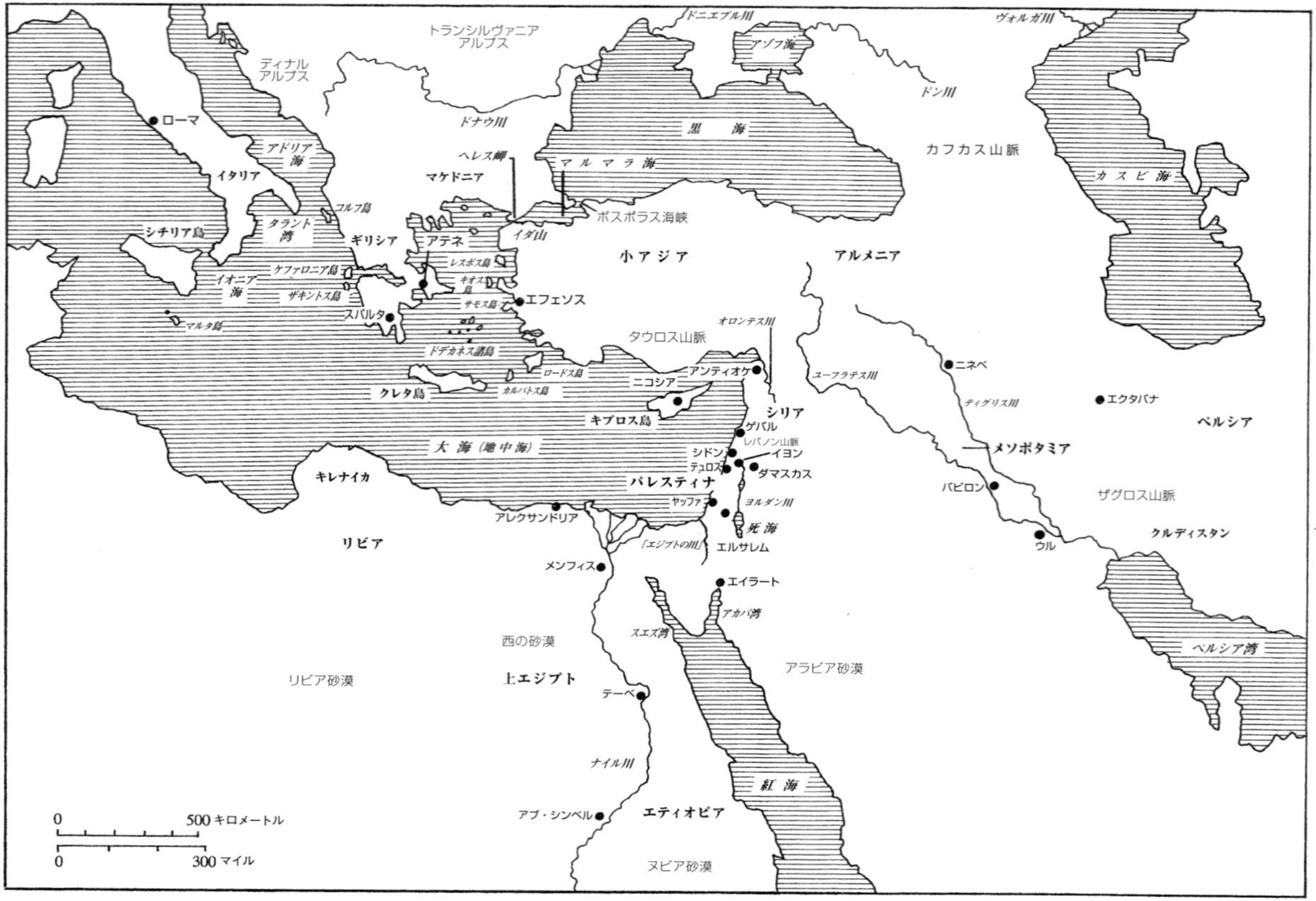
トランシルヴァニア
アルプス
ディナル
アルプス
ドニエプル川
アゾフ海
ヴォルガ川
ドン川
ローマ
ドナウ川
黒　海
カフカス山脈
カ ス ピ 海
アドリア
海
ヘレス岬
マ ル マ ラ 海
イタリア
マケドニア
コルフ島
ボスポラス海峡
タラント
湾
シチリア島
ギリシア
アテネ
イダ山
小 ア ジ ア
アルメニア
イオニア
海
ケファロニア島
レスボス島
キオス
島
ザキントス島
エフェソス
サモス島
スパルタ
マルタ島
オロンテス川
タウロス山脈
ドデカネス諸島
ロードス島
アンティオケ
ニネベ
ユーフラテス川
エクタバナ
ニコシア
クレタ島
カルパトス島
ティグリス川
シリア
キプロス島
ゲバル
ペルシア
レバノン山脈
メソポタミア
シドン
イヨン
大 海（地中海）
テュロス
ダマスカス
キレナイカ
パレスティナ
バビロン
ザグロス山脈
ヤッファ
ヨルダン川
アレクサンドリア
死 海
ウル
クルディスタン
リビア
「エジプトの川」
エルサレム
メンフィス
エイラート
アカバ湾
スエズ湾
西の砂漠
ペルシア湾
アラビア砂漠
リビア砂漠
上エジプト
テーベ
ナイル川
紅 海
0
500 キロメートル
エティオピア
アブ・シンベル
0
300 マイル
ヌビア砂漠

地図１：地理的舞台

して使用される。また、「シス・ヨルダン」はヨルダン川西岸地域を、「トランス・ヨルダン」はヨルダン川東岸地域を指す。

聖地の運命を左右した地理的特質の第一は、パレスティナの位置である。パレスティナはユーラシア大陸とアフリカ大陸を結ぶ唯一の「陸橋」である。海と砂漠に挟まれたこの地域に迂回路はなく、ヨルダン川の東岸あるいは西岸に沿って往来する以外に道はない。つまり、この地は平和時における交易にとっても、戦時における軍隊の移動にとっても、絶対不可欠な戦略的地域であることは、誰の目にも明らかであったため、各時代の大国たちはしばしば武力に訴えてでもその支配をわがものにしようとした。近隣の支配者たちも手をこまねいてはおらず、この重要な十字路を自分たちの領土の一部に組み込もうとする野心を捨てなかった。したがって、パレスティナという陸橋に自分たちの独立国家を建てたいと切望する民はだれであれ、ひとつの重要な人生の事実を受け入れなければならなかった。すなわち、そこではほとんど常時、遠近双方から集中的に押し寄せるプレッシャーの中で生きなければならないこと、そしてそれを生き抜くために絶えず軍事的準備と防衛に神経を尖らせていなければならないということである。

パレスティナの陸橋に(短い断絶期間はあったにせよ)前十二世紀から一二〇〇年もの長きにわたって続いた民族国家を形成したのは、ひとりユダヤの民だけであったというのは、たぶん偶然ではないであろう。この長い期間、ユダヤの民はしばしば数的劣勢を精神と献身でもって補うことを強いられた。実際、数的劣勢は、パレスティナの地政学的性格を形作っているもうひとつの基本的要因である。

まさにパレスティナは、その狭さのゆえに住める人間の数が決定的に制限される。人びとはもっぱら農業によって生活し、それ以外の生活手段は限られていた古代世界において、国家が人的パワーと食糧生産を増大させようとしたときの主要手段は何かといえば、それは他国の領土を占領することであった。より広い耕作地とそれを耕すに十分な労働力を外から獲得できれば、支配者はそれだけ多くの自国民を、一時的あるいは恒久的に、戦争に備えさせることができた。もちろん占領地の住民による補助部隊を設けることもできた。

海と砂漠という大きな自然の境界線で両脇をしっかり決められ、南北にはずっと大きな国々が構えているパレスティナに住む者たちは、より恵まれた地域の住民に比べ、限られた資源を有効に活用することがいっそう強く求められた。しかし、たとえ山を削って畑地とし、ユダの南に広がるネゲブ荒野を定住地に変えて「パレスティナ人」の人口を増やしても、ナイル沿岸やメソポタミア、あるいはシリア高地やアナトリア高原を開発した周辺の国々に比べると、やはり限界があった。

本書は、聖書の歴史における物質的側面や地政学的側面を扱うことを目的とし、精神的な面を扱うことは目的にしていないが、それでも強調しなければならないのは、宗教的情熱と、神に約束された土地としての祖国に対する強い権利意識と信念、さらにその与えられた領土内での祭儀を執行することを最高の義務の一つと見なす宗教的信条をしっかりもった民だけが、パレスティナに国家を築いたあと、それを維持する過程で直面するあらゆる圧力や艱難に耐えるために必要な倫理的精神的力を発展できたということである。(2)

エジプトの将軍ウニの軍事遠征からわかるもうひとつの地政学的要因は、パレスティナは南北に長く伸びた海岸線と国境線をもっているため、この地域を支配しようとする者はだれでも、海陸両面における防衛に苦心しなければならなかったことである。したがって、パレスティナの国防政策の考案者たちにとって重要な決定のひとつは、常に、国家がもつ潜在的力のうちどの程度を海岸線の防衛に当て、どの程度を内陸の国境防衛に当てるかであった。

以下の記述を読むにつれ明らかになるように、古代のユダヤ人は、海陸両面の長い国境線の完全な防衛は自分たちの能力を超えていることを知って、海岸線の防衛はもっぱら地中海東岸に住む海洋民族、つまり北のフェニキア人や南のペリシテ人たちとの同盟あるいは威圧という手段により、問題の解決を図ろうとした。フェニキア人もペリシテ人も、イスラエルとの相互理解か強制かのいずれかにもとづき、海上貿易やパレスティナ海岸の防衛に従事した。この方法の弱点は明白であった。イスラエルが特に海軍の力を必要とし海上貿易で利益をあげようとすると、彼らイスラエルの海の同盟者や属国たちはいいかげんな態度に出ることがあり、ときにはイスラエルとの関係を切ることさえしかねないため、少しも気を許すことができなかった。[3]

戦斧《せんぷ》をもつ「海の民」の戦士
（キプロス島エンコミ出土）

ウニは、パレスティナを「砂地の住民の地」と呼んでいる。この誤称の理由は明らかである。つまり、もともとシナイ半島やネゲブ地方に用いられていた呼称が、エジプトの境界線がパレスティナ北部の肥沃地帯にまで伸びたのちも使用された結果である。しかし、この呼称は、パレスティナ陸橋の運命を支配した次の地政学的要因を思い起こさせてくれる。すなわち、パレスティナの境界線は砂漠と耕地の間にあるのだ。その南と東の境界は砂漠に向かって大きく開かれ、「乳と蜜の流れる地」の定住を夢見る部族たちの襲撃に絶えずさらされているため、住民は日々安全と防御のことを考えていなければならなかった。聖書時代のイスラエルにとっての重要課題は、この問題の解決のための軍事的努力を怠らないことであった。イスラエル人自身、もともと砂漠で部族連合を形成して機会を狙い、結局パレスティナに侵入して定住に成功した経験を通し、問題の重要性をよく理解していた。(4)

パレスティナ陸橋そのものは、北の白亜の断崖の岬（「ツロ（テュロス）の階段」）から南の「エジプトの川《ワディ・エル＝アリシュ》」まで、直線にして約二五〇キロメートル、内陸北のイヨン（マルジャユン）から南のエイラートまでは、直線で約四五〇キロメートルの長さをもつ。その幅は、西の地中海からトランス・ヨルダン高地の東側まで、平均約一一〇キロメートルである。聖書のユダヤ国家の実際の大きさは時代によってさまざまである。

パレスティナの中央部をヨルダン渓谷が北から南へ向かって走り、死海において海面下四〇〇メートルの世界で一番低い地点に達する。死海における年平均気温は摂氏二五度である。ガリラヤ湖は死海から北にわずか一一〇キロの位置にあるが、年平均気温は摂氏二一度。そこから万年雪を頂くへルモン山まで、北にわずか五五キロである。古代イスラエルで戦闘にかかわる者たちは、高い山岳地帯での戦いから砂漠での戦いまで、極端に異なるあらゆる場面での戦闘に精通していなければならなかった。パレスティナの戦争の舞台における状況の極端なまでの多様性を説明するのによい例は、現代からかなり離れるが、一一七八年のヒッティンにおける戦いである。西の山地から東のガリラヤ湖へ下る坂の途中にあるこの戦場で、真夏の強烈な陽が照りつけるなか、十字軍は飲み水に欠乏して憔悴していたのに対し、一方のサラセン軍の指揮官たちは、八八キロ離れたヘルモン山の上方斜面からラクダを使って次々と運ばせた氷で冷やした飲み物で喉をうるおしていたのである。

地形学的に、ヨルダン川西岸地方（シス・ヨルダン）は、五つの主要な地域に分かれる。すなわち、（1）海岸平野、（2）ネゲブ、（3）中央連峰、（4）ガリラヤ、（5）ヨルダン渓谷（ヨルダン川西岸地方をトランス・ヨルダンの名でも呼ばれるヨルダン川東岸地方とつなぐ）である。一方、東西に走る二つの大きな谷が、ヨルダン川西岸の高地を三つの地域に分ける。ひとつは、南部のネゲブ砂漠と中央連峰の間に横たわるネゲブ谷、もうひとつは、中央連峰とガリラヤの間に横たわるイズレル谷である。(5)

ガリラヤ地域は、その最高峰メロム山（一一八九メートル）を中心《ハブ》とした「巨大車輪」にたとえることができる。その分水嶺から流れる雨水は車輪のスポークのように何本もの谷をあらゆる方向に向かって刻み込んだ。それらの谷はいくつもの農業の中心地を生んだだけでなく、それらを互いに結ぶ幹線道路ともなった。一方、それらの間に存在する尾根はその地域に数多くの半孤立地帯を形成した。

ガリラヤ地方が巨大車輪をイメージさせるとすれば、その南に広がるユダ・サマリア地方は、西の海岸線から中央連峰に上ると、今度はさらに急勾配で東のヨルダン渓谷を目指して降りる「巨大階段」を思わせる。海岸を一段目とすると、二段目の山麓地帯（聖書でシェフェラーと呼ばれている）を経て三段目（下の傾斜地）、四段目（上の傾斜地）を経て、頂部台地に至る。下りは、最下段（上下傾斜地からヨルダン渓谷に至る）が切り立った崖で、その高さはさまざまに変化する。上空から見ると、中央連峰はさしずめ巨大魚の骨のようだ。分水嶺は背骨で、分水嶺から西の地中海や東のヨルダン渓谷あるいは死海に向かって下るワディ（涸れ谷）は、背骨から何本も出る骨といったところである。ヨルダン川西岸における南北の交通路は、海岸平野を通るか、中央丘陵地の上を行くか、あるいはヨルダン渓谷沿いに進むかである。他方、東西を結ぶ交通は、前述のネゲブ谷やイズレル谷という二つの大きな横断谷のほかには、分水嶺から東西の斜面を刻みながら下るワディを利用する以外に道はなかった。

海岸平野からユダ山麓地帯に行く、あるいは後者からより高い東の山の斜面へ向かうといった、ひとつの地理的領域から他の領域への移行ラインは、いつも山岳地帯の住民と平野部の支配者との武力衝突の発祥地点であり（聖書時代のイスラエル人とペリシテ人のように）、双方が合意に達すればよいが、実際は、一方が他方を圧するまで戦いが続いた。ユダ・サマリア中央部の安全を確保する上で決定的に重要だったのは、東西を結ぶ限られた道路とその峡谷を完全に支配することであった。そこでは道路封鎖、長期戦、大規模な待ち伏せ作戦が聖書の全時代を通して、そしてその後も絶え間なく行なわれた。

ヨルダン川東岸地方（トランス・ヨルダン）の地形全体は、顕著な起伏をもった高台地として総括することができ、南はモアブとエドムの山岳地帯を形成する。高い台地の西側は急斜面で上るのに難儀するが、東傾斜は非常にゆるやかで、しばしば高原と砂漠の境界がどこにあるかわからないほどである。

ヨルダン川東岸地方を南北に走る幹線道路「王の道」の西側には、北から順にヤルムク、ヤボク、アルノン、ゼレドという四本の大峡谷が東西に走っていて横断が非常に困難であるため、敵の侵攻を容易に防ぐことができた。これらの峡谷を避けるため、人びとは、東に広がる大砂漠の縁を歩かなければならなかった。こうして生まれたのが「王の道」である。

ヤムルク川の北、ガリラヤ湖右岸のゴラン高原から東にむかって広がるバシャン高原はさまざまな景観をもつ高台平原であり、その支配をめぐってイスラエル人とアラム人が戦いをくり返した地域である。ヤムルク川とハウランの間に横たわる幅九六キロほどのこの地域がアラム人の手に落ちれば、トランス・ヨルダンにおけるイスラエル支配は大きな危険にさらされることになるため、ゴラン高原から西のガリラヤ湖に下りる主要道路や脇道は常時、見張っていなければならなかった。

アラビア砂漠が境界線になっている東部の状況は、ネゲブ地方のそれ似ていた。ワディ・シルハンは、人々を中央アラビアの入口からギルアドの地（ヤムルク川南部）へ導く主要道路の役割を果たした。平和時には、ミディアン人の隊商たちがそこを通ってさらにエジプトへと下って行った。ヨセフをファラオの国に連れて行って市場で奴隷として売ったのは、そうしたミディアンの商人たちであった（創世記37：23～28）。しかし、いったん戦闘に没頭しだすと、同じミディアン人はイスラエルの敵に早変わりし、はるか西のイズレル平原にまで侵入してくるのであった（士師記6：33）。

アブラハムと族長たち

聖書における戦争の記事は、アブラハムとその一族が、宇宙の創造者にして唯一の支配者なる神に対する革命的信仰を抱いて、住み慣れたメソポタミアのハランを脱出したところから始まる。ハランを離れるにあたり、アブラハムは、紀元前十八世紀の東地中海世界を揺るがした民族集団の大移動の流れに加わったものと思われる。小アジアおよびメソポタミア北部における人口の激変は大規模な移動をまきおこし、それは他のさまざまな展開に加え、異なる民族集団（特に、セム人、ホリ人、インド・イラン人）を融合して、いわゆる「ヒクソス」と呼ばれる民族を生んだ。この地域にとってはまさに「最新兵器」であった二輪戦車を初めて、それも大量に使用してエジプトを征服したのは、このヒクソスである[6]。

後の歴史に非常によく見られるように、新しい兵器の使用はすぐに広まるが、それを他に先がけて使いこなした者の優勢は決定的であった。こうしてヒクソスは自分たちの帝国を建ててエジプトを二百年近く支配したのである。ヒクソスは土着のエジプトの民と同化することはできなかったか、あるいはひょっとすると望まなかったのかもしれない。ヒクソスは、彼らとシリアや小アジアに住む同族の民とを結ぶ陸橋としてのパレスティナだけでなくエジプトを支配し続けるため、それら同族の民をパレスティナとエジプトに住まわせようとした。

ヒクソスがもたらした激動とその余波としての不穏な雰囲気は、創世記12〜25章が語るアブラハムの生涯の記述にも暗示されている。カナンの地に入ってからのアブラハムは二種類の戦いを迫られた。ひとつは、一族の牧草地を守るための戦いであり、奪われた家畜や井戸を取り戻すための戦いが含まれる（創世記21：22〜32。同26：26以下のイサクに関する伝承も参照）。もうひとつは、アブラハムが加わった大きな戦いである。アブラハムは、ヒクソスとその封臣たちが支配する土地に住む代わりに、彼らの戦争に参加する義務を負っていた。(7) 詳細は不明だが、アブラハムがメソポタミアの四人の王と死海周辺の五人の王との大きな戦争に参加したことは、パレスティナが、歴史の非常に早いころから政治的軍事的にいかに重要であったかを教えている。

シンアル（南メソポタミア）のアムラフェルを頭とする北の同盟国の王たちが、ヨルダン川東岸の大路「王の道」沿い地域を席巻し、北から南にいたる隊商路を制圧したとき、アブラハムはヨルダン川西岸の道を自由に行き来していた。アブラハムは西岸中央山地の上を走る道を北へ進み、ヘルモン山麓からダマスコに向かう道の途中で待ち伏せし、メソポタミアの王たちの軍に夜襲をかけた。「彼とその僕《しもべ》たちは分かれて両側から彼らに向かい、彼らを撃破し、ダマスコの北のホバまで彼らを追跡した」（創世記14：15）アブラハムが夜襲をかけたのは、ダマスコの手前で二本の大路が交差する地点においてであったにちがいない。もしかすると、古来多くの奇襲がなされたダマスコ北西のバラダ峡谷だったかもしれない。そこは、一九一八年九月三〇日、オーストラリア騎馬連隊が敗走するトルコ

第四軍を待ち伏せし壊滅させた場所である。(8)

族長物語は、紀元前二千年紀を通じて、あるいはその後もしばらく続いたこの地域の習慣や民間伝承や法を背景に生き生きと語られている。そのため、それらの物語が創作された正確な時を特定することはできない。しかしながら、古代ギリシアやスカンディナヴィアの伝承のように、族長物語は実際の社会的・物質的・地政学的条件を反映しており、それは紀元前二千年紀前半におけるこの地域のそれによく合う。同様に、それらは、実際にあった歴史的出来事を核にして編まれたように思われる。

現代の学者は、もとの族長物語はもっと武勇伝的色彩が強かったのを、より後の編集者たちによってぼかされたものと理解している。とくにアブラハムは「高貴な武人」の原型として語り伝えられたと見る。現存の聖書テキストにおけるアブラハムを見ても、たとえば上記の戦勝物語（創世記14章）の終結部においてさえ、彼が捕虜になった親族とその奪われた全財産を取り戻したのは、ただそれが義務だったからであって、けっして見返りを期待しての行動ではなく、当然の権利としての戦利品の分け前にあずかることとさえ拒んでいる。この恬淡《てんたん》とした気品に満ちた態度は、後に十六世紀のオランダが生んだ「国際法の父」グロティウスによる『平和と戦争の法』に引用されている。(9)

エジプトの寄留外国人

アブラハムの孫ヤコブのエジプト移住、およびその一族のゴシェン地域における寄留生活も、ヒクソス時代に起きた出来事として理解されるべきであろう。エジプトの宰相の地位にまで上りつめたヨセフのことを知らなかった「新しい王」（出エジプト記1：8）は、アハモセ一世（在位前一五八〇〜一五五七頃）か、その後継者のひとりかのいずれかであろう。アハモセ一世は第十八王朝の創設者であり、地元エジプト人の王の子として生まれた。彼はヒクソスをナイル谷から追放し、続くエジプトによるカナン「再征服」のための地ならしをした。カナンがふたたびエジプトに征服されると、エジプトのヘブライ人諸部族たちは、パレスティナやシリアに残ったヒクソスの拠点や北のその他の住民たちの同調者として、疑いの目で見られるようになった。つまり、彼らは、現代の軍事的戦略家たちがいう「国家安全に害を及ぼす危険性を常に潜在的にもつ存在」となったのである。

この種の問題を扱うには常にふたつの方法が考えられる。そのひとつは、寄留外国人を誘導して国民の一部として同化させる方法である。これは、アレクサンドロス大王がその東征において採った政策である。もうひとつは、しばしば「逆効果」になってしまうのだが、外国人寄留者を力で服従させるやり方である。エジプト人が寄留のヘブライ人に対して採った政策は後者のほうであった。「……これ以上彼らが増えないため、そしてもし戦争が起こったとき、彼らまでわれわれの敵に加わり、われわれに敵対して戦わないため」（出エジプト記1：10）である。

このあと、ヘブライ人諸部族は、エジプト人による迫害、モーセに率いられてのエジプト脱出、四〇年にわたるシナイ半島砂漠の彷徨、モーセを通しての律法の授与といったさまざまな体験を経て、当初の部族的性格から徐々に、ひとつにまとまった民族へと成長していった。モーセによってしっかり基礎を固められた共有の族長伝説、宗教、法、そして最後になったが、ヨルダン川東岸、次いで西岸に定着するために共に戦い苦労した体験――これらすべてがまとまった力となって、さまざまなヘブライ人の部族集団をイスラエル民族に仕上げたのであった。彼らを「イスラエル」という名前で最初に呼んだのはファラオ・メルエンプタハで、紀元前一二二〇年頃のことである。[10]

イスラエル人の軍事組織は、部族の段階から発展したすべての民族がそうであるように、武器をもって戦える能力をもち、いざという時に、所属する氏族や部族の枠を超えて、イスラエル全体のために働くことのできるすべての男子によって構成されていた。聖書の伝承によると、モーセとその兄弟アロンは、すでにエジプト脱出の際に、最初のイスラエル軍を編成したという。

あなたたちは、イスラエルの子らの全会衆の頭数を彼らの各氏族、彼らの父の家ごとに調べなさい。すなわち、男子全員の一人ひとりを名前の数だけ調べなさい。あなたたちは、イスラエルで二十歳以上の軍務につけることのできる者全員を、それぞれ軍勢ごとに登録しなさい（民数記1：2～4）。

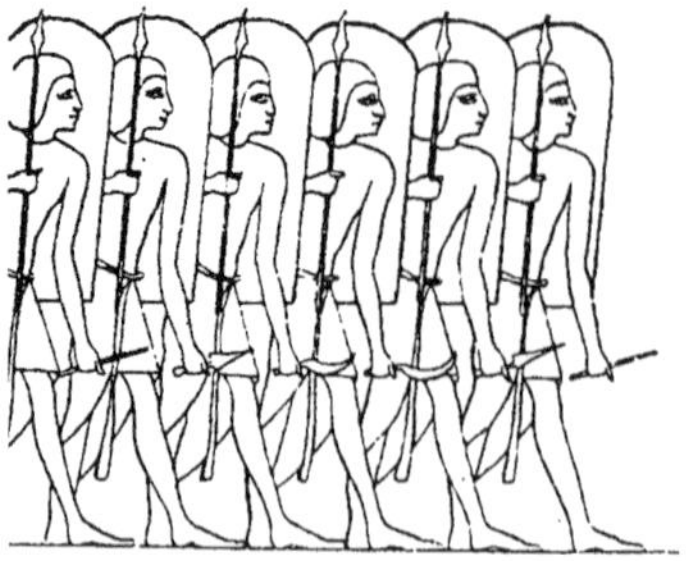

矛（突き槍）と短剣あるいは鎌形剣で武装したエジプト（ラメセス２世）の歩兵 下士官たちは短いステッキをもっている。

民数記の残りの記述と同様、この一節から知られるのは、ギリシア、ローマ、ゲルマンなどの社会が現れたときと同様、氏族のリーダーは、平和時だけでなく戦時においても一族を率いて指揮し、そうした権能はその後、王、君主、執政官あるいはコンスルと呼ばれた指導者たちによって継承されたということ、他方、武装した民は、最初、主権を有する人々の国民議会のようなものを形成していたということである。それに付随する興味深い問題は、西洋社会では、さまざまな初期の民会から発した民主的権利は基本的に早晩色あせていくのに対し、古代ユダヤ人社会が絶対主義に身を任すことは、王国が最も栄えた時期においてさえ決してなかったということである。ユダヤ社会において「民」は、直接的であれ間接的であれ、常に国家に対し影響力をもつ存在であった。そのために、イスラエルの軍隊は、第一神殿が〔バビロニア軍によって〕破壊されるまでずっと、武装した一般民衆を中核にして構成することができただけでなく、イスラエルの民はいつでも武器をとって戦う気がまえがで

許可されてエジプト国内に入るイスラエル族長時代のセム人一行

男性も女性も、ヨセフの兄弟たちがうらやましがった多色の「あでやかな衣裳」（創世記 37 : 3）を着ている。ロバが運んでいるのは鋳塊（インゴット）あるいは水を入れる皮袋かもしれない。他の兵士たちが鎌型の剣や槍を手にしているのに対し、下段左の男性はブーメランをもっている。ベニ・ハサンの墓壁画、前 1900 年頃。

きていた。[11]

エジプトのベニ・ハサンの墓にみる有名な壁画（十七頁参照）は、アブラハム時代（前十九〜十八世紀）にエジプトにやって来たセム系氏族の様子を生き生きと描いている。[12]おそらく、そこに描かれている人々の身なりやからだつきは、エジプト脱出当時（前十四〜十三世紀）のイスラエル人のそれとさほど変らないと思われる。壁画に描かれた一族同様、イスラエル人もロバを使用する遊牧民であった。彼らは、生活道具やテント、老人や幼子のような弱い者たちはロバに乗せ、自分たちは徒歩で移動し、戦った。それは、家畜を含む一族全体がそろって、普通の速度で移動した場合、一時間に進める距離は五キロにもならなかったことを意味する。もちろん、成年男子たちは、きつい訓練にも耐えたし、いざというときには、家族や持ち物に妨げられることなく長距離を進み、戦うことが求められた。防衛上の理由から、各部族はしっかり決められた行動様式に従って移動し、宿営した。

ベニ・ハサンの壁画から、セム人の氏族が武器として槍、投げ槍、弓、刀剣などを携行していたことがわかる。移動するキャラバンのためにリュートを奏でる吟遊詩人の姿は、イスラエルの民のなかで同じ役割を果したレビ人を思わせる。一方、ロバが背に乗せて運んでいる「ふいご」は、これらの遊牧民が、イスラエル人がそうだったように、個人の武器や道具のメンテナンスに関するかぎり、他人に頼らず自分たちで鍛冶などの職人の仕事を行なっていたことを示唆している。こうした彼らの独立的性格は、彼らの軍事的作戦行動の柔軟性において最大限に発揮され、指導者がしっかりしていれば、部族的戦闘集団であっても、装備においてはるかに優位な常備軍をもつ相手と戦って決してひけをとらなかった。

イスラエルの兵はほとんど全員、歩兵であったが、それだからといって、各兵士が、上に見たような各種の武器をそれぞれ勝手にそろえたわけではなかった。出エジプト以前も、エジプト脱出時も、またその直後も、部族なりの軍事的熟達は確立していたのである。以下において、イスラエル軍の発展の過程をたどろうと思う。さまざまな武器と訓練された各部族からの分遣隊により構成されたイスラエル軍は、相互補完的に行動して全体を支える、よくバランスのとれた軍隊であった。[13] しかしながら、そのためには最初にまず、しっかりした組織があって、基本的命令系統や規律が整っていなければならなかった。それは、たとえ原始的で洗練されていなくとも軍隊としての機能を果たせるか、それともただ武器を手にしただけの烏合の衆で終わるかを決める重要な要因になる。多くの部族社会は、小規模の戦闘に慣れた氏族武装団の集まりを、いくつもの戦略的部門と適切な命令系統を伴う軍隊へと育てることに決して成功しなかったし、成功したとしても非常な時間を要した。聖書によれば、イスラエルがそうした有効な軍の編成に成功したのは、ひとえにモーセのおかげである。

「モーセはイスラエル全体の中から有能な男たちを選び、民の上に彼らを頭として、千人隊の長、五十人隊の長、十人隊の長として置いた」（出エジプト記18：25）。

紅海の渡渉

イスラエルのエジプト脱出とその戦いに関する聖書の記事から生じる多くの問題やいかにも矛盾し

た記述について、これまで説明が十分になされてこなかった。われわれが非常に強くひかれるのは、ファラオのエジプト兵たちが逃げるイスラエル人たちにまさに追いつきそうになった地点は、ポートサイドとエル・アリシュの中間にあり、地中海と「シルボニ湖」の名で知られる汽水湖《ラグーン》に挟まれた狭い岬だとする、元英国シナイ総督ジャーヴィス中佐の見解である。(14) ジャーヴィスは、その狭い岬の湿った砂地にたたずんでいたとき、突然、強風が起き、怒り狂ったように押し寄せる地中海の水に流された、その瞬間、ここここそイスラエル人の「紅海渡渉」の出来事が起きた場所であると確信した。われわれも実際に同じ道を歩いてみて、ジャーヴィスがそのような確信にいたった理由が容易に理解できた。そして、そこから出エジプト記14：22～28の場面を理解するのに特別の想像力は必要としない。

イスラエルの子らは、海の真ん中に、乾いた所に入って行った。水は、彼らには右と左で壁になっていた。エジプト人は後を追い、イスラエルの子らの後から、海の真ん中へと入って行った……水が戻り、戦車隊と騎兵たちを覆った。彼らの後を追って海に入ったファラオの全軍隊のうち、ひとりとして残らなかった。

この海とラグーンに挟まれた砂洲こそ「紅海渡渉」の場所とする見解をさらに支えるものとして、それに似たふたつの歴史上の出来事をあげることができる。前一世紀のギリシアの歴史家ディオドロス・シクロスによると、前三四〇年のペルシア王クセルクセスのエジプト侵攻の際、彼の軍隊の一部がそこで溺れ死んだ[15]。また、やはり同時代に生きたギリシアの地理学者ストラボン〔前六四年頃～後二三年頃〕は、「わたしたちがエジプト地方のアレクサンドリア市に滞在していた折、ペルシウムやカシウス山の一帯で外海が盛り上がって陸地を浸し、山を島にした」と記している[16]。

モーセは、戦いの舞台となる場所の地理的特徴を「味方」にして、敵の優位性を最小限にとどめた。それは、後のすべてのイスラエルの指導者にとって、貴重な手本となった。こうした「慧眼」は、戦場の戦略的特性を予知できる偉大な軍事指導者に賦与された才能である[17]。モーセが海岸線沿いの道を選択したのは、そこには追跡して来るエジプト軍の戦車部隊その他が全面展開するだけのスペースはないと判断し、ファラオの軍隊を罠にはめることも不可能ではない地形的特徴が多いことを見抜いたからである。

アムン＝ラーを描いた部隊旗をつけたエジプトの戦車

考古学的調査からは別の事実も明らかになった。つまり、イスラエル人がエジプトを脱出した当時、海岸線沿いのエジプトの要塞に兵士は常駐していなかったこと。一方、主要道路（第一次世界大戦時、イギリス軍はその上に鉄道を通し、現在はアスファルト道路になっている）沿いのすべての水源近くに建てられた要塞には、常時エジプト軍が駐屯していたという事実である。こうしたエジプトの常備軍に守られた要塞のある道を避けることも、モーセが海岸線沿いのルートを選択した理由のひとつであったようだ。すでにビザンティン時代（五〜六世紀）以来、別の出エジプトのルートが一般に考えられてきたにもかかわらず、この海沿いルートの方が有力であると思うのである。(18) しかしながら、イスラエル人がエジプト軍に追いつかれそうになった実際の場所がどこであれ、たしかなのは、モーセが、「舵取りによって戦いを遂行せよ」ということわざ（箴言20：18）を、それが文字に記される前に、心に留めていたということである。

カナン征服の背景

エジプト脱出の経路の場合同様、イスラエル人によるカナン征服の経緯についても不明な点が多い。聖書は具体的事柄それ自体にはあまり関心をしめさなかったが、ヨシュア記や士師記に記されているカナン征服という歴史的記録を編集した年代記作者たちも、彼らが用いた史料を深くチェックしようとはしなかった。その結果、ときどきカナン征服の経路に関していくつかの異なる、あるいは互いに矛盾する説明が入り組んでいて、それをどう処理し理解するかについて、研究者たちは今日に至るまで見解の統一を見出せないでいる。

最近、イスラエルは完全に平和的方法でカナンの地を手に入れたとする学説が出されたが、古代において、多くの民が先住民を犠牲にして自分たちの入植地を築いていった例と比較したとき、それは説得力をもたない。また、イスラエル人は既存のカナン系住民の一部が結晶化したものとする補足的理論についても、納得がいく説明はなされていない。ここでも、いくつかのさまざまな解釈が可能な考古学的データ以外、歴史的に確かな比較史料に欠ける。これらの理論では説明がつかない問題点のうち、ほんの二つをあげれば、以下のとおりである。

ひとつは、いったい、土地を追われたのち再び定住させられた農民の雑多集団（イスラエルの先祖はそのようなものとして考えられた）が、どのようにして、またなぜ、古くから土着文化に深く根を下ろしていた信仰に断固として反対する、独創的な一神教にもとづく明確な民族的統一体へと発展したのか、である。もうひとつは、農民の雑多集団が、いかにして、完全に遊牧的過去――それも、エジプトでの奴隷生活というどちらかというと奇妙な、どうみても気高さとは無縁な伝承でいろどられた過去――にもとづく口碑や伝承を発展できたのか、である。[19]

ヘブライ人集団によるヨルダン川両岸の土地の征服がかなった背景には、当時のエジプトには、ヒクソス以後支配してきたカナン州の防衛に十分な兵力を振り当てる力はすでになかったという事実がある。前十四世紀半ば、エジプト新王国は一時、大国としての優位を失い、国内問題の処理に苦労していただけでなく、カナン以外の境界地域でも外部からの脅威に脅かされていた。そのため、ヘブライ人集団は、一部は武力によって、一部はまったく平和的侵入の形でカナンの地に自分たちの足場を築くことができたのである。聖書の記述に暗示されているだけでなく、エジプトの史料からも、イスラエルの族長とつながりのある氏族のすべてが、ヤコブといっしょにエジプトに移住したわけでなかったことがわかる。エジプトに移住しないでカナンにとどまった氏族たちが、ファラオへの隷従から逃れてきた氏族に味方したのは自然なことであった。さらに、最初は族長たちと関係があるヘブライ集団に属していなかった他のいくつかの氏族も「十二部族」の仲間に加わり、そのカナン征服の過程のなかで徐々に同化していった[20]。

ヘブライ集団がトランス・ヨルダンの地に最初に侵入したときの状況についての正確な情報はないが、戦略構想の段階で起きた大きな出来事に関する非常に興味深い記事がある。原始的な部族戦争が行なわれていた初期の頃から、軍首脳部にとって最重要課題とされてきたことのひとつは、軍事的情報についてであった。歴代の偉大な軍事指導者たちは皆、敵を出し抜くために、相手の意図、可能性、能力、兵力の配置、地形について可能なかぎり正確な情報を入手することに多くの時間を費やした。ウェリントン〔一八一五年にワーテルローの戦いでナポレオン一世を破った英国の将軍〕は、この重要な知的努力について簡潔に説明している。彼は、あなたはいつも長い時間ひとりこもって考えているが、いったい何を考えているのかと尋ねられたとき、こう答えたという――「私は、丘の向こう側について考えているのだ」。

カデシュ・バルネアのオアシスにとどまっていたときのモーセにとって、「丘の向こう側」は、ネゲブの岩場や荒野の数マイル先のカナンの沃地を意味した。そこを征服するための最善の方法は何かを探るために、彼は十二人のスパイを放った。民数記13章には、モーセが偵察隊にどのような指示を与えたかが記されている。指揮官から諜報部員への、あるいは諜報部員から諸情報収集機関への詳細な指示伝達の必要性は、現代のあらゆる諜報作戦本部の信条のひとつになっている。そこで何が重要視されるかは、任務の種類によって異なるが、現代の軍事ハンドブックのひとつによれば、

「戦略的諜報活動《インテリジェンス》の主眼点は、（1）諸国の戦闘能力、（2）諸国の意図、この二点である」。モーセが探ろうとしたのは、あきらかに（1）の点についてである。同ハンドブックはさらに続ける――「戦時および平和時における諸国の戦闘能力は、その国の天然資源と工業力、その政治的安定性と人口統計、国民の気質とスタミナ、兵力、その科学的努力、地勢および社会的生産基盤にもとづく」。

　モーセから三千年も後に書かれたこの軍事的ガイドラインと比較してみると、モーセが自分の偵察隊に与えた指示は驚くほど現代的であり、現代的要求にも対応できそうである。

> モーセは、彼らをカナンの地の偵察のために派遣した。彼は彼らに言った……あなたたちは、その土地がどのような様子か観察するのだ。すなわち、その上に住んでいる民が強いか弱いか、数が少ないか多いか。彼らが住んでいる土地がどうなのか、すなわち良いか悪いか。彼らが住んでいる町々が、宿営地のようであるのか、それとも城壁で囲まれているのか。その土地が肥沃なのかやせているのか、そこに木はあるのか、ないのかを（民数記13：17～20）。

敵のスパイを打ち叩くエジプト警備隊

諜報機関の報告についてまわる弱点と失敗の可能性のひとつは、情報の受け手は常に他人の評価や解釈にもとづいて自分の作戦を練って行動しなければならないという事実である。そして「他人」は、その性格や受けたトレーニング、あるいは傾向性しだいで、もし指揮者が自分の眼で「丘の向こう側」〔敵側〕の状況を確かめていたらおそらく引き出していたはずのものとは異なる結論に達してしまうかもしれないのである。一七五九年のクンネルスドルフにおけるフリードリヒ大王の敗北、一七九九年のナポレオン一世のアッコ（アクレ）〔パレスティナ北西部沿岸〕奪取失敗、一九四四年のアルンヘム〔オランダ東部〕におけるイギリス部隊の壊滅は、もし最高司令官が、情報の根拠にされていた事実の重大性を自ら判断できていたなら起きなかったはずである。[21] そのため、軍司令官たちは、当然のことながら、常に、自分の情報収集機関に対し、彼らの情報の確かさを証明する証拠をできるだけ多く収集する事の重要性を教え、その周知徹底に努めてきた。モーセも例外でなかったことは、偵察隊に与えた指示の結びの言葉からもわかる――「あなたたちは何とかして、その土地の果物を取ってくるのだ」（民数記13：20）。

モーセのスパイたちは彼の言葉を肝に命じ、カナンの地がいかに豊かであるかを具体的に証明するものとして、地元で産する大きなブドウの房を担いで戻ってきた。これは、情報の確かさを証明するだけのものを報告できなくても、偵察隊の報告の信憑性を強めるのには役立ったはずである。偵察隊はモーセにこう報告したのであった――「あの土地に住んでいる民は強力で、町々は城壁に囲まれており、非常に大きいのです。しかも、私たちはあそこでアナク〔巨人の意〕の子孫を目撃しました……私たちの目には、自分たちが蝗のように見えました」（民数記13：28、33）。

他人が認識したものにもとづいて自分が判断を下すときについてまわる危険性を最小限に食い止めるために採られてきたもうひとつの方法は、重要な任務には必ず部下の中で最も優秀な者を選んで当たらせることであった。外国の宮廷に出入りして常に情報収集にあたるのが大使たちの主要な任務になってきた十七世紀のフランスで作られた情報収集の手引書は、もっとも有能で器量の大きな将軍を大使に選ぶことが重要であるとしている――「なぜなら、そういう人物は、彼が駐在する国の実力、すなわち、その国の兵士の質……各要塞の状態、兵器庫や弾薬庫について報告する上で誰よりも有利な立場にいるからである」。すでにモーセは、彼の時代にあって、その通りのことを行なっていた。民数記13：1～2によると、「ヤハウェはモーセに告げて言った、『あなたのために男たちを派遣し……カナンの地を偵察させなさい。すなわち、彼らの父祖の部族ごとにそれぞれ一人の男をあなたたちは派遣しなさい。それらはすべて、彼らの指導者でなければならない』」。こうして、ヨシュアやカレブが示したカナン住民についてのより楽観的判断は、事実上、他の十部族をそれぞれ代表する最も有能な偵察たちの見解に押し切られてしまった。

カデシュ・バルネアからネゲブ砂漠を通ってまっすぐカナンの地に突き進む作戦が、アラドの王のために失敗に終わったとき、彼らの見方が正しかったことが証明された。ヘブライ諸部族の戦士たちは、ベエル・シェバ谷にあった周壁をもつ都市（考古学的調査により、それらの都市の防衛パターンが明らかになった）に対する攻撃に成功しなかったし、平地における戦いでも、重装備の常備軍――それにはたぶん恐ろしい戦車部隊が含まれていたと思われる——をもつカナン人に太刀打ちできなかった。偵察隊の報告の正しさが証明されたため、モーセは計画を変更し、カナンの地に直接向かわず、回り道をすることに決めた。すなわち、モーセは、エジプト脱出の数世代前にトランス・ヨルダン高地に国を築き防御をかためていた民の領土の通過を避け、荒野の縁辺部に沿って大迂回を敢行すると、連なる諸国の鎖の弱い部分——アモリ人の王シホンの国を攻撃して西への突破口を開いた。

イスラエルのインテリジェンスは、彼らの同族と呼んでもいいエドム人、モアブ人、アンモン人の中で巧みに諜報活動を行なったに違いない。彼らは、シホンがモアブ人からアルノン川以北の領地をもぎ取ったのは最近になってのことだという事実をつかむのに、さほど時間を要さなかった。シホンは非常な苦労をしてその領土を手に入れたため、自国の防備を固めるにはまだ時間が足りなかった。そのため、イスラエル人はシホンの国に侵入してこれを征服し、さらに北のギルアドに向けて突き進むことができた。当時、ギルアドは、ほんのまばらに人びとが居住しているだけであった。イスラエル人はその地に住んでいたヘブライ系諸氏族と手をつなぐことで、それまでのゆるやかな部族的集団から、約束の地全体の征服を目標に掲げる戦闘的諸部族による準定住社会に移り変ろうとした。(22)

第2章　ヨシュアの軍事遠征

カナン征服計画

聖書によると、イスラエルがヨルダン川西岸のユダ地方に足場を築く上で大きな貢献を果たしたのは、ヨシュアである。もし彼の偉業がよく練ったプランにもとづくものだったとすれば、それは以下のような段階を踏んでなされたのではなかったかと思われる。第一段階——ヨルダン川西岸に前進基地を設ける。第二段階——山岳地帯に足場を築く。第三段階——中央尾根に築いた足場を基地にして、定住予定地の取得と拡大に努める。この論理的戦略は、純粋に神話化された戦争や征服の物語にとってまったく異質だが、聖書の記事の核心部が本質的に真実だとされるのは——たとえヨシュアが実際にかかわったのは軍事遠征の初期の段階だけだったにしても——実際、そうした論理的戦略にかなっているからなのである。

第一段階は、渡河と対岸基地の確立の二つの行程に分けられる。ヨルダン川を渡るためにヨシュアが選んだ場所は、死海に最も近い場所である。それはいくつかのことを考慮しての判断であった。まず、そこからヨルダン川に向かうモアブ平野一帯は、周囲をイスラエルが占拠した土地で囲まれていたため、安全であった。万一、退却するときにも、ヨシュアは友好的領土に逃げ込むことができたし、ギルアドやモアブ低地の同胞から援軍を仰ぐこともできた。第二に、この部分であれば、渡河可能な箇所がいくつもあり、イスラエルの各集団は、渡河を邪魔する相手にぶつかることも想定されるが、その場合にもコース変更が容易である。また、それらの渡し場からさらに西の丘陵地に向かう際にもいろいろな道があり、渡河後のイスラエル人は戦略第二段階のためにいくつもの方法を考えることができる。

西岸に設けるべき拠点に関しては、実際に考えられる場所は一カ所しかなかった。低地ヨルダン西部にはエリコ平原が広がる。その中心にあるのは、オアシス都市エリコである。エリコはたぶん世界最古の都市であり、周囲を城壁で守られた都市としては間違いなく最も古い。ヨシュアより五千年も前から、豊かな沖積土を潤した泉（アイン・エル＝スルタン）は、それがなければ不毛の谷だった平地を青々とした熱帯の楽園に変え、ヨルダン川沿いに旅する人々だけではなく、ヨルダン川両岸を行き来する隊商や旅人たちに必要なものを提供してきた。したがって、エリコのオアシスを占拠することは、その地域におけるすべての活動にとって決定的に重要な水源の支配だけでなく、水や果物に富む肥沃な戦略的基地の取得を意味した。
包囲攻撃の経験に乏しく、攻城機もないイスラエル人にとっての大きな問題は、いうまでもなく、塔や胸壁のついた城壁で守られた町を、どうやって占拠するかであった。そこでヨシュアは、二人の斥候に、ヨルダン川対岸における前進基地としてふさわしい場所を——特にエリコについて、くわしく探るように命じた。そして彼らがみごとにその任務を果たしたことを、聖書の有名な記事が語っている。「彼らは行って、娼婦ラハブの家に入り、そこに泊まった」（ヨシュア記2：1）。ここで「娼婦」と訳されているヘブライ語「ゾナー」は、もともとは「養う」、「食べ物を与える」を意味する語「ザン」に由来すると思われる。ラハブは、エリコを通る旅人たちが泊まる宿の女主人であったかもしれない。この理解は、彼女が家長で、町の支配者の使者たちも一目置いて接するほどの大家族の一員であったこととも一致している。宿屋は、いつの時代も、情報収集に非常に適した場所である。泊まり客たちの軽率なおしゃべりと、宿屋の主人の鋭い聴力がひとつに合わさると、熱望された情報源となる。フリードリヒ大王〔プロイセン王、一七一二〜八六年〕は、その世継ぎたちに、利害関係のあるすべての地域に、必ずひとり、宿屋の主人を雇っておくように忠告した。[1]
宿屋の泊まり客たちの会話を聞いていればわかることのひとつは、住民の風紀や世評についてである。宿屋の女主人ラハブがヨシュアの斥候に語ったのも、そういうことであった——「ヨルダン川の向こう側にいたアモリ人の二人の王、シホンとオグに対してあなたがたが行なったこと、彼らを滅ぼしたことを聞いて、私たちは心がなえてしまい、もはや誰にもあなたがたに立ち向かう気力はありません」（ヨシュア記2：10～11）。その報告を聞いて、ヨシュアは、心理学的にエリコに攻撃を仕掛ける機が熟したことを確信したに違いない。実際のカナン征服には二つの波があった。攻撃の一番槍を務めたのはルベン族、ガト族、マナセの半部族の戦士たちで、彼らはすでにトランス・ヨルダンに定住を決めていた。彼らのあとからは家族を連れ荷物をもった多数のイスラエルの民がやって来て、征服されたどんな小さな場所でも住んで生活するはずであった。手順どおりに事が運び、既成事実が生まれたあとであれば、仮にカナン人が領土奪回のために攻めて来ても、今度は、イスラエル氏族は自分の新しいホームを守りたい気持ちがあるから、相手の攻撃を押し返すはずであった。

実際の軍事遠征が始まる前に、ヨシュアには、違反者を死罪に処する権限を含む絶対的指揮権が与えられた。彼の指揮権授与式に関する記述には、以下のような言葉が見られる。「あなたの口から出る言葉に逆らい、あなたがわれわれに命じたその言葉に聞き従わない者は、誰であれ殺されなければなりません。どうか、強く雄々しくあって下さい」（ヨシュア記1：18）。

それは、ヨルダン川渡河というイスラエルの運命を左右する決死的行動を眼前にして、イスラエル部族の長老たちが、彼らの選んだ指導者のヨシュアに、嫉妬心から自分の権利を主張しようとする一部の者たちに邪魔されることなく、しっかり任務を果してもらいたいという、健全な直感から発せられた言葉である。歴史のもっと後の段階になって、ローマ人も同様に、彼らの指導者にインペリウム（絶対的支配権）を授与した。イスラエルの王たちの恒久的権力や大権が、ヨシュアのイメージに従って民から選ばれた「士師《しし》」たちに賦与された一時的指揮権から発展したように、ローマの皇帝たちに与えられたインペリウムの永続性にもとづく大権も、もともとは戦時における最高軍事指導者に一時的に与えられた至上権が発展したものであった。モーセが神の霊感を授かった指導者——人びとに畏敬の念を起こさせ、彼が示す法に従わせるカリスマ性をもった数少ない歴史上の人物——の原型だとすれば、ヨシュアは、全イスラエルの集会で選ばれた最初の指導者であった。宗教的傾向のある人々なら、後のイスラエルにおける政治形体の発展の先がけとなるものがイスラエル部族のヨルダン川渡渉直前に生まれていた事実に、単なる偶然以上のものを感じるかもしれない。

エリコの陥落

実際のヨルダン川渡渉は、地震のおかげで容易にできた。

ヨルダン川を渡るために民は彼らの天幕をたたんで出立した……刈り入れの季節の期間中で、川の水が岸辺いっぱいにあふれているのに、川上から流れてくる川の水が、遠く離れたツァレタンの側にある町アダムのところで一つの堰となって留められた……そこで全イスラエルは干上がった川床を渡り、ついに民全員がヨルダン川を渡り終えた（ヨシュア記3：14〜17）。

アダム（現在のヨルダン川に架かるダミヤ橋に近いテル・ダミヤ）は、これまでに何度か、切り立つ川の両岸の軟らかい土壌が地震の結果大きく歪んで水の流れがせき止められる場所として報告されている。一二六七年、同様の堰止めが起きた結果、下流の川床が乾上がったとき、マムルーク朝のスルタン（君主）バイバルスは、現在のダミヤ橋の前の橋の土台を築くための時間を十六時間も節約することができた。その橋を通る道は後日、ムスリムが十字軍から聖地を奪還するために起こした軍事遠征の「動脈」の働きをした。より最近の事例として、ジョン・ガースタング教授〔考古学者〕は、一九二七年に「高さ四六メートルの岩壁がこの場所（ダミヤ）に崩れ落ちて川を堰止めたため、二一時間半もの間、川床から水が消えてしまった」と報告している。(2)

はたしてヨシュアは、ヨルダン谷における地震の状況についての知識をもっていて、少し前に始まった地震の余震がヨルダン川渡渉かエリコ攻撃のいずれか、あるいはその両方を容易にさせるだろうから、それを待って行動を開始しようとしたのかどうかについては、議論の余地のあるところである。いずれにせよ、大地が激しく揺れたとき、イスラエル部族の兵士たちは、行動開始の時が来たことを知った。驚くべき出来事が起きた。イスラエルの人びとは、神が彼らのために介入してくれたのだと思った。実際、それだけタイミングが良ければ、現代人だって奇跡だと思うかもしれない。

こうして、神は自分たちに味方してくれていることを確信したイスラエルの軍勢は、エリコを包囲した。

ヤハウェはヨシュアに言った……戦闘員全員が町をぐるりと行き巡るように。町を一巡りし、六日の間、このように行なうのだ。さらに七人の祭司が七本の雄羊の角笛を携えて箱の前を進み、そして、七日目にはあなたがたは町を七周しなさい。それから祭司たちは角笛を吹き鳴らすように。あなたがたは長々と吹き鳴らす雄羊の角笛の音を聞いたなら、軍勢は皆大声で鬨の声をあげよ。そうすれば町の城壁は崩れ落ちる（ヨシュア記6：2〜5）。

ヨシュアは、細心の注意を払いながらその命令を実行に移した。聖書の記述によれば、「……城壁は崩れ、軍勢はそれぞれ自分の前の所から町に突入した。そして、彼らは町を攻め取った」（ヨシュア記6：20）。

研究者たちはこれまで、エリコ征服の「合理的」解釈を試みてきた。そして、攻囲者たちは全員で調子を合わせて地面を強く踏み鳴らしながら町を七周したところ城壁の一角が崩れ落ちたとするものから、イスラエル軍がいっせいに角笛を吹き鳴らし鬨の声をあげたその衝撃で城壁が崩れたとするものまで、多くの奇想天外な説が提示された。より現実的なものとして、ヨシュア時代のエリコの城壁は劣化が進んでいたのに住民は補修を怠っていたに違いないと考え、それの考古学的証拠を探す努力がなされた。見つかったのは、より古い時代の塁壁の廃墟であり、エリコの住民たちは新しい城壁を建てることもせず、急いで（?）応急処置をしただけであった。ひょっとして、ヨルダン川が川床を見せるほどの地震が起きたときに、もともと脆かった町の城壁も崩れたかもしれないが、やはりその種の説明では、エリコ征服の十分な説明にはならない。残念ながら、ヨシュアが生きた後期青銅器時代のカナンのエリコの城壁は、大部分、アハブ王の治世〔前九世紀半ば〕にベテル人ヒレルが修復工事を行なう前に流されてしまっていた。そのため、エリコの遺丘においてなされた三つの大規模な考古学的発掘によっても、ヨシュアによる征服当時のエリコの城壁の存在を証明するのに十分な証拠は得られなかった(3)。

この謎を解くためには、物的証拠を探すよりも、古代人の軍事的技巧や戦術と比較するほうがよさそうだ。一世紀末にローマのセクトゥス・ユリアヌス・フロンティヌスが著した戦術についての書物にこう記されている——

グナエウス・ポンペイウスが、あるとき、対岸に布陣した敵軍に渡河を阻まれたとき、彼は自分の軍隊を率いて陣営から出てはまた戻るという行動を繰り返し行なった。そして、ついにその行動に見飽きた敵軍が、ローマ軍が進もうとした前の道路の監視を緩めたのを見た彼は軍を一気に突進させ、渡河を成功させた(『統帥術』I・IV・8)。

実際、われわれには生来この策略にかかりやすい傾向がある。イスラエルの全軍は、威儀を整え、エリコの町のまわりを粛々と行進し、それを六日間繰り返した。そして、エリコの住民は、六日間、武器を手にして塁壁に立って身構えた。最初は、行進をくり返す敵軍とその先頭にたつ祭司たちがいつ攻撃を仕掛けて来るか、いつどんな魔術を行なうのかわからないため、非常に落ち着かなかった。しかし、最初の恐怖心や不安が薄まると、エリコの住民は、イスラエル人の奇妙なパフォーマンスにも慣れて気が緩んできた。まさにイスラエル人が、今やだれもが慣れてしまったパフォーマンスを開始してから第七日目になったとき、黙々と続けられていたイスラエル兵士の行進は、突然、凶暴な攻撃に変った。茫然自失で恐怖におちいったエリコの防衛兵たちの士気が戻る前に、イスラエル兵は、あるいは城壁をよじ登り、あるいは最近の地震で壊れたのを大急ぎで一時しのぎに塞いであった場所を破って突入し、「……市内にいる者たちをことごとく剣の刃にかけて滅ぼした」。

敵がこちらの軍事演習に徐々に慣れてきて思わず油断したところを攻める、騙しの戦術が成功した例は珍しくない。一九一六年イギリス軍は、シナイ半島のロマニにおいて、その手を使って相手のトルコ軍とドイツ軍に誤った判断をさせた。[4] より最近の例では、一九七三年十月の中東戦争が勃発する前のエジプト軍とシリア軍が、同じ戦術でイスラエル軍を騙した。彼らが、軍を動員して運河や国境に橋を渡す訓練をするだけでなく、イスラエル国境に攻撃を仕掛ける演習を何度もくり返しているうちに、それに慣れたイスラエル人たちはすっかり油断してしまったのである。

アイ作戦

エリコの占拠は、イスラエル人にとり、ヨルダン川西岸における最初の真の足がかりとなった。ヨシュアの次の目標は、ユダ山地への侵入であった。彼は、透徹した戦略的洞察から、ヨルダン川西岸地域にヘブライ連邦を樹立するには、中央のユダ山地の占拠が重要であると考えた。ユダ山岳地帯は、軽武装のイスラエル人にとって、重装備のカナン軍に立ち向かい、その攻撃をかわす上での重要な天然の要塞になり得る。ヨシュアは、もしイスラエルの歩兵が広い平地でカナンの戦車部隊と衝突したらどんな結果になるか、よくわかっていた。他方、戦いの場を山岳地帯にすれば、その地勢的条件そのものが、重装備のカナン軍の自由な展開を阻むに十分であり、しかも軽装備のイスラエル軍は、忍び込みの〝ステルス技術〟、抜け目なさ、大胆さ、機動性といった得意技で自分たちの欠点を補うことができる。さらに、山地には村落がまばらにしか見られず、イスラエル人にとって地歩を固め集落を作るのに都合がよかった。それに対し、人口が密集し、強力な要塞都市が点在する平地を制圧するチャンスはほとんどなかった。

ヨシュアとしては、当時カナンは依然、ファラオのエジプト帝国の一部とされていたから、エジプトが介入してくる可能性も計算に入れておかなければならなかった。ナイル川中流のテル・エル＝アマルナで発見されたファラオ・アメンホテプ四世（アクエンアテン　前一三九一〜一三五三年）の文書によると、カナンの住民や同地のエジプトの役人たちが、救援の軍隊の派遣をファラオに要請したところ、いずれも返事を先送りにされてしまった。ヨシュアがそうしたエジプトの外交的やりとりに内々通じていたわけではもちろんないが、しかし彼は、実際の状況を的確に判断していた。機は熟しており、イスラエルの征服が山地に限られ、平野部やエジプトとシリアを結ぶ主要交易路のヴィア・マリス（海の道）、つまりエジプト帝国にとっての戦略的ライフラインに手を出さない限り、エジプトが介入してくる危険性はほとんどない、と読んだ。(5)

西の山岳地帯に深く入り込むための戦略の第一段階として考えられたのは、ギブオン人と同盟を結ぶことであった。ギブオン人自身、たぶんエルサレムの北の分水嶺付近に定着してからまだ日が浅く、さまざまな困窮に直面していた小部族連合体であった。彼らの主要な町は、エルサレムの北西八キロの地点に位置するギブオン（現在のエル＝ジブ）であった。聖書の記述では、イスラエルがギブオン人と接触を図ったのはあくまでもアイの占拠のあとになっているが、ヨシュアが〔ギブオンに近い〕ベテルの領土を最初の攻撃目標に選んだことに加え、聖書テキストの批判的分析結果からも、イスラエル人とギブオン人の最初の接触は、アイ攻略のための必要条件として、おそらくエリコ征服後に行なわれたに違いない。

このように、ヨシュアは、自分が選んだ軍事作戦の舞台の後方の安全を確立すると、目標のアイについての、あるいはおそらくさらにベテル周辺の土地についての、必要な情報の収集を開始した。ベテルは、ギブオン人に属するベエロト（現在のラマッラ近くのエル＝ビラ）から遠くない場所に位置し、何本かの小道を通ってユダ山地の分水嶺に向かう坂道を見張る戦略的に重要な町である。斥候が持ち帰ったベテルについての報告は、ヨシュアにその町の攻撃を思いとどまらせるものであったに違いない。ベテルは防備の固い町だったからである。実際、ベテルそのものを攻撃する必要はなかった。というのは、場所的に分水嶺の端の坂道を事実上支配していたのは、ベテルそのものではなくアイだったからである。(6)

アイは、その昔、非常に堅固な要塞都市として栄えたが、それはヨシュアより一三〇〇年も前の時代であった。ヨシュアの時代のアイについては、二つの可能性が考えられる。つまり、少し前にふたたび入植が始まったが、かつて威容を誇った防壁の再建工事はいまだなされていなかったか、あるいは、アイのヘブライ語名「ハ・アイ」（定冠詞付き「廃墟」の意）に暗示されているように、町は依然としてまったくの放置状態で人は住んでいなかったかのいずれかであった。発掘結果は、後者の可能性をより強く推している。というのは、新しい居住層はカナン征服後のイスラエルの文化の特徴を示しているからである。発掘の最終報告が出ていないため、この問題についての最終的結論は控えなければならない。もし、後者の見解が正しい場合、聖書の記述（ヨシュア記7〜8章）から、エリコ陥落を知ったベテルの住民は、イスラエルの次の目標が彼らの町であることを察知し、坂道を上ってくるイスラエル人の機先を制するため、ベテルから見ると「死角」の位置にあるアイに前哨基地を築こうとしたのではないかという推測が成り立つ。

斥候のベテルについての評価とは異なり、諜報員たちのアイに関する報告の内容は楽観的であった（ヨシュア記7：3〜4）。諜報員たちは、アイが廃墟になっても依然防衛の前哨基地として潜在的価値を備えていることに気づかず、指揮官のヨシュアに、二千人か三千人の兵士があればアイは容易に攻め取れると進言したのである。この段階で、ヨシュアは、成功を重ねて自信過剰になった将軍の多くが犯すのと同じ誤りを犯し、敵の力や可能性を過小評価した諜報員の助言に従ってしまう。結果は、あとから考えると、完全に予想できたはずであった。事実、「イスラエルの軍勢の三千人がそこに攻め上ったが、彼らはアイの者たちの前から逃げ去った」（ヨシュア記7：4）。

この戦術上の退却は、厳しかったが、大きな災難をもたらすまでには至らなかった。それよりもっと危険だったのは、退却がもたらす心理的影響とその予見できる結果であった。イスラエル人は自分たちの勇気と能力に対する自信を失っただけでなく、イスラエルが向かうところ敵なしの神話までが崩れそうになり（「カナン人やこの地の住民たちは皆このことを聞くだろう」（ヨシュア記7：9））、弱気になっていた相手側の戦意は再び高揚しようとしていたからである。このときのヨシュアがとった行動は、かのナポレオンの言葉、「偉大な指揮官の気質は逆境において証明される」が正しいことを証明した。

ヨシュアは、相手は勝利して自信を強めている違いないから、それを逆手にとって、直ちにもう一度攻撃を仕掛けることを決断した。そのときの作戦はこうである。（1）イスラエルの全部族の兵士を用いる。（2）イスラエルの主力部隊はアイの要塞に対し、失敗に終わった最初の攻撃と同じような正面攻撃を仕掛けたあと、わざと「敗走」を開始し、アイの守備隊を要塞の外におびき出す。（3）イスラエルの精鋭部隊を、夜陰にまぎれて要塞の背後に待機させておき、「敗走」するイスラエル兵の追撃で手薄になったアイ要塞を攻撃して占拠する。（4）おびき出され罠にはまった敵軍を、イスラエルの主力部隊とアイを占拠した部隊とで挟撃する。（5）その戦闘が開始される前に、ベテルからの支援部隊がイスラエルを背後から攻撃するのを阻止するため、強力な「牽制部隊」を主要拠点に配置しておく。

戦闘の最中、指揮官は最も重要な決定や判断がなされる場所にいなければならない。ヨシュアは、正しくも、指揮官にとって最も困難な任務は、いかに敵にフェイントをかけ、イスラエルの主力部隊

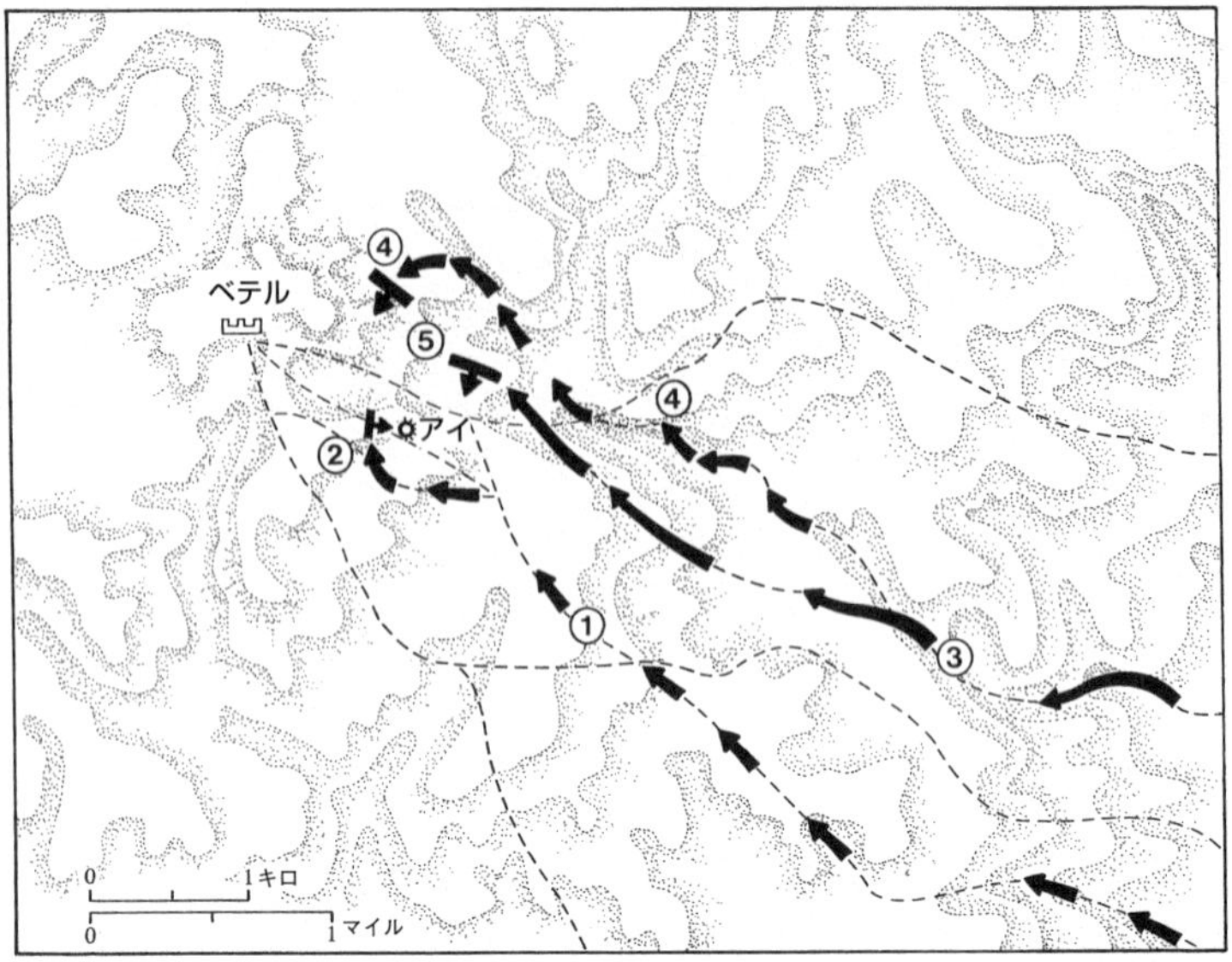

地図2：アイの征服（局面1）

1 主力部隊が攻撃を開始する前に、伏兵はアイ要塞に向かって進む。
2 伏兵、アイの西側で配置につく。
3 主力部隊、中央の山道沿いに移動し、真夜中に上り始める。
4 ベテルから来る敵の支援部隊の動きを封じるため、こちらの主力部隊から「牽制隊」を編成して送り出す。
5 主力部隊、アイの北側に展開する。

の「敗走」が本物だと思わせるかにある、と判断した。まず、イスラエル主力部隊は、命令を受けたらすぐ一斉に攻撃をしかけなければならない。第二に、この主力部隊が攻撃から「敗走」に転じるタイミングを誤ることは絶対に許されない。この二つの行動の組み合わせこそ、この戦いにおいて最も難しい作戦であった。そこで、ヨシュアは、自分がイスラエルの主力部隊の指揮を執ることにした。戦いの晩、精鋭部隊をアイ要塞の背後に配置するように送り出すと、イスラエル軍の陣営の中に入って自らの存在を示すことで兵士たちの士気を高めた。イスラエル軍のキャンプがどこにあったにせよ、アイ要塞に向かって（ワディ・ムヘイ

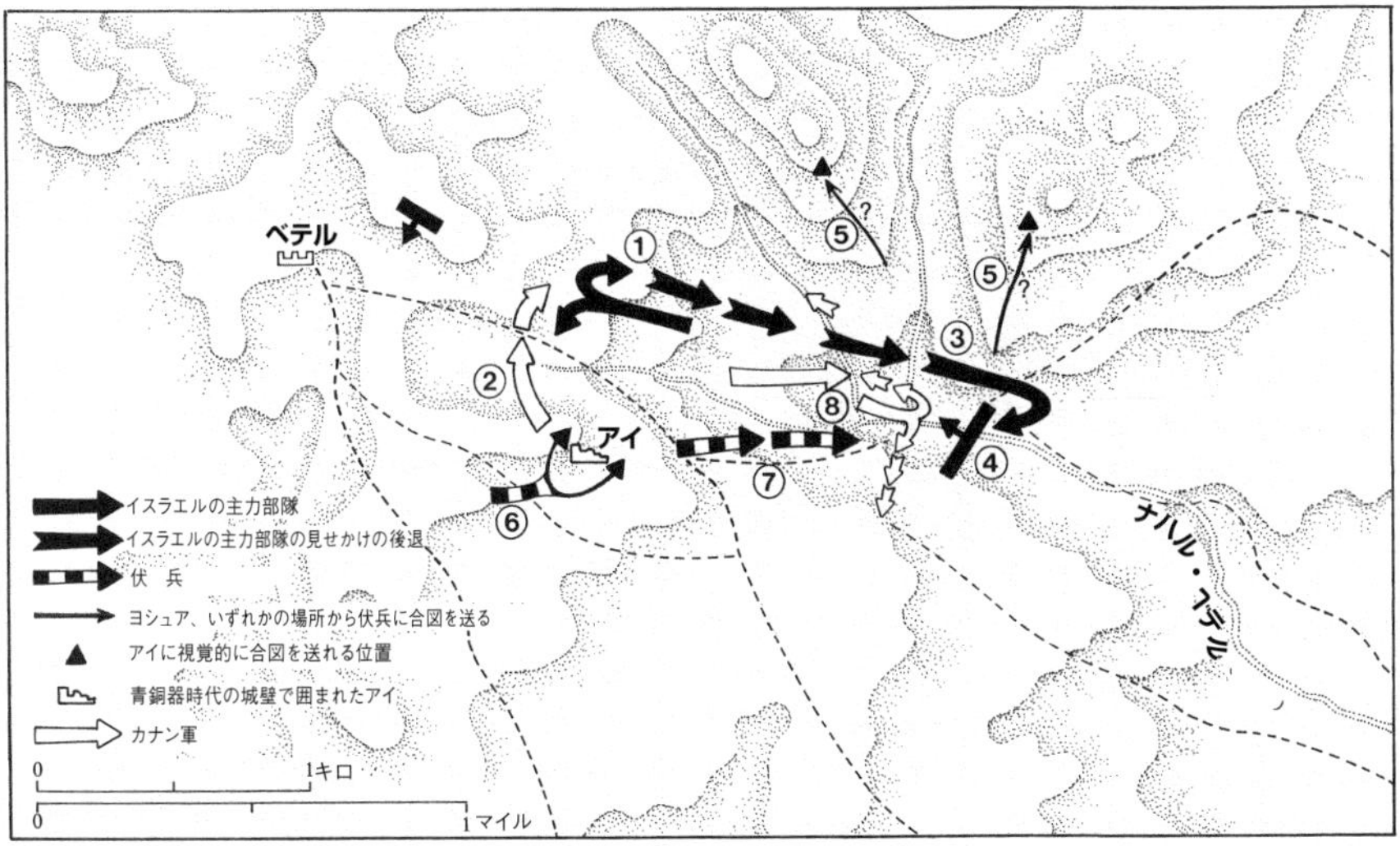

地図3　アイの征服（局面2）

1　牽制部隊を位置につかせたまま、ヨシュアはアイに向かって示威行動をし、わざと後退を開始する。
2　カナン軍はヨシュアの後退におびき出され、追撃を開始する。
3 & 4　ヨシュアは後退を止め、兵を旋回させて敵軍に立ち向かう。
5　ヨシュア、伏兵部隊に合図を送る。
6　伏兵、アイの町を占拠する。
7　伏兵部隊、カナン軍を背後から攻撃する。
8　前後から攻められたカナン軍、潰走する。

スィンの支脈か平行する尾根かのいずれかを通って）山を登って行くのに六時間はみておかなければならない。攻撃開始予定時刻は、ベテルからの敵の救援部隊の動きを止めるために派遣されたイスラエルの牽制部隊が目指す北西の戦略的拠点を占拠したあと、「正午」と決めた。

イスラエル主力部隊は攻撃を開始し、ヨシュアの指揮に従って敵にフェイントをかけ、頃合いを見計らってから撤退を開始した。ヨシュアの思惑通り、「……アイの町の中にいた全軍が、彼らを追撃し、町からおびき出された」（ヨシュア記8：16）。町からおびき出されたアイの守備隊が、イスラエル軍を追撃してワディ・ムヘイスィンの

上　アイの町があった丘　イスラエルの伏兵が配置についたベテル山麓から眺める。アイの左方に見えるのは、ヨシュア率いる主力部隊が展開した丘。

下　ギブオン　たぶんヨシュアが陣を張った南からの眺め。古代のギブオンの町は、現代のギブオン村の東の丘にある。

急坂を駆け下りてくると、ヨシュアはすばやく近くの坂を駆け上り、アイに向かって槍を差し伸べた。それを合図に、伏兵は立ち上がり、開け放しになった町に突入して占拠し、直ちにそれに火を放った。[7] 同時に、ヨシュアは、自分の部隊を一八〇度旋回させた。事態の急変に驚いたアイの追撃兵たちが気を取り戻したときには、すでにアイを占領したイスラエルの精鋭部隊が背後から攻撃してきた。明確には記されていないが、ベテルからの救援軍を食い止めるために派遣されたイスラエル兵の少なくとも一部は、この急坂において、まちがいなく死に物狂いで戦う敵兵たちとの乱闘に加わったのではないかと思われる。しかし、敵兵の運命は決まった。後の歴史家の表現を借りれば、彼らのうち生き残った者や落ちのびた者はひとりもいなかった。

ユダ山岳地帯に対する攻撃

アイ陥落の報を耳にしたヨルダン川西岸のカナン人の支配者たちは、いっせいに警戒を強めた。そのなかでもユダ山岳地帯を支配していた小国の支配者たちの反応は早かった。ヨシュアとギブオン人の同盟は、アイにとってと同様、彼らにとっても大災難であった。

エルサレムの王アドニ・ツェデクは、ヘブロンの王ホハム、ヤルムトの王ピルアム、ラキシュの王ヤフィア、そしてエグロンの王デビルに使者を送って言った、『私のもとに上り、私を助けよ。そして共にギブオンを攻撃しよう。ギブオンがヨシュアとイスラエルの子らと同盟を結んだからである』。そこで、アモリ人の五人の王たち、エルサレムの王、ヘブロンの王、ヤルムトの王、ラキシュの王、エグロンの王は、その全陣営を率いて結集し攻め上った。彼らはギブオンに向かって陣を敷き、これを攻撃した（ヨシュア記10：3〜5）。

カナン人の王たちの同盟軍結成は、予想以上に早く実現した。救援を求めるギブオンの使者が、ギルガルの陣営にいるヨシュアのもとにやって来ても、ヨシュアは動揺しなかった。ヨシュアは、ギブオン人を見殺しにすれば、ヨルダン川西岸に築いたばかりの自分たちの拠点を間違いなく失うことになると思った。

ヨシュアはただちに戦いの準備にかかった。イスラエル兵は、敵の監視の目を避けるため、夜間に二十四キロの道を進み、無事ギブオン地域に到着した。起伏に富み、木が生い茂り、村もまばらな地勢は、ヨシュアの兵士たちが身を隠すに十分であり、たぶんヨシュアは彼らに必要な休息をとらせるとともに、迫る戦闘への準備をさせたであろう。その間、ヨシュアは、ネビ・サムエル（マカベア時代のミツパか）[8]または近くの丘から、初めて目指す対象の偵察を行なった。そして、ギブオン人が住む町は快適そうな山間に位置し、周囲の山頂からよく見えることがわかった。アモリ人の同盟軍はギブオンの攻囲にとりかかっていた。彼らの陣営はたぶん、谷にある井戸や泉のいずれかからあまり離れていない場所にあった。

アモリ人は、彼らの背後に敵が来ていることに少しも気づかず、敵の不意打ちを防ぐ遮蔽部隊を周囲に送ることも怠ったため、ヨシュアの奇襲はみごと成功した。ヨシュアの兵士たちは山を駆け下りる形で攻撃したため、彼らの攻撃力と破壊力は一段と増した。さらに攻囲されたギブオンの町からくり出された新しい戦力がそれに加わったため、アモリ軍は完全に混乱におちいった。

アモリ軍の兵士たちは、ベト・ホロンの峠に沿って敗走を続けた。ベト・ホロン峠は、この国の後の歴史において、戦時平時を問わず、ユダ山地への主要な入口として重要な役割を果たした。このときイスラエル軍兵士たちは驚くべき肉体的強靭さを示した。五八〇メートルを越える高い位置にあるギブオンまで、二十四キロの上り坂を夜通し歩き続けたあと、まもなく攻撃を開始した。戦闘がどのくらいの時間続いたか、正確に知ることはできないが、敵が敗走しはじめても気をゆるめず、追撃した。

アモリ人の軍を急襲するヨシュア　太陽は、ヨシュアの求めに応じて、町の背後で留まっている（ヴァティカン図書館所蔵ヨシュア記巻物の挿絵。8世紀）

ヨシュアはヤハウェに語り、イスラエルの目の前で次のように言った、

「太陽よ、ギブオンの上に留まれ。月よ、アヤロンの谷の上に留まれ」。

するると、太陽は留まり、月は止まった。国民がその敵に報復するまで。

これは『ヤシャルの書』に記されているではないか。太陽はまる一日の間、天の中空に留まり、急いで没することがなかった。この日のように、ヤハウェが人の声を聞かれたことは、後にも先にもなかった。ヤハウェが、イスラエルのために戦ったからである（ヨシュア記10：12〜14）。


この一節をヘブライ語原文で朗唱したときの文学的美しさを、たとえば英語の翻訳で完全に感じ取るのはむずかしい。しかし、それでも、われわれは、勇猛にして信頼に足る指揮官ヨシュアが、勝利に頬を紅潮させせながらも冷静に、ここでアモリ軍を徹底的に打ち負かしておかなければ、せっかくの勝利も水泡に帰すことになると思って懸命に追撃を続ける姿を心に描くことができる。

戦いに勝ったはずなのに実を奪われてしまったというケースがこれまでの戦闘で数多くあった。その原因はいずれも、あきらかに勝利者がせっかく得た勝利をちゃんと活かす能力に欠けていたからである。スウェーデン軍の将は、リュッツェンの戦い（一六三二年）で勝利したのに、そのあと神聖ローマ皇帝軍のヴァレンシュタインが無事撤退するのを許してしまった。英国のウェリントンは、タラベラ・デ・ラ・レイナ〔スペイン中部〕の戦い（一八〇五年）でフランス軍を破ったあと、フランス軍が整然と撤退して軍を建てなおす機会を与えてしまった。ナポレオンも、一八一五年のリニーにおけ

弓に弦を張る兵士　弓幹(ゆがら)の柔軟性が失われないように、使用しないときは弦をはずしておく。下図は、さまざまな素材で補強された**弓幹**。

る戦いでブリュッヒャー率いるプロイセン軍を破ったにもかかわらず、二日後にこの老将軍が連合軍を立てなおしてワーテルローに現れるのを許し、そのすぐあとにナポレオン自身が敗北を味わうことになる。(9) したがって、現代の軍事教科書は、戦場で勝利をおさめたあと、それを完全に活かすため、軍隊の配置や方法をどうするかなどを、すでに作戦段階から教える。

新しい兵力を補給するのがしばしば困難だった古代においては、戦勝をさらに活かすものは、まさに戦闘で勝って戦意が高揚している兵士たちがふりしぼる気迫と体力であった。

ヨシュアの場合、重要なのは、月がまだ西（アヤロン谷の方角）に見えていて、東（ギブオンの方角）から上ってくる太陽の強烈な日差しを浴びないうちに、最大限、勝利を自分たちのものにしておくことであった。言い換えると、ヨシュアは、日がまだ高くならないうちに、敵が狭い峠道を一列縦隊で進んでいるあいだに粉砕してしまわなければならなかった。しかも、イスラエル兵は、昨日は夜通し行軍したあとに、日中の戦闘があり、さらに夜になっても逃げる敵を十八キロも追ってきたのであるから、体力は文字通り限界状態にあった。

ヨシュアは祈った。彼の兵士たちは追撃を続け、敵に休む時間を与えな

アヤロン谷　ヨシュアがアモリ人を破った場所であり、のちの士師時代からハスモン王朝時代までのさまざまな戦闘が行なわれた場所でもある。

かった。そしてついにアモリ軍は四散した。ヨシュアは、アヤロン谷にひんぱんにかかる朝靄の効果をうまく戦闘に活かしたのかもしれない。鎧を着けない軽装備のイスラエル兵たちは、薄闇を潜って敵を追撃し、靄が消えると月と太陽がぼやっと顔を出す中を突き進んで行ったと考えられる。

カナンの王たちとの最後の戦闘は、アヤロン谷からカナン人の要塞のあるアゼカにかけた地域を舞台にくりひろげられた。アゼカ要塞は、のちにユダ王国の重要な要塞のひとつとなった。総合すると、イスラエルの戦士たちは、四五時間から四八時間の間に、およそ四八キロの距離を移動し、そのうちの三分の二以上が戦闘に費やされたことになる。

アモリ人の最初の脅威が去ると見るや、ギブオンの農民たちは大挙して、敗走するカナン人を痛めつけたに違いない。聖書にある、天から大きな石がカナン人の上に降ってきたという記事から、多くの類例が思い出される。ほんの一例をあげれば、スイス人と戦ったオーストリア軍（一三八六年）やブルグント族（一四七四〜七七年）、また一八〇九年にティロル人の抵抗運動を鎮圧しようとしたフランス軍のいずれもが、山道を一列縦隊で撤退しつつあった時、地元住民が上から次々と落とす大きな石に潰されて死んだり重傷を負ったりした。戦いが長びくのは、こうした住民たちによる執拗な襲撃があるからである。相手側の事情あるいは単に兵士たちの疲労から、イスラエル軍とカナン同盟軍のいずれの側も、一度ならず戦闘休止に追いやられたに違いない。

他方、カナン軍を襲ったのは住民が上から落とす石ではなく、雹《ひょう》の大降りだったとしても、急いで退却するカナン軍兵士たちにとっては災難であったろう。身を隠すところがないユダ荒野で激しい雹の嵐に出くわした経験のある者はだれでも、その破壊的力がどれほどのものか理解できるはずである(10)。

ガリラヤの支配者たちとの戦い

ヨシュアがユダ地方におけるカナン人の反撃をはね返したあと、イスラエル諸部族は、人がまばらにしか住んでいない山地への入植を開始した。ヨシュアの戦略の矛先はユダ中央部からあらゆる方向に向けられ、聖書の語るところによれば、中央山岳地帯およびその西山麓の完全征服、さらには北のガリラヤ地方の征服もみなヨシュアの指揮のもとに行なわれた(11)。

聖書の記述によると、ヨシュアは、北ガリラヤにおける最大都市ハツォルの王ヤビンが率いる北

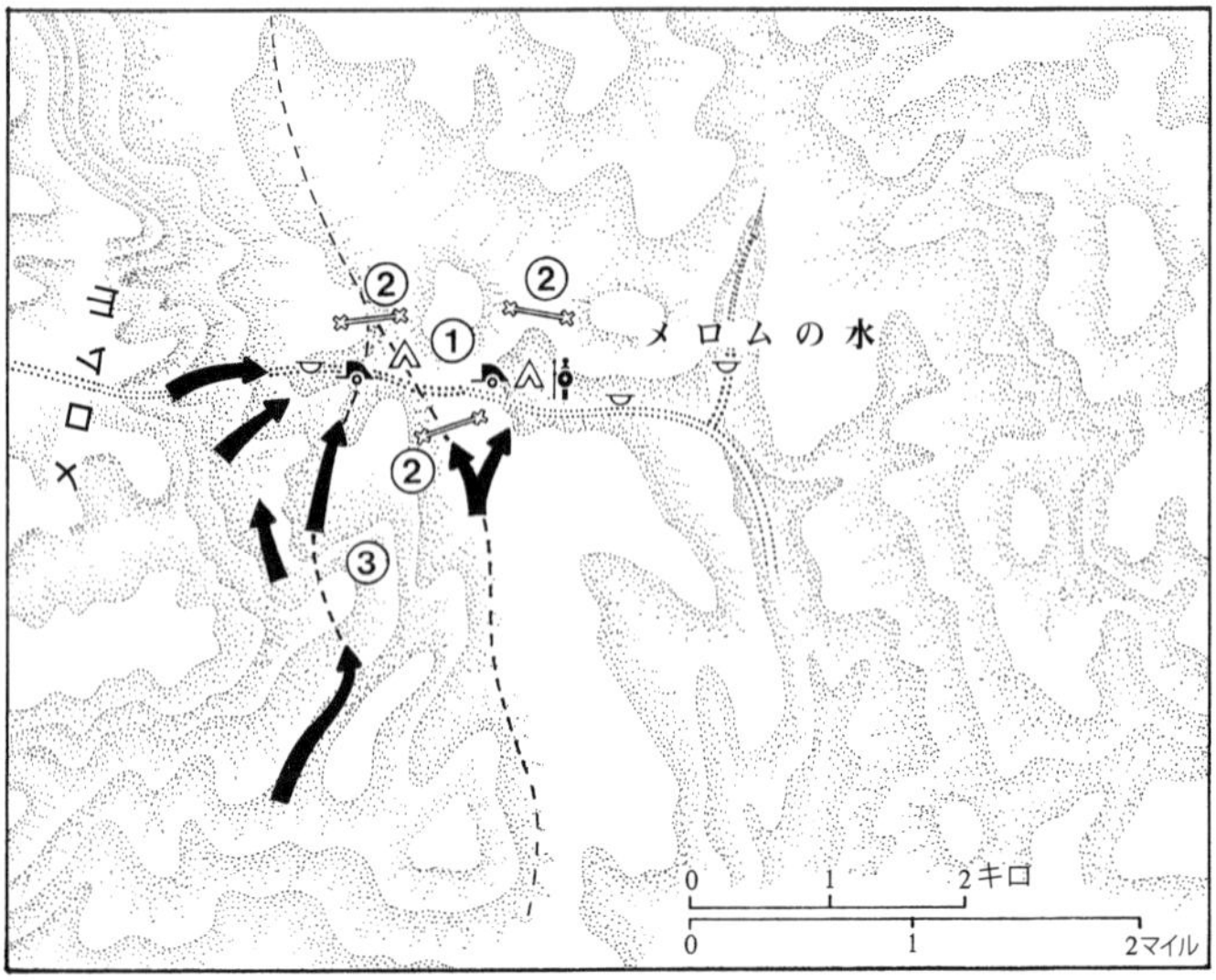

地図4 「メロムの水」の戦い

1 カナン連合軍は、充分な水補給ができる離れた場所に戦車隊を集結させる。
2 敵軍の接近をくい止めるためにカナン軍が兵士を配置していたと思われる場所。
3 ヨシュア、メロム山の斜面に沿って奇襲をかける。

部カナン都市連合の軍と「メロムの水」のほとりで戦い、これを打ち破った。

　これらの王たちは皆連合して進み、イスラエルと戦うため、メロムの水のほとりに共に陣を敷いた……そこで、ヨシュアは全軍を率いてメロムの水のほとりにいる彼らを急襲した。ヤハウェは、彼らをイスラエルの手に渡したので、彼らは襲いかかり、彼らをシドン・ラバおよびミスレフォト・マイムまで、また東はミツパの谷間まで追撃し、彼らを撃って一人も生き残らせなかった。ヨシュアは、ヤハウェが彼に語った通り、彼らに行ない、彼らの軍馬の足の筋を切り、彼らの戦車を火で焼き払った（ヨシュア記11：5、7〜9）。

これは、馬が引く二輪の「戦車《チャリオット》」がヨシュアの戦いの記事に登場する最初の例である。現代の装甲車の先がけというべきこの「戦車」は、前十七世紀にヒクソスによって導入されて以来、しだいに戦闘における主要武器として使用されるようになっていく。戦車の戦術上の使用は、多くの点で中世における騎兵の使用に似ていた。しかし、重い鎧を着て騎乗する中世の騎士たちが主として衝撃力に頼っていたのに対し、聖書時代の戦車は、それを操縦する兵の横に弓や槍をもつ戦士がいて、衝撃力と火力を合わせ持つという点で、むしろ現代の戦闘用乗物に似ていた。当時戦車を操縦して戦ったのは、カナン人社会の特権階級を構成していた「マリアンヌ」たちで、彼らは中世の騎士たちのように、多くの時間を軍事訓練に費やすことができた。(12) したがって、彼らがカナン軍の主力戦闘部隊であり、残りは歩兵であった。

もしイスラエル部族の兵が広い平地でカナンの歩兵部隊と正面からぶつかっても勝てないのであれば、さらに戦車部隊を加えた敵を相手に普通の戦法で戦って勝つ公算などまったくなかった。ギブオンの山地での戦闘の記事に南部カナン連合軍の戦車部隊が登場しないのは、彼らは山地で戦うために戦車を山麓に置いてきたためと思われる。他方、ヨシュアが夜明けの時の遅延を必死に祈ったのは、敵の戦車部隊との衝突を恐れたからであろう。

だが、北部のカナン連合軍に対する戦いでは、戦車部隊との衝突を避けるわけにはいかなかった。しかし、相手の戦車に対しこちらも戦車で対抗するということもできず、せめて対戦車戦術に熟達した部隊がいればと思うが、それも叶えられることではなかった。そこでヨシュアが考えついたことは、その後のイスラエルの軍事指導者たちのために先例になるものであった。彼は、カナン軍がメロムの小川が流れる狭い谷間に陣幕を張ったところを急襲すると決め、それまでじっと待った。戦車を展開するスペースがなければ、戦車は無用の長物にすぎない。馬たちが水を飲む前や、飲み終えたあともしばらく装具をはずされているときは、戦車はただの障害物にしかならなかった。装具を着けた状態でパニックにおちいった馬は、近くにいる歩兵の隊列まで危険におとしいれる。

こうしてヨシュアは、敵の戦車が馬をはずされて一時的に無力状態にあるのを見ると、ただちに命令を下した。イスラエル兵は一気に山を駆け下りて敵陣を攻撃した。ヨシュアは、またもや完璧な勝利をおさめた。今回の奇襲はたぶん、攻撃のすばやさ（スピード）に劣らず、徹底した隠密行動（〝ステルス技術〟）が功を奏したのであろう[13]。

カナン連合軍が、イスラエル人のヨルダン川西岸の占拠を許さないため、そして特により緊急の問題として、彼らのガリラヤ侵入を食い止めるために、「メロムの水」の谷を集結場所に選んだのは正しかった。すでにパレスティナの地勢について語ったときにも触れたが、上ガリラヤ地方の主要交通網はすべてメロム山に集中しており、この軸頭から三六〇度、パレスティナの全方角に向かって幹線道路がのびている。そのため、メロム山は、北部ガリラヤのカナン連合軍のすべての王とその軍にとって格好の集結場所であった。さらに、そこからであれば、カナン軍はどの方向に向かっても攻撃が容易であったし、ヨシュアが先制攻撃を仕掛けるのはきわめて困難であった。

それはヨシュアの直感によったのか、それとも、聖書記事が語るように、彼の緻密な計算と先見の明によったのかはともかく、残された道はただひとつ、敵の機先を制する以外になかった。こうして、カナン軍がまだ攻撃準備を完了しておらず、より広い平野部に出て戦列を整える前に、ヨシュアは、先制攻撃の祖型ともいうべき、電光石火の攻撃を仕掛けて成功したのである。

ヨシュアは敵の戦車を捕獲したが、それを使用するすべがなかったため、それを引く馬とともに滅ぼす以外になかった。これは、各部族から集めた戦士からなるイスラエル軍を、技術や管理の面でカナン軍と比較したときの、イスラエルの後進性をよく示している。イスラエル人が戦車をよく扱えるようになるのは、ダビデの治世後期になってからである。カナン征服時代のイスラエル軍のもうひとつの弱点は、攻城技術というものをもっていなかったことである。「丘のうえにたっている堅固な町々〔要塞都市〕のすべてをイスラエルが焼き払ったわけではなかった」(ヨシュア記11：13)。

これら二つの弱点のゆえに、イスラエル人はまず山地の征服に力を注ぎ、それから徐々に平野部へ下って行った。この戦略は次の記事からも明らかである。

ヨセフの子らは言った、「充分な山地は、われわれは見いだせません。しかも谷間に住んでいるすべてのカナン人には鉄の戦車があります」。ヨシュアは、ヨセフの子らに語って言った、「…

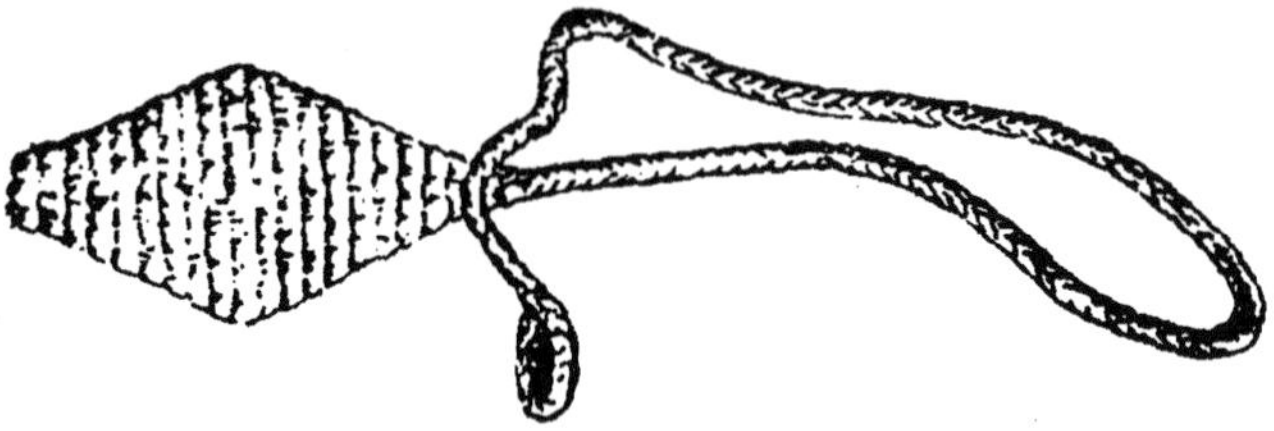

エジプトで発見された投石道具（前８世紀） 元来、もう１本左にもロープがついていたが、失われている。真ん中の菱形の布に石を挟んで、二本のロープの端を片手で持って頭上で振って勢いをつけながら、目標を定めて、片方のロープを放す。

山地をあなたのものにするがよい。そこは森林地域であるが、［人が住んでいないので］あなたがそこを開墾し、森の末端まで自分のものとせよ。カナン人には鉄の戦車があり強いが、［これらの地域では戦車は使えないので］追い払うのだ」（ヨシュア記17：16～18）。

現代の研究者たちは、ヨシュアはガリラヤ征服にかかわらなかったと理解する。たしかに、このパレスティナ北部の征服はヨシュアの次の世代、あるいはさらにその次の世代が、ヨシュアの業績をもとに、それをさらに発展させる形で達成したと見ることは可能である。もしそうだとしたら、ガリラヤ征服を実現させた指導者の名前は、後の年代記においてヨシュアの卓越した名声の陰に隠れて見えなくなってしまったに違いない。いずれにせよ、これらの征服の記述がもつ軍事的意味は同じであり、それらに対して上に述べた評価も変らない。

「メロムの水」のほとりの戦いは、後述のデボラの戦いのあと、その付録として行なわれたか、あるいはイスラエル人とカナン人の間で起きた同じような戦いの出来事をめぐってその後紡がれた英雄物語《サガ》であったとする見方についても、かなりの議論が続けられてきた。[14] 聖書の記述では、ヨシュアと戦ったハツォルの王の名前とデボラと戦ったハツォルの王の名前がともに「ヤビン」であるだけでなく、いずれの場合も、ハツォルの王が反イスラエル連合軍の長となっているのは、聖書の記述の曖昧さを示す証拠であるとされてきた。考古学的発掘結果も、これらの議論に決着をつけるものではなかった。とはいえ、ハツォルを発掘したヤディン教授によれば、ハツォルはヨシュアによって破壊されたが、さらにデボラの戦い後にも破壊されたことを示す証拠がある。われわれが見るに、ハツォルがヨシュアまたは初期イスラエルの別の指導者によって破壊されたことを否定する明確な考古学的証拠がない以上、ハツォルがかかわる二つの戦いの順番を変える必要もなければ、両者を一つの出来事としてまとめる必要もない。以下で見るように、デボラの戦いがメロムの水のほとりの戦いの続きとして起きたことは、容易に理解できる。さらに、二つの異なる戦いの記事に登場するヤビンを同一人物とみなす必要もない。彼らは同じ王朝の出で異なる時期にハツォルを統治した王と見ることができる。[15]

もしヨシュアの指導力について最終的評価を下すとすれば、歴史上の偉大なリーダーの中でも彼は上位に位置する人物と見なさなければならない。彼の戦略上の洞察力の鋭さはたびたび証明された。たとえば、エリコを最初の攻撃目標にしたことがそうであり、その平野からギルガルまでの地域をヨルダン川西岸征服の前哨基地として征服したこと、ギブオン人と同盟を結び、ギブオンが南部カナンの同盟軍に包囲されると聞くや直ちに救援に駆けつけ、ユダ山地に築いたばかりの戦略的拠点が失われないようにしたことがそうである。後者は、政治的目的のために軍事と外交の両方の能力が発揮されたよい例でもある。

ヨシュアは、アイに対する最初の攻撃の失敗が招いた危機状況においても強靭な精神力を見せた。特に、イスラエルの敗北を巧みに活かし、油断した敵軍を要塞外に誘い出し、両軍がふたたび衝突するように仕向けて勝利を物にしようとした、その大胆さ。二回目のアイ攻略に際し、イスラエル軍をいくつかの部隊に分けるとそれを自由に動かし、機を見て敵を叩くという入り組んだ作戦をやって成功に結びつけたみごとな采配も、ヨシュアの指導者としての卓越した能力を証明し、その高い軍事的評価を確実にするものであった。

偉大な戦士として、ヨシュアは、会戦に必要な装備も訓練も欠くイスラエル兵の弱点を承知の上で指揮を執る際の限界を十分に承知していた。その結果、彼は、ギブオンやメロムの戦いにおいて見せたように、イスラエル人の行動の機敏さ、巧みな忍びの行動、渓谷などの地理地勢についての豊かな知識をもとにして作戦を立て、とても倒せないと思われた敵に勝った。そのため、その後のイスラエルの指揮官たちは皆ヨシュアのやり方をモデルにして戦ったのであった。

エリコとアイの征服は、イスラエル人が自分たちに堅固な要塞を攻め落とす能力に欠けているのを意識していたことを教えている。そのため彼らは、征服するチャンスが必ず見つかりそうな弱い相手に対し攻撃をしかけることにした。その場合にも、包囲攻撃する側は町を占拠するためにさまざまな策を講ずる必要があった。包囲攻撃戦におけるイスラエルの力の限界は、ギデオンの息子アビメレクのシケム征服の例にも見られるように（士師記9：43〜45）、士師時代に入ってからもかなり長い間続いた。

イスラエルによるシス・ヨルダン征服の政治的背景には、既述の通り、カナンに対するエジプトの支配力の弱体化があった。テル・エル＝アマルナで発見された文書によると、エジプトの影響力の減少は、ハビルと呼ばれる集団によるカナン侵略を招いた。残念ながら、テル・エル＝アマルナにあった王立文書庫の記録は、イスラエル人がエジプトを脱出したときのファラオではないかと言われているラメセス二世（前一二九〇〜一二二三年）が登場する前のところで終わってしまった。しかし、ハビルの侵入は、エジプト西国境の安全が保証された次王メルエンプタハの治世（前一二二三〜一二〇四年）においても、カナン地方におけるハビルの侵入は続いたようだ（十六頁参照）。ハビルは、紀元前二千年紀における社会的非定住層に対する呼び名である。彼らは定住社会から追い出された、遊牧民的背景をもつ人びとから成る集団で、変化する政治的状況しだいで、あるいは平和的にあるいは武力を用いて、定住地の境界内に侵入しようとした。

「ヘブライ人」という名称が「ハビル」に由来するのかどうかの問題はともかく、族長時代およびその後も登場する――そして、さらに後になってイスラエル人を自称する――ヘブライ人が、カナン人の目に「ハビル」として映ったことは間違いない。特に彼らが、ヨルダン川東岸にいたハビルたちと手を組んだのを知ってから、その確信はいっそう強まったはずである。[16]

しかしながらひとつだけ、古代イスラエル人（ヘブライ人）がハビルと異なる点があった。それは、彼らがカナンの取得を彼らの信じる唯一神の命令と理解していたことであり、その信念が、その後のイスラエルの成功をもたらしたのである。[17]

第3章　士師時代の戦争

士師時代は、イスラエル人のヨルダン川東岸および西岸における定着が完了しようとしていた時代である。互いに分裂していたカナン人は、長い間にイスラエル人に対抗する力を失っていた。彼らは狭い地域にいよいよ閉じこもるようになり、最終的に倒れるか、そうでなければイスラエルに屈した。

士師時代は、基本的に単純な部族的社会が、洗練された――やや退廃的だが、しばしば激しい戦闘を仕掛ける力はある――カナン人を相手に、英雄的闘いをくり広げた時代であった。イスラエル人の攻撃をかわすため、カナン人は、イスラエル人の台頭を嫌っていたトランス・ヨルダンの砂漠周辺の王たちに助けを求めた。そのため、周辺の国々から絶えず圧迫されるようになったイスラエル諸部族は、「士師《ショフェート》」（裁き人）と呼ばれた指導者たちのもとに団結した。「士師」は、イスラエル部族全体あるいはその一部を治め――内政には干渉せず――外敵と戦った戦士である。

イスラエル諸部族は、「メロムの水」の戦いで勝利した結果、ガリラヤ地域にも定着できるようになった。彼らは、イスラエルによる最終的征服以前から「異国人のガリラヤ」(異なる人種の住民が混在したためそう呼ばれるようになった〔イザヤ書8：23〕)に居住していたいくつかの氏族と協力関係を結んだことが助けになった。聖書の記述では、それらの氏族はアシェル族やイッサカル族に組み入れられている。はたして彼らがイスラエルのエジプト移住以前からのイスラエル(ヘブライ)諸族と血のつながりがあったのか、それとも、イスラエル諸族がその地を征服したあとに彼らと融合したのか問題はあるが、いずれにせよ、イスラエルがカナン北部地域の大部分の占拠を速める上で、それらの氏族の協力が重要な役割を果たした事実に変わりはない。[1]

イスラエルの兵士たちは、まだ純粋な一神教がもつ意味を深く理解するまでには至っていなかったが、とにかく数世代の時の流れのなかで、技術、武器、組織、要塞のいずれにおいても勝っていたカナン人に打ち勝つことができたのは、超自然的神への信仰が、それに必要な力を彼らに与えたからである。イスラエルのシス・ヨルダン侵攻の際にかなりの数の地元住民が、特に強制したわけでもないのにイスラエ

王のもとに捕虜を連行するカナンの戦車騎士(マリアンヌ)とその部下たち(象牙象眼細工。メギド出土、前12世紀) ダビデがサウル王の前で竪琴を奏でたように(サムエル記上18：10)、この王の前でも楽士が竪琴を奏でている。

ルの部族連合に加わった、という主張がもし正しいとすれば、イスラエルの宗教的情熱がかもし出す説得力が、その重要な要因の一つとして働いたに違いない(2)。

これに対し、平野部（海岸平野およびイズレル平野）では、依然、カナン人たちがしっかり支配していた。下ガリラヤ南西にある二つのカナン人の主要都市シムロンとアクシャフはいずれも、「メロムの水」のほとりの戦い後、衰退したが、その結果生まれた空白は、すばやく「ガリラヤのゴイム（異国民）の王」（ヨシュア記12：23）によって埋められた。ヨシュア記12章には、ヨシュアによって滅ぼされた王たちの名前がずらりと並んでいるが、この新たに台頭した王は、イスラエルの侵入を食い止めようとして、下ガリラヤに住むさまざまな異民族の力の統一をはかり、成功した。士師記4章と5章の記述から、ガリラヤの民は、イズレル平野北縁の山地にある「ハロシェト・ハゴイム」（異国民の森）という森林地帯に居住していたことがわかる。

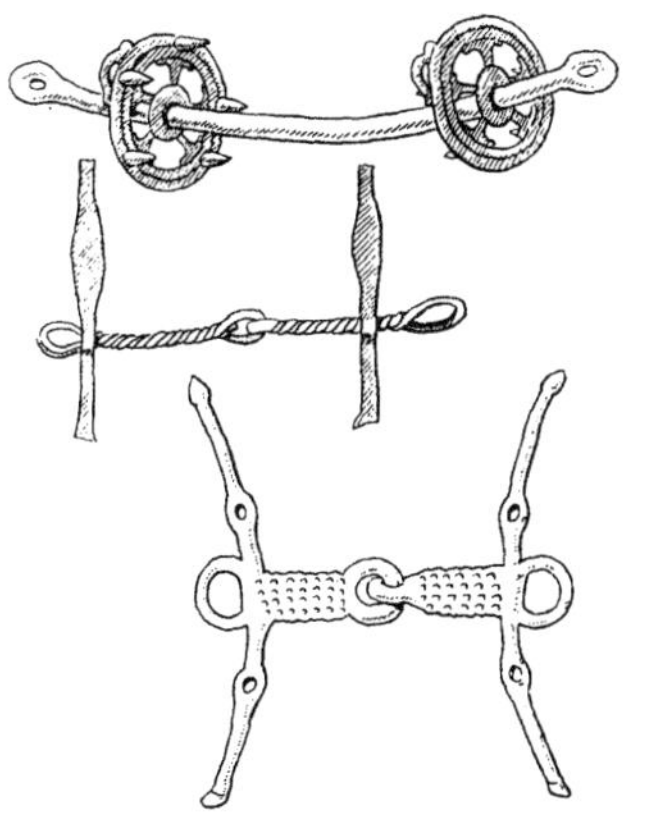

テル・エル＝ファレおよびシリア北部で発見された古代の馬銜（はみ）

「ガリラヤの異国民の王」のもとに集まったのは、イズレル平野周辺の残りのカナン人の王たちであった。その中でひときわ目立ったのはタナク、メギド、ヨクネアムの王たちである。さらに地中海沿岸のドルの王、北ナフタリ地方のケデシュの王、そしてハツォルの王の参加により、下ガリラヤ同盟にいっそ

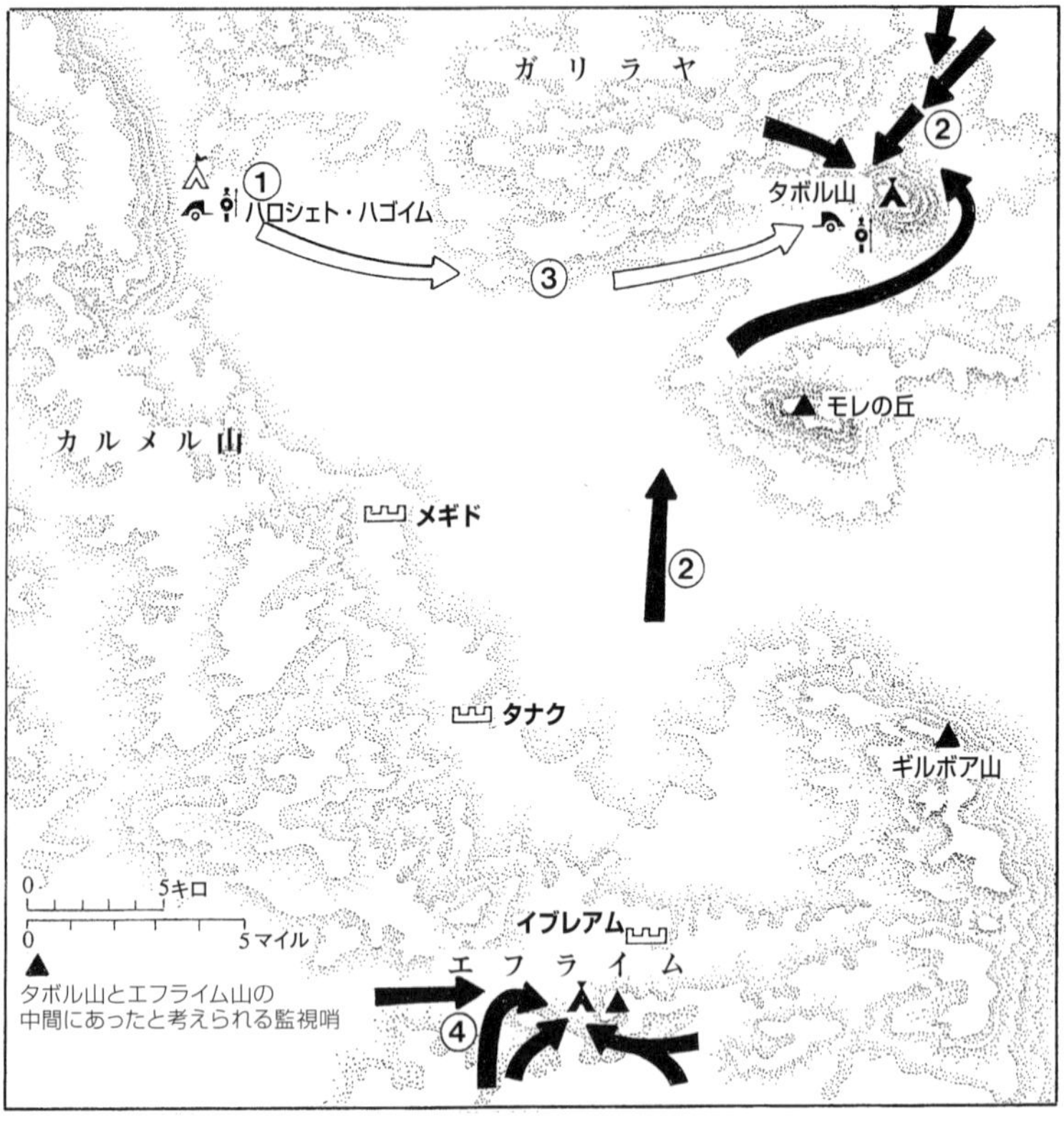

地図5　シセラに対するデボラの勝利（局面1）

1　カナン軍総司令官シセラ、ハロシェト・ハゴイムに本陣を設置する。

2　デボラとバラク、イスラエル軍をタボル山に集結させる。

3　シセラ、タボル山を包囲するため、軍を進める。

4　イスラエルの第二戦力、エフライム山の北斜面に集結。

うの厚みと力が加わった。この下ガリラヤ同盟の王たちの中でも群を抜いて存在感があったのは、あの北部カナン同盟の場合と同様、ハツォルの王で、名前も同じヤビンであった[3]。

カナンの小国の王にとっていちばん力になったのは、彼らの要塞都市である。しかし、彼らが都市の中にこもっている限り、イスラエル人を服従させることはできない。ここで彼らの主要兵器である戦車が重要な働きをするわけである。機動力のある戦車は平野部、特に道のパトロールに威力を発揮し、いざという時は、隊商路その他重要な道路の防衛にすぐ駆けつけることができた。戦車はそのスピードを活かして、イスラエル人の侵入を防いだり彼らを追跡したりするのに便利であるだけでなく、丘陵地においても歩兵の力を補う働きをした。連合軍の力をいっそう強めるため、全軍の指揮はヤビン軍の指揮官だったシセラに任された。たぶんシセラ自身、一族の長であったと思われる。

シセラが、ガリラヤ地方をその東に位置するガリラヤ湖、さらには南のヨルダン谷を結ぶ街道に加えて、イズレル平野と西のハイファの北に伸びる海岸平野を結ぶ狭い峠を支配するハロシェト・ハゴイムを占拠したとき[4]、事態は重要な局面を迎えた。

当時のイスラエルは、諸部族がゆるやかな連合体を形成していた。そのイスラエルを指導していたのは、ラピドトの妻であった女預言者デボラであった。彼女は「士師としてこの時期のイスラエルを裁いていた。彼女は、エフライム山地のラマとベテルの間にある『デボラのなつめ椰子』の下に座っていた。イスラエルの子らは、裁きを求めて彼女のもとへ上って来たのである」（士師記４：４～５）。モーセの姉のミリアムから、黄金期のハスモン王朝（前七六～六七年）を指導したサロメ・アレクサンドラに至るユダヤの歴史において、女性は重要な、そしてしばしば決定的な役割を果たした。その中でも、デボラは、神の霊感を受けて、自国の解放と民の生存のために戦ったずば抜けた指導者であった。文字どおりのジャンヌ・ダルクの祖型としてのデボラは、ジャンヌ・ダルクと同様、戦略・戦術の優れた才能の持主であった。ジャンヌ・ダルクは自ら軍を率いて勇敢に戦ったが、デボラの場合は、ナフタリ族のケデシュ出身の族長の中で最も有望な、ひょっとすると当時の最も卓越した人物のひとりであったバラクを呼び寄せて、彼に言った――

イスラエルの神ヤハウェは命じたではありませんか。「行け、あなたはタボル山に軍を進めて山上に結集させ、ナフタリの子らとゼブルンの子らの中から一万人を動員するのだ。わたしは、ヤビンの軍の長シセラとその戦車、彼の大軍をあなたに対抗してキション川の辺りに結集させる。そして、わたしは彼をあなたの手に渡す」(士師記4:6〜7)。

言い換えれば、デボラがバラクに伝えたのは、カナン同盟の圧力をはねのけるためにいかに戦うか、その全面的複合戦略の骨子であった。

詳細へ移る前に、ここでもう一度、戦車部隊と正規歩兵部隊(「戦車と圧倒的多勢」)――その歩兵の少なくとも一部は重槍兵であった――から成るカナン軍は、会戦では圧倒的に有利だということを確認しておく必要がある。シセラ軍は九百台の戦車を保有していた。この数字は、エジプトのトゥトモセ三世が、前一四六八年のメギドにおける戦いで北カナンの敵から捕獲した戦車九二四台にほとんど一致する。トゥトモセ三世が戦ったカナン連合軍は、ヨシュアが戦ったカナン連合軍よりは規模が大きく、より充実していた。(5) しばしば、公式発表された数字は、それがエジプトの王室文献にあるものであれ、その他(たとえば聖書記事のように)口承伝承にもとづいたものとか、聞き手に強い印象を与えることを意識して語られたものであれ、しばしば誇張されたものとして受け止められる。上の数字を十分の一に割引して、シセラが保有した戦車を九〇台と見るのは、低すぎるであろう。しかし、仮に九〇台だったとしても、シセラ軍が優位で、イスラエル軍にとって非常な脅威であることに変わりはない。それは、現代の歩兵部隊が、破甲兵器をまったく持たされないまま、敵の九〇台の戦車や装甲車と戦う場合を想像してみればわかる(もちろん、現代の装甲車と古代の戦車《チャリオット》の性急な比較には注意が必要である)。結果として、歩兵部隊はおそらく甚大な被害をこうむることになるであろう。それゆえ、デボラの考えは、いかにして敵軍の最大の破壊兵器である戦車部隊を無力にするか、その一点にあった。

そのことを念頭に、デボラは、戦略として三つの局面を想定した。局面一として、ナフタリ族とゼブルン族から派遣される兵士、それぞれ約一万として、計二万の兵士を、タボル山に集結させる。敵の戦車が力を発揮するチャンスを与えないという意味で、タボル山は、イスラエル軍の集結場所としてかなっていた。そこからであれば、イズレル平原を移動する敵軍の動きは手に取るようにわかった。最後に、そしてこれが重要なのだが、タボル山は、山麓に陣を張る敵に対し、あらゆる方向から奇襲

タボル山　バラクはここに兵を集結してから
カナンのシセラの軍と戦い、勝利をおさめた。

をかける上で、戦略的に絶好の場所であった。

局面二として、イスラエル軍の展開の情報を受けたシセラは必ず、バラク軍をタボル山の域内に押し込め、最終的にはバラクを平野部におびき出して戦わせようとすることが想定される。それを計算に入れた上で、デボラは、彼女自らエフライム山に集結させた部隊を用いて、タボル山に向けられたシセラ軍をイズレル平野の西を流れるキション川の沼沢地帯のほうに引きつけることを提案した。

局面三は、キション川近くで展開される。そのあたりは雨季になると沼沢に変身し、人間、馬、戦車などすべての動きや機能を邪魔するため、カナン軍は、南のエフライムから攻めるイスラエル軍と、南に向きを変えたシセラを追うデボラとバラクの兵士たちの攻撃を同時に受けるはずである。

デボラが提案したエフライムに集結したイスラエル軍がどのようなコースをとったのか、詳細は聖書の記事からはわからない。理論的には、さえぎるもののないハイファ湾の海岸平野あるいはその付近からの示威行動が考えられる。ドルのようなカナン同盟軍の主要なパートナーを危機に追いこみ、それに気づいたシセラが眼前のタボル山のイスラエルに対する監視を解き、急いでキション川の方に兵を向けるようにするには、そのような行動をとる以外に方法がなかった。カルメル連山とティヴォン丘陵の間の狭い峠道は、イズレル平野と地中海沿岸平野を結ぶ重要な道であり、シセラにとって、その安全は絶対に確保しなければならなかった。

バラクはデボラの提案を受け入れたが、そのための重大な責任を彼だけに負わせようとしているといって彼女を批判し、条件として、彼女が軍と行動を共にし、しかも彼の指揮に従うことを求めた。ひょっとすると、バラクがそのような要求をしたのは小心からではなく、むしろ騎士道精神からそうしたのかもしれない。実際、彼は、女預言者が囮になるような危険な行動をとらせたくなかったのではないか。デボラの返事は有名である。「私は必ずあなたと一緒に行きます。しかし、あなたが出陣しても、あなたの行く道にあなたの栄誉はありません。ヤハウェは、シセラを女の手に渡すからです」（士師記4：9）。こうして、エフライム山からくるイスラエル軍は、デボラではなく、名前

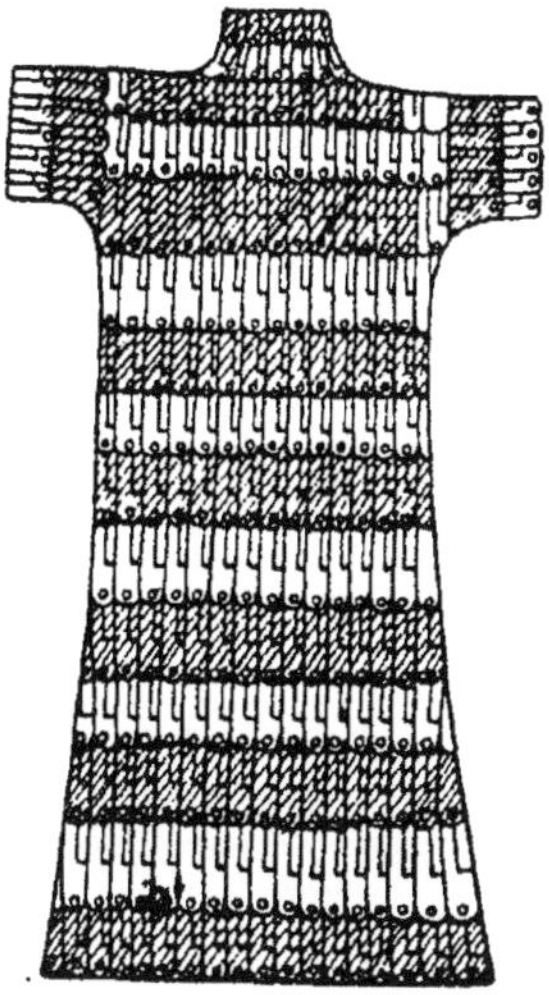
古代の鱗綴じ鎧

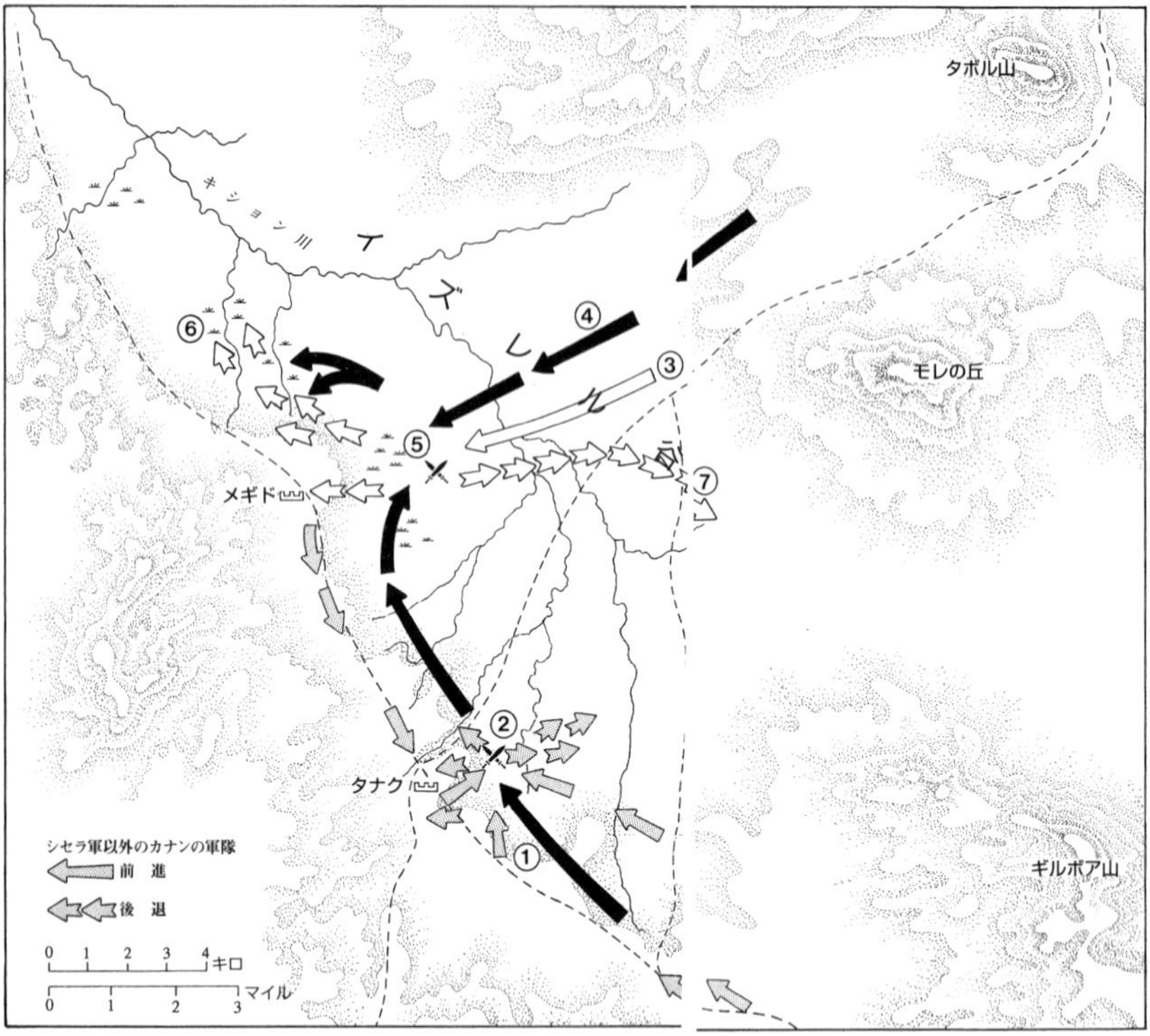

地図6　シセラに対するデボラの勝利（局面2）

1　エフライム族の兵士から成るイスラエル第二軍、シセラの注意の目をタボル山からそらさせる動きをする（陽動作戦）。

2　イスラエルの牽制部隊、タナク地域の町や村の住民から成るカナン軍と遭遇するが、それを切り抜ける。

3　シセラ、カナン軍の救援とイスラエル軍の前進をくい止めるために兵を動かす。

4　デボラとバラク、シセラのあとを追う。

5　デボラとバラク、キション川の沼沢地でシセラ軍を圧倒する。

6　シセラ軍の潰走、イスラエル軍の追撃。

7　シセラ、戦車を棄てて逃げ、ヘベルの天幕に身を隠そうとしたが、ヘベルの妻に殺される。

不詳の人物の指揮下に置かれ、デボラは、ひそかにカデシュ・ナフタリに集められたのち、タボル山へ移動した兵士たちに加わった。

聖書によると、イスラエルと血縁関係にあった半遊牧民、ケニ人の族長ヘベルは、シセラにイスラエル軍の集結場所を漏らした。ところが、その後の話の展開および戦場から逃れて来たカナン軍司令官（シセラ）を迎えたときのヘベルの妻ヤエルの行動から判断すると、どうやらヘベルは、デボラと共謀して、シセラの注意の目ができるだけタボル山の方に向いて、エフライム山のほうに向かないようにする特務を任されていたらしい。

イスラエルが集結しているという情報が入ると、シセラは予定通り全軍を集めて、デボラとバラクが率いる軍と対峙した。両軍のにらみ合いが二、三日続いた。デボラは降雨の機会を待っていたかもしれない。雨が降れば、キション川とその支流が流れるイズレル平野西部は泥沼と化す。デボラは期待した降雨の予兆を確認すると、バラクに攻撃の合図を送った。「立ちなさい。ヤハウェが、シセラをあなたの手に渡すのは、今日この日です」（士師記4：13）。シセラに注意をそらさせる任務を負ったエフライム人たちは、すでにその数時間前に行動開始の命令を受け取っていたに違いない。彼らがどのあたりまで来ていたかはわからないが、イスラエルの戦勝後に歌われた「デボラの歌」（士師記5章）には、彼らが「メギドの水のほとりのタナクで」カナンの王たちの軍と衝突し、すさまじい戦闘が始まったことが記されている（19節）。エフライム山から来たイスラエル部族の兵士たちが（現在のジェニンを通って）イズレル平野に入ったとき、イズレル谷南端の町々から出て来た兵士たちが彼らの前に立ちはだかったようだ。そのようなイスラエルの動きがあろうかと、それらのカナン人たちは注意していたのである。きびしい遭遇戦が起きた。とにかく、シセラは、防備が手薄な背後から攻めて来た敵と戦う同盟軍の救援に向かった。

それから少し間をおいて、デボラは攻撃命令を下した。彼女の兵士たちは下ガリラヤ山麓からいっせいに飛び出し、シセラ軍の背後あるいは両翼を攻撃した。その時点で、エフライム軍もその主要な戦闘に加わった。「ヤハウェは、バラクの前に剣の刃によってシセラと全戦車隊と全陣営を混乱に陥れた」（士師記4：15）。突然の豪雨はイスラエル軍に有利に働き、一方のシセラ軍の混乱と潰走を生んだ。「デボラの歌」は、大自然の力の「介入」があり、突如キションが氾濫して、敵軍の馬や戦車をことごとく押し流したことをはっきり語っている。

「星々は、天から参戦し、／その軌道から、シセラと戦った。／キションの川が、彼らを押し流した。／いにしえの川の姿で、キションの川が。我が魂よ、力強く進め」（士師記5：20〜21）。

これを少し説明すれば、パレスティナで降水があると、かなり遠くの場所に降った場合でも、雨水は涸れ谷に集まって恐ろしい奔流と化し、人であれ何であれ、目前のいっさいを巻きこんで押し流してしまう。さらに、戦場に雨が降ったときは、それまで敵軍の兵士たちを震え上がらせていた「鉄の戦車」までが、たとえ鉄砲水に遭わなくても、泥沼にはまって戦闘の邪魔になってしまう。重装備の歩兵たちも同じで、重い武具が災いして行動の自由を奪われてしまうのである。

カナン軍の戦列が混乱したため、シセラはパニックにおちいった。彼は、他日の戦勝を期して、その場はともかくできるだけ多くの将兵を鉄砲水から救い出すという考えには至らず、自分ひとり戦車から飛び降りると、戦場から逃げ出したのだが、行く手には不名誉な死が待ちかまえていた。彼はヘベルの天幕に逃げ込んで身を隠そうとしたところ、ヘベルの妻の手にかかって殺害されてしまう。「神はこの日、カナンの王ヤビンをイスラエルの前に屈服させた」[6]（士師記４：23）。

ギデオンの荒野の略奪者に対する戦い

士師記の多くの物語と同じく、ギデオンの軍事遠征について語る士師記7〜8章の記事には、当時のイスラエル部族同士の争いを反映したさまざまな――ときに相矛盾した――部族伝承が重なっている。

　ギデオンの砂漠縁辺部に住む氏族たちに対する戦いは、砂漠と耕作地の両方にまたがる地域にイスラエル諸族が定着したことから生じた戦いであった。現在のパレスティナの気候は、聖書時代のそれから極端に変化していないことがしだいにわかってきた。当時の一五〇ミリメートル等降水量線（雨量の等しい地点を結んでできる天気図上の線）は、現在と同様、ベエル・シェバの南とアンマン（聖書時代のラバト・ベネ・アンモン）の東を、ほぼ現在の（ヨルダン国を縦断する）ヒジャズ鉄道と平行する形で走っていたが、特別な灌漑システムでもない限り、定住農耕生活を営むには、最低二〇〇ミリメートルの降水量が必要である。そのため、その等降水量線より北や西の地域では、降水量にわずかな変動が起きても、一時的緊急事態ですませられるかもしれないが、雨量の少ない半乾燥地域では、そのわずかな変動で井戸や水槽が涸れ、草は完全に枯れてしまう非常に深刻な事態を招く。

そのような事態になったとき、シナイ半島、中央ネゲブ、トランス・ヨルダン東部の砂漠地帯を彷徨する半遊牧民たちは、沃地を侵略する以外に生きる道はない。旱魃が長びき、先の見通しが暗くなればなるほど、遊牧民たちの困窮度は深刻になって、彼らの略奪はすさまじいものになるし、できるだけ広い沃地を占拠し、できるだけ長く家族や家畜と共にそこに居座り続けることになる。そのため、イスラエルの民の安全と安心の保証に苦心した各時代の中央政府の主要課題のひとつは、砂漠からの襲撃や略奪に対する恒久的防衛策を講じることであった(7)。

しかし、士師時代のイスラエルには中央政府のようなものはまだ存在しなかった。そのため、士師記にあるような状況が起きたのである。

　ミディアンの手がイスラエルの上に抑圧を加えたので、イスラエルの子らはミディアンの前から収穫物を隠すため、自分たちのために、山地に地下の貯蔵庫を作り、洞穴や要害を利用した。イスラエルが種を蒔くと、ミディアンはアマレクや東の子らと共に上って来て襲いかかり、イスラエルの子らに向かって陣を敷き、その地の作物を略奪して、ガザのあたりまで荒し回り、イスラエルにおいて生命をつなぐ糧食、小家畜、牛、ろばにいたるまで何も残さなかった。彼らは自分たちの家畜の群れを連れて上り、天幕を携えて来た。まるで蝗の大群のようで、彼らも彼らのラクダも、数えきれないほどであった。彼らはこの地にやってきて荒し回った（士師記6：2～

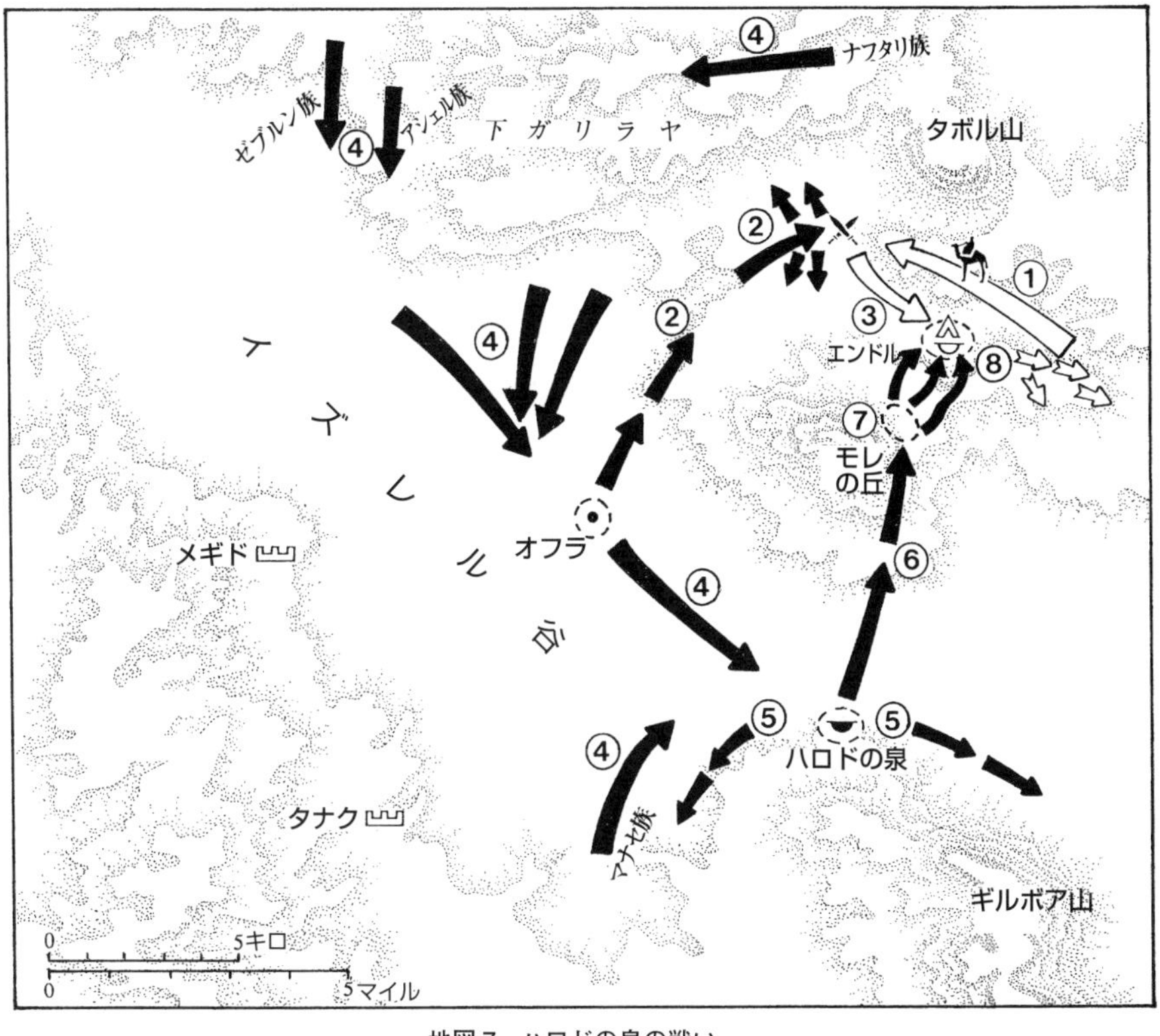

地図７　ハロドの泉の戦い

1　ラクダに乗ったミディアンの略奪隊、イズレル平野に侵入する。

2　ギデオン、ミディアン人にそれ以上の侵攻をさせないため、兄弟たちと一族の者たちを急派する。

3　この遭遇戦のあと、ミディアン軍はエン・ドルの泉のほとりに野営する。

4　同時に、ギデオンはイスラエルの兵士たちをハロドの泉に召集する。

5　ギデオン、突撃隊を集め、その他の多数の兵士たちには退却するミディアン軍に対する攻撃を命じる。

6　ギデオン、彼の攻撃開始の位置に向かう。

7　ギデオン軍の三つ叉攻撃にミディアン軍、混乱におちいる。

8　ミディアン軍のパニックと潰走。

5)。

ユダやシメオンなどイスラエル南部の部族は、そうした遊牧民の脅威に対して消極的な態度しか示さなかった。事実、イスラエル農民たちは、広い畑の各所に置いた見張りから遊牧民の襲来の知らせを受けると、大急ぎで洞穴や要害に逃れ（士師記6：2）、村や畑は遊牧民の略奪にまかせるのであった。

それに気を良くした砂漠の民は、旱魃の状態が悪ければいよいよ、パレスティナ北部全域まで略奪してやろうと、足の速いラクダに乗ってヨルダン川東岸のギルアドを通り、さらにイズレル平野にまで侵入した。この大難を前にして、北のイスラエル部族は、南の同胞たちとは異なる選択をした。明らかにそれは、ギデオンというひとりの人物の決意によった。ギデオンはオフラ（現在のナザレ近郊のアフラか）に定着したアビエゼル氏族の裁き人を兼ねた指

エン・ドル　ミディアン人は、ギデオンが夜襲をかけたナツメヤシの木近くにある泉のまわりに陣を張っていた。

導者――「士師」であった。モレの北山麓とエン・ドルの泉のほとりに遊牧民の大群がキャンプを張っているということを聞いたギデオンは、彼らに攻撃を仕掛けることを決意し、アシェル族、ゼブルン族、ナフタリ族、マナセ族から戦士を招集することに成功した[8]。

兵士たちが集結するまでの間、ギデオンが何を考えていたかはわからないが、彼にとって一番の問題が何かははっきりしていた。日中の明るみの下では敵を戦闘に誘い出すことはとてもできなかった。ラクダを自由にあやつる敵は、形勢が悪くなったとわかれば、さっさと戦闘を止めて、略奪に専心するに決まっている、他方、軽装備のイスラエルの歩兵にとって戦況が悪化した場合、特にもし彼らの戦列が崩れて敵の突撃をもろに受けることにでもなれば、イスラエルは甚大な損害をこうむるのは間違いない。

ギデオンにとって戦勝の機会はただひとつ、ラクダから下りて油断している敵に不意打ちを食らわせる、つまり、夜襲をかける以外になかった。そのために、ギデオンは、敵に気づかれないように徹底して隠密に行動できる少数の精鋭が必要であった。彼はその兵力の大半を使って、敵が驚いて西方面に逃げるのをくい止め、彼らをギルボア山、サマリア丘陵東山麓、ヨルダン川に挟まれた場所に誘いこんで一気に勝負することに決めた。そこで（士師記7：3のテキストにある「ギルアド」を「ギルボア」に、「戻る」を「向かう」に読みかえる）、ギデオンの最初の敵に対する不意打ち攻撃に参加しない兵士たちは、退却してくるミディアン人を待ちかまえていて襲いかかり、ヨルダン川の渡しも絶対に渡らせないようにすることが必要だった[9]。

ギデオンがこのような作戦を立てたことが、聖書の記事から想定される。彼は集まった三万二千の兵士の中から、夜襲のために三〇〇人の精鋭を選んだ。その機動部隊の選別にあたり、ギデオンはその鋭い勘をはたらかせた。彼は、敵の監視がモレの丘の上から目を光らせているかもしれないし、いつ不意打ちに遭うかもしれない昼日中《ひるひなか》、兵士たちをハロドの泉に連れて行き、彼らに水を飲むように言うと、その様子をじっと眺めていた。そして選ばれたのは、周囲の敵に対する警戒を忘れず、水を飲む時も武器を手放さず、片手で水をすくって口に運んでなめた者たち三〇〇人であった。[10]

計画通り軍編成と配置をすませると、ギデオンは自ら敵陣の偵察に赴き、奇襲作戦の指揮に狂いがないようにした。聖書の記述（士師記7：10～14）によると、ギデオンは彼の武器持ちのプアのみを連れて敵陣にひそかに忍びこみ、敵兵たちの会話に耳を傾け、彼らがどのような心理状態に置かれているかを確かめた。その結果、ギデオンの最終的作戦は決まった。彼はイスラエル兵全員に角笛と燃える松明を持たせ、炎が見えないように水瓶の中に隠すように命じた。イスラエルの小軍隊は三つの部隊に分かれ、同時にミディアン

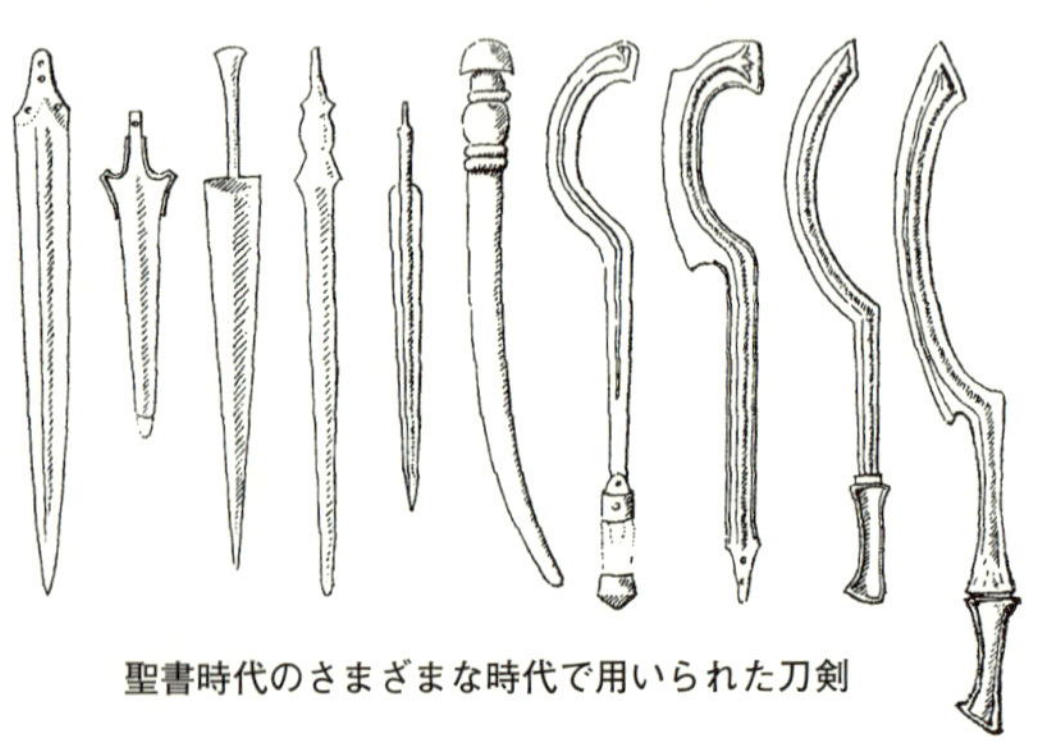

聖書時代のさまざまな時代で用いられた刀剣

エン・ドル　ギデオンは、道から少しそれた場所（写真左）で天幕を張っていたミディアン軍を、丘の背後から急襲した。

の陣営に近づいた。彼らは敵陣の端にまでやって来ると、身を伏せ、攻撃の合図を待った。ギデオンは賢明にも、敵の見張り役の歩哨が交代するのを待ち、交代が完了したと見るやただちに、新しい歩哨の目がまだ闇に慣れないうちに、攻撃の合図を送った（士師記7：19）。イスラエル兵はいっせいに叫びながら水瓶を打ち砕き、松明を掲げ、角笛を吹き鳴らした。おそらく松明を敵の天幕に向けて投げつけ、遊牧民とその家畜たちを恐怖におとしいれたであろう。寝こみを襲われ突然の明かりで目がくらんだ敵兵たちはパニックにおちいり、誤って同士討ちをはじめた。逃走した遊牧民の略奪者たちは、ギデオンの作戦通り、山とヨルダン川に挟まれた谷の方へ追いやられた。タバトとアベル・メホラの要害はミディアン兵の渡河を許さなかったので、彼らはさらに南の渡しに向かって敗走を続けなければならなかった。

マナセ族の兵士たちは、ナフタリ族やアシェル族と同様、早い段階からギデオンの召集を受け、敗走するミディアン兵を追撃し大打撃を与えるようにという命令を受けていた。それに対し、ギデオンが、より南の地域に住むエフライム族に、アダムの渡しを抑えて遊牧民たちを迎え撃つように命じたのは、追撃作戦も最終段階になってからであった。エフライム族はギデオンの指示に従って行動し、完全な成功とまでは行かなかったが、それでも逃走しきれなかったミディアンの二人の将軍を倒すことに成功した。ギデオンが作戦のぎりぎりの段階になるまでエフライム族に声をかけなかったのは、おそらくエフライムとマナセのイスラエル人部族同士の憎み合いがあったためで、もっと早くからエフライムに声をかけていたら、ミディアンの討伐はもっと成功していたであろう。ギデオンは、なぜ最初からわれわれに呼びかけなかったのかと言って怒るエフライム人をなだめるのにひと苦労した。

それ以上に好ましくなかったのは、アダムの渡しの東に位置するギルアドの二つの町、スコトとペヌエルの住民の反応であった。これらの町の指導者たちは、ギデオンが、追撃隊のイスラエル兵たちのために食糧を求めると、ギデオンの政治的意図を疑い、彼の要求を拒絶した。こうした障害にもかかわらず、ギデオンは追撃を続け、アンモン国境近くで天幕を張っていたミディアンの陣営を急襲し成功した。ミディアンは、ふだんは遊牧民以外に利用することのないヨグボハ近くの山道に腰を下ろし、消耗しきった身体を休ませていた。ミディアン人は、そこは彼らに友好的なアンモン人の領域に近く、ギデオンたちは遠く離れたところにいるはずだからと安心していた（士師記8：11）。戦いの詳細は記されていないが、ギデオンは油断している敵軍を急襲し滅ぼした。「こうしてミディアンはイ

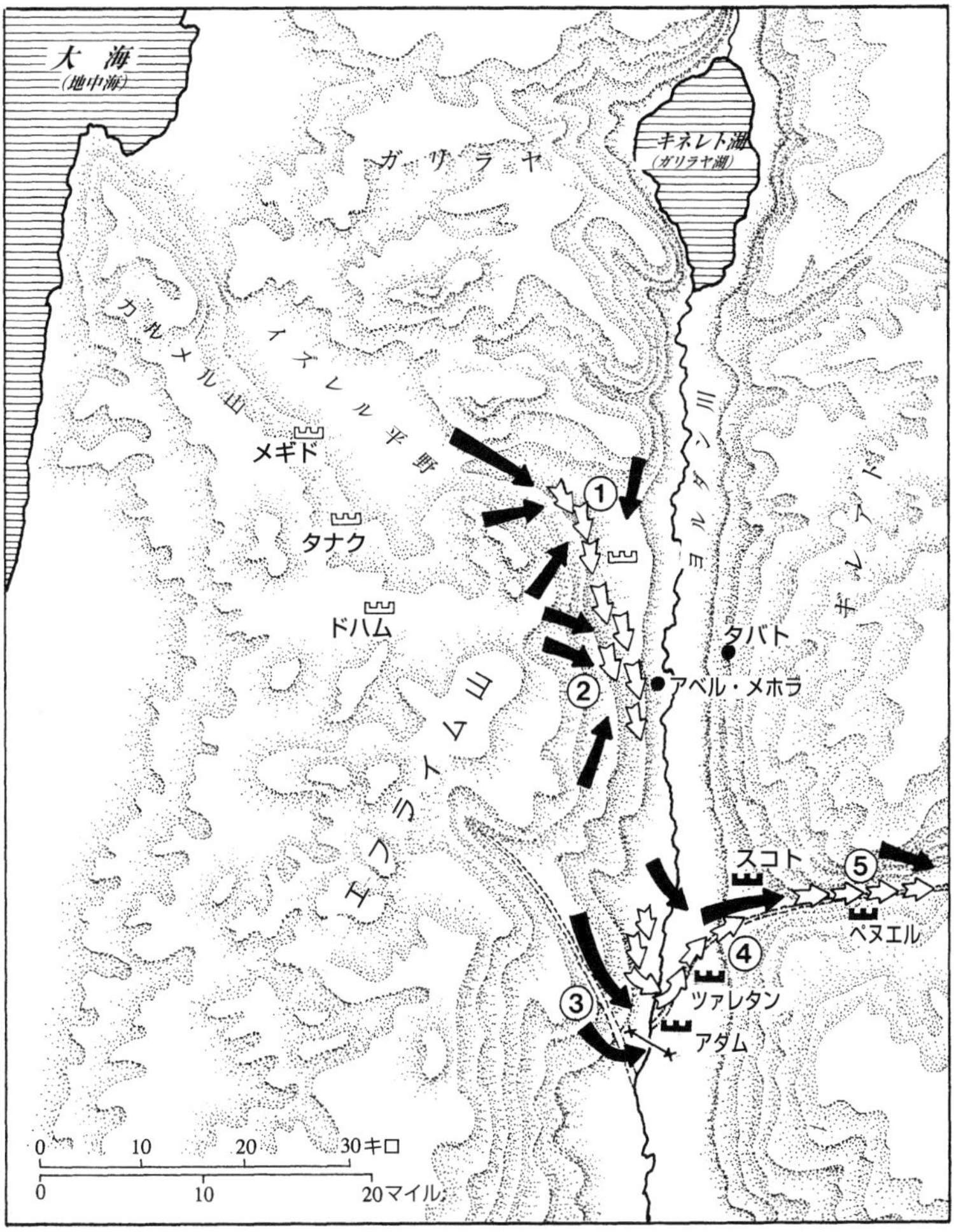

地図 8　ギデオンによるミディアン人追撃

1　ギデオン、エン・ドルから逃走するミディアン人を追撃、イスラエル諸族の兵もミディアン人攻撃に加わる。

2　イスラエル諸族の兵士たち、ミディアン人のヨルダン川渡河を遮り、攻撃する。

3　エフライム人、アダムの渡しを押さえる。

4　ミディアン人の大部分は、アダムの北でヨルダン川渡河に成功する。

5　ギデオン、ヨルダン川東岸でもミディアン人追撃の手を緩めず、彼らに壊滅的打撃を与える。

スラエルの子らによって征服されたので、彼らは再び頭をもたげることができなかった」(士師記8:28)。

ギデオンの成功の方程式を眺めると、そこにはすでに見た、先のイスラエルの指導者たちの軍事作戦における成功の要因と同じものを見つけることができる。それは、大胆不敵、機敏、機動性、攻勢、慣例にとらわれない柔軟な発想である。偉大な歴戦の将でさえ、通常、多くの危険を伴う夜襲は避けるものである。ナポレオンはその回顧録の中で、レイニエール将軍がフランス軍兵士の水補給にとって決定的に重要なエル＝アリシュの井戸を確保するために断行した夜襲(一七九九年二月十四日)は、「軍事作戦として最もみごとなものであった」と記している。ギデオンは綿密に作戦を練り、敵軍が弓兵や槍兵の威力を発揮できない夜中を狙って攻撃を仕掛け、成功させた。彼は、部族間の内部抗争などの思わぬ事態に直面しても忍耐強くそれを克服し、最初の勝利を絶対に無駄にしないため、敵をとことん追撃して相手に息つく暇を与えず、勝利を完全なものにした。

ギデオンが、わずか三〇〇の兵をさらに三つの隊に分けてモレの丘に攻撃を仕掛ける作戦に踏み切ったのは、いわゆる軍事専門家が「推定された上で冒す危険」と呼んでいるものの古い例証にあたる。この決断は、主として、敵の居場所、配置、士気に関して自ら確かめ検証した情報にもとづいてなされる。ギデオンは自分で敵の陣地にもぐりこみ、ミディアンの兵士たちがイスラエル人の領土に深く入りすぎたことを不安そうに話し合っているのを盗み聞くと、とっさに敵の迷信や恐怖心を利用する作戦を思いついた。

ひとつ、まだ説明のついていない問題が残っている。それは、機動性に富む遊牧民の侵略者たちが、なぜ、ギデオンに兵の召集と戦闘準備の時間を与えてしまったのかである。言い換えるなら、彼らの習性や気質からすれば、さらに西に向かって進むはずなのに、なぜ、モレの丘の麓の同じ場所に少なくとも二、三日、キャンプを張ったまま動こうとしなかったのか。それの答えは、ギデオンと捕らえられたミディアンの首長たちとの間で交わされたやりとりの中に見いだすことができる。ギデオンは彼らにこう問いただした――「タボルでお前たちが殺したのは、どんな人たちだったか」。彼らが「その人たちはあなたに似ていて、一人ひとりが王の子のような顔立ちでした」と答えると、ギデオンは「彼らは私の兄弟であり、同じ私の母の子らだ」と言って怒りをあらわにした。

すなわち、ギデオンの戦いは次のような流れで進んだのではないかと思う。ミディアンの接近を知ったギデオンは、大急ぎで兵を集めた。少数であったが、彼らには、タボル山とモレの丘に挟まれた狭い谷を進んでくる敵をくい止める任務を与えられた。彼らは、なんとしてでも敵の進撃を防ぎ、ギデオンが兵力を集めて配置につかせるまで時間をかせがなければならなかった。この特殊部隊は、主にギデオンの親族の者たちから成っていて、たぶん彼の兄弟たちが指揮を執ったと思われる。そのあとに起きた敵軍との衝突で、彼の兄弟たちは命を失ったが、敵に谷の通過を許さなかった。

タボル山麓で配置についたこの小さなイスラエル特殊部隊は、ミディアン軍がそれ以上西に進むのを阻止しただけではなく、わざと敵軍の注意の目を自分たちの方に引きつけておいて、ギデオンたちがこっそりミディアン部隊の背後にまわれるように、囮の役割も果たさなければならなかった。ミディアンとしては、まず目の前のイスラエル兵を押しのけて西に突き進まなければ、背後から来るイスラエル軍の攻撃との間に挟まれて退路を断たれることになる。これはまさに、二五〇〇年後にクレベール将軍率いるフランス軍に起きたことである。彼らは、トルコ軍が側面から攻撃しようと待ちかまえているのも知らず、同じ隘路を突き切ろうとして壊滅に近い状態に追いやられたのだった。このように、イスラエル北部出身の兵士から成る小特殊部隊による敵軍阻止は、ギデオンがたてた作戦の重要な一部であり、作戦を成功させるための必須条件であった。

ギデオンの息子のアビメレクは、自分の兄弟たちを殺害した人物として悪名高い。歴史的視点から見て重要なのは、古代イスラエルあるいはその一部の地域に、ある種の中央集権的世襲体制を築こうとしたのは、彼が最初であったということである（士師記9章）。アビメレクの軍事遠征は、イスラエルの攻城技術に進歩が見られるという点で注目に値する。アビメレクがシケムと戦ったときは、依然、隠密行動、策略、攻囲した町の中からの手引きや呼応が主たる戦法だったことがわかる。アビメレクは、戦いも頂点にさしかかったころ、町の防衛にあたっていた人びとの多くを外に誘き出し、そのすきに門をくぐって入り、町を占拠することに成功した。これはヨシュアのアイ攻略の際の戦略を思い起こさせるが、しかし、それからずっと後の一七九九年、エル＝アリシュ要塞を包囲攻撃したフランスのレイニエール将軍は、十分な攻城砲列を欠くなかで、要塞占拠のための他の戦術が思い浮かばなかった(11)。

アビメレクの次の行動を見ると、彼はすでに、町の防衛の一番の弱点である門に火をかけただけではなく、小さな木造櫓に立てこもる敵をあぶり出して撃ち取る巧みな方法を身につけていた（士師記9：46〜49）。彼が命を落としたのは、そのような作戦を実行している最中においてであった。「アビメレクはその塔のそばにやって来て、これを攻撃しようとした。彼は塔の入口に近づき、これを火で焼き払おうとした。そのとき、ひとりの女がアビメレクの頭めがけてひき臼の上石を投げ、彼の頭蓋骨を砕いた」（士師記9：52〜53）。このようにアビメレクは、その生き方同様、死に方もすさまじかった。しかし、それはある哀感を誘う死に方であった。石で撃たれたアビメレクは、「すぐに武器を担う従者を呼び寄せ、その者に言った、『お前の剣を抜いて、私を殺せ。私のことで、女が彼を殺した、と人びとに言わせないために』。彼の従者は彼を刺し貫いた。こうして彼は死んだ」（士師記9：54）。

第4章　王国樹立と正規軍

ペリシテ人の到来

イスラエル人よりわずかに遅れて、もうひとつの民族が、当時、事実上エジプトの州だったカナンに対する攻撃を開始した。その民はペリシテ人である。[1] しかしながら、ペリシテ人のカナン侵入は、イスラエル人の場合と正反対で、西側からやって来た。ペリシテ人はエーゲ海に起源をもつ民で、地中海諸島やギリシア本土のミノア人やミュケナイ人とも、晩期の「古典ギリシア人」とも関係があった。彼らは、快速船をあやつって南東地中海沿岸地方の居住地を襲い、町を焼き住民を殺して占領した「海の民」の一部であった。彼らの行動パターンは後のスカンディナヴィア人やヴァイキングのそれに似ていた。前十二世紀、「海の民」はエジプトを征服しようとした。彼らの攻撃をエジプト人が完全にはね返すことができたのは、ラメセス二世がデルタ地域における長い血みどろの戦いでなんとか勝利を収めた（前一一九〇年頃）後のことである。

その遭遇戦の後、ペリシテ人はエジプトとの間である種の折り合いをつけ、ファラオとその権威の下にカナン南西海岸地域に定着したようだ。最初のころ、彼らはファラオの主権を受け入れただけではなく、カナンをファラオの支配下に留めておくための守備隊の役割を担った。そのカナンは最終的にイスラエル人によって征服されるのだが、ペリシテ人も、その後まもなくエジプトの力が衰えてくると、彼らの定住地の背後に広がる南ユダ平野の取得に乗り出す。

この試みは当然、同じ場所に自分たちの足場を築こうとするイスラエル人と真っ向からぶつかることになる。イスラエル人たちは、ユダ山地とその西山麓に伸びる肥沃なシェフェラを結ぶ戦略的通路を占拠した。ここで、イスラエル人はペリシテ人と衝突した。また、地中海沿岸のヤッファからラムラを経由しエルサレムへ向かう現在のハイウェーが、ツォルアとエシュタオルの間のいくつもの丘を通るこの地域で、イスラエルのうち特にダン族は、直接ペリシテ人の脅威にさらされることになった。シェフェラは、ダン族出身の英雄サムソンの活動舞台であり、彼の劇的最後は、ペリシテの一時的優勢を物語っている(2)（士師記13～16章）。

パレスティナの大部分の地域の戦いでは、大体、イスラエルが勝利をおさめていたのであるが、前十一世紀半ばのペリシテ前線には暗雲がたちこめていた。実際、ペリシテ人は自分たちで優秀な鍛冶職人をかかえ、当時イスラエル兵のほとんど誰ひとりもっていなかった鉄製武器を、自分たちの戦士たちに供給していたとなれば、ペリシテの圧倒的優位は歴然であった。

サムエル

それが起きたのは、「先見者」サムエルの時代であった。祭司、預言者、そして裁判官の仕事を合わせたような働きが、先見者サムエルに託された任務であった。ペリシテがイスラエルの生存を脅かす非常な脅威となって現れるのは、サムエルがイスラエルの指導者だった時である。サムエルの宗教的情熱の篤さはともかく、互いにゆるやかな絆で結ばれていたイスラエル部族連合は、ペリシテの脅威の波をくい止めるに必要な武力や団結力を欠いていた。特にペリシテの総合的軍事力が、イスラエル人の勇気を圧倒し始めると、どうしようもなかった。たしかに、第二回目のエベン・エゼルの戦いのように、サムエルの指揮の下でイスラエルがペリシテ人に対し勝利をおさめることもあったが（サムエル記上7：10～14）、サムエルの晩年になると、ペリシテ人はユダ山地の砦にがっしり足場を築くまでになっていた。

ペリシテ人はエルサレムの北約五キロの地点にあるギブア（のちの「サウルのギブア」）の砦に駐屯兵を置いた。そこからは北ユダおよびベニヤミンの西斜面あるいは南斜面のいずれのイスラエル領土に対しても容易に攻撃を仕掛けることができた。聖書の記述からも読みとれるように、こうした状況にあって、イスラエル人が、それまでに得た数々の勝利の重要な源泉の一部である自信の大半を喪失したとしても、不思議ではなかった（サムエル記上7：7～8）。さらに加えて、ペリシテ人は、鉄器の製造を独占することで、ユダ住民の生活を完全に支配していたようだ。「ところで、イスラエルの地にはどこにも鍛冶屋がいなかった。ヘブライ人に剣や槍を造らせてはいけないと、ペリシテ人が考

家族を引き連れてエジプトに侵入しようとする「海の民」と戦うラメセス２世のエジプト兵たち　主に歩兵から成るエジプト軍は、剣あるいは槍を主要武器にして戦い、大きな楕円形の楯を使用している。槍を持つ傭兵たちは、一列横隊で穂先を前へ突き出して敵に向かうのではなく、上から敵を突き刺すようにして戦っている。

えたからである。それで、イスラエル人は皆、鋤や、鍬や、斧や、鎌を研いでもらうために、ペリシテ人のところへ下って行かねばならなかった。鋤や、鍬や、三叉《みつまた》の矛《ほこ》や、斧の研ぎ料、あるいは突き棒の修理代は、一ピム〔二シェケル銀貨の三分の二、約七・六グラム〕であった」（サムエル記上13：19〜20）。

こうした全体的に弱体化したイスラエルの様子を見て、近隣の民が放っておくはずがなかった。事実、ヨルダン川西岸のイスラエルの心臓部のユダ山地がペリシテ人に侵略されているとき、ヨルダン川東岸のイスラエルの心臓部であるギルアドはアンモン人に圧迫されていた。

最初のユダヤ人王

この段階において、歴史的自明の理――諸国民の未来は、しばしば危機に直面したとき、伝統的手法や発想を打ち破って事態に果敢に立ち向かう能力に応じて形作られる――が証明された。イスラエル部族連合が古くから理想としてきた神政的民主的政治形態を激賞するサムエルの警告や助言に対し、イスラエル諸族のリーダーたちは、断固として自分たちの要求を押し通そうとした。「いいえ。どうしてもわれわれの上に王がいなければなりません。われわれも、他のすべての国々と同じようになり、王がわれわれを裁き、われわれの先頭に立って進み、われわれの戦いを戦ってくれるでしょう」（サムエル記上8：20）。

戦争において単独で民を率いる指導者――したがって、必要となれば平時にも民を治めることのできる指導者――が常時いなければならないという、民の健全な直感から出た要求に屈したサムエルであったが、それは、彼が知恵だけでなく雅量に富む人物であったことを示している。人びとの意見に従うことを決心したサムエルは、手に負えないほど独立心の強い部族たちの今の意気軒昂がしぼんでしまっても、それでも彼らが自分たちのリーダーとして認めたくなるほどの優れた人物を見つけだす必要があった。

サムエルが選んだのは、サウルという人物であった。それは単にサウルが「優秀な若者で、彼ほど美しい男子はイスラエルの子らの中にはひとりもいなかった。彼は肩から上の分だけ、民の誰よりも背が高かった」（サムエル記上9：2）からだけではなかった。サムエルは、大部族間のライバル意識を中和させるには小部族から指導者を選ぶのがよいと考えたからである。事実サウルは、イスラエル十二部族の中で最も小さなベニヤミン族に属した。これで思い起こすのは、ずっと後の時代になって、小王家のハプスブルク家が、ドイツ国王の座に即いたのも非常に似た理由からであったという事実である。旧約聖書に登場する最も悲劇的英雄のひとりであるサウルにとって不運だったのは、サムエルの戦略は部分的にしか成功しなかったことである。さらに、サウルと部下のダビデとの争いと後者による王位継承も、サウルの治世末における国内情勢の不安定も、その原因の多くが部族間の対立抗争に起因していたことも、サウルにとって不幸であった。[3]

サムエルがイスラエルの最初の王にサウルを選んだことは、もうひとつの理由から正解であった。それは、実際、サウルが属するベニヤミン族は、他のどの部族よりも厳しくペリシテ人の脅威にじかにさらされ、彼らの領土は絶えずペリシテ占領軍の監視下にあったため、解放の旗を掲げてペリシテと戦おうとする意志は、サウルの場合、人一倍強かったということである。

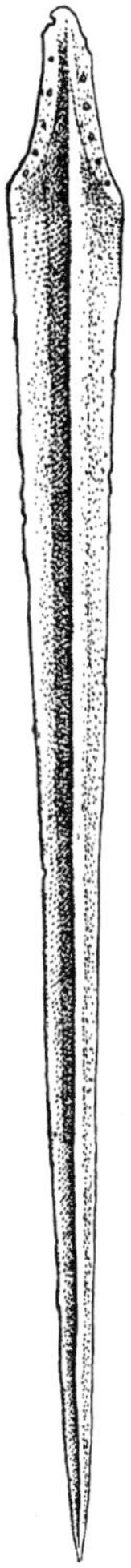

ペリシテの
長剣

しかしながら、サウルの一番の関心は東にあった。そのとき、ヨルダン川東岸にあるヤベシュ・ギルアドはアンモン軍の包囲下に置かれていたが、すぐに助けが来る当てはなく、いまにもアンモンの王ナハシュの前に屈服しそうな状態にあった。ヨルダン川東岸のイスラエルの中心的町がアンモン人の町に変ろうとしていた。報せを聞いたサウルはただちに行動を起こすが、イスラエルの民は士気を挫かれ、どの部族も救援のために立ち上がろうとしない。そこでサウルは、イスラエル国軍に加わる有能な兵士をすぐに送り出すよう各部族に求め、もしそれに応じないなら特別な経済制裁を課すといって威嚇することも辞さなかった。「彼は一軛の牛をとって、それを切り分け、使者に持たせてイスラエル全土に送り、こう言わせた、『サウルとサムエルの後について出て来ない者があれば、その者の牛の群れはこのようにされる』」（サムエル記上11：7）。

サウルの威嚇は功を奏し、動員された三三万の兵士がベゼクに集結した。ちなみに、もしこの数字が何らかの意味で真実を反映しているとすれば、王国が誕生した当時のイスラエルの総人口は七五万人くらいになる。実際に戦闘に出かけた兵士の数ではないが、それでも実際に動員された兵士三三万はあきらかに誇張である。それは、十六歳かそれくらいの年齢以上の男子の総計として理解すべきであり、そうすればイスラエルの総人口は上に挙げたような数になる。よく組織された社会の場合、そのうち徴兵にかり出せる人数は最大限十パーセントで、それが、現代における場合と比較していえるぎりぎりのラインである。サウルが最初に行なった軍事遠征の場合、イスラエル軍の総勢はその半分（つまり一万六五〇〇人）以下であったと思われる。

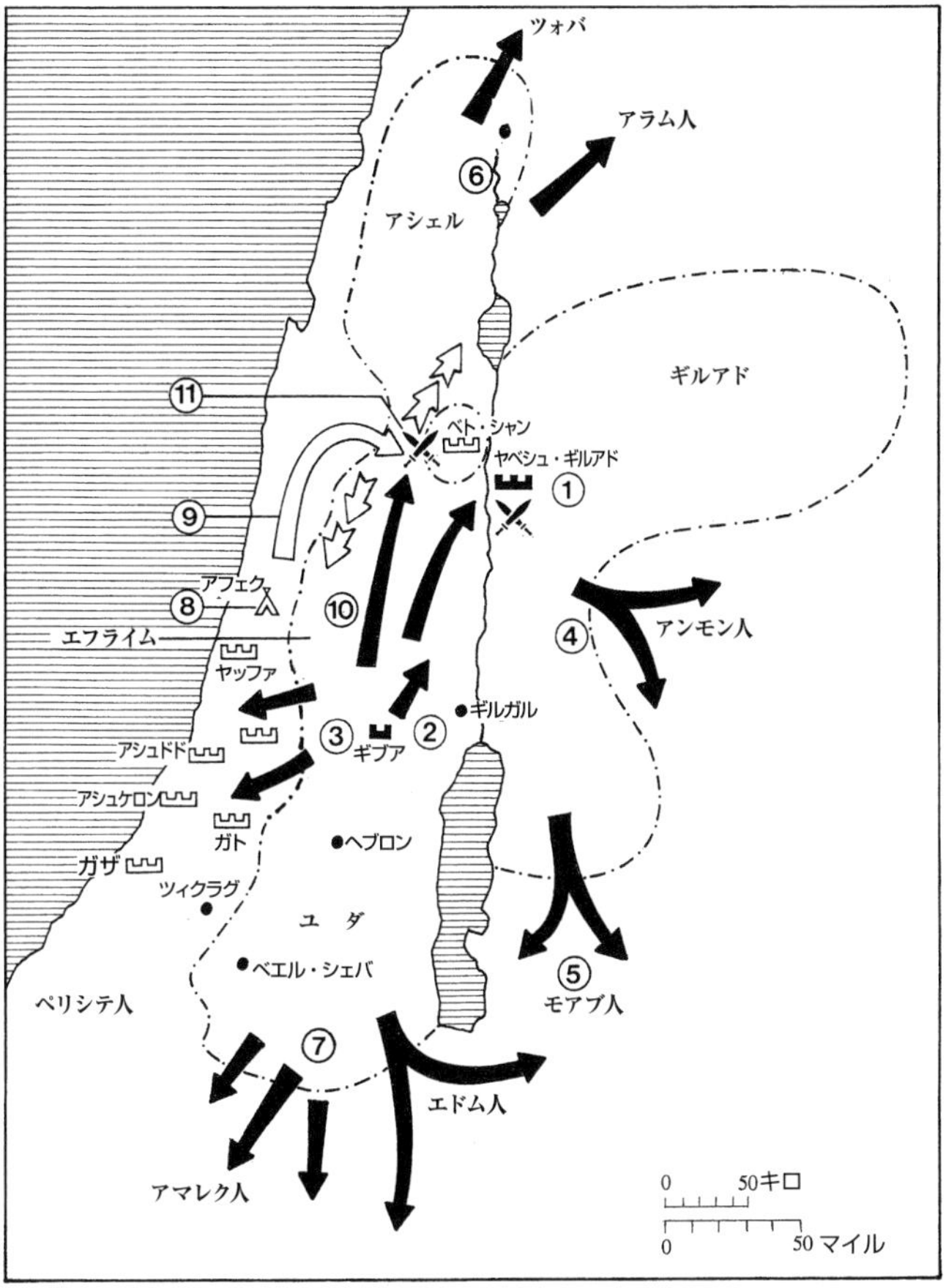

地図９　サウルの戦い

1　包囲攻撃されたヤベシュ・ギルアドを救うためのサウルの最初の軍事遠征。
2　ミクマスへの軍事遠征。
3　ペリシテ人との戦い。
4 & 5　ヨルダン川東岸の民との戦い。
6　アラム人との衝突。
7　南の国境を守るための軍事遠征。
8　ギルボア山での決戦に向けて集結するペリシテ軍。
9　ペリシテ軍、イズレル平原を侵略する。
10　サウル、ギルボア山に向かう。サウルの最後の軍事遠征。
11　サウル、ギルボアの戦いで倒れる。

頭飾りを着けた戦士の顔をしたペリシテの人面棺の頭部（上）と、エジプトのメディネト・ハブ出土浮彫に描かれたペリシテ人戦士の頭飾り（下）

ヤベシュ・ギルアド救援の詳細は聖書に記されていないが、イスラエル的戦略の主な要素——迅速な夜行と敵陣への接近、軍を複数の部隊に分けての行動（この場合は三つの部隊に分けられた）、油断している敵への急襲と追撃——のすべてを見ることができる。ここで強調しておかなければならないのは、古代およびその後のオリエント世界の戦争でよく見られる軍の分割戦法は、[4] とりわけ各部隊の指揮官に対する強い信頼を前提にしているということである。それぞれの部隊の指揮官は、自分に割り当てられた任務遂行を保証するに十分な手段——たとえ原始的なものであれ——を備え、統一のとれた作戦を執行できる能力の持主でなければならない。すべての分隊が同時に行動を起こさない限り、総司令官は、戦闘の結果に影響する、あるいは決定する手段を手元に残しておかなければならない。それは、苦戦におちいった部分を補強し、機を見て自軍を優勢に仕向け、成功を見きわめた上で活用する予備軍《リザーブ》を作っておかなければならないことを意味する。いくつかに分けられた部隊のすべてが最初の一斉攻撃に加わらないのは、この予備軍の方向で考える場合で、指揮官は戦略上かなりの柔軟性をもつことになる。

しかし、これらのことをすべて考慮に入れた上でも、一般に受け入れられている軍事的教義でしばしば指摘されるのは、軍をいくつかの戦略的に独立した部隊に分けることには危険が伴いすぎるという点である。前二一六年、イタリア南東部のカンナエにおける〔ハンニバル軍との〕戦いで、ローマ軍団の八万五〇〇〇の兵が一丸となって戦ったのは、ひょっとして軍を分けることのそうした危険性を考えた上での作戦であったかもしれない。だが、十八世紀の将軍たちですら、そのいずれの方法を選ぶかで揺れたのである。歴史上の最も偉大な軍事指導者のひとりであるプロイセンのフリードリヒ二世〔大王、一七一二～八六年〕は、ただひとつに集中した戦闘隊形の理論の採用に同意した。(5) もっとも、彼の場合、ほとんどが自分たちの意志に反して戦争に駆り出された十八世紀の兵士たちがいかに忠誠心や信頼性に欠けるかを知った上での判断であった。サウルはそのような悩みにわずらわされることはなかった。

常備軍の中核の創出

サウルの軍事行動は、ヤベシュ・ギルアドの救出に間に合った。この軍事遠征から人びとが学んだのは、王の命令一下、すぐに出陣できる常備軍の設置と、それを補強する兵をすべての部族ができるだけ迅速に動員できる体制をととのえることの重要性であった。そこでサウルは、彼のもとで恒久的に働く三千人の戦士を中核として常備軍を創出した。彼はその軍を二つに分け、千人から成る部隊の指揮を息子のヨナタンに任せた。ヨナタンの最初の功績は、ゲバあるいはギブアのペリシテ駐屯部隊の制圧であった（サムエル記上13：3）。いずれも戦略的に重要な場所であった。そのうち、ギブアはベニヤミン族の中心的町で、堅固な城塞を誇りにしていたが、あるときペリシテ人に占拠されてしまったのである。

ミクマスの戦い

ヨナタンの活動は、ユダ山地中心部におけるペリシテの支配をおびやかした。そのためペリシテ人は、独立国家の建設を目指すイスラエルの試みを砕くため、戦車隊、さらにひょっとすると騎兵も加えた大遠征軍を派遣した。ペリシテ軍はベト・ホロン峠を通って、ミクマスに要塞基地を築いた。基地建設の場所としてミクマスを選ぶとはいかにも大胆な行動であるが、しかし、彼らは充分に計算してその行動に出たのである。ユダ高地の東側に突き進むことで、ペリシテは、イスラエル軍の伝統的活動舞台であるユダ荒野からベニヤミン山地に向かって上ってくる交通路を制圧した。ミクマスは、シス・ヨルダン山地の南北幹線道路を成す分水界の東の支線をまたいであり、その西の支線の通行もコントロールできる位置にある。さらに、ペリシテ人は、ベニヤミン領の中心部に基地を築くことで、ベニヤミン出身のサウルの権威と力に対しあからさまに挑戦状を突きつけたのである。

このペリシテ人の素早い動きにより、イスラエル人は取り戻したばかりの自信をふたたび打ち砕かれた。サウルが、イスラエル諸族で徴募された兵士たちの集合場所として（経験のない者にとっては）横断困難なユダ荒野をわざと選んだのは賢明だったが、その一方で、敵軍との最初の衝突もまだ起きていないうちから、イスラエル軍全体に足並みの乱れが生じ始めていた。サムエル記上13～14章によ

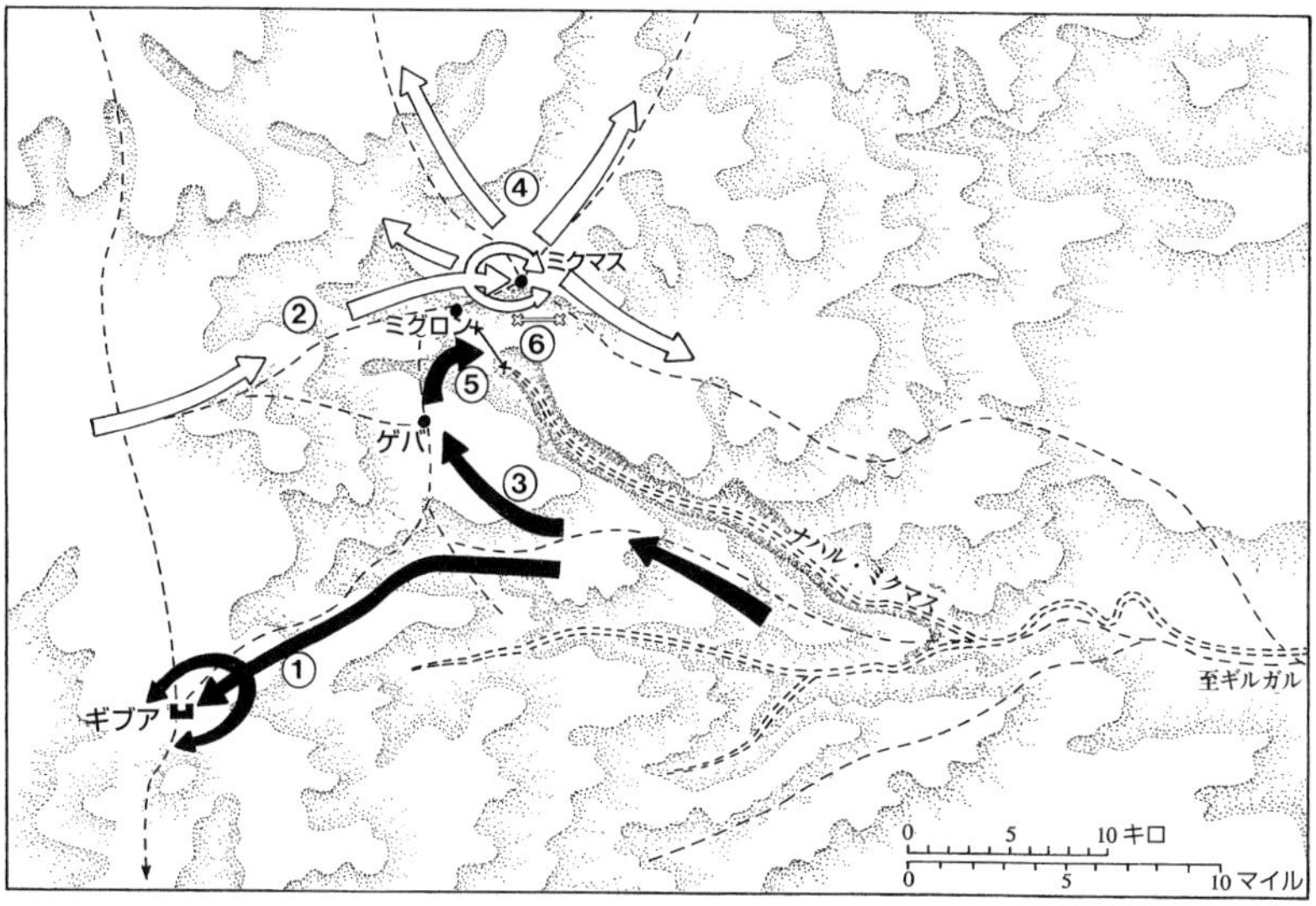

地図10　ペリシテ占領軍の排除（ミクマスの戦いまで）

1　ヨナタン、ギブアを奪取し、ペリシテの代官を殺害する。
2　ペリシテ軍、急遽ミクマスの占拠に向かう。
3　サウル、ギルガルの本陣からゲバに移動する。
4　ペリシテ軍、遊撃隊をくり出して周辺のイスラエルの村落を荒らす。
5　イスラエル軍、ミグロンの道路を封鎖する。
6　ペリシテ軍、ミクマスの前で待ち構えていたイスラエルの部隊と衝突する。

ると、ミクマスに陣をかまえるペリシテ軍に対し、サウルは、ヨナタンと正規軍が奪取した後のゲバに、わずか六百名の兵士たちとともに陣をかまえた。

ペリシテ人は、イスラエルにおける王（サウル）と祭司（サムエル）が公けの場で口論するほどの険悪な関係にあること、また、脱走兵も多くいて、かなりの数の住民がトランス・ヨルダンに逃亡したことなどについて、信頼できる諜報機関を通じて知ったにちがいない。その結果、ペリシテ人は、未熟なイスラエル王国の滅亡を速めるために、三つの遊撃隊を送って中央丘陵地域にあるイスラエルの村落の破壊を命じた。自軍の弱体化を防ぐため、ペリシテ人は、ミクマスとゲバを結ぶ、さらにゲバ経由で分水嶺の西側の道を結ぶ「ミクマス回廊」に封鎖部隊を配置した。地勢学的見地と聖書記述の検討の両方から、ワディ・スウェイニトの断崖頂上とミクマス山麓の間に位置するミクマスの正確な位置を確認することができる。

サウルは、ペリシテの陣営が手薄になっても攻めようとはせず、背後から来る敵の襲撃を緩和するため、イスラエル軍をゲバからミクマスを真正面に見るミグロン（テル・ミリアム）に移動させた。ペリシテ側にとって、このサウルの動きで予想された最初の脅威はなくなったが、ミクマス本陣のペリシテ軍も、峠で待ちかまえる遮蔽部隊も、ミグロンに陣を張ったイスラエル軍のいかなる動きに対しても注意を怠ることはなかった。

ヨナタンはこの機会を逃すまいと、無謀ともいうべき作戦を思いつき、事実決行した。彼は自分の楯持ちだけを伴い、南から大きく迂回して敵陣に近づいた。峠を見張っていたペリシテ兵たちにとって、それは中休み状態の中で、二人のイスラエル兵が本陣とは無関係に勝手にそのへんをうろついているように見えた。二〇人そこらだったと思われるペリシテの先陣の兵士たちは、二人のイスラエル兵に向かって「われわれのところに上って来い。思い知らせてやる」と言ってあざけると（サムエル記上14：11）、またもとの位置に戻ってイスラエル軍に対する監視を続けた。

ヨナタンと彼の楯持ちはワディ・スウェイニトの谷に身を隠すと、ペリシテの前哨基地近くの崖を登った。「ヨナタンは手足を使ってよじ登り、彼の武器を担ぐ者もその後に続いた」（同4：13）。ヨナタンに背後から急襲されたペリシテ兵たちはかなりの数が倒され、残りの兵はあわてて後退した。それに驚いたミクマスのペリシテ守備隊は、逃げて来る同胞の兵士たちをイスラエルだと思いこんで同士討ちを始め、大混乱におちいった。サウルはその機を逃さず、ミクマスの総攻撃を開始した。敵はほとんどすぐに抵抗をやめ逃走を始めた。(6) すぐ近くの退路を断たれたペリシテ軍は北のベテル方面に向かって退却し、それから西へ向かって逃走したが、その間じゅう、それまでペリシテの略奪隊を恐れて洞穴などに避難していた農民たちが出て来て、敗走するペリシテ兵の追撃に加わり、苦しめた。

半島戦争(一八〇八〜一四年)のスペインにおけるフランス軍、あるいは一八四二年のアフガニスタンにおける英国軍のように、この凄惨な敗走で命を落としたペリシテ兵は、その前のイスラエル軍との戦闘で倒れたペリシ

ミクマス　ペリシテ軍が中央の丘に守備隊を置いたのが、手前のサウルの陣営から見えた。サウルの息子ヨナタンとその楯持ちは、崖を登ってペリシテ守備隊の眼前に躍り出た。ペリシテ本陣は左方（写真からは見えない）の町にあった。

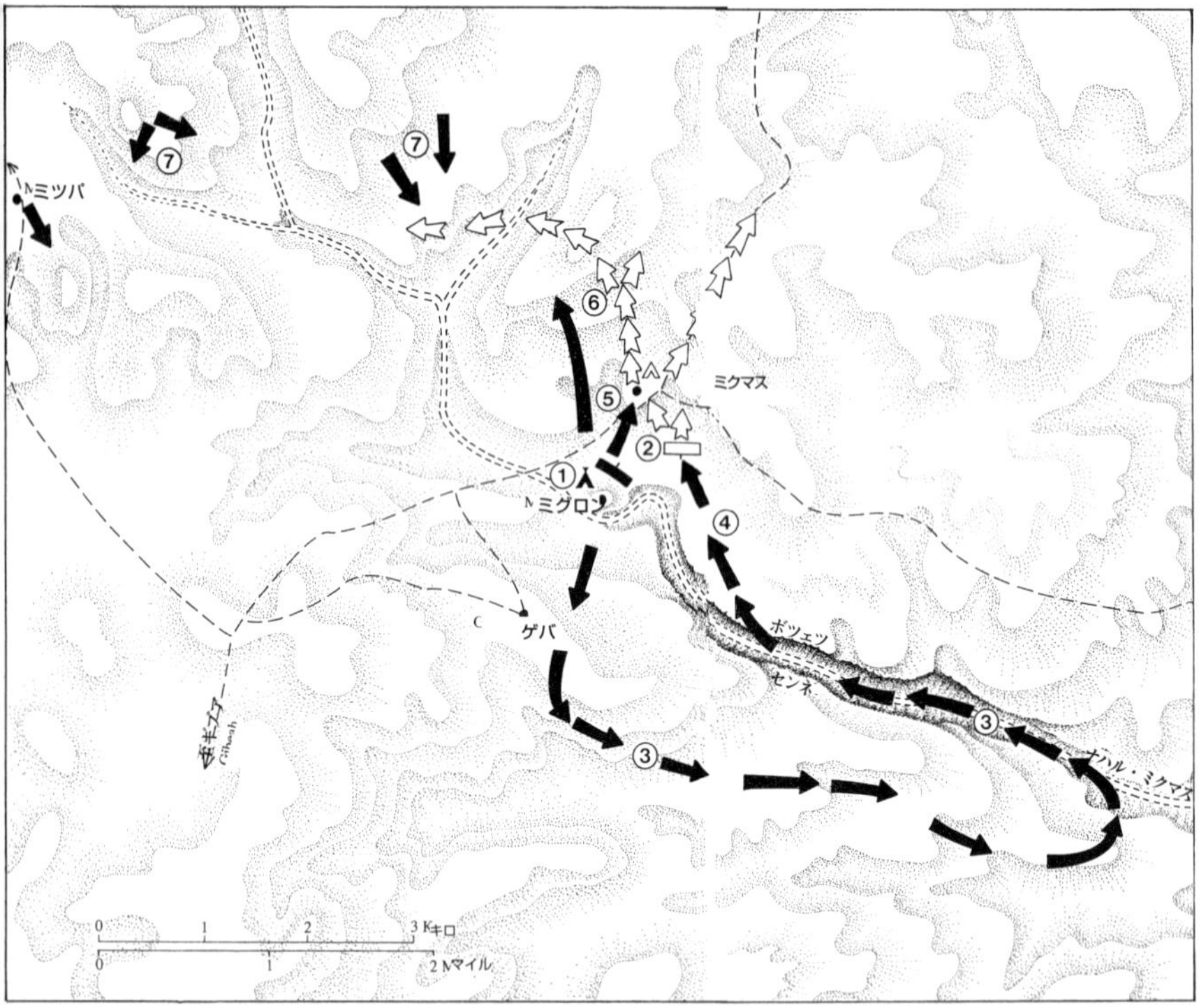

地図 11　ミクマスの戦い

1　ミグロンにおけるサウルの守備位置。

2　ペリシテの前哨基地。

3　ヨナタンとその武器を担う者、「片側をボツェツと呼び、他の側をセンネと呼ぶ」切り立つ岩に挟まれたナハル・ミクマス渓谷に身をひそめる（サムエル記上 14：4）。

4　ヨナタンとその武器を担う者、突如姿を現し、ペリシテの守備隊を動転させる。

5　サウル、ミクマスを攻撃して占拠する。

6 & 7　ペリシテ軍、大急ぎで退却、サウル追撃し、周辺の村人もそれに加わる。

テ兵よりも多かったに違いない。

ヨシュアの時代以来、イスラエルの将軍たちは、得た勝利は完全に利用し活かすことの重要性を強調してきた。彼らは、疲労している自軍がもうひと頑張りすることによって、その後の戦闘や流血を防ぐことができることを感じ取っていた。サウルもその気持ちで兵士たちに、小休止して空腹やのどの渇きを癒すことも許さず追撃を命じた。その命令を知らなかったヨナタンは、追撃の途中で森に入って蜜蜂の巣から蜜を取って口にした。そのことを知った王サウルは、たとえ自分の息子であろうと、また命令を聞いていなかったにせよ、死罪にあたるとしてヨナタンの処刑を命じたが、兵士たちの激しい抗議にあって取りやめたのだった。

サウルは、その日、敵を完全に打ち破るまでは食べ物を口にしないと神に誓っていたのに、ヨナタンは結果としてその誓いに反した行為をしたわけであるが、それが、死刑判決の理由のすべてではなかったであろう。サウルは、ヨナタンがミクマスの前哨基地攻撃について、事前に王である自分になんの相談もせず、許可を得ないで勝手に行動したことが許せなかったに違いない。したがって、サウルは、たとえ結果が勝利に結びついたとしても、命令違反をどう処理するべきかという、なんども繰り返されるジレンマにぶつかったのである。そのような場合、ローマ軍法の規定は明快であった。死刑――たとえ命令に対する不服従が結果的に勝利につながろうとも、である。

ヨナタンのケースに似ているのは、一六七五年、フェールベリンの戦いで先制攻撃をしかけてブランデンブルク軍に勝利をもたらしたホンブルク公のケースである。「大選帝侯」であった彼の伯父は、命令違反の罪で死刑を命じた。将校たちのゼネストが起きて、ようやく命令は撤回されたのだった。「サウルのジレンマ」の解決法は今日にいたるまで見つかっていない。事実、命令に従ったことが痛ましい結果をもたらしたケースはいくらでもある。有名なのは、一八一五年、進軍ルートを変更してワーテルローに向かうことをせず、ナポレオンに命令されたルートを進んだグルーシー将軍のケースである。そのため、彼は「プロイセン軍の英軍への合流を防げず」結果的にフランス軍の敗北とナポレオンの失脚の原因を作ってしまったといえるからである。(7)

その問題を別にすれば、ヨナタンとその従者の行動は、ある状況にあっては、ほんの一握りの戦士の行動が、戦闘の流れにいかに大きな影響を与えるかということを教えている。

ふり返ってみると、ミクマスの戦いはイスラエル史にとって最も決定的意味をもつ戦いのひとつであったこと、そしてヨナタンとその二人の楯持ちの勇敢な行動のおかげで、サウルは最も危険な敵の攻撃を一時忘れ、そのすきに、ヨルダン川両岸にまたがるイスラエル統一王国の樹立に成功したことは間違いない。こうして「サウルはイスラエルに対する王権を握ると、周囲にいる彼のすべての敵、すなわち、モアブ、アンモン人、エドム、ツォバの王たち、ペリシテ人と戦い、その向かうところどこでも勝利を収めた」（サムエル記上14：47）。

文字には記されていないが、ヨルダン川西岸を支配する地政学上の重要な教えのひとつは、だれであれ、その沃地に住んでいる人びとに平和と安全を与えようと思う者は、南のネゲブ砂漠からの遊牧民の来襲と侵略をはね返さなければならないということである。それゆえ、サウルは砂漠縁辺部の防衛に常に力を入れた。そして、それが基礎となって、その後ソロモン時代から中世までずっと活用され続けた強力な要塞ネットワークは構築されたのである。[8]

ネゲブのアマレク遊牧民に対するサウルの戦いに関する詳細は記されていない。同様に、一度も完全に制圧できなかったペリシテ人に対する軍事遠征はひんぱんに行なわれたが、それについての詳細も明らかではない。戦闘はシェフェラで——より正確には、山中要塞から西の海岸平野に抜ける谷の一ヵ所ないし二ヵ所の出口付近で行なわれたと思われる。その典型的な例は、エラの谷における戦闘である。そのころまでに、イスラエル軍はよく組織化され、半常備軍にまで成長し、さらに軍事遠征が長期化したときは城塞に陣営をかまえるまでになっていた。彼らは谷に野営し、ペリシテ軍が山中に入りこむのを阻止しようとした。野営地はよく整備され、訓練のための特別な場所が設けられ、兵器や糧食の管理・補給にも細かい注意の目が配られた。

しかしながら、そうした成長や進歩にもかかわらず、イスラエル軍は、軍の装備において、どの面をとってもペリシテ軍より劣っていた。なんといっても、イスラエル軍には戦車が欠けていた。そのため、サウルは我慢して、平地に兵をくり出すことはしなかった。

これが、有名なダビデとペリシテの英雄ゴリヤテの一騎打ちの背景である。ゴリヤテは、ホメロス風の堂々した鎧兜で身をかためて、毎日、イスラエル陣営に向かって、一対一の対決を呼びかけていた。単独行動という点で、ダビデの戦いはミクマスにおけるヨナタンのそれに似ている。ダビデは、羊飼いが使用する石投げの革ひもと小石だけでゴリヤテの挑戦に応じ、倒した。それを見たペリシテ軍は肝をつぶして逃げ出した。そして、サウルは、ミクマスの戦いの時と同様、この時も動揺する敵に対し一気に攻撃をしかけた。ペリシテ軍は敗れたが、粉砕されたわけではなかった（最近では、聖書記事のなかで疑わしいものはすべて神話の領域に属するものとして片づけてしまうのが流行《はやり》だが、しかしその一方で、医学的見地から、英雄ゴリヤテが、ダビデの飛ばした小石の一撃で倒されてしまったのは、長身で屈強な人々にしばしば見られる弱視に原因があったのではないかというなかなか説得力に富んだ説明も提案されている）[9]。このあとに起きる一連の出来事――イスラエル部族間の争い、サウルと預言者サムエルの言い争い、サウルとダビデの関係の決裂――は、せっかく誕生したサウルの統一王国を弱体化させ、それを知ったペリシテは兵を集め、イスラエルに対するリベンジを計画した。

ギルボア山――サウルの最後の戦い

サムエルの死から間もなくして、ペリシテは作戦を実行に移した[10]。ペリシテ軍はシェフェラのアフェクに集結したが、彼らはこれまでと異なる戦略を用いた。西側からいきなり丘陵地に攻めこむそれまでの作戦が成功しなかったため、ペリシテ軍は、今度はシャロン平野（海岸平野）に沿って北へ兵を進め、大きく迂回しながらカルメル連山の峠道を通ってイズレル平野に入り、イル・ガニム（現在のジェニン）から台地に沿って南へ攻めこむ作戦に出た。ペリシテ軍は、イズレル平野に入った段階で、まだイスラエルに占拠されていなかったカナン諸都市からの応援を期待できた。それらは、かつてペリシテ人がエジプトのファラオの傭兵として防備に当たっていた町であり（ベト・シャンはそ

（上）**牛車に乗るペリシテ戦士とその家族**　戦士たちは幅広の剣と円形楯を手にしている
（下）**両面から迫る敵の攻撃に対応するペリシテ戦車部隊。**

アッシリアの騎兵に追撃されるアラブ兵　手前のラクダの背後のラクダ（図では見えない）に騎乗するアラブ兵は後ろ向きに矢を放っている。いわゆる後のパルティア人が得意とした「パルティア式射法」（パルティアン・ショット）である。

の代表例である）、その意味で、ペリシテ人はイズレル平野の居住地にしっかり根を下ろしていたのである[11]。

　サウルは内陸よりのラインで戦う方が自分たちにとって有利であることを知っていた。そこで、ペリシテ軍がどちらの方向に向かうか、その動きをじっと見守っていた。やがてそれがわかると、サウルは、北へ向かうペリシテ軍と平行する形で自軍を北上させると、ギルボア山麓の低い丘陵地帯付近に兵を配置し、ペリシテ軍がイル・ガニムの上り坂に向かってやって来るのを待った。

　なぜサウルは、ペリシテ軍がカルメル連山の険しい山道を通るのを阻止しようとしなかったのだろうか。それは、ペリシテ軍がアフェク〔現在のテル・アヴィヴの北東〕を兵の集結場所に選んだことに関係している。アフェクに集結することで、ペリシテ軍は東のユダ山地に対し直接的に圧力を

ギルボア山　サウルはその北西斜面（向かって左）でペリシテ軍の矢に当たって倒れた。

かけ、そのためサウルは軍の一部をさいてユダ西部の防衛に回さなければならなかった。現代の観戦者的視点からすると、そのような場合、ペリシテ軍が陽動作戦に出たと考えられるのであるが、それについての記事は見当たらない。しかしながら、ペリシテの分遣隊やそれに続く軍の動きは、たとえそれがペリシテ人の意図したことではなかったにせよ、イスラエル監視部隊の判断を誤らせてしまった。

サムエル記上29章によると、ダビデとその兵士たちが、現在彼らが仕えているガトのペリシテ人領主アキシュの軍団に合流すべくアフェクにやってきたところ、他のペリシテの領主[12]たちから、「このヘブライ人どもは、一体、何者だ」と疑いの目で見られ、ツィクラグに追い返されてしまった。ツィクラグ〔ヘブロン南西〕は、サウルの迫害を逃れて庇護を求めたダビデにアキシュが知行として与えた町である。アフェクから南のツィクラグへ戻るダビデの一隊は、途中、エラ谷やソレク谷のような、ペリシテ軍がシェフェラからユダ山地への侵入するときの経路になるいくつかの谷を通過した。敵が背後から攻めて来る気配がないとなると、それは、ペリシテ軍がイスラエルの防備の薄いカルメル渓谷を通って来ることを意味する。それに気づいたサウルは軍を率いて、急遽、北へ向かった。

続く戦闘を決したのは、ペリシテの戦車部隊であった。サウル軍はギルボア山の方へ後退した。しかし、そこにいたっても、不安定なサウル軍の状況に変わりはなかった。ペリシテの戦車は、ギルボアの西山麓のなだらかな斜面を苦もなく駆け上がってイスラエル軍に迫り、戦車の上からペリシテの弓の射手が放つ強力な矢がイスラエル兵の上に炎のごとく襲いかかった。すべてが失われたことを知ったサウルは、敵の捕虜となって恥を受けるのを望まず、自らの刃の上に伏して死んだ。こうして、ペリシテの思惑通りに事態は進展し、イスラエル王国は瓦解して、ふたたび部族の集合体へと逆戻りした観があった。しかし、ペリシテ人の勝利は長く続かなかった。サウル王の統治から、イスラエルの諸部族は、統一によってのみイスラエルの力もそれに伴う経済的優位も得ることができるのだということを学んでいた。サウルの戦死はイスラエルに大きな衝撃と不安をもたらしたが、それは初めのうちだけで、人びとの注目を浴びたダビデは、ただちにサウルとその息子ヨナタンの非業の死を悼む哀歌を詠んだ。それは世界の文学史上においてもひときわ輝く感動あふれる哀歌であった。ダビデは、その哀歌を通し、今はペリシテの支配下にあっても自由を取り戻すための戦意を決して失うことのないよう、人びとの心に強く訴えた（サムエル記下１：17〜27）。

第5章　統一王国

ダビデ王の支配は、ユダヤの伝承においてユダヤ民族にとって最初の黄金時代として記憶されている。「ハマトの入口からエジプトの川〔ワディ・エル＝アリシュ〕まで」、または別の表現によれば、「エジプトの川から大いなるユーフラテス川まで」広がるイスラエル王国を築いたのはダビデである。この王国は誕生からおよそ八〇年後、南のユダと北のイスラエルの二王国に分裂し、わずかにウジヤとヤロブアム二世が南北を統治した時代（前七八五〜七五〇年頃）の約三〇年間、両国を合わせるとダビデ時代のイスラエルとほぼ同じ領土に戻ったのであったが、ダビデはともかくイスラエル諸族を一つの国民国家としてまとめることに成功した。そして、そのような統一ユダヤ国民国家としてのイスラエルの概念は、王国が南北に分裂した後も、いくつかの短い中間期はあったにせよ、およそ千年もの長い間、パレスティナの地に生き続けたのである。

聖書は、ダビデという魅力あふれる個性を復元するに十分な史料をわれわれに残してくれている。現代のヨーロッパ人の目には、ダビデは、ロビン・フッド、パルシヴァル（円卓の騎士のひとり）、アーサー王、獅子王リチャード一世、リア王の性格をすべて合わせたような複雑な性格の持主として映るかもしれない。中世の騎士道は、「九人の雄々しい騎士」の中でも特に重要な手本に、ダビデの名を挙げている。[1] ユダヤ人の民間伝承では、ダビデは「アフヴヤ」（神の最愛の者）の愛称で呼ばれている。だが、われわれがダビデの軍事遠征について明確な全体像を復元しようとすると、詳細はいうまでもなく、情報が意外と少ないことを知ってがっかりさせられる。

ここでダビデ個人の軍事的偉業――最初はサウルに仕える者として、後に不法者集団の首領として、さらにガトの王アキシュの封臣として――について語ろうとすると、とても紙数が足りない。しかしながら、ひとつ強調しておかなければならないのは、最高司令官の地位に登る前の見習い時代のダビデに関する聖書の記述は、聖書に登場するどの将軍たちと比べても、はるかに詳しいということである。この時代には軍事指導者になるための教育機関などなかったわけであるから、どのような知識であれ、個人的才能の発展であれ、すべて、その人格形成期に得た個人的体験を通して身につけたものである。

このように、われわれは聖書を通して、ダビデの戦士としての能力や常備軍の指揮官としての才能は、彼がサウルの軍隊で下積み生活をしていた時代に学び体得したものであることを教えられる。その後、彼はゲリラ戦法を、追う猟師と追われる獲物の両方の立場の実体験から身につけることになる。次いで、ペリシテ人領主の傭兵を率いる封臣の立場で、奇襲攻撃の仕方だけでなく、それらを得意とする遊牧民の侵略者たちを打ち負かしながら、あらゆる計略や策略の術を自分のものにした。こうして軍人としての知識を身につけ経験を十分に積んだところで、ダビデはサウルの死後、ユダおよびそれにつながる諸氏族を統治する王に選ばれた。一方、サウルの信任篤かった将軍アブネルは、サウルの遺児イシュボシェトをイスラエルの王に据えた。

サウル王の前で竪琴を弾くダビデとペリシテの英雄ゴリヤテを倒すダビデ　15世紀の詩篇の写本挿絵

ダビデが最初に行なったのは、絶え間なくネゲブ砂漠から侵入して来る遊牧民の危険からユダを守ることであった。そのために彼が考えた対策は、その後の世代にとっての模範になった。つまりダビデは、ヘブロン山地に彼の古くからの戦士たちをその家族といっしょに定住させたのである。それには三重の意図が隠されていた。まず、彼のすばらしく鍛えられた戦士たちは、外敵のいかなる攻撃にも耐える広域の防衛網の中核になるであろうし、侵略者たちがヘブロン山地のどこに入りこもうと、地元の兵士たちを適切に指揮することができるであろう。第二に、砂漠からの侵略者の攻撃に身をさらし、まっ先にそれに立ち向かわなければならないヘブロン人たちの中に自分の兵士を住まわせれば、彼らはそこを自分の故郷と思って、敵の襲来に対して常に警戒し、必死に守ろうとすることは間違いないからである。そして最後に、彼ら兵士たちに土地を与えておけば、敵との戦いのたびに報酬を払う必要がなくなると、ダビデは考えたわけである。

エルサレム征服

ヨルダン川両岸にまたがるイスラエル統一王国を建設する上で次に必要なことは何か。ダビデの目からすると、それは、エルサレムを征服して首都にすることであった。エルサレムは、シス・ヨルダン丘陵地の中央という理想的な場所に位置していた。エルサレムは、地中海に面した自然港ヤッファへのアクセスもよく、地中海とトランス・ヨルダンを東西に結ぶ、ヤッファ――ラバト・ベネ・アンモン（現在アンマン）街道と南北に走る分水嶺が交差する重要な要衝であり、しかも、そこは四方を谷が囲む天然の要害であった。エルサレムの気候は快適で、降水もエルサレムの水槽が年間を通して空にならないほど十分にあった。事実、一九四八年のイスラエル独立戦争の際、エルサレム旧市街のユダヤ人居住区は敵軍に包囲され、外からのいっさいの補給路を断たれたが、その時にも、雨水は市の水槽を満たし、包囲中、住民は水不足にだけは苦しめられることがなかった。エルサレム市のある丘の麓には自然の泉があって、古くから住民は、敵の攻囲に遭った時でも、敵兵の目にも触れずに水

地図 12　ダビデの戦争

1　ネゲブの部族を自分の支配下に置く。
2　エルサレムの征服。
3　ペリシテ人、ダビデをレファイム谷から追い出そうとする。
4　ペリシテ人の征服。
5　シャロン平野とイズレル谷の征服。
6　モアブに対する戦争。
7　エドムの征服。
8　ユーフラテス川流域との交易。
9　アラム人とアンモン人に対する戦争。
10　エドレイ峡谷におけるアラム人の敗北。
11　ダマスコ（ダマスカス）制圧。
12　ハマトからユーフラテス川方面に向けての帝国の拡大。
13　西ガリラヤ地方からフェニキア国境に向けてイスラエル支配の拡大。

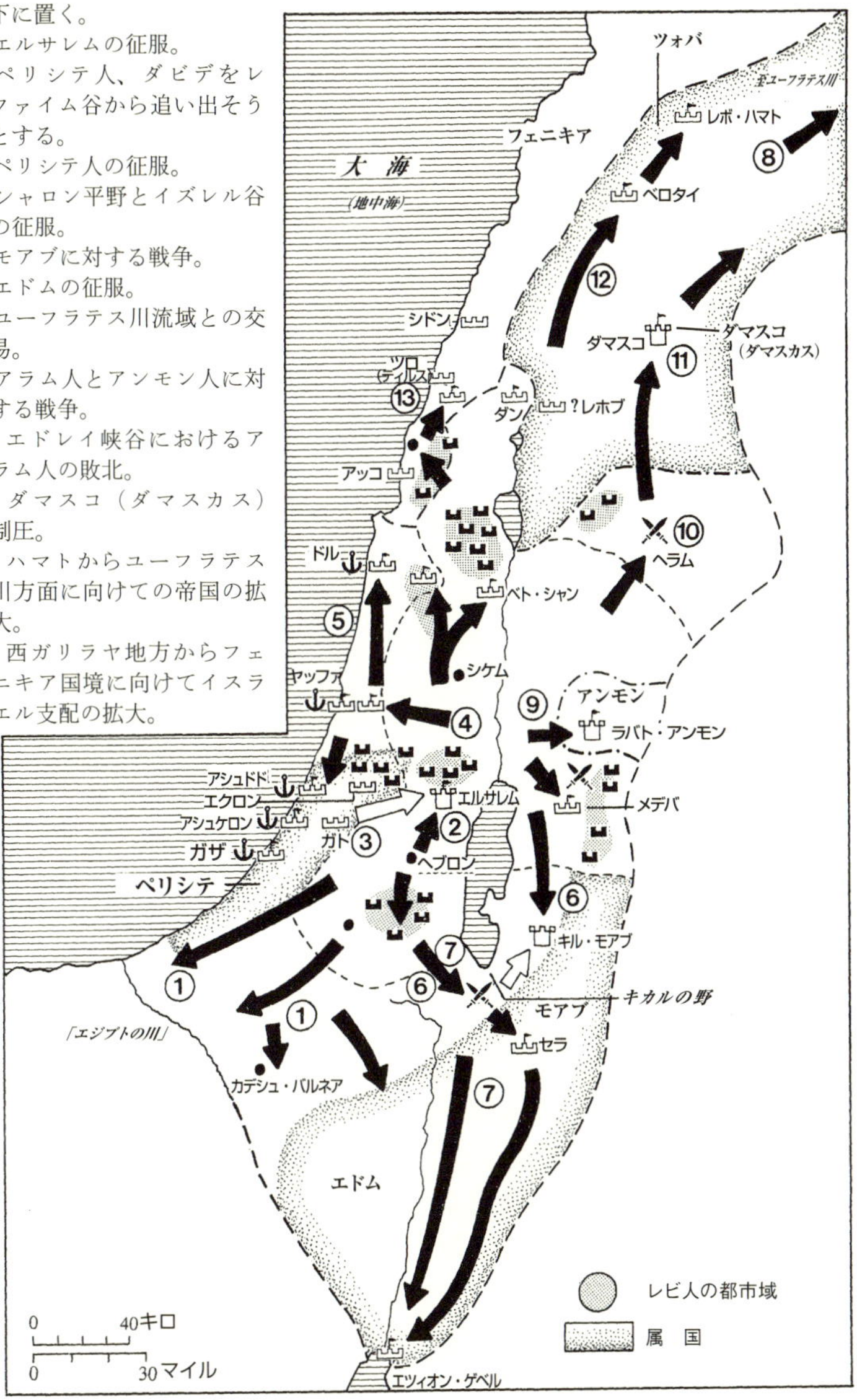

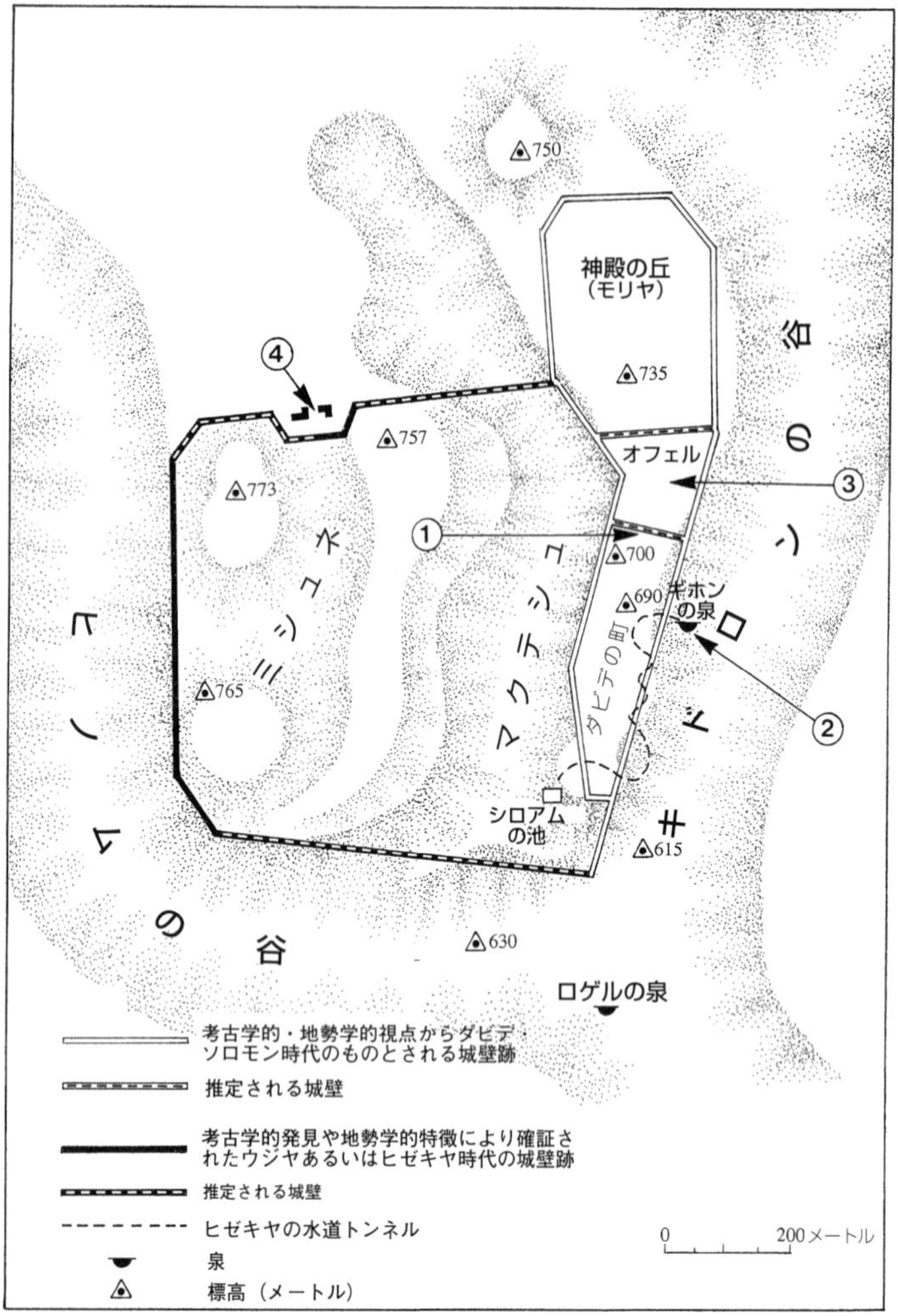

地図 13　ダビデからツェデキヤに至る時代のエルサレム

左方の大きな囲みは、考古学者ナフマン・アヴィガドの推定によるウジヤ時代あるいはヒゼキヤ時代の城壁。

① ダビデによる征服時のイェブス人のアクロポリス

② ダビデの将ヨアブがそこをよじ上った竪坑（ツィンノール）

③ ミロ

④ 北門

を汲む方法を見つけていた。政治的視点から重要だったのは、エルサレムはダビデが征服するまで、どのイスラエル部族にも属していなかった。つまり、そこを首都に定めたとしても、どの部族の自尊心も傷つけられることはなかった。最後に、当時エルサレムを支配していたイェブス人は小さな民族集団で、土着のカナン人とも関係がなく、したがって、彼らの運命に強い同情を覚え直接行動を起こすような民は近隣に見当たらなかったという事実である。[2]

それでも、ダビデが強固な要塞都市エルサレムを征服できたのは、彼の兵士たちの勇敢な功労のおかげである。ダビデは、エルサレムのアクロポリスに足場を得ることに成功した。そこは、細長い、馬の鞍の形をした丘の北の部分にあたり、当時のエルサレムで最も高い位置にあった。そこはその後「神殿の丘」と呼ばれるようになる。[3]

ダビデの攻撃の流れについてのわれわれの理解は、聖書の記述に沿っている。「王とその部下たちがエルサレムに来て、その地の住民イェブス人と相対したとき、彼らはダビデに言った、『お前はここに来られまい。盲人や足なえでも、お前を追い払うことができる』。……しかし、ダビデはシオンの要害を攻め取った」（サムエル記下5：6～7）。「要害」はヘブライ語のメツダの訳である（欽定訳は同じ出来事を述べた歴代誌上11：5の同語を「城」と訳す）。ダビデは、おそらくエルサレムの「要害」を奇襲によって占拠したのであろう。しかし、エルサレムの町それ自体を占拠したわけではなかった。イェブス人がダビデに「盲人や足なえでも、お前を追い払うことができる」と言ったのは嘲笑ではなく、魔術的意味においてであり、イスラエル兵を恐怖におとしいれて撤退させようとしたものと思われ

上　エルサレム　発掘により姿を表わした第一神殿時代の「ダビデの町」（エルサレム）城壁

下　1948 年のエルサレム空撮写真　ダビデが征服したエルサレムの町は神殿の丘の南東端の細長い斜面（写真右手）にあった。エルサレムは東側をキデロン谷が、西側をテロペイオン谷が守る天然の要害であった。

る。[4]

攻撃に勢いをつけるため、ダビデは別の攻略法を探した。彼の鋭い目は、エルサレムには東壁の外側にあるギホンの泉の水を引く秘密の地下水路があることを探り当てた。「その日、ダビデは言った、『誰でも真っ先に水くみのトンネル（ツィンノール）を通って町に入り、イェブス人を討つ者は、軍の長となりその頭となる』」。彼はトンネルのある場所を見つけると、監視の目を町の北部に向けながら、町に奇襲をかける決定を下した。エルサレム住民がしかけた「魔術」の力を払い除けるため、最も勇敢な兵士には軍の頭の地位を約束した。チャレンジしたのはヨアブであった。「ツェルヤの息子ヨアブが真っ先に攻め上り、軍の頭となった」[5]（歴代誌上11：6）。

攻城の際にしばしば明らかになるのは、城内の大事な場所に通じる秘密の通路の防備は意外と十分ではないという事実である。つまり、一見簡単に近づけそうにない場所にも「アキレス腱」があるのだ。ヨアブとその兵士たちが、「ツィンノール」をよじ上って地上に躍り出たときのイェブス人の驚きようがどのようなものであったか、容易に想像がつく。ヨアブがトンネル入口周囲に足場を築いている間に、他の兵士たちは町の占拠にかかったであろう。

「ツィンノール」は、その発見者である英国の将軍チャールズ・ウォレン卿の名をとって「ウォレンの竪坑」と呼ばれている場所を指すと思われる。古代エルサレムの発掘で有名なもうひとりの英国人、キャスリーン・ケニヨン女史は、その竪坑を塞いでいた石をさらに除いたあとで、ヨアブはそこを上るのに非常に苦労したに違いないと、折りあるごとに語っていた。

ヨアブが直面した非常な困難は、実際にその竪坑を見るまではだれにも理解できないであろう。エルサレムの住民は地下に掘られた階段とトンネルとを通って竪坑口まで来ると、縄のついた手桶を降ろし、城外の泉から下のトンネルを通って流れてくる水をくみ上げたのであるが、狭い竪坑は垂直で、高さ十五メートルにもなる。このような狭い竪坑による水のくみ上げは、下の水路から簡単に外敵が侵入するのを防ぐためでもあったろう。ところが、なんとヨアブたちは、それだけ注意深く作られていた竪坑をよじ登っていったのである。

ダビデによる征服後のエルサレムは「ダビデの町」と呼ばれるが、その「ダビデの町」の各時代層を総合的に発掘調査した最後の考古学者イガエル・シロは、「ウォレンの竪坑」の年代について、それはイスラエル前ではなく、むしろダビデの息子ソロモン時代ないしそれ以後ではないかという見解を出した。もしその見解を受け入れるとしたら、ダビデのエルサレム征服の記事に言及されている「ツィンノール」はもともと地質学上の亀裂のひとつで、それを利用して竪坑が作られたことになり、また、ソロモン以前のエルサレムの住民はその亀裂を十分に覆い隠さずに使用していたのかもしれない。いずれにせよ、その問題は、ダビデのエルサレム攻略とその苦労にかかわるエピソードの根幹を揺るがすものではない。ひょっとすると、それはダビデが「要害」占拠後、そこを拠点にイェブス人に対するさまざまな陽動作戦に出たことを強調したものかもしれない(6)。

レファイム谷の戦い

ダビデがエルサレムを征服すると、ペリシテはしきりにイスラエルに干渉するようになった。だが、最終的にペリシテの勢力は打ち砕かれ、彼らの主要都市のひとつガトにユダヤ人の代官が置かれた。ペリシテはユダに対し、最初、二度続けて遠征軍を送ったらしい（サムエル記下5：17〜25）。いずれの場合も、ペリシテ軍はエラ谷を通ってユダ山地に侵入してきた。ギルボアの戦いでイスラエル軍を徹底的に打ち破って以来、ペリシテ人はイスラエルの力をみくびり、かつてガトのペリシテ人王アキシュの封臣だったダビデを軽くあしらおうとした。そのため彼らは、以前、山や谷の地勢をたくみに利用したイスラエル軍の襲撃で痛い目にあったにもかかわらず、険しいエラ谷の斜面や隘路にひそむ危険に注意を払わなかった。

ダビデは、ペリシテ軍に決定的打撃を与えるため、毎回彼らがユダ山地奥深く、レファイム谷（その東端に現在のエルサレムの鉄道駅がある）の方まで入りこむようにした。レファイム谷における最初の戦いのとき、ダビデは自分の兵をそっとペリシテ軍の西に回し、背後から彼らを急襲した。このときペリシテ人がいかに混乱におちいり潰走したかは、彼らの陣営に彼らの大事な神像が置き去りにされたままだったことからもわかる。

二度目の遠征のときも、ペリシテ軍はレファイム谷でダビデの奇襲にあって敗れている。このときは、ダビデは相手に気づかれないように「ベカイムの森」を通ってペリシテの隊列に接近し、背後あるいは側面から急襲したのであった。軍事専門家の目からすると、森の中での戦闘は諸刃の剣である。森は隠れるには向いているが、相互の連絡、命令が正確に伝わらず、全体の統制がむづかしい。森は

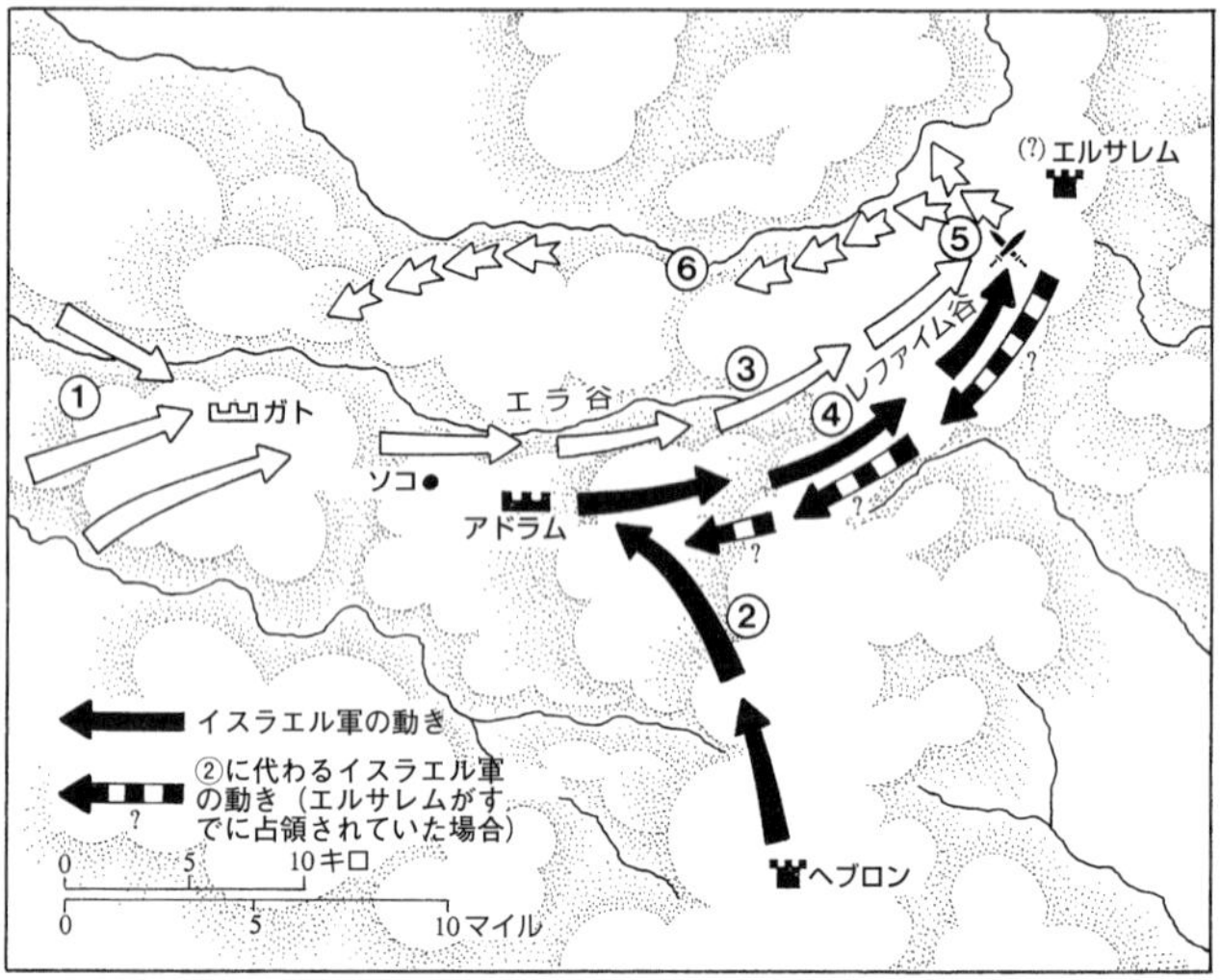

地図 14　第 1 次レファイム谷の戦い（局面 1　全体の流れ）

1　ペリシテ軍、エラ谷に集結する。

2　ダビデ、アドラムへ移動する。

3　ペリシテ軍、エラ谷を通ってユダ山地へ侵入する。

4　ダビデ、ペリシテの動きに合わせ、密かにサンサン―ギロ山系沿いに兵を進める。

5　ダビデ、バアル・ペラジムでペリシテ軍を急襲。

6　ペリシテ軍、あわてて逃走する。

注）この軍事遠征がダビデによるエルサレム征服の前に行なわれたのか、それともその後に行なわれたのか、聖書の記述からはわからない。もし前者であるとすれば、サムエル記下 5 : 17 の「要害」は、アドラムの要害であったろう（サムエル記下 23 : 14 をみよ）。

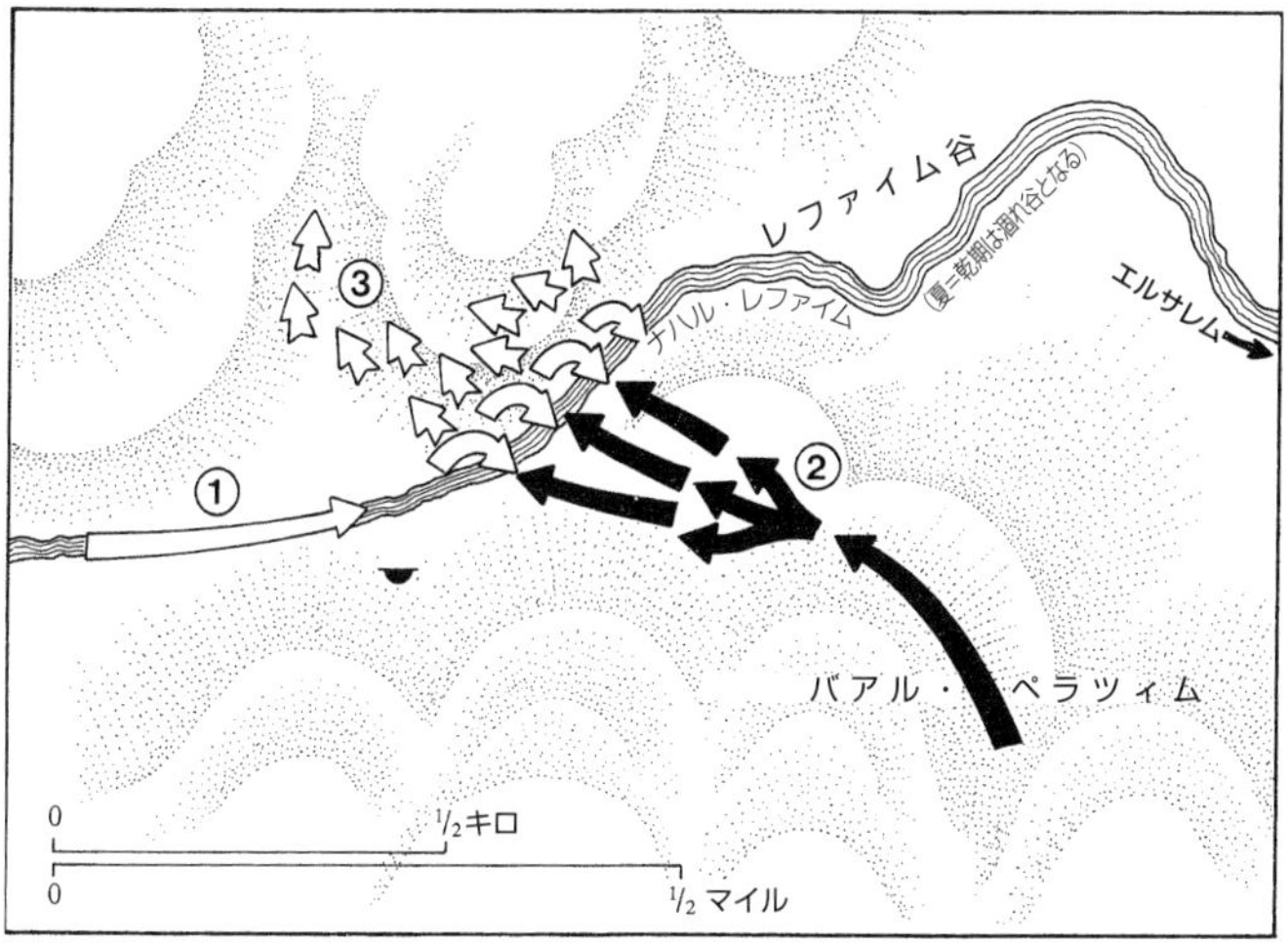

地図 15　第 1 次レファイム谷の戦い（局面 2　詳細）

1　ペリシテ軍、レファイム谷を進軍。
2　ダビデ軍、ペリシテ軍を側面から攻撃。
3　ペリシテ軍敗走（図 14 もみよ）。

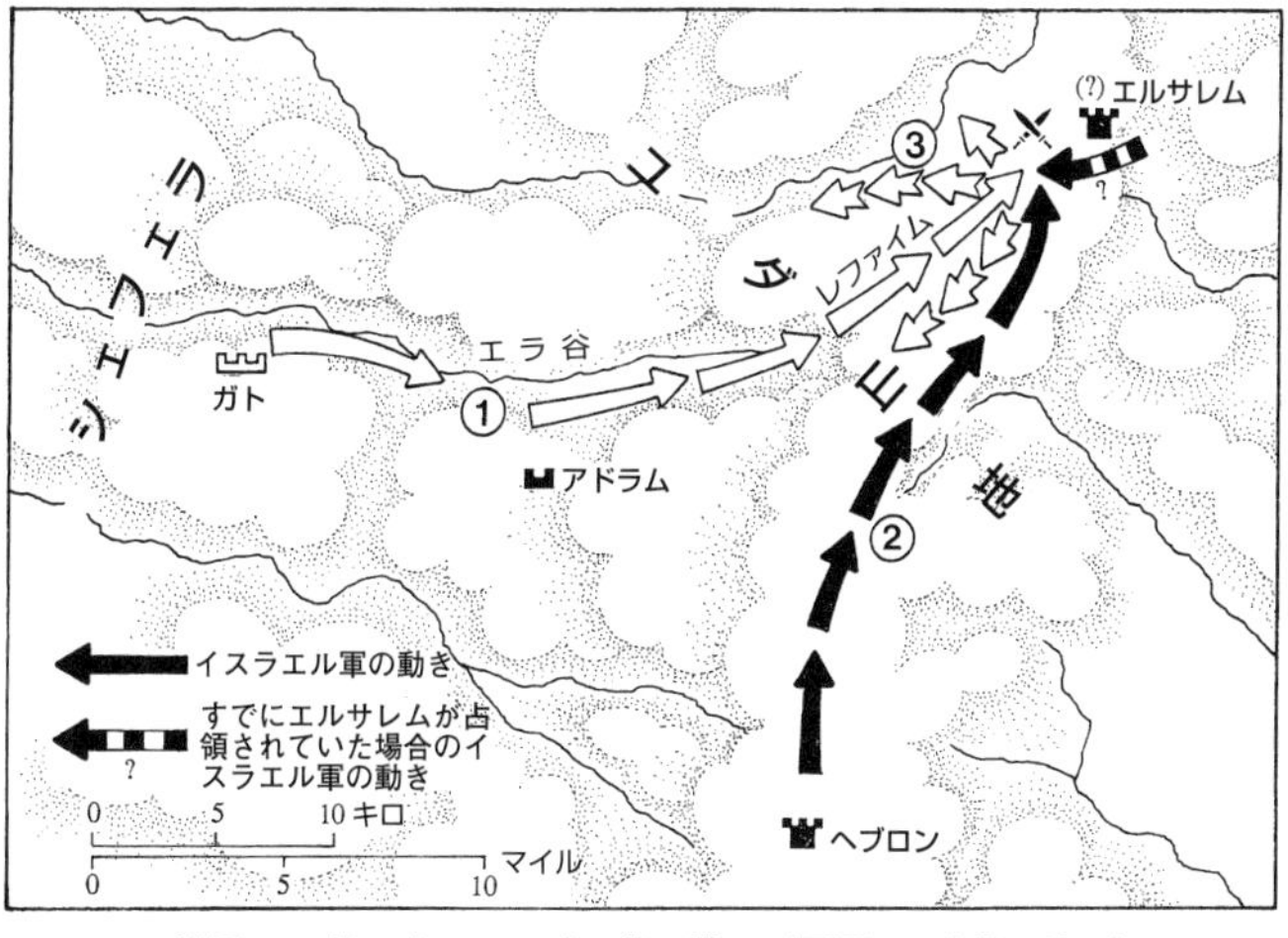

地図 16　第 2 次レファイム谷の戦い（局面 1　全体の流れ）

1　ペリシテ軍、エラ谷を進軍。
2　ダビデ、バルサムの林を抜けてペリシテ軍を急襲。
3　ペリシテ軍の敗走（図 14 もみよ）。

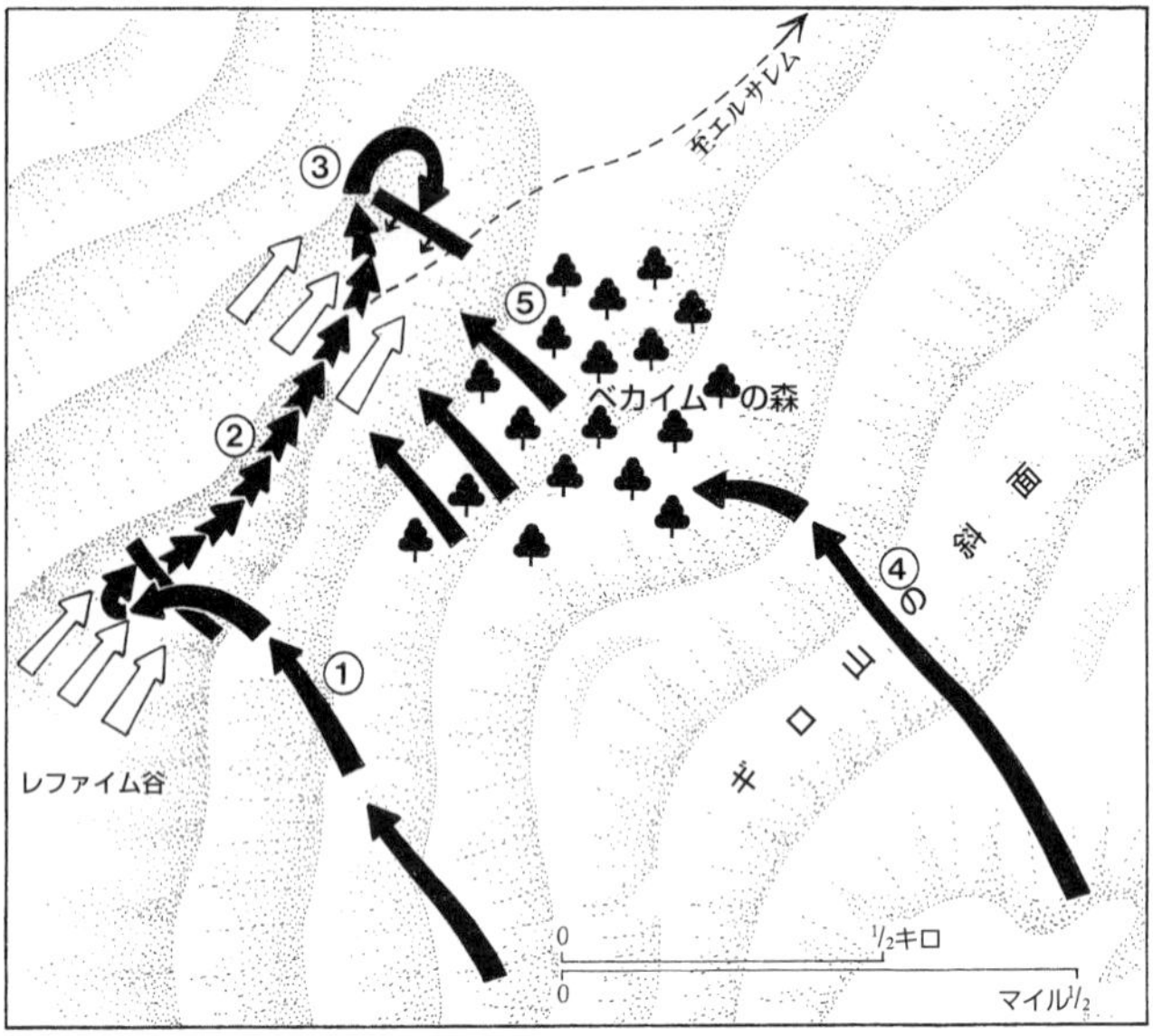

地図 17　第 2 次レファイム谷の戦い（局面 2　詳細）

1　イスラエルの「囮《おとり》部隊」、レファイム谷でペリシテ軍と遭遇する。
2　囮部隊、後退しながらペリシテ軍を谷の奥へ引き込む。
3　ベカイムの森のはずれに来た囮部隊、停まって、向きを変える。
4　ダビデの主力部隊、上記のすべての動きに合わせる形で行動し、ベカイムの森に入りこむ。
5　ダビデ軍、ベカイムの森を抜けてペリシテ軍を討つ（図 14 もみよ）。

重い武具を着た兵士たちの自由を奪い、森が生み出す閉所恐怖症的雰囲気はしばしばそこに閉じこめられた兵士たちの士気に逆効果をもたらす。まさにギリシア人が森林の神パーンがひき起すと信じた「パニック」におちいるのである。

　こうした森林の消極的特性を知っていたペリシテ人は「ベカイム（香木の一種か）の森」の外側を、たぶん森の脇を進んだはずである。ところが、その森の「消極的特性」が、軽装備のイスラエル軍が隠密に行動する上で役立った。さらにダビデは、天候の変化まで作戦に利用した。彼は、地中海側から吹いて来る微風がエルサレムに達しはじめ、葉や梢のこすれる音がペリシテ軍に接近するイスラエル兵の足音をかき消してくれる正午あたりが攻撃開始の時と決め、そのとおり実行した。イスラエル軍の急襲はまたもや成功した。そしてダビデは、その成功を徹底的に活かすことを忘れなかった。彼は、ペリシテ兵のエラ谷の退路を断ったので、彼らは北に向かって逃走するしかなく、ダビデとその兵は「ゲバからゲゼルの入口に至るまで、ペリシテ人を討った」(サムエル記下5:25)。

第二次レファイム谷の戦いのあと、主導権を握ったダビデは、ペリシテの完全制圧に乗り出した。ペリシテ平野のメテグ・アンマでの勝利に続き、ダビデは、ヤルコン川からソレク谷までの海岸線に沿った地域を自分の支配下に置いた。ダビデは、少なくとも一時的に、ガトを彼の王国に編入し、港湾都市ヤッファもイスラエルの属領とした。しかしながら、それでペリシテ人が完全に屈服したわけではなかった。事実、彼らペリシテ人は、第一神殿時代を通じて、機会を見てはイスラエルに対する敵意をあらわにした。ダビデ時代末期にも、少なくとも一度、ペリシテの反抗があったが、失敗に終わった。

ダビデがとった次のステップは、シャロン平野とイズレル平野を征服して、依然独立を保っているカナン諸都市をすべて彼の支配下に置くことであった。そしてその事実は、考古学的発掘によっても証明されている。(7)

そのあとダビデは、ヨルダン川東岸に向けて軍事遠征を行ない、モアブを征服して、イスラエルの属国とした(サムエル記下8:2、歴代誌上18:2)。次いで、彼、というよりは彼の将軍たち——ツェルヤの息子ヨアブとその兄弟アビシャイによって南のエドムに対する軍事遠征が行なわれた。イスラエル軍は死海の南の「塩の谷」(キカル平野)でエドム軍と衝突した。エドム軍は大敗を喫したが、エドムが完全に降伏するまでにさらに六カ月の時を要した。エドム王朝は除かれ、エドムはいくつもの地域に区分され、それぞれの上にイスラエルの行政官が置かれた。[8] ダビデにとって、次の目標はアンモン国の征服であった。ダビデは、アンモンの王ナハシュとの友好関係がナハシュの息子の代になっても続くことを期待したが、ナハシュの息子ハヌンはダビデの意図を疑い、ダビデの友好関係継続の申し出を断っただけでなく、ギルアドの北、シリア南東部に住むアラム人に救援を求めた。

アラム人との衝突

ここにいたって、イスラエル王国の真の強さがはじめて試されることになった。イスラエルの東隣りのエドム、モアブ、アンモンなどは王国を築いて以来、まだ日が浅かった。特にエドムは、今なお一部は半遊牧的生活を営んでいて、彼らの防衛体制は、少し前のイスラエルがそうであったように、砂漠縁辺部からの侵略者を撃退するためのものであった。イスラエル軍は、攻城法についてはまだ経験を積んでいる最中であったが、戦術を含むその他の軍事的能力においては、イスラエルの方が彼らよりも優位な立場にいた。

しかしながら、それはアラム人については当てはまらなかった。アラム人は豊かなよく組織化された大国家で、その技術力や戦略能力の高さの点ではペリシテに似ている。アラムはペリシテよりもはるかに大きな人口をもって、現在ゴラン高原の名で呼ばれている地域を占拠していた。イスラエルがペリシテ海岸に向かう道を支配していたように、アラム人は東あるいは北からイスラエルに向かう街道を自分たちのコントロール下に置いていた。仮に聖書に引用されている数字を割り引いて理解しても、それでもアラムが所有していた戦車はかなりの数になる。[9]

聖書の年代記によると、イスラエルとアラムの最初の衝突はすでにダビデのモアブ征服のあと、「彼がユーフラテス川流域に支配の手を伸ばそうとしたとき」（歴代誌上18：3参照）に起きた。この一節が語ろうとしているのはたぶん、トランス・ヨルダンにおけるイスラエルの活動にとって大きな影を落としていたモアブの脅威が和らいだいま、ダビデは、北東ギルアドに築いた拠点を活かし、ユーフラテス川流域の人びととの交易の開発を狙ったということであろう。ソロモンがシリア砂漠のタドモル（パルミュラ）に築いた交易基地と同じようなものを、ダビデもすでにこのとき考えていたのではないかと思う。

イスラエルとアラムの最初の衝突の結果がどうであれ、軍事と交易の両方の力をもって自分たちを制圧しようとするダビデの意図を知ったアラム人にとって、アンモン人からの救援要請は、日が昇る勢いのイスラエルの危険を抑える好機と見た。ところで、われわれはここに、戦略地理学でしばしば言われる「敵の敵は味方」の教訓の例を見ることができる。[10] イスラエルとしては、当時アラムがいくつもの小さな王国に分かれ、しばしば互いに抗争していたのは幸運なことであった。しかしそれでも、ツォバ、レホブ、マアカ、トブなど、アンモンの要請に応じて集結したアラム諸国の兵は総勢

上左　槍をもつ兵士　ゴザン（テル・ハラフ、シリア）出土。前9世紀

上右　騎兵浮彫　ゴザン出土。前9世紀

右　ブーメランを持つ男　ゴザン出土

左　弓を射る兵士の浮彫　ハブル川（シリア）沿岸のアラム人の町ゴザン出土。前9世紀

下右　決闘シーンの浮彫　ゴザン出土。前9世紀。たぶん戦場における一場面を描いたもの。サムエル記下2：14（「彼らはそれぞれ相手の頭をつかみ、相手のわき腹に剣を刺し、ひとつになって倒れた」）参照

下左　ラクダに乗る男　ゴザン出土。前9世紀

二万五千にもなった（サムエル記下10：6。トブが派遣した兵の数は〔テキストにある一万二千を〕一二〇〇と読みかえる）。

アラム連合軍は、ヨアブが率いるイスラエル軍を罠に掛けようとした。アンモン人が、メデバの要塞を包囲しているイスラエル軍をそこに釘づけにしている間に、アラム連合軍がイスラエル軍を包みこんで叩き潰す作戦に出たのである。だが、その作戦は成功しなかった。ヨアブにとって幸いなことに、背後からの敵の攻撃に注意して、彼はすでに遮蔽部隊をかなり深く展開させてあった。遮蔽部隊から連絡を受けたヨアブは状況を冷静に把握すると、ただちに、以下の手順で行動に移った。

（1）まず、自分の部隊を二つに分け、それを背中合わせに並ばせる。（2）そのうちの小部隊は、アビシャイの指揮の下に、アンモン人をメデバ要塞に封じ込めて外に出させない。（3）ヨアブの精鋭部隊をもって、迫って来るアラム軍を攻撃する。その際、ヨアブが弟に言ったことは簡潔で無駄がなかった――「もし、アラム人が俺より強ければ、お前が俺を助ける。もし、アンモン人がお前より強ければ、俺がお前を助けに行こう」（サムエル記下10：11）。

ヨアブの作戦は成功し、敵軍は両面にわたって打ち負かされた。決定的勝利というわけではなかったが、戦闘経験のある兵士ならだれでもわかるであろう、前方と後方の両面の敵を相手に戦って敵を撃退できたということは、それだけでたいへんな手柄とすべきなのだ。ここで、イギリス人の読者であれば、一八〇一年、英軍のエジプト軍事遠征において同様な働きをした第二八連隊（グロスター連隊）のことを思い起こすであろう。彼らはその功績により、帽子につける二つのバッジを贈られた。

グロスター連隊は第二次世界大戦においてふたたび同様な活躍をして、そのバッジがただの飾りでないことを証明したのであった。[11]

アラム人にとって、イスラエルとの戦闘は引き分けに終わった程度なのだが、しかし彼らは自分たちの名声が汚されたと感じた。この汚点をすぐに決定的勝利でもってぬぐい去らなければ、シリア南部におけるリーダーとしての地位は失われるだろうと思った。その結果、アラム人の中でも傑出したツォバの王ハダドエゼルは、遠くメソポタミアのアラム人からも徴兵した。こうして編成された彼の軍には一〇〇〇台の戦車および、ひょっとすると同じくらいの騎兵が含まれていた。

アラム人の服従

ダビデはただちに軍を率い、ヨルダン川東岸のエドレイで敵軍を迎え撃った。エドレイは、ヤルムク川渓谷と東の広大な溶岩平原テラコニテス（現レジャ）との間に広がる二〇キロの通行可能な谷である。六三四年から六三六年にかけて、ビザンツ軍はここでイスラム軍を迎え撃ったのだったし、一九四一年に、英軍がヴィシー政権の仏軍と対峙したのもこの場所であった。[12] アラム軍とイスラエル軍はヘラム（現在アラム）において衝突した。戦いはイスラエルの完勝で終わり、ツォバ以南のアラム人の国々はすべてイスラエルに服従した。オロンテス川中流域のハマトの王までが、恭順のしるしの品々をもった使節をダビデのもとに遣わした（サムエル記下10：15〜19、歴代誌上19：16〜19）。このあと、ダビデの命を受けたヨアブはアンモンの首都ラバト・ベネ・アンモンを攻囲し、水攻めで陥落させた。こうして、アンモンもダビデに帰順した。

ここで、ダビデの征服の背後にある戦略上のコンセプトを復元してみるとこうなる。まず、パレスティナの指導者として、その地域に盤石な統治体制を築こうと思うなら、南のエジプトと北の小アジアおよびメソポタミアを結ぶ三つの幹線道路（ヴィア・マリス〔海の道〕、分水嶺街道、王の道）を完全に支配する必要があるが、ダビデは、この事実をしっかり理解できた最初の人物であったということがわかる。ヨルダン谷道路などの二級ルートはもちろんダビデの統治下にあった。そしてもっとも大事なのは、少なくともトランス・ヨルダン台地の端を砂漠沿いに長く伸びる居住地域もやはりダビデの支配下に置かれたことである。こうしてダビデ王国は、西は地中海から東は大砂漠までの広い地域を支配した。彼は、その間に南北に平行して伸びる三つの幹線道路を自在に動くことができ、外敵の脅威に対しては、北からであれ南からであれ、即座に対応できた[13]。

西の地中海側の防衛について言えば、ダビデはフェニキアのツロ（ティルス）もペリシテ人も完全に征服しようとはしなかったが、そのわけを理解するのはむずかしくない。ダビデは、ツロ半島に面する海岸や要塞およびフェニキアの後背地をシドン付近まで占拠したが、それらの町やそれにつながる村落には決して手を出さなかった。ダビデの奇妙な抑制は、ペリシテ人とのかかわりにも見られた。彼は、ペリシテ人が決して油断できない民であることを十分承知の上で、そうしたのである。理由は、当時のイスラエル人は文字どおりの「陸者《おかもの》」で、海についての十分な知識もなく航海術も知らなかったという事実にある。

彼らは、国土防衛の面からも、交易のために立地条件を有効に活かすにも、自分たちでは何もできず、長い海岸線をもてあましていた。そこでダビデは、地中海沿岸に住むこれらの海洋民族には活動を続けさせるという危険を冒すことで、自分もイスラエルの領土を通って行なわれる南北あるいは東西貿易をできるかぎり利用し、仲介業者の立場でできるだけ利潤をあげ、行政や軍備の費用を捻出するのは悪くないと判断したわけである。(14)

王国の東面の防衛に関しては、ダビデは遊牧民が沃地に侵入して荒し回らないため、あるいは彼らを力で抑えるため、砂漠縁辺地域の要塞強化に力を入れた(一一一〜一一二頁参照)。近年、ヨルダン川東岸のアンモン、モアブ、エドムの砂漠縁辺地域で新たに大小の要塞跡がいくつも発見された。そのなかにはダビデ時代以前のものもあれば、それ以降の時代のものもある。建設者が誰であろうと、イスラエルがヨルダン川東岸を制圧した際に、それらの要塞を占拠し国境の防衛に用いたことは間違いない。砂漠の遊牧民の侵略に対する十分な防衛措置を講じない限り、沃地定住者の安全を確保することはできない。ギデオン時代(七三〜八四頁参照)やサウル時代末期(サムエル記上30章)に見たのは、そのいくつかの失敗例である。(15)

軍事力の組織化

ダビデの治世に、イスラエルの軍隊は大きく変わり進化した。事実、ダビデの軍事的才能はすでに彼の治世初期に発揮された。彼は、イスラエルの持てる力を最大限に用いて洗練された軍隊を作り、続くすべての戦いを成功させた。このあとのソロモン時代に加えられたリフォームと合わせ、この時代に生まれた新しい軍事モデルは、その後の分裂王国時代のイスラエルやユダの軍隊の基礎となった。分裂王国時代にダビデ・ソロモンの軍事モデルから外れているような場合があっても、それはしばしば軍事モデルの変更によるのではなく、そのときのイスラエルあるいはユダの人的その他の資源不足が原因であったはずである。

イスラエル全部族の健康な成人男子に課せられた兵役義務の内容は、すでに士師時代にサムエルによって定められた、あるいはサムエルの承認を得て宣言された〝憲章〟から知ることができる。それによると、イスラエルの王には権能が与えられた。「彼はあなたがたの息子をとり、自分のために戦車や馬に乗せ、自分の戦車の前を走らせる。彼らを千人隊の長、五十人隊の長として、自分の耕地を耕させ、刈り入れの労働に従事させ、武器や戦車の部品を造らせる……王は、あなたがたの優秀な若者を取り上げ、自分のために働かせる」（サムエル記上8：11〜16）。

武装した国民常備軍を指す用語は「民」。いたって簡潔である。戦略的目的のため、軍はいくつもの「千人隊」に分けられ、それらはさらに「百人隊」、「五十人隊」、「十人隊」などに分けられた。「十人隊」は最も小規模の実働単位で、「十人隊長」（現代でいえば「伍長」）の指揮下におかれる「分隊」によく似ている。「千人隊」や「百人隊」が、実際にその数字で表現された人数の兵士で構成されていたのか、それともダビデの頃にはそれらはただの名称であって、たとえば、ローマ軍団の「百人隊《ケントゥリア》」が事実上六〇人から八〇人くらいの兵士から成っていたように、数字よりも小さな兵集団であったのか、はっきりしない。

この徴集兵は、ダビデ軍の兵士のほとんどがそうだったように、すべて歩兵である。しかし、この「歩兵」の武器は非常に多彩で、戦術上の求めに応じてそれらを組み合わせた機動部隊を編成することができた。武器とその応用の多様性はすべての戦いにおいて求められることであるが、古代では、地域や部族の伝統や特異性を軍隊で活用するという形でそれが表現された。事実それは、古代エジプトの壁画を見てもわかるし、アレクサンドロス大王と戦ったペルシア軍の組織に関するアッリアノスの記述にも、ローマ軍団やいろいろな部族から成る補助軍の組織にもそれは活かされている[16]。

ダビデはそれぞれの部族の特性を活かして多様性に富む軍隊を育てたのであるが、聖書にはそうした特性のいくつかが記述されている。ベニヤミン族の勇士たちは皆「弓を帯び」ていた。彼らの特性はその両手利きにあった。「彼らは右手でも左手でも石を投げ、矢を射た」（歴代誌上12：2）。ガト族の勇士たちは「生粋の戦士で、小型の丸楯と槍で身を固め……山のかもしかのように速く走った」（同9節）。ユダ族の者たちは「楯と槍で……武装して」いた（同25節）。ナフタリ族から徴募された兵士たちも「楯と槍で身を固めていた」（同35節）。しかしながら、ゼブルン族から徴募された者たちは「あらゆる武器で戦いの備えをし、いつでも出陣でき……心を一つにして〔ダビデを〕助けた」（同34節）。同様に、ヨルダン川東岸の部族から集められた戦士たちも「戦いのためのあらゆる武器を備えていた」（35節）。イッサカル族からやって来た者たちは「イスラエルが時に臨んでなすべきことをわきまえていた」（同33節）ので、とくに諜報活動《インテリジェンス》に才能を発揮したものと思われる。

囲の罠を破ろうとしている。ヒッタイトとカナン連合軍は、バイオリン型楯を持ち、多くは長いガウンを着ている。彼らは画面の大部分を占め、ラメセス２世とその軍をがっしり包囲する形で描かれている。駆けつけたエジプトの救援部隊の姿が右端に見える。

つまり、ダビデはこれらの部族の特性を活かして弓兵隊や石投げ隊、また軽・重（突き）槍隊を編成した。前者は狭く険しい峡谷における戦闘に力を発揮し、後者（ユダの兵士たち）は密集隊形での戦闘に向いていた。これらの兵士たちは剣を抜いて敵軍と戦う前に、投げ槍隊の援助を受ける。他の部族の兵士たちは装備においては劣っていたが、ちょうどイッサカルの者たちの鋭い「勘」や「嗅覚」の才能が諜報活動で大いに発揮されたように、彼らなりに一般の兵士として立派に役割を果たした。

ダビデは、部族間の対立を克服し王の権力の下になんとか統一させることに成功したものの、国家の総合的軍事力がある特定の部族の意志や動向に左右される

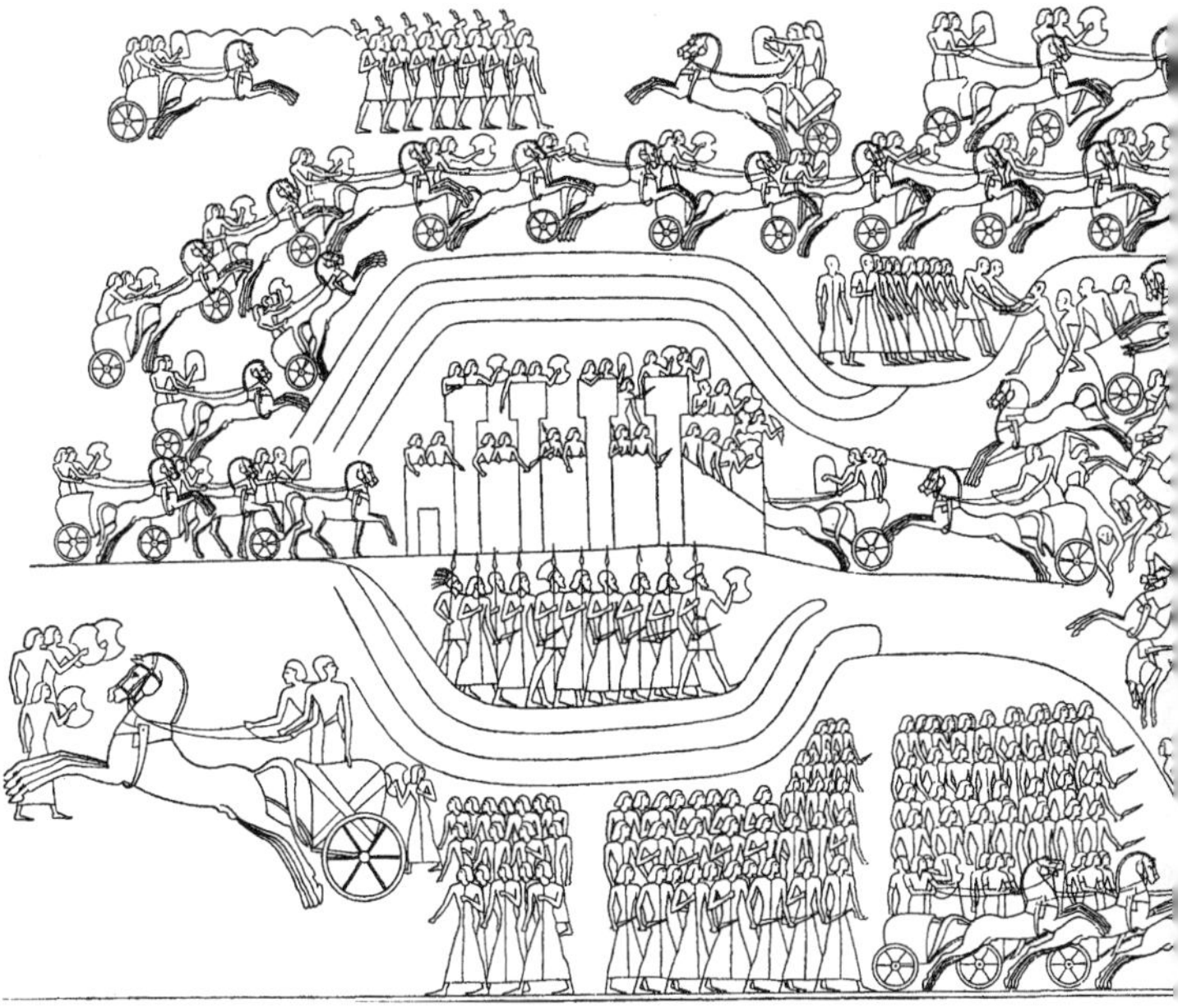

オロンテス河岸のカデシュにあるシリアの要塞のそばで行なわれた聖書時代の典型的な戦争場面 疾駆する戦車上から矢を射るエジプト軍の先頭に立って戦うラメセス２世は、ヒッタイト軍を押し返し、敵に大きな損害を与えながら、ヒッタイトが仕組んだ包

危険性は常にあった。それを防ぐために、ダビデは、民の武装化の行政を二重構造にした。部族の長たちはそれぞれが得意とする武器の管理に加え、自分の若者たちの軍事訓練に励むことが求められた。自分の部族に割り当てられた数の兵士を常に国家に提供することも彼らの任務のひとつであった。

これとは別に、部族や領地に関係なく、毎月、交代で軍務に就く軍事組織を創設した。

イスラエルの人々の数は、王に仕える一族の頭たち、千人隊の長たち、百人隊の長たち、彼らの役人たち、各組が二万四千人で、一年中、月ごとに出入りして各組のあらゆる事柄に当たった（歴代誌上27：1）。

この組織は、各部族から徴募し、千人隊、百人隊その他に分けられた大きな兵士集団で、彼らは月ごとに勤務につき、王の求めに応じられる体勢にあった。部隊の幹部は終身官で、その将校たちも、上の記述によるとたぶん常勤であったので、その月の当番でない残りの十一組の兵士たちも短時間で動員できる仕組みになっていたと思われる。[17] すばやい動員は、パレスティナというメソポタミアとエジプトの「陸橋」の役割を果たし、常に大国や近隣諸国からの脅威にさらされていた国家にとって、その安全と尊厳を守る上で絶対に必要であった。したがって、この軍事組織により、ダビデは、それぞれの部族の伝統がもつ積極的面を損なうことなく、いつでも全軍に動員命令を下すことができた。

国民召集軍の総司令官はヤエルの息子アマサであった。彼と常備軍の最高指揮官のヨアブの衝突は、間違いなく互いの権力分担が明確にされていなかったことに起因していたし、それは常備軍と予備軍、レギュラーとリザーブの関係にいつもつきまとう問題であり、今日に至るまで、人びとはその悩みから解放されていない。

国民召集軍の欠点は、もちろん、経済におよぼす消極的影響である。召集に応じて軍に仕える同じ兵士が、戦争を可能にする経済も支えなければならない。兵役に就いている期間が長びけば長びくほど、個人の家計が苦しくなり、それはそのまま国家全体の経済の健全を損ねてしまう。どの社会も政府もこの問題と格闘してきた。十八世紀には、諸国の支配者たちは周辺地域の住民を誘拐してきて、自国民の徴兵を避けようとしてきた。この問題は今日でも十分に解決できていない。

ダビデ時代において、経済的プレッシャーを和らげる方策のひとつとして、軍事遠征を行なう時期として、農作業が比較的楽になる初夏の頃が選ばれた。事実、聖書はそのような季節を、「年が改まって王たちが戦いに出るころ」という言葉で表現している〔サムエル記下11：1〕。しかしながら、敵側はそのようなことを常に気にかける必要もないし、特定の季節に限定して攻めこんでくるわけでもない。そこでダビデは、ベテランの兵士が長期にわたり任務につき、平和時に集中的に訓練できるようにした。

ダビデの常備軍はギッボリーム（「勇士たち」）と外国人傭兵の、タイプの異なる二つの軍団から構成されていた。ギッボリームは、第一「三十人隊」と第二「三十人隊」を核にして作られた二つの連隊から成っていた。第一の「三十人隊」は、ダビデがサウルに追われていた時代に彼とともに放浪を続けた忠実な部下や従者で、一人ひとりが非凡な気骨や戦士としての能力の持主で、その武勇を讃える詩や歌がイスラエル中で歌われた者たちである。第二「三十人隊」は、ダビデがユダの王になったときに同じようにして形成された勇士隊である。彼らは、たぶんダビデがユダ族以外の残りの民からも王に選ばれる前にトランス・ヨルダン地域からリクルートされた者たちであろう(18)。

これら二つのグループは、共通の手柄や、装備・技術面で圧倒的に勝る敵軍の勢いを尋常でない仕方で止めるなどの功績によって王と結びついていた。ダビデは、「三十人隊」を常備軍の中核にすえる、あるいはそれを軍事遠征の先鋒にすることで、彼の正規軍に、イスラエルにまだ正規軍などなかった時代の精神や伝統を吹きこもうとした(現代においてそれに対応する例として、イスラエル国防軍は、国家誕生前の地下武装組織「ハガナ」、とくにその突撃隊「パルマッハ」を土台にしており、現代のイスラエル軍に典型的な型破りな戦法もその時代にまでさかのぼることがあげられる)。「三十人隊」はまた王の護衛兵としての任務も担い、彼らの中から選ばれて行政や軍事の高位に就いた者も少なくない。したがって、彼ら「三十人隊」は、アレクサンドロス大王の「ヘタイロイ」(僚友)やカール大帝の「シャーラ」のような同様の任務を担った特殊戦士団にたとえられるかもしれない。

ダビデの常備軍の第二軍団は、外国人傭兵によって構成されていた。常備軍全体はヨアブの指揮下にあったが、傭兵軍団を直接指揮するのはイェホヤダの息子ベナヤであった。高位の外国人将校にペリシテ人の町ガト出身のガト人イタイがいた。もうひとつの外人部隊、「ケレテ人とペレテ人」隊も、その名前から推測すると、一部はペリシテ人から成っていたと考えられる(ケレテ人は、「海の民」の出身地のクレタ島から来た者たちかもしれない)。これらの傭兵たちは戦士として間違いなく優れていた。彼らはたいていのイスラエル兵よりも重装備で、その一部は騎乗した。彼らの王に対する忠誠が揺るぎないものであることは、ダビデがどん底の状態におちいったとき、つまりダビデが息子アブサロムの反乱に遭ったとき、彼らは王を見捨てることはせず王の逃避行に同行し、王の復位のために尽力したことではっきり証明された。彼らは、ダビデ自身がペリシテのガトの王アキシュの傭兵隊長を務めていたときに、すでにギッボリーム(勇士たち)とともにダビデの軍に加えられていたことについて、間接的に言及されている。彼らは特別な強弓兵の一団を形成していた可能性がある。(19)

ダビデによるもうひとつの「刷新」についても触れておきたい。ヨシュア記21章と歴代誌上6章に言及されているレビ人の定住地はいずれも、安全問題を恒久的にかかえた地域に位置している。つまり、それらは、カルメル連山（「海の道」の通行を邪魔する）のような国境地域にあるか、あるいは（南東ガリラヤやペリシテ人に面しているダン族の領地のように）強力な外国人居住者が混在する国境地域または新たに占拠した地域にあった。特別な宗教的情熱と知識をもつレビ人は、彼らの倫理的宗教的強靭さに加え、軍事的強さを身につけることで、国境を越えてやって来る精神的ないし物理的異物の侵入に対する恒久的防衛に力を発揮した。国家が非常に緊迫した状況に直面したとき、彼らは軍事的に不安定な地域にあってもそれを精神力ではね返すだけの力をもち、国境警備兵として非常に信頼できた[20]。

ダビデ時代およびその後の時代のイスラエルの戦略的師団についての詳細な記事は残っていない。実際には、可能な限り多くの兵を動員したくても、それを支え移動させるだけのゆとりがなければできないことになる。いかなる状況であろうと、イスラエルにとって、常備軍の義務から解放されて予備兵として「留守の守り」を任される年配の兵士たちを別にして、五万人（男子人口の二〇パーセント）以上の兵を動員することは不可能であった。サムエル記下10：6によると、ダビデは彼の常備軍をもってアンモン人とアラム人の攻撃に立ち向かった。もしダビデが、敵軍と同規模の兵を動員したとすれば、その時のイスラエル軍は、傭兵部隊を含めて二万五千人以下であったことになる。そのイスラエル軍を率いたヨアブが勝利すると、ダビデはさらに国民軍に召集をかけた。

すべての軍隊において戦力をいくつかの戦闘隊形に分ける場合、それは一方で、密集隊形が相手に与える衝撃効果を考えながら、他方で可能なかぎり自軍に柔軟性と機動性を持たせたいと思うからである。その二つの傾向の妥協が常に兵力分散の特徴のひとつになっている。ダビデは、上述の部族の特質を考えて、その二つをうまく妥協させることに成功した。弓兵、石投げ兵、投げ槍兵は彼の軽装備兵団を構成し、重装備の矛兵は密集隊形で敵軍に衝撃を与える任務を与えられた。

こうして、ダビデはカナン軍やアラムの歩兵密集隊形に立ち向かうことができたのであるが、戦車隊だけでなく、歩兵密集隊形によって相手に強い衝撃を与える戦法の原型は、エジプトやメソポタミアにまでさかのぼる(21)。

敵の戦車隊の攻撃に立ち向かうためには二つの戦略が必要であることを、歴史は教えている。ひとつは、軽装備の兵を用いて敵の戦車隊を間断なく攻撃して悩ませ、その勢いを弱めてから、今度は重装備歩兵が接近して相手の動きを止め、そこに軽装備の兵が襲いかかって敵を倒すやり方である。もうひとつの戦略は、敵の戦車隊が突撃して来た時、自軍の密集重装備歩兵はさっと脇にどいて真ん中を通過させ(あるいは空けた通りにおびき寄せ)、相手が向きを変えて隊形を整えなおして攻撃しようとした時、こちらも戦闘に入る。後者の戦略は、紀元前二〇二年のザマの戦いで、ローマ軍がハンニバルに対して用い、また一六三一年のブライテンフェルト〔ライプツィヒ北方〕の戦いで、〔スウェーデン・ザクセン連合軍の〕グスタフ・アドルファスが神聖ローマ皇帝軍の将軍ティリーに対して用いた。

イスラエル軍が実際に用いた戦闘隊形は、四部隊ないし三部隊に分ける戦法であったようだ。それは、聖書に記されている兵士の数から推測可能である。[22] いずれの戦法も現代まで用いられてきた。三部隊に分ける方法は、トロイア戦争前のギリシアや中世スイスのように比較的洗練性に欠ける軍隊にとって、成功を完全に自分たちのものにするために、また、軍隊を移動させることで敗北を避けるだけでなく、段階的に相互に助け合いながら行なう攻撃を確実なものにするために必要であり、まさにこれらの機会に使用する兵の一部をちゃんととっておくことが肝心である。

われわれは、あるイスラエルの軍事遠征において、状況の変化に応じ軍勢が四部隊から三部隊に分けられたケースを知っている。アビメレクがシケムを包囲攻撃した時、「彼の率いる全軍勢は、四つの部隊に分かれてシケムの近くで待ち伏せた」(士師記9：34)。しかし、次の攻撃の時には「彼は三つの部隊に分けた軍勢を指揮し、野で待ち伏せした」(同43節)。ギデオンは、ダビデが息子のアブサロムの反乱軍と戦った時のように(サムエル記下18：1)、軍勢を三つに分けた。これに対し、イスラエル十二部族は四つの大グループに分かれ、さらにそれが三つの小グループに分かれて行進したと伝えられている。たぶん編成が異なれば軍勢の分け方も異なったであろうし、戦略的に不測の事態になれば、戦闘隊形も変らざるをえなかった。とはいえ、三つないし四つの部隊に分かれるのが一般的であった。

聖書に「六百」という数字がくり返し登場するのは、それが戦闘におけるイスラエル軍勢の標準的大きさであることを暗示している。[23] 実際にそうであったものと思われる。この数字は三つの「二百」および四つの「百五十」のサブユニットに分けられる。これらの大隊は伝統的な「百人隊」、「五十人隊」、「十人隊」に分けられる。それは現在の歩兵中隊、小隊、分隊の区分によく似ている。したがって、「六百」の下位部隊は、「百人隊」二個か補強された「百人隊」一個か、いずれかを単位にして編成されていたと考えられる。

より大きな編成として「千人隊」が存在したと考えられる。特にそれは、全国民を対象に徴募が行なわれた時とか、ちょうど英軍連隊のように、大隊がそこから戦闘旅団に派遣される時に母体の役目を果たしたはずである。

ソロモン時代の防衛体制

ダビデが古代東地中海の主要街道にイスラエル国家を樹立したのち、当時の大国は一時的に弱体化した。ダビデの後継者ソロモンに託された任務は、エジプトや北の大国が息を吹き返し、パレスティナにおける主権の回復に乗り出さないうちに、イスラエル領土の防備をしっかり固めることであった。

国防の恒久的安定化をはかろうとする支配者は、基本的に二つのことを考える。ひとつは、すでに望んだ領土を手に入れ、経済的にも安定している時であれば、支配者は「現状維持」の状況を望むことである。もうひとつは、外からの差し迫った脅威（相対的に国力が弱くなると起きる）に対し防衛体制を強化することである。ソロモン王の国防に関する活動は、（第9章で論じるユダの王レハブアムのそれに比べると）前者の範疇に属する。(24)

それにもかかわらず、聖書記事によると、ソロモンは神殿と王宮の工事が完了した治世第二四年から防衛事業に本腰を入れはじめるが（列王記上9：10以下参照）、それはすでにこの頃、外国からの脅威がふたたび感じられるようになったことを教えている。エジプトでは、パセブカヌト二世に代わってシシャク一世（ショシェンク一世）が王に即いた。パセブカヌト二世は、イスラエル王国の存在を黙認しただけでなく、彼の娘のひとりをソロモンと結婚させ、パレスティナにおける最後のエジプトの拠点になっていたゲゼル要塞を、娘に結婚の贈り物として与えた。

ところが新しい王が即位すると、イスラエルに対するエジプトの姿勢はすっかり変わった。ファラオは、イスラエルに敗れたエドム王の息子ハダドの政治的亡命を認め、彼を庇護した。ファラオはまた、ヤロブアムを庇護した。ヤロブアムは、ソロモンがエルサレム神殿の建設を開始したとき、イスラエル北部の民を煽動してソロモンに対し反乱を起こした人物で、ソロモンに殺されそうになってエジプトに亡命したのであった（列王記上11：14以下）。

ある時、ソロモンはフェニキアのツロの王ヒラムに「カブルの地」を返却しなければならなかった（列王記上9：10～14）。これはたしかに、両国の互恵関係を維持するための先見の明のある政治的動きであった。しかし、それはまた、このとき軍事強国イスラエルがすでに問題解決にあたって戦争の手段に訴えず、条約締結という政治的解決の道を選ぼうとしていたことを示している。[25]だが、イスラエルを囲む状況はさらに悪化し、ダビデが征服して以来ずっとイスラエルの行政官が置かれていたアラム（シリア）のダマスコが反旗をひるがえし、ソロモンは結局その新しい支配者レゾンを追い払うことができなかった。その他、ソロモンは、ハダトに従ったハマトやツォバなどその他のアラム人の反乱に対しても討伐隊を送って、どうにかイスラエルの北の領土の全喪失という事態だけは免れた。

このような背景をもって、列王記上9：15〜19の記事は語る――

ソロモン王がヤハウェの神殿、宮殿、ミロ、エルサレムの城壁、ハツォル、メギド、ゲゼルを建てるために課した強制労働についての事情はこうであった……ソロモンはゲゼルを建て直し、さらに下ベト・ホロン、バアラト、荒野にあるタドモル、ソロモンに属する倉庫の町、戦車の町、騎兵の町を建てた……

われわれは、これらの町の位置を地図で確認する前からすでに、これらわずかに名前のあがっている町々は、明らかにひとつにつながった防衛ラインを形成するものではなかったこと、いわんや国境の防衛網の厚さを暗示するものでないことがわかる。そして今度は、それらの町の位置を地図上で確認してみてわかるのは、それらの町が、攻撃と防衛の両方の要を同時に果たす要塞ネットワーク構築のために、緻密な計算のもとに選ばれているということである。ソロモンがダビデの軍隊に対して行なった大きな変革は攻撃力の増強、つまり戦車部隊を新たに加えた事実に示されていることを思い起こせば、容易に理解できる。「ソロモンは戦車と騎兵を集め、戦車千四百、馬乗り（つまり戦車馭者）一万二千を保有した。彼はそれを戦車隊の町々およびエルサレムの王のもとに配置した[26]」（列王記上10：26）。

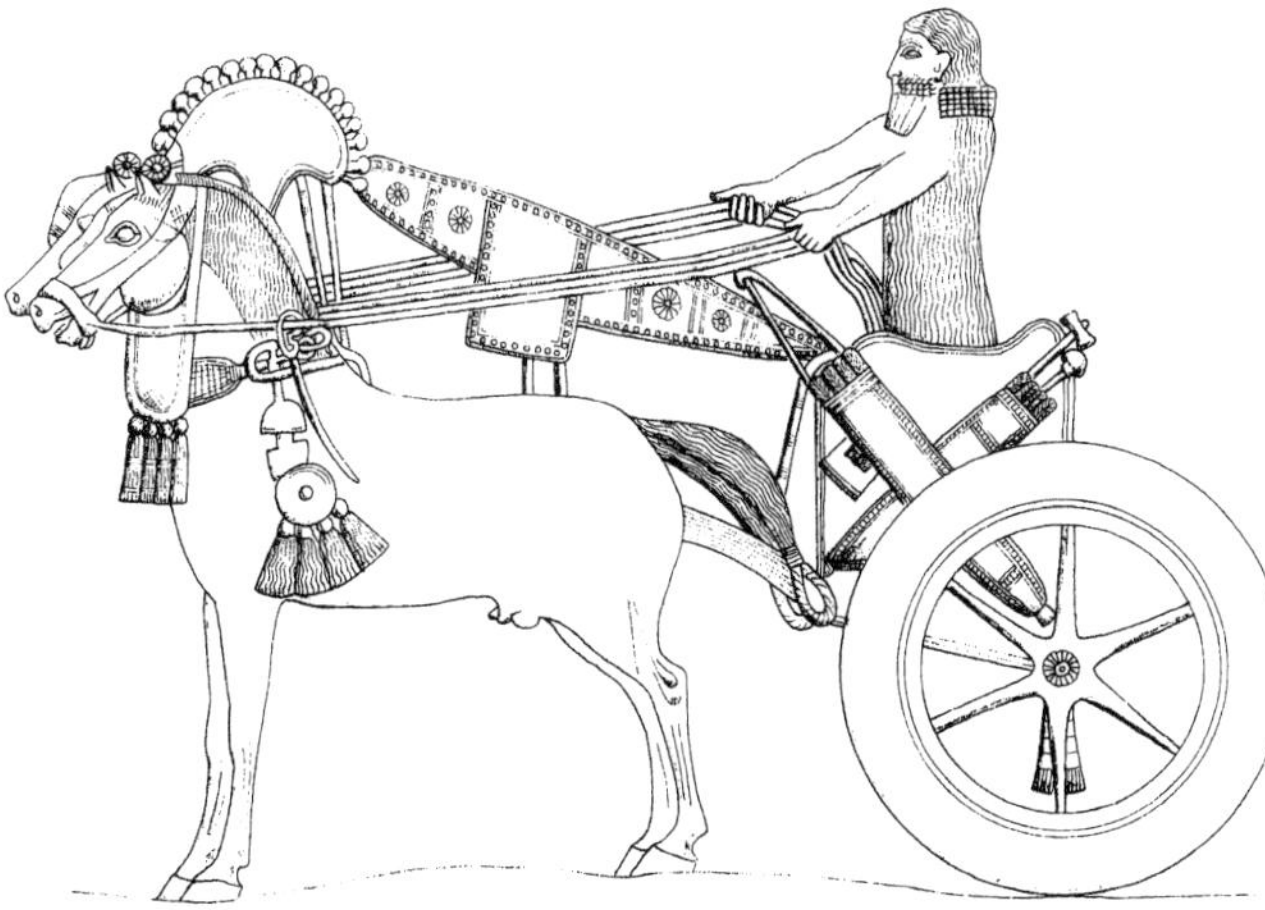

アッシリア王センナケリブの戦車（ニネベの王宮浮彫から）

ソロモンの戦車

現代の自動車を装備した部隊、特に装甲部隊の先祖になる戦車《チャリオット》の起源は、紀元前三千年紀のシュメール人にまでさかのぼる。[27] 古代シュメール人はすでに、戦闘用の乗物としての四輪の重戦車と二輪の軽戦車を開発していた。それ以来、戦闘用乗物は、現代においてだけでなく、馬が牽く戦車の歴史を通じて絶えず四つの要素――防御、射撃能力、スピード（操作性を含む）、田野横断（クロスカントリー）性――の向上を求めてさまざまな工夫や改良が重ねられてきた。カナン人の戦車については上に記述したとおりである。カナン人が戦車の存在を知ったのは、ヒクソス時代（前十八世紀）であった。ヒクソスは戦車を駆使してパレスティナを征服し帝国を築いたのである。エジプト人はヒクソクの影響を受けて戦車を導入してそれを改良発展させ、カナン人との戦い（前十六～十四世紀）、さらに小アジアのヒッタイトその他の北の諸国との戦闘に使用した。
戦車について記した文献、浮彫、壁画のすべてを見てみると、古代の戦車の型には北（アナトリア・メソポタミア）タイプと、南（エジプト）タイプの二つに分かれることがわかる。北の民族は、より大きな射撃能力と衝撃効果をもつ重量級戦車の開発に力を入れる傾向があった。一方、南の伝統は、機動性と操作性を最大限にもたせた軽量級戦車の製造にあった。パレスティナではその両方の伝統が出会い、したがって、ソロモンの戦車隊の戦車が特にどちらに属したという判断はできない。[28]
戦車馭者一万二千という数は、各戦車に交代で操縦する訓練された兵が二人乗っていたということだけでなく、少なくとも一部の戦車は三人の兵士が乗っていた可能性がある。つまり、狭義の馭者、弓手、そして楯と突き槍あるいは投げ槍で武装した兵の三人である。軽戦車のクルーは二人（馭者と弓手か槍兵のいずれか）で、槍は予備の武器として一部あるいはすべての兵士が携帯していた。聖書では、カナンの戦車は「鉄の戦車」と呼ばれている。鉄で覆われた戦車は、シリアのカルケミシュ出土の浮彫にも描かれているが、ソロモンがそのような種類の戦車を採用したかどうかは、また別の問題である。[29]
ソロモンが所有したとされる戦車一四〇〇台は、この時代としてはかなりの数である。特に、最盛期におけるヒッタイトの戦車二五〇〇台、トゥトモセ三世と戦ったシリア・カナン連合軍の全戦車九二四台、あるいは前一四三一年にアメンホテプ二世がカナン全軍から捕獲した戦車総数七二〇台と比較したとき、その数字の大きさがわかる。[30]ソロモンによる主要な要塞の配置と合わせて考えると、ソロモンは、最善の防衛戦略は、持てる兵力の大部分を用いて防衛拠点を堅固にすることや、要塞やさまざまな障害物でつないだ防衛ラインを構築することにはなく、むしろ、外敵の侵入に対し、戦略的場所に設けられた、そして戦略がうまく機能するようによく組織化された基地のひとつから攻撃できる、「強力かつ柔軟な機動性の創造」にこそあるという原則をしっかり把握していたことがわかる。

ソロモンの防衛軍にとっての主要な戦略的力は、戦車兵であった。聖書記述だけでなく、聖書外史料からもわかることは、戦車兵たちは、歩兵と協力し一体となって訓練しただけでなく、特に精選された歩兵、聖書で「走る者」と呼ばれる兵士がいて、戦車を護衛し、戦車の攻撃が成功し歩兵の力が必要になったときにすぐに対応するのが彼らの役割であったということである〔ヘブライ語ラーツ、〔複数〕ラツィーム。しばしば「護衛」と訳される。サムエル記上22：17、サムエル記下15：1、列王記上1：5、14：27、列王記下10：25他〕。その意味では、彼らは現代の装甲（乗車）歩兵によく似ている。

先見の明に富むソロモンの戦略との対比で思い起こすのは、第二次世界大戦前にフランスが、〔機械化部隊による機動戦の意義を説く〕シャルル・ド・ゴールのようなごく少数の「夢想家」の見解を押し切って、ドイツとの国境につくった〔そしてドイツ空軍に破壊された〕「万里の長城」的要塞線＝マジノ線に見られる、純粋に防衛戦重視の思想である。

古代イスラエルに関する限り、国家防衛に目ざましい発展をとげたのは、わずか一時代で完璧な洗練された機能的組織を築き、強力な戦車部隊を維持するに必要な基幹構造をつくりあげたソロモンの才能のおかげである。戦車隊の基礎はすでにダビデによって築かれていたと見ることは可能である。「ダビデは、彼（ツォバのアラム人王ハダドエゼル）から千七百台の戦車を奪い……全戦車の馬の筋を切った。ただし、そのうち百頭の戦車用の馬だけ残した」（サムエル記下8：4）とあるように、彼は、イスラエルにおける戦車隊の控えめな創設者だといえる。こうした中から、ソロモンは大規模な常備軍をつくったのであるが、それには長期にわたる複雑な軍事訓練が求められたし、さまざまな作業場、倉庫、訓練施設、兵舎、家畜小屋、獣医、その他の補助施設が必要だった。ソロモンが建てた「倉庫の町」や「戦車の町」（列王記上9：19）には、それらのものがすべて含まれていたはずである。

要塞網

戦略と戦術の両方の面からながめた場合、ソロモンの主要な要塞にどのような攻撃的・防衛的特徴が見いだされるか。それはそれらの要塞が築かれた場所を検討することで明らかになる。[31] ハツォル要塞は、イスラエルとシリアを結ぶ大街道「ヴィア・マリス」（海の道）が二本に分かれ、一本は、ヨルダン谷沿いにイヨン経由で北のハマト（現在のハマ）あるいはダマスコ（ダマスカス）に向かい、もう一本は、シリア台地（ゴラン高原）を登って、そのまま真っすぐダマスコへ向かう、その分岐点の近くにあって街道を守る。

メギド要塞は、パレスティナの主要な東西軸を見下ろし、「ヴィア・マリス」が海岸線を離れてイズレル平野を通過して北のハツォルに向かう道、あるいは東のベト・シャンに向かう道の分岐点地区を防御する。後者の道は、さらに〔ヨルダン川東岸の〕ギルアドに向かい、エイラートの入江からまっ

上　メギド　たぶんすでにダビデ時代からずっと北王国滅亡（前８世紀末）まで、イスラエルの主要要塞として重要な役割を果たした。**下　メギド要塞**（模型）

上　メギドの上の城門　左手に門を守る兵士の部屋が見える。

右　メギドの下の城門と上の城門の間にある石段

左　メギドの住民が敵の目に触れないようにして泉の水を汲むために作られた地下トンネル（部分）

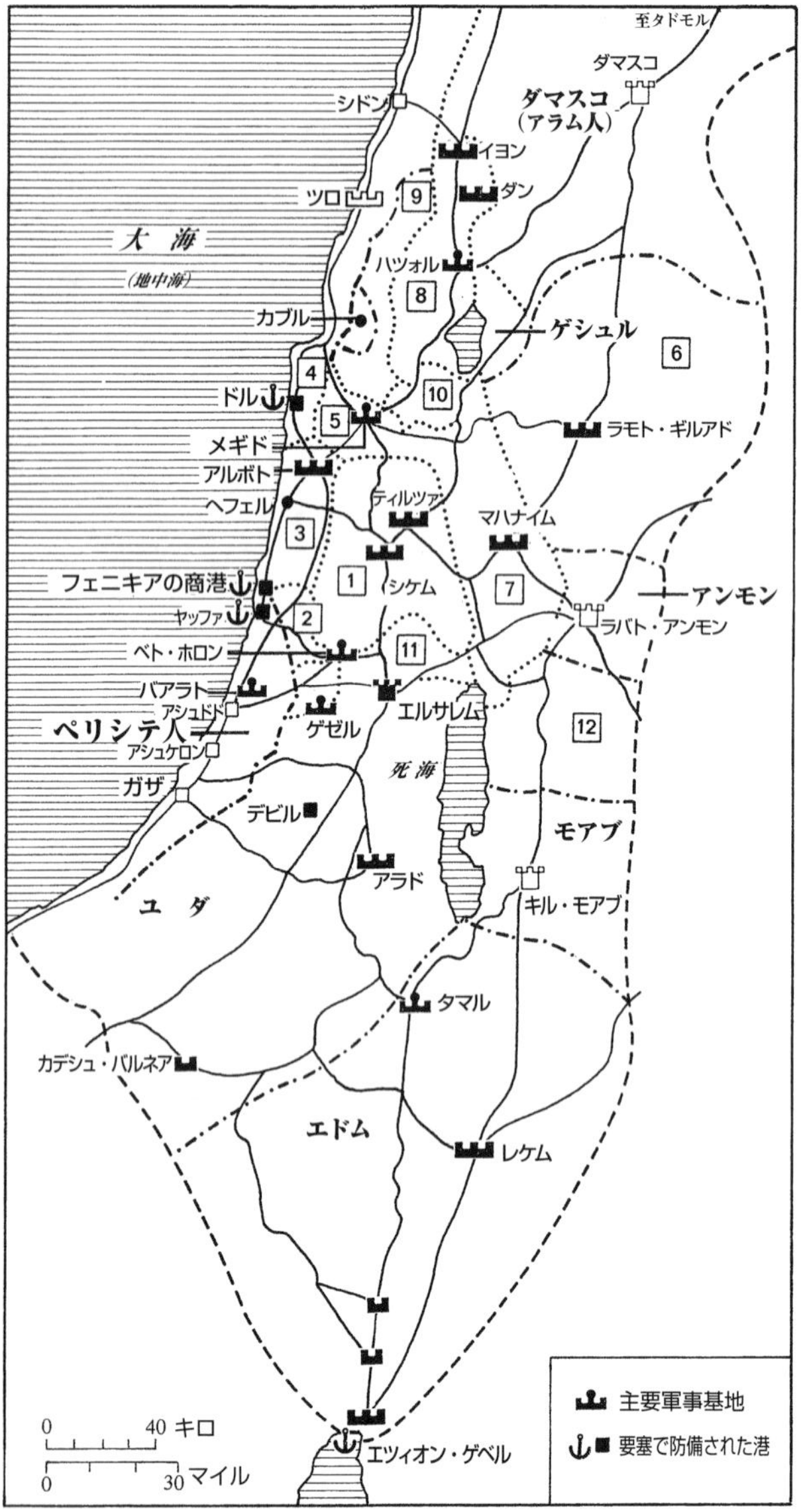

地図 18　ソロモン王国の基幹施設（数字は行政県を指す）

すぐ北上してくる街道、「王の道」と交差する。メギドは、カルメル連山を越える唯一の山道、イロン峠からの侵入者に対しても目を光らせる。

タマルは現在のハツェヴァ（アラビア名アイン・フスブ）であり、アラヴァ谷を通る王国南部地域の交易路を見下ろしている。

ゲゼルは、海岸平野中部からエルサレムの方に向かって丘陵地に侵入しようとする者の前に最初に立ちはだかる障壁となる要塞である。それは、ヤブネ・ヤッファ・ロド三角地帯から首都エルサレムに接近しようとするあらゆる敵を見張り撃退する前線基地の役割を担った[32]。

バアラト（現在のゲデラ近郊にあるムガルまたは別の遺丘）は、ユダ丘陵地南西の平地に位置し、エジプトあるいはペリシテ海岸平野から来た敵がユダ内陸にいきなり侵入しようとするときに選ぶ可能性が最も高いライン上にある。バアラト要塞は、下ソレク谷を見張って、外敵がそこから東のエラ谷やレファイム谷に侵入するのを防いだ。事実、長い歴史を通じてエジプトからのいくつもの遠征軍がその道を通って上って来た。前九二四

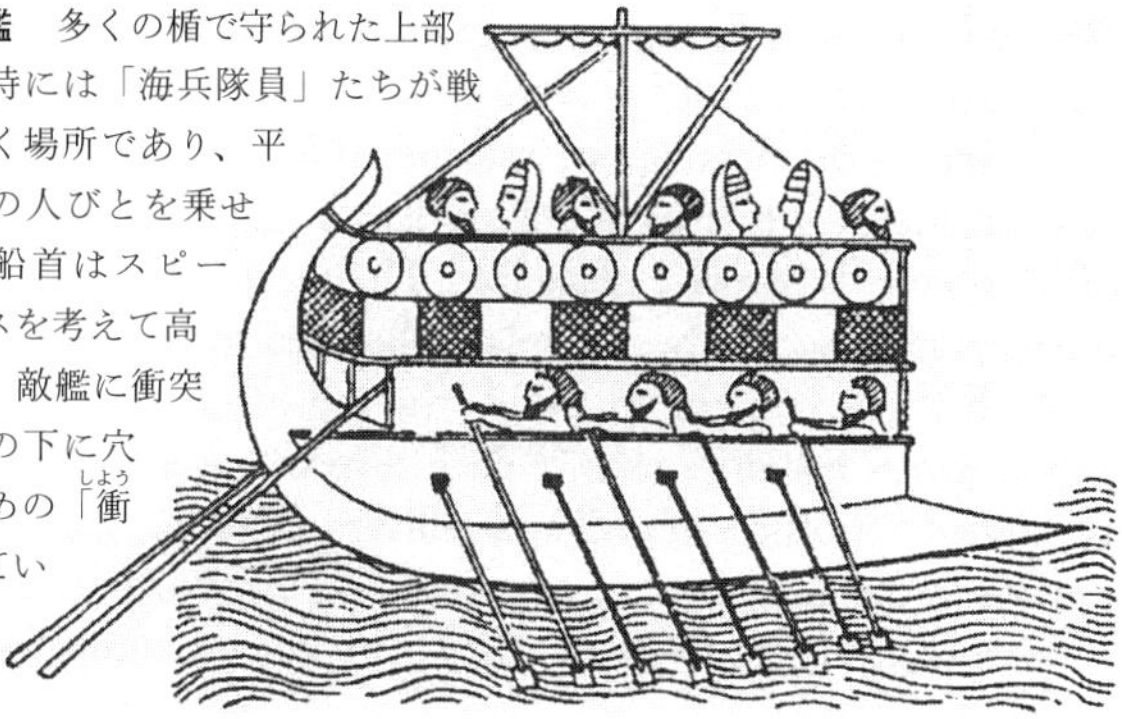

帆と16本のオールで動かすフェニキアの二層式戦艦　多くの楯で守られた上部甲板は、戦時には「海兵隊員」たちが戦闘配置につく場所であり、平時には一般の人びとを乗せて運んだ。船首はスピードとバランスを考えて高くしてあり、敵艦に衝突して喫水線の下に穴をあけるための「衝《しょう》角《かく》」がついている。

年のファラオ・シシャク、前六〇五年のファラオ・ネコの遠征軍、前四世紀から前三世紀にかけてのプトレマイオス朝の軍隊、ファーティマ朝やマムルーク朝の軍隊、さらに一九一七年にベエル・シェバの防衛線を突破したあとのアレンビー将軍率いるイギリス軍がそうであった。

下ベト・ホロン要塞は、パレスティナ中央台地へ向かう上り道のひとつ、ベト・ホロン峠の入口を守った。この戦略的「動脈」は、ヨシュアの戦闘から一九六七年の「六日戦争」に至るまでの数々の戦争で重要な働きをした。

上に述べた要塞はいずれも戦術上共通した特徴をそなえている。つまり、それらはしばしば傾斜の厳しい丘の上にあり、水も十分に補給できる、しかもいざという時にはすぐに戦車を動員し展開できる防衛拠点であったことである。これは、峠のもう一方の上ベト・ホロンでなく下ベト・ホロンが選ばれた理由である。上ベト・ホロンは内陸よりの良い位置にあるが、戦車の使用には不向きであった。

上述のすべての要塞に共通するもうひとつの特徴は、敵の進軍を正面から阻むというよりは、側面から突くのに適した位置にあることである。要塞を基地とする兵士たちは、側面に注意を払わない敵を攻めることができた。あるいは、主要要塞のひとつを包囲している敵が側面や背後からの攻撃を警戒して動きを止めたりする時を見はからって攻撃をしかけることもできた。

歴代誌下8章には、上記の要塞リストのほかにもうひとつ、ソロモンが建てた要塞の名前が記されている。それはタドモルで、一般にシリアのパルミュラと同定される。この場合、上記の要塞とは別の範疇に属する。タドモルは、ダマスコからシリア砂漠を通ってメソポタミアに向かう大交易路の重要な中継点に位置する。そこからイスラエル軍は砂漠におけるすべての動向を監視し、隊商たちはそこで旅に必要なさまざまな道具をととのえたり補給したりした。ソロモン治世末期、ダマスコの支配権を握ったレツォンは、タドモルとイスラエルの領土を結ぶ通信を妨害し、交易全体の流れを混乱におとしいれた。(33)

道路網

ソロモンの予備軍はエルサレムで管理されていた。それには戦車隊の予備軍も含まれていたことが聖書にはっきり記されている。それはすなわち、いずれかの要塞が敵軍に攻められたときに、予備軍がすばやく戦車で駆けつけられるように、周辺の道路もそれなりに整備されていたことを意味する。もちろんこの時代の道路はまだ舗装されていなかったが、すべての車ができるだけ容易に通行できるように街道は平らにされ、勾配をゆるやかにし、道路標識が置かれた。道路の恒久的舗装はまだ行なわれなかった（パレスティナではそれはヘロデ大王時代〔前一世紀〕になってからである）が、道路やワディ（涸れ谷）や山道の通行を容易にするためのメンテナンスには絶えず気を配ったと考えられる。イザヤの預言の中にもそのような道路管理の情景を思わせるものがある。「荒野に整えよ……真っ直ぐにせよ、荒地に、われらの神のための大路を。総ての谷は埋められ、総ての山と丘は低くなる。また起伏ある土地は平原に、険しい地は平野となる」（イザヤ書40：3）。あるいは、「通れ、通れ、諸々の城門を。この民の道を整えよ。拓け、拓け、大路を。取り除け、石を。旗を揚げよ、諸国民の上に」（イザヤ書62：10）。

行政的軍事的管理体制

軍隊だけでなく、王宮や行政組織のための食糧供給の業務が、イスラエルの各行政地区の責任者に割り当てられた。

ソロモンはイスラエル全国に十二人の知事を置いた。彼らは、王と王室の食糧を供給した。すなわち、各自、一年のうちの一ヵ月分の食糧を供給した……知事たちは、それぞれ自分の〔当番の〕月に、ソロモン王と王の食卓に連なるすべての者たちのために食糧を供給した。その割り当てに従って、馬とレヘシュのための大麦と藁を所定の場所に納めた（列王記上4：7、5：7～8）。

レヘシュというヘブライ語は「ラクダ」（欽定訳）とか「早馬」〔新共同訳〕と訳されるが、われわれは七十人訳ギリシア語聖書のようにレヘブ、すなわち「戦車」と読む。

いずれにせよ、上の聖書の記事は、ソロモンの軍隊の兵站組織がどうなっているかを教えてくれる。(34) 民事・軍事両面に対し権限をもっていたと思われる各知事は、一年のうちの一ヵ月分の食糧を補給する責任を担わされた。彼らはそれぞれに割り当てられた食糧を「倉庫の町」に供給した。ユダ地方に配備された軍隊の日々の食糧、あるいは常備軍や戦略的予備軍の必要品を供給するのは、そのために

上　ソロモン時代のハツォルの城門　城門内の通り道（写真中央）の両側に守備隊が控える三つの部屋が並ぶ。
下　ハツォルの倉庫跡

特別に設置された十三番目の知事の責任であった。これらの行政地区のうち、ドル地区とナフタリ地区の知事に王の女婿が任命されていて、それらが戦略的に特に重要であったことを示唆している。ドル地区は、地中海沿岸におけるイスラエルの主要海軍基地であり、一方、ゴラン高原を含むナフタリ地区は、シス・ヨルダン北部および最終的に敵対するダマスコと国境を接する地域の安全を守る上で決定的に重要な地区であった。

サウル時代からわずか二世代しか経ていないのに、これだけ複雑な行政組織がととのえられたのは驚きである。サウルがエラの谷でペリシテ軍と戦っていたとき、少年ダビデは父親に命じられて、戦場にいる兄たちの食糧を届けた。つまり、サウルの時代の戦士は、武器はもちろんのこと、糧食も自前で調達しなければならなかったのである。もっとも、そのおかげでダビデはペリシテ人の英雄ゴリヤテと一騎打ちして倒すという手柄を立てることになるのだが。

ソロモンの行政組織は、たぶん東方の諸帝国により古い時代からあった例にならったのかもしれない。およそ二千年後のカロリング王朝において、カール大帝が自分の廷臣と軍隊と共に、毎月、食糧を求めて、地方から地方へ旅しなければならなかったことを思い起こすと、それらのシステムがいかに進んだものであったかがわかる。

ソロモン王は、国家防衛のためにさらに二つの大事業を行なっている。一つは、中央ネゲブ高地の植民地化であり、もうひとつは、エイラート湾を通じて行なう紅海交易の開始である。二つは互いに関係しており、それについてはネゲブについて見なおすときに（二六三～二七四頁参照）あらためて語ることにしたい。

第6章　初期イスラエル時代

レハブアムによる王位継承

ソロモンの治世はユダヤ史における最高の栄華の時代として常にみなされてきたし、事実そうである。同時に、それは、国民が人的・経済的負担をぎりぎりのところまで負わされた時代でもあった。王国の軍隊や行政組織の創立と維持、王国の基幹施設とその体裁の保持は、経済を非常に圧迫した。それに加え、ソロモンのさまざまな建築活動、なかでもエルサレムにおける大神殿の建設がいっそう拍車をかけた。

こうした極度の経済的負担を軽減するため、ソロモンは時代の先を見すえながら、イスラエルがもつアジアとアフリカ、地中海とインド洋を結ぶ「陸橋」としての価値を最大限に活用した交易活動に本腰を入れた。シバ（現在のイエメン）の女王との関係樹立、シリアのタドモル（パルミュラ）における交易基地やエツヨン・ゲベル（現在のエイラートの近く）の海軍基地建設は、フェニキアのツロの王ヒラムとの条約締結およびペリシテ人を地中海交易の代理人として用いたことも含め、すべてが経済大国を目指すソロモンの努力の成果である。シバとの交易関係が生まれたことで、イスラエルにバルサムがもたらされ、第二神殿時代には死海西岸のエン・ゲディでバルサムが栽培されるほどまでになっていた（ヨセフス『古代誌』8：174、9：7）。第二神殿時代以前のエン・ゲディのバルサム園について直接言及したものはないが、薬用として世界に知られていたバルサムは、イスラエルに紹介されるとさっそく国内での栽培が開始され、やがて輸出され、国家の大きな収入源になったことは十分に考えられることである。

ソロモンの死後、イスラエルは南北に分裂したが、南のユダ王国が、小国にもかかわらず膨大な防備費用をまかなうことができたのは、バルサムのような高価な品がすでに第一神殿時代から輸出されていたからであると推定される。しかしながら、これらの事業はどれも、イスラエルの人的資源の限界から生じる社会的緊張を緩和するものではなかった。むしろ、人手が個人事業から国家が命じる短期・長期の諸事業に奪われることで、緊張はかえって高まったはずである。

ソロモンの死後、彼の息子のレハブアムを王にするかどうかで、イ

突撃するエジプトのアメンホテプ3世の歩兵部隊　弓を手にした外国人傭兵の姿も見える。傭兵の忠誠心はあまり信用されなかったのかどうか、彼らは地元エジプトの兵に挟まれる形で行動している。

スラエルの民がシケムに集まったとき、彼らが自分たちに負わされた軛を軽くしてくれるようレハブアムに要求したのは、そうした背景があったからである。「あなたの父上は私たちに過酷な軛を負わせました。今、あなたは、あなたの父上がわれわれに課した過酷な労働と重い軛を軽くして下さい。そうすれば、私たちはあなたに仕えましょう」（列王記上12：4）。

民の要求は、なによりもそれが出された時期が悪かった。それはちょうど外からの緊張が高まりつつあった時だからである。事実、ソロモンが紅海やシリアを通る諸交易を独占してきたことに反発したエジプトやダマスコによる侵略行為が始まろうとしていた。

しかしレハブアムは、父に仕えていた長老たちが、仮約束をして民をなだめることを勧めたのに耳を貸さず、軛を軽くすることはできないと正直に返事をした。聖書の記事によると、彼は「自分と一緒に育って、自分に仕えている若者たち」の助言に従い、王としての権威を民に見せつけるのが一番と、高圧的態度に出た。

王は厳しい調子で民に答え、長老たちが彼に与えた助言を捨てて、若者たちの助言通りに彼らに語って言った、「わしの父がお前たちの軛を重くしたのなら、わしはお前たちの軛をもっと重くしてやろう。わしの父がお前たちを鞭で懲らしめたのなら、わしはサソリでお前たちを懲らしめてやろう」（列王記上12：13～14）。

王国分裂

レハブアムのこうした態度は、ユダを除く他の部族の者たちを怒らせ、彼らが煽動者の煽動に容易に乗せられてしまう雰囲気を作ってしまった。実際、

全イスラエルは、王が自分たちに耳を貸さないのを見ると、王にこう言い返した、「われわれに、ダビデと分かち合うものがあろうか。エッサイの息子の中にわれわれの嗣業はない。イスラエルよ、自分の天幕に帰れ。ダビデよ、今、お前の家を見るがよい」（列王記上12：16）。

こうして、イスラエル王国は南北に分裂した。つまり、北の（狭義の）「イスラエル」と、南の（ユダ族、ベニヤミン族、ネゲブ地方、また時に主要属国としてのエドムから成る）「ユダ」である。

北の部族がダビデ王家の支配から離反するように背後で画策した主な扇動者のひとりは、エジプトのファラオ・シシャクである。統一王国時代のイスラエルを正面から攻撃するだけの力がなかったシシャクは、内部からの王権転覆を画策した。ソロモンのもとから逃れてきたヤロブアムを庇護したのは、まさにこのような時のためであった。シシャクは、レハブアムが王位に即く前にヤロブアムをイスラエルへ送り、エジプトの諜報員にひそかに手伝わせて彼をイスラエルの王候補者として公衆の前に押し出すと、みごとうまく行き、ヤロブアムは北王国の王に選ばれた。

それに続く同族同士の争いでユダ王国もイスラエル王国も力を消耗し合い弱体化していくのを見る

と、シシャクは、時ここに満てりと、前九二四年、全軍を率いてイスラエル・ユダに大攻勢をかけた。そのときの彼のねらいは、「陸橋」パレスティナの支配を取り戻すことではなかった。それにはまだエジプトの力は十分ではないと思ったからである。シシャクのねらいは、（エジプトから見て）危険な北の隣国の弱体化にあった。強力なイスラエル統一王国の存在は、かつてのように北への勢力拡大を狙うエジプトにとって大きな妨げであった。さらに悪いことに、紅海におけるエジプトの独占的海上交易に対し挑戦し成功したツロ・イスラエル同盟は、エジプトの経済的自立に決定的打撃をもたらしていた。

シシャクは、国家緊急事態という状況は避けたかったので、一二〇〇台の戦車と、それまでしばしばエジプト軍の最前部で戦ってきたリビア人やヌビア人の歩兵部隊を中心に遠征軍を編成した。カルナクのアモン神殿南入口には、シシャクの軍事遠征で征服された地名が刻まれている。ベニヤミン・マザール教授の解読と解釈によると、エジプト遠征軍は二つの機動部隊から編成されていた。あるいは、それはエジプト統一軍の行動における二つの局面を示唆しているのかもしれない。[1]

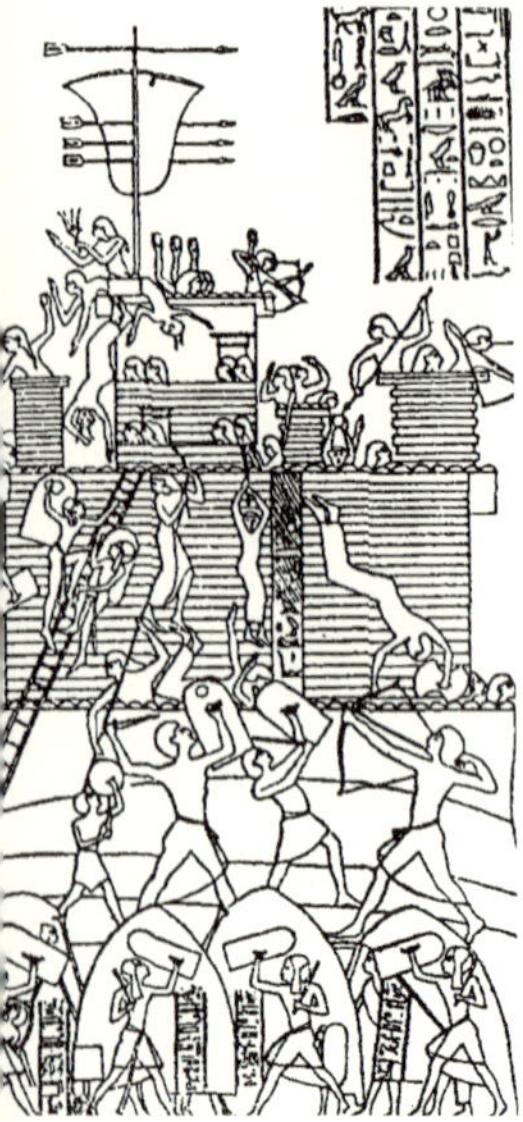

エジプト軍の第一の機動部隊による（あるいはエジプト統一軍の第一の局面における）戦いは、エイラート湾沿岸のエッヨン・ゲベルとユダ中央（あるいは地中海）との中間に位置する、ネゲブに複雑に配置された交易拠点の粉砕を目指して行なわれた。

要塞（たぶんパレスティナのデビル）を攻撃するラメセス２世
攻撃側は四台の破城槌を用いて城壁に接近し、梯子をよじ登って城内に突入する。

この時代のエッツヨン・ゲベルの要塞が破壊されたことは、そこの発掘を行なったネルソン・グリュックによって明らかにされた[2]。

今からふり返ってみると、過去にエジプトを支配した支配者たちは皆、紅海を「私有の海」と見なしたが、そこがエジプトにとっていちばん敏感な弱点であった。エジプト・アイユーブ朝の創始者サラディン（サラーフ＝アッディーン）は、勢力を紅海にまで伸ばそうとした十字軍に対し猛烈に反発し、一一八七年のガリラヤ湖西方、ヒッティンの丘における決戦で、十字軍に致命的打撃を与えたのだった（九頁参照）。あるいは一九〇三年におけるトルコ軍によるアカバ占領に対しイギリス軍が反応し、あわや大戦争に発展しかかった。これらは、エジプトが特に敏感になるこの地域をめぐって起きた多くの例のほんの一部である。一九四八年以来のエジプトとイスラエルの間の紛争の一部は、まちがいなく同じ地政学的視点から理解できる。同様に、シシャクはエイラート湾地域とそれにつながる道の支配をめぐる動静に対し、神経を尖らせていた。

第二の機動部隊（あるいはエジプト統一軍の戦いの第二の局面）の攻撃の主眼は、イスラエルの戦闘能力と意欲をできるだけ弱め萎縮させ、イスラエルが簡単に立ちなおれないようにすることであった。それは、近代の戦争における戦略的爆撃の最初の第一の任務が、敵地の征服にはなく、敵が反撃できなくなるまでその戦闘能力を粉砕し、相手に完全降伏を強いることにあるのと同様である。

ユダ高地の領域は、地形的に、山道を通って入りこむ側の方が不利で、守る側の方が有利であるのを知って、シシャクは、レハブアムが大量の宝物を差し出したことで満足すると、今度はかつて自分が庇護したヤロブアムが統治する北王国イスラエルに対し攻撃をしかけた。ヨルダン川東岸のイスラエルの拠点も潰そうと思ったシシャクはヨルダン川を渡り、東岸のギルアド地方と西岸のサマリア地方を結ぶ幹線の要衝にあるスコト地方を荒らした。

エジプト軍は攻撃も迅速であったが、引き揚げるのも迅速で、あとには大きな傷を負わされたイスラエルが残された。しかしながら、近年の戦争でも証明されているように、恒久的占領を伴わない破壊行為だけでは、ほどほどに強壮な民をほんとうに征服したことにはならない。サウルとダビデが土台を築き、ソロモンによって補強された国家の基礎はしっかりしていて、深い傷から立ちなおるのも早かった。しかしながら、北王国イスラエルと南王国ユダは互いに武力衝突をくり返してエネルギーを消耗するばかりで、最後になってやっと、パレスティナに平和と安全と繁栄をもたらすには戦いを止めて協力し合うことが重要だということに気づく――といっても、また忘れてしまうのだが――のであった。

アラム、トランス・ヨルダン、ペリシテ

南シリアおよび「大パレスティナ」におけるイスラエルの主権をおびやかす最大の敵となったのは、ダマスコを首都とするアラム王国であった[3]。しかしながら、最初アラムは、シリアにおける自分たちの基盤を固めるために、むしろイスラエルと同盟を結んだほうが得策と考えたようだ。ところが、シシャクの侵略に続き、南のユダ王国との内輪争いで北王国イスラエルは弱体化し、気がつくとゴラン高原の一部の町や村はアラムに占領され、それに対しヤロブアムはなす術を知らなかった。同様に、アンモンやモアブが大々的にあるいは国土の一部で反乱を起こしても、黙認する状態であった。アンモンとモアブに対しイスラエルが軍事遠征を行なうのは後になってからである。これらの国々がイスラエルに服従するかどうかは、ひとえにイスラエルの軍

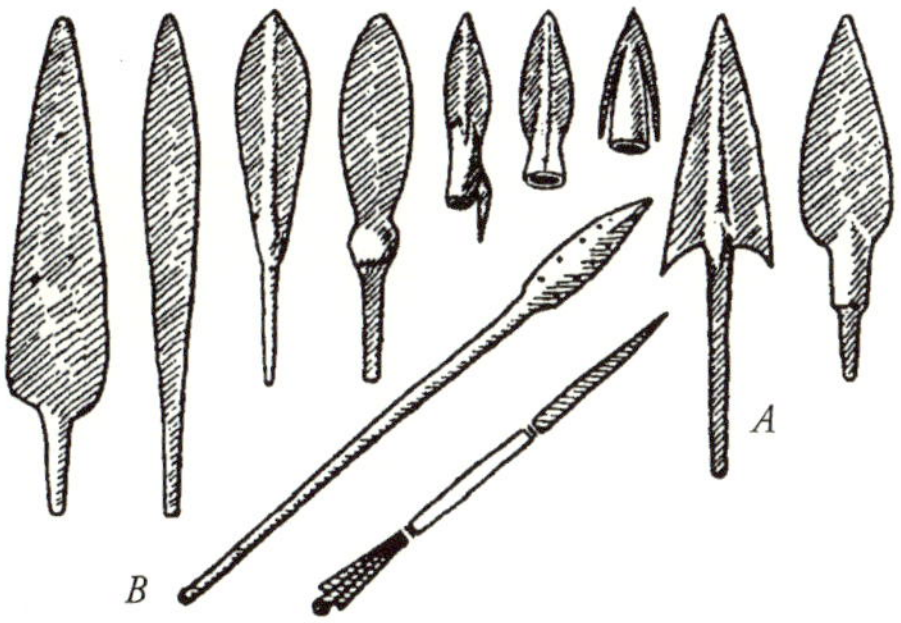

青銅製鏃と鉄製の鏃
A：ヘレニズム・ハスモン時代のもの。B：穴のついたソケットはたぶん火矢に用いたものと思われる。

事力のいかんによったし、それはまたしばしば、イスラエルとダマスコの勢力関係がどうであるかによって大きく影響された。

アラムほどではないが、特にイスラエルが北王国の呼称となって間もない頃、イスラエルがその軍事的活動に目を光らせなければならなかった第三勢力は、ペリシテであった。前九〇六年頃、ヤロブアムの息子ナダブは、また前八八二年頃のエラも、（ユダとの戦いとは別に）ペリシテを攻撃するのが得策であると考えた。彼らは（ペリシテ平野からサマリア山地への道を見張る場所に位置する）ギベトンの高みを占領し、地中海沿岸のヤッファに通じる街道からペリシテ人の影響力を払拭しようとした。(4) ギベトンはかつてイスラエル領であったが、ペリシテ人は、アラム人同様、イスラエルが王国分裂とシシャクの侵略で弱くなった隙に占領し、彼らにとっての重要な堡塁《ほうるい》に変えたのである。しかしながら、いずれのイスラエル王の計画も破綻した。ナダブの試みについて言うと、彼はギベトンを攻略していたときに〔バアシャの謀反に遭って〕殺害された。エラの場合は、軍司令官オムリがギベトンに対し作戦を展開しているとき、エラはティルツァの宮廷長の家で酒に酔っていたところを、謀反を起こした戦車隊長ジムリによって殺された。

神の祝福と承認を受けたダビデ王家の子孫としてのカリスマ性や、偉大な圧倒的存在感をもつエルサレム神殿の守護者としての威信を欠く北王国の王たちには、レビ族の祭司たちがユダの王たちに対し示したような、全身全霊をもってどこまでも仕え応援するという貴重な支持者もいなかった。そのため、北王国の王たちは、その理由の是非を問わず、不満をすぐにあらわにする民衆の激烈な反抗にいつ遭うかわからなかった。そうした不安をいつもかかえているのが北王国の弱点で、ペリシテ攻略の最中に起きた二つの謀反のケースにもそれがよく表われている。しかしながら、ユダに比べそうした不利な状況にあった北王国イスラエルの王たちが、それでも多くの業績を残したことは、かえって高い評価に値するというべきであろう。

イスラエルの軍隊

ナダブやエラの対ペリシテ軍事遠征について、聖書はごく簡潔に述べるだけであるが（列王記上15：27、16：8〜17）、それはイスラエル軍の組織について貴重なヒントを与えてくれる。オムリは、いざという時にイスラエル（北王国）全土から徴募される兵たちを統率する軍司令官であった。一方、ジムリは、「彼（エラ）の戦車の半分の長」で、その（戦略的予備兵から成る）部隊と共に、（当時要塞都市ティルツァにあった）首都の王の近くにいた。[5] ティルツァは、サマリアとヨルダン谷と東岸のギルアドを結ぶ「動脈」であるティルツァ渓谷（ワディ・ティルツァ）の上部に位置し、どの方向に行くにも便利な場所であった。残り半分の戦車は、おそらく王国各地の「戦車の町」に配備されていたと思われる。少なくともそれらの戦車隊の一部は、敵対勢力にイスラエルのギベトン攻略を邪魔させないために、そしてギベトン占拠後の事態の動向にすぐ対処できるよう、町周辺の平野に展開させてあったはずである。

このようにイスラエルの軍隊はソロモン以来の伝統をすべての面で踏襲していたようであり、それは兵站術に関しても言える。戦車の馭者たちは正規の戦闘要員であったから、彼らの間——特に、首都に常駐する王室直属の軍隊と、徴募によって集められる一般の軍隊との間に対抗意識や摩擦が少しくらいあったとしても不思議ではあるまい。エラ暗殺後のヨアブとジムリの抗争の背景の一部にはおそらく、常備軍と予備役の一触即発の関係があったであろう。

イスラエルの防衛体制

北王国初期の王たちが、ソロモンの軍事モデルに変更を加えなければならなかった事柄のひとつは、総合的国防における恒久的要塞の役割についての考え方である。北王国に関して、聖書は、ソロモンの要塞やレハブアムの要塞のリストのようなものを記していないが、前八八五年にダマスコのベン・ハダド一世が攻撃したイスラエルの要塞の名前一覧から、当時のイスラエルは要塞と要塞の間隔を密にした、「ナフタリ防衛ライン」を構築していたことが推測される。その防衛ラインは次の四つを目的につくられた。（1）敵がシリア台地（ゴラン高原）を下りて侵攻するのをくい止める。（2）敵が東からガリラヤ山地に攻め上るのを防ぐ。（3）上ヨルダン谷における敵の動きを阻む。そして、（4）ゴランやビカ（ヘルモン山とレバノン山の間に横たわる大きな谷。第二神殿時代に「コエレ・シリア」と呼ばれた地域）に対する攻撃基地のそなえを常にそなえておく。以上である。

聖書記事によると、ベン・ハダド一世は「イヨン、ダン、アベル・ベト・マアカ、全キネレト、およびナフタリの全土を征服した」（列王記上15：20）。これに似た——さらにケデシュとハツォルを加えた――要塞リストが、一五〇年後に起きたアッシリアのティグラト・ピレセル三世によるイスラエル攻略の記事に記されている（列王記下15：29）。ハツォルはソロモン治世後に破壊され、オムリないしその息子アハブの時代に再建されたことが、イガエル・ヤディン教授の発掘により明らかにされた。(6)そこからハツォルの破壊はベン・ハダド一世によるものであり、ハツォルは最初から「ナフタリ防衛ライン」に含まれていたと考えられる。ハツォルが含まれることがわかって、列王記上15章の記事にある「ナフタリ全土」という表現も本当の意味で生きてくる。ハツォルとの類推だけでなく、軍事的必要性から、「ナフタリ全土」に（ティグラト・ピレセル三世の征服リストにある）ケデシュが含まれていたと考えるのが自然である。ケデシュの本格的な考古学的発掘は行なわれていないが、遺跡の表面調査の結果はその推測の正しさを暗示している。(7)

キネレトの要塞は、要塞の丘とガリラヤ湖に挟まれた非常に狭い――数メートルしかない――ゲノサレ谷のすぐ北の急坂の上に位置し、その役目は湖周辺の道路だけでなく「海の道」を守ることである。

ハツォルの戦略的役割についてはすでに述べた（二四八頁を参照）。

フレー湖の対岸にあるケデシュの要塞は、ナフタリ中央台地から上ヨルダン谷への下り道を守るのがその

石投げ戦士　ゴザン（テル・ハラフ，シリア）出土浮彫より

役目である。現在そこにあるアスファルト道路は、一九三八年に、イギリス軍がアラブ人の略奪者と戦うため戦略上建設したものである。イギリス軍は、古代のケデシュ要塞にならって、ネビ・ユシャに地方警察本部を設け、道路の監視に当たった。ケデシュ要塞が戦略上いかに重要な役割を果たしたかは、一九四七〜四八年のイスラエル独立戦争の際に、そこで激しい戦闘が行なわれたことからも容易にわかる。

アベル・ベト・マアカ要塞は、ヨルダン谷北端近くの中心部――ビカ（レバノン谷）を通って来た道がそこで東西に枝分かれし、メトゥラ丘陵からフレー谷に下る場所にある。

ダンの要塞は、ヘルモン山の麓、バニアス（ギリシア・ローマ時代のパネアス）を通ってシリア台地の頂上に向かう道沿いに敵の進軍をくい止める役割を担った。十字軍、サラセン軍、トルコ軍、イギリス軍、アラブ軍、イスラエル軍はそれぞれこの要衝の確保のために戦った。典型的例として、古代のダンの遺跡近くに建設された、その名もダンというキブツ［イスラエル農業共同体］は、「六日戦争」（一九六七年）の際にヨルダン谷に攻め入ろうとしたシリア軍の進撃をくい止めただけではなく、イスラエルによるゴラン高原北部征服のための拠点としても重要な役割を果たした。

イヨン（テル・エル＝ディボン）は、イスラエル最北端の戦略基地である。それはすでにビカ（レバノン谷）のただ中に位置し、その場所から考えて、ソロモンの要塞を思い起こさせる。もしイヨンがいくつかの副要塞によって援護されていなかったとすれば、イヨンは戦車隊の基地の働きをし、危機に際しては戦車隊を派遣して、この肥沃な谷と国際的交易路の支配と安全に務めたに違いない。(8)

しかしながら、この最強の防衛ベルトが機能するのは、防衛側が常に警戒を怠らないという条件のもとにおいてである。イスラエルのバアシャは、中央山地の国境線をエルサレムの北わずか八キロの地点まで押し広げることに成功すると、ラマに要塞を築き、ユダ王国の首都にいつでも威圧をかけられるようにした。それに対し、ユダの王アサは致命的手段に訴えた。イスラエルと同盟関係を結んでいたアラムのベン・ハダド一世に使者を遣わし、バアシャとの同盟を破棄してほしいと頼んだのである。これこそベン・ハダド一世が待っていた絶好の機会であった。というのは、ベン・ハダド一世の軍隊は、その頃まだ単独でイスラエルに戦争をしかけるほど強くなかったからである。彼は、シシャクと同じように、その軍事遠征に「投資する」気になった。バアシャの注意がもっぱらユダの方に向けられているとき（特に彼は、ダマスコとは同盟を結んでいるので背後はまず大丈夫だと安心していた）、アラム人はすばやく行動し、イスラエルの「ナフタリ防衛ライン」を粉砕した。

バアシャはラマの建設を中止せざるをえず、アサは仕返しに「バアシャがラマを建てるのに用いた石や木材を運んで来させ、それを用いて、ベニヤミンのゲバとミツパを建てた」（列王記上15：22）。ユダは救われたが、そのために、姉妹国家との戦いに外部の力を借り協定を結ぶという危険な前例が生まれ、将来の侵略者たちのために道を開いてしまったというのも事実である。

第7章　オムリとアハブの治世におけるイスラエル

オムリは、ユダの王との緊密な協力関係によって、イスラエルを南シリアおよび「大パレスティナ」における主要国家として再生させることに成功した王である。しかしながら、驚いたことに、彼の業績のことは聖書に一言も触れられていない。聖書の年代記編者は、ダビデの主権に敬意を払わず、エルサレム神殿の特殊性を認めない王――北王国の王は皆そうだった――については、ユダの歴史とかかわりのある場合にしか言及しなかったからである。

オムリがふたたびモアブを征服したことをわれわれが知るのは、聖書外史料――モアブの王メシャの碑文――によってであり、同碑文は、オムリがアンモンもその支配下に置いたことを記している。(1) ちなみに聖書は、オムリがサマリアを北王国の新しい首都に定めたことは記している。そして、それ以降、北王国は「サマリア王国」の名でも呼ばれるようになる。サマリアの考古学的発掘によって、当時のイスラエルの首都のかなりの部分が明らかにされた。強固で複雑な構造をした城壁や豪華な王宮の跡、倉庫、さまざまな公共の建物跡などが出土したが、それらは往時のサマリアの力と繁栄を十分に偲ばせるものであった(2)。

オムリの経済的力の源のひとつは、伝統的なフェニキアとの同盟の強化にあった。この同盟の緊密さは、オムリの後継者と目されたアハブとツロの王の娘イゼベルとの結婚によって同盟がかためられたことからもわかる。ツロとの同盟それ自体がイスラエルの軍事的・政治的地位向上のしるしである。フェニキア沿岸に並ぶ諸海洋国家が政治的・経済的に生き残るためには、食糧を生産する後背地《ヒンターランド》と、彼らが支配する海岸地域とを結ぶ交易路の安全を確保できるかどうかにかかっていた。これは通常、それに最も適した（たいていは最強の）隣国と協定を結ぶことで成しとげられた。

ベン・ハダド二世の侵攻

ダマスコのアラム人は、イスラエルの再興に対し非常な警戒心を抱いた。そして、前八七〇年頃、アハブがオムリの後を継いで王位に即くと、ベン・ハダド二世は、イスラエルが強くなると、必ずソロモン時代の栄光の回復を夢見て、ゴラン高原、さらにはその北や東にまで勢力を拡大しようとするはずであるから、その前に予防戦争をしかけることにした。「アラム（シリア）の王ベン・ハダドは全軍を集めた。三十二人の王、馬と戦車を率いてサマリアに攻め上り、これを包囲し、攻撃した」（列王記上20：1）。

こうしてベン・ハダド二世は、イスラエルがふたたび力を持ちはじめたことに脅威を感じたアラム系のすべての王を集結させた。ベン・ハダドは、軍事遠征の初期段階で、イスラエルの王より機動性において勝っていた。ベン・ハダドがサマリアを包囲したとき、アハブはまだ「長老たち」や「地方の首領たち」と戦略について密議をこらしているところだった。[3] イスラエル常備軍の主力兵士たちはまだ各地の守備隊に配属されたままであったか、首都への接近をベン・ハダドによってたくみに妨げられていたかで、孤立した状態のサマリアにおいて、アハブは、官僚や予備役〔国民召集軍隊〕の指揮官たちと相談した。したがって、国民にはまだ召集がかかっておらず、アハブは国民軍の司令官や将校たちとも連絡がとれていなかった。この時のイスラエル軍の状況は、第二次世界大戦の北アフリカ戦線におけるイギリス軍の状況に似ている。一九四一年三月三十一日にドイツ軍の奇襲攻撃を受けたイギリス軍は、戦闘初期段階で〔四月七日〕、指揮していたリチャード・オコーナー将軍とフィリップ・ニーム将軍と同僚たちを乗せた車が〔道に迷って〕ドイツ軍パトロール隊に遭遇し捕えられてしまったのだった。

アハブの置かれた状況は絶望的であった。ベン・ハダドには確かにそう見えた。アハブは、時間をかせぎながら、最悪の事態を避けるため、ベン・ハダドが出す屈辱的条件を飲む覚悟を決めた。アハブに徹底抗戦の意志がないと判断したベン・ハダドは、アハブを完全降伏に追いこむため、さらに屈辱的条件を突きつけた。だが、ダマスコのアラム人たちの態度はアハブの相談役たちの義憤をかき立て、長老たちの弱気の心に怒りの炎を燃え上がらせた。その彼らの支持を受けてアハブがアラム人の要求をはねつけたのを見ると、どうやらアハブは、ベン・ハダド二世がそう出てくるのをじっと待っていたらしい。

ベン・ハダドは、アハブが降伏の要求を拒絶しても、それが決定的問題だとは思わなかった。彼は、サマリアはどのみち陥落すると信じていた。彼は、蟻の這い出る隙もないほど完全に包囲し、外部からのいかなる干渉も許さない意気ごみで、自分の優位性を誇示した。聖書の語り手によると、アハブと共にサマリア城内にいた兵士の数は八千を越えなかった。ベン・ハダドの自信のほどは、降伏を拒絶したアハブの返事に対する彼の反応の仕方からもうかがえる。

ベン・ハダドは使者をアハブに送って言った、「もしサマリアの塵が、わしに従うすべての民の手のひらを満たすほど十分にあるなら、神々がわしを幾重にも罰して下さるように」（列王記上20：10）。それに対するアハブの返事は格言となって、今日まで人びとに用いられている。「こう伝えよ、『武具をつけようとする者

馬に乗って戦うアッシリアの弓兵たち

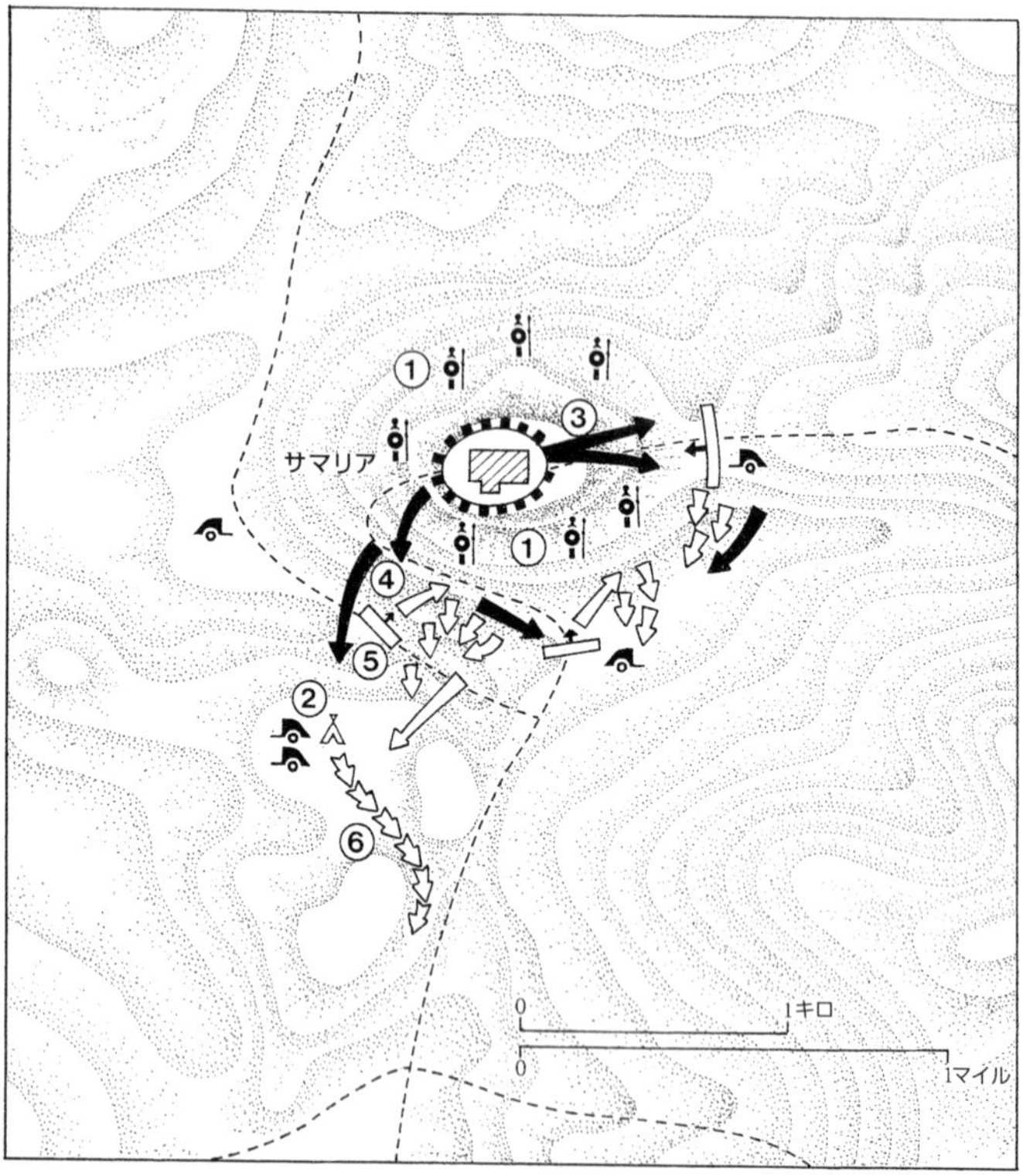

地図 19　ベン・ハダド２世によるサマリア包囲攻撃

1　アラム軍の包囲ベルト。
2　ベン・ハダド２世の本陣営と基地。
3　イスラエルの「若者たち」（ネアリーム）による陽動作戦、アラムの包囲ベルトを混乱させる。
4　イスラエルの主力部隊、奇襲をしかけ、敵軍を混乱におとしいれる。
5　イスラエル軍、アラムの本陣目がけて突撃し、酒を飲んでいたベン・ハダドを敗走させる。
6　ベン・ハダドとその騎兵たち、先を争って逃げる。

は、武具を解く者のように誇ってはならない』（同11節）。それを聞いてベン・ハダド二世は、軍に総攻撃の準備をするように命じた。それもアハブが予想していた通りであった。

イスラエル軍は二つの部隊によって編成されていた。ひとつは、アハブがサマリアに集めた地方の首領（知事）たちの護衛としていっしょにやって来た選抜《えりぬ》きの兵二三二人から成る小さな部隊である。町のはずれに張った天幕の中で同盟軍の王たちと痛飲していたベン・ハダドは、町から敵の小隊が攻撃をしかけて来たと聞いたとき、敵がどういう目的でそのような行動に出たのか計りかねた。彼は、酒に酔っていたためか、それがジョークに思えたので、こう命じた――「そいつらが和平のために出て来たとしても、生け捕りにせよ。戦いのために出て来たとしても、生け捕りにせよ」（列王記上20：18）。

以下の議論は推論によるところが多い。というのは、聖書がそっけないほど簡潔にしか語っていないからである。

町から出て来たのは地方の首領（知事）たちに属する「若者たち《ネアリーム》」であるが、軍隊も彼らの後に続いて出て来た。彼らはそれぞれ、その相手を打ち倒した。アラムは敗走し、イスラエルはその後を追った。アラムの王ベン・ハダドは馬に乗り、騎兵たちと一緒に逃げ去った。イスラエルの王も出て来て馬や戦車を撃ち、アラムに大打撃を与えた（列王記上20：19〜21）。

アラム人たちは、ユダヤ人の小隊が、昼日中《ひるひなか》、それも敵軍が前で見張っているのを知りながら、サマリアの城門を出て山を駆け下りて来るのを見て、こいつはいいカモだ、とっつかまえてご主人様を喜ばせようと思った。だが、その「若者たち《ネアリーム》」は囮《おとり》だったのだ。(4) アラム人の注意の目がそれに奪われている間に、サマリアの残りの部隊はアラム軍を目がけて突進し、その一部を撃破した。こちらのイスラエル軍には、サマリアに駐屯していた戦車隊の四半分と、王の護衛に当たっていた他の精鋭が含まれていたに違いない。アラム人たちは驚き、浮き足立った。そして彼らの指導者たちは天幕内で飲酒していて兵士たちのそばにいなかったため、戦列は破られて総崩れとなり、ベン・ハダド二世と同盟軍の王たちはそれにまきこまれた。あまりに突然で、ベン・ハダドは戦車の用意が間に合わず、馬に飛び乗って騎兵たちと共に逃走を開始した。ちなみに、これはパレスティナに騎馬が登場する最初の場面である。

敗走するアラム軍は、シケム、ティルツァ、ペヌエル、メギド、あるいはハツォルのようなイスラエルの軍基地の一つや二つが監視の目を光らせているところを通過しなければならなかった。アラム兵のかなりの者たちがテベツとベゼクを結ぶ道路あるいはワディ・ティルツァ道路のような地域や隘路を通って逃れようとしたが、そこが敗走する軍にとって死の罠になりうることは、一九一八年の戦争でも証明された。(5) 警戒の報せを受けた各地のイスラエル駐屯軍や武器を手にした一般民が敗走するアラム軍に与えた損害は、戦場における戦いで彼らがこうむった被害よりも多かったかもしれない。

ベン・ハダドや側近たちはなぜ総崩れが起きたのか必死に考えた。

アラムの王の家来たちは王に言った、「彼らの神は山の神です。それゆえ、彼らはわれわれより強かったのです。しかし、もし平地で戦うなら、われわれの方がきっと強いでしょう。そこで次のことをなすべきです。王たちをそれぞれの地位から退け、その代わりに代官を置いてください。あなたは失っただけの軍勢、馬、戦車に等しい軍勢、馬、戦車を補充して下さい。そして、平地で戦えば、われわれのほうが彼らよりも強いでしょう」。王は彼らの声を聞き入れ、その通りにした（列王記上20：23～25）。

サマリアにおける惨敗の原因に関するアラム人の分析をわれわれの言葉に翻訳すると、次のようになる。（1）アラムの戦車隊や騎兵は展開と戦闘場所を間違えると、すべてがもつれて、持ち前の衝撃力も発揮できない。（2）多くの王が率いる同盟軍につきものの指揮系統の不統一その他の欠点が明らかになった。これらの問題点に対し修正案が出され承認された。（1）アラム軍の武器や行動に似合った場所にイスラエル軍を追いつめる形で戦略を立てる。（2）その前に、ダマスコを、多くの封建領主の連合国から単一の中央集権国家に作りかえること。そして、（3）アラム軍の装備と兵力をサマリアでの大敗北の前の状態に戻して建てなおす。

ダマスコの新たな計画は、特に第（2）、第（3）の点に関して、準備と実現のためにかなりの時間を要した。このため、イスラエルと北東の隣国との間には十二年、平穏な時が続いたが、アハブは

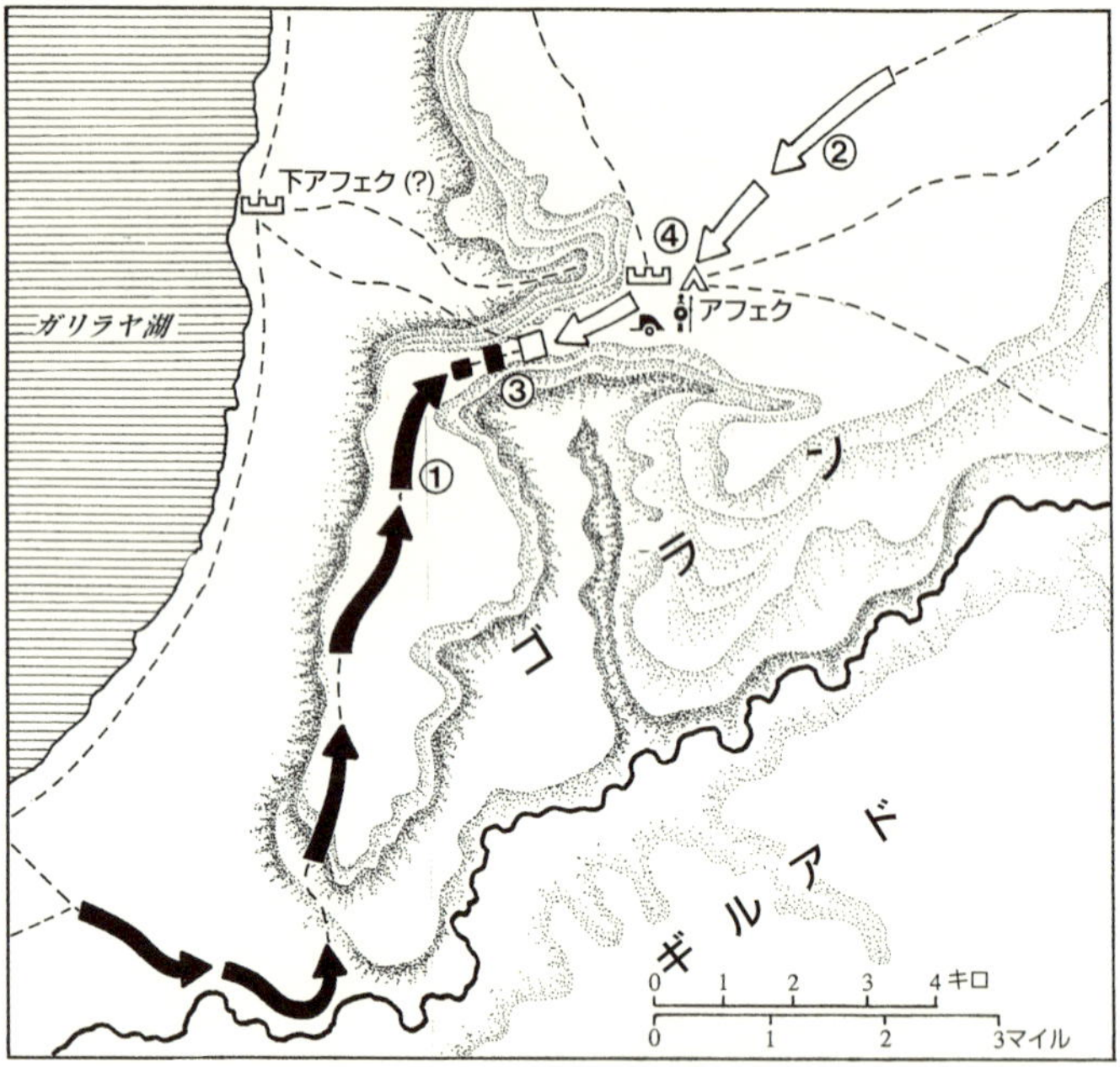

地図 20　アハブのゴラン作戦（局面 1）

1　アハブ、軍を率いてゴランに向かい、アラムの新たな侵攻を防ぐために兵を配備。
2　アラム軍、ダマスコを出て進軍。
3　ベン・ハダド、峡谷でイスラエル軍の進軍を阻む。
4　アラム軍、アフェクで野営する。

アラム軍の動きに絶えず注意の目を光らせていた。そして、ベン・ハダド二世が軍の再建を完了し、第二のイスラエル侵略を計画しているとの情報を得た[6]。

ゴラン高原におけるアハブ

今回のアハブは用意周到であった。彼は、ベン・ハダド軍が攻撃を仕掛けてイスラエル領内に入りこまないうちに撃つことを決意した。イスラエル軍は進撃し、アラム軍に行く手を阻まれる前にゴラン高原の占拠に成功したが、ベン・ハダドは、二つの平行する渓谷に挟まれた隘路を塞ぎ、イスラエル軍にとってアラムが後方陣地に定めたアフェクに近づく

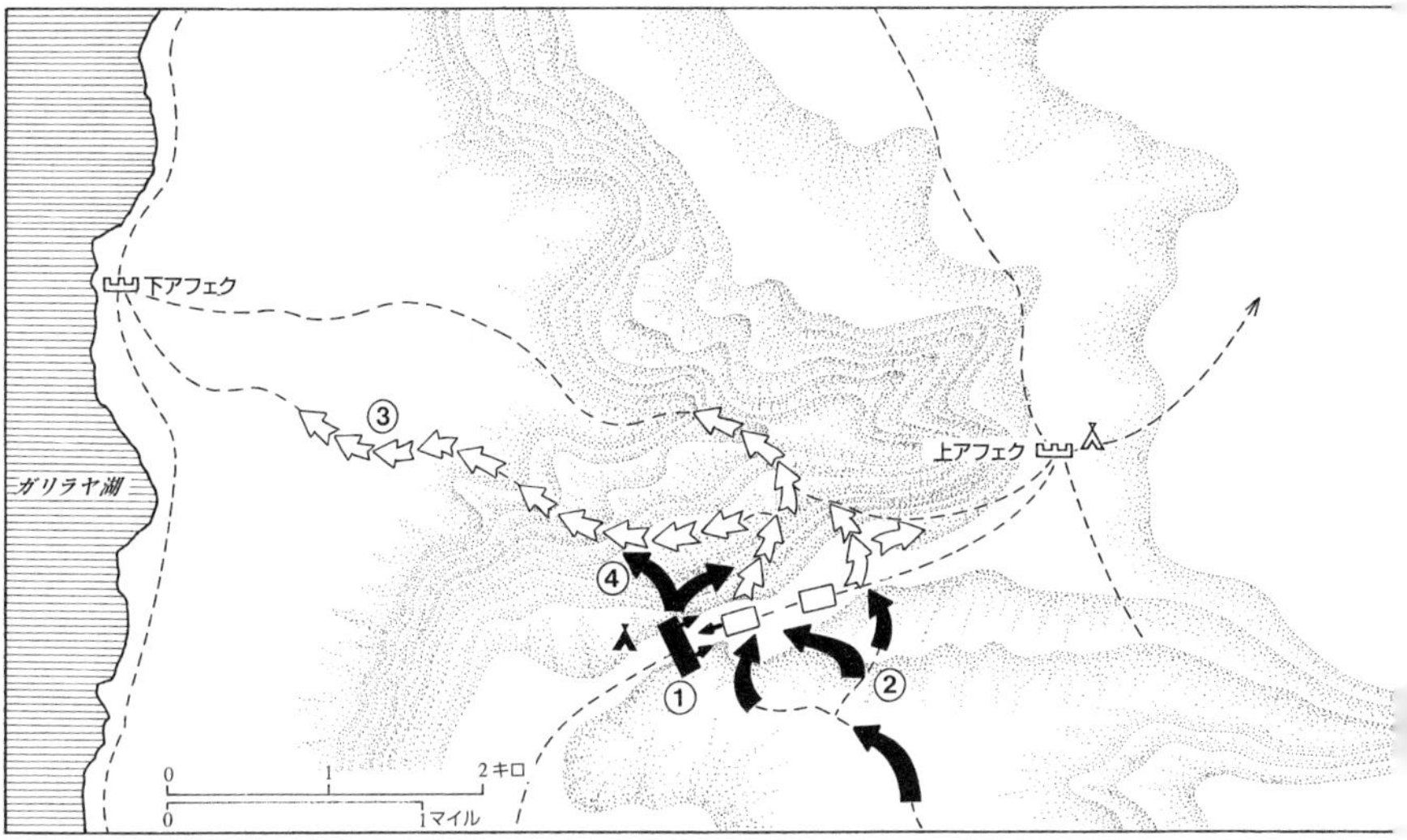

地図 21　アハブのゴラン作戦（局面 2）

1　イスラエルの主力軍、山の尾根でアラム軍に向かって突撃する。
2　イスラエルの機動部隊、崖をよじ登り、アラム軍のわきや背後から攻める。
3　総崩れしたアラム軍、下アフェクの方に逃走する。
4　アハブ、アラム人を追撃する。

には急峻な狭い山の背を行く以外に方法がないようにした。イガエル・ヤディン教授による戦闘の復元をもとにすると[7]、両軍は、その隘路を挟んで、七日間、対峙した。アハブは攻撃を開始し、敵は潰走した。聖書はイスラエル軍がどのようにして勝利に至ったかは記していない。アフェクの隘路は幅わずか一〇〇メートルで、それが四〇〇メートル続き、がっしり構える敵軍を正面から攻めるのは無理である。しかしながら、脇からであれば、攻める方法がないわけではなかった。隘路の東側にいるアラム軍を迂回し、北や南の崖を登って背後からアラム軍を急襲するのだ。北から敵陣に接近する場合は、スシタ（ヒッポス）の尾根を越え、南から接近する場合はワディ・バルバラ渓谷の北の急斜面を三本ないし四本の小道を利用して登るのである。[8]

その後、何人かの研究者は、アフェクを隘路の背後に位置する現在のアラブ人のアフェク村ではなく、ガリラヤ湖畔近くのエン・ゲブだとする見解を提案した。その場合、イスラエル軍は、ゴランの傾斜地にいたアラム軍を脇から攻め崩したことになる。他の研究者たちは、聖書記事のアフェクはガリラヤ沿岸にあったと想定し、それを「下アフェク」と呼ぶ。その説によると、アラム軍は「上アフェク」から出発して、約六・五キロ離れた「下アフェク」の方に向かって敗走した。われわれは第一の見解によっているが、第三の可能性も否定しない。(9)

アハブは、七日間アラム軍の動静をうかがいながら、アラム軍の側面に回りこむ道を十分に探らせ、敵軍をわきから突く攻撃部隊を編成するゆとりがあった。アハブは作戦計画をより早い段階で完成させていたのだが、一週間待つことで、アラム軍兵士に心理的プレッシャーをかけたのだ。つまり、隘路の反対側にいるイスラエル軍のすべての動きに気を配る彼らの神経をぎりぎりのところまで高めておけば、一週間後には、今度はちょっとしたことで驚くか、神経が疲れて反応がにぶくなるかのいずれかだろうと読んだ。そうした中、背後に迫ったイスラエル特殊部隊と前面の部隊とが同時攻撃をしかけたとき、アラム軍はパニックにおちいって逃走し、アフェクに逃げこもうとしたので、アフェクの攻撃体勢までが混乱をきたした。それに似た戦闘の近年における例としては、(一七〇四年のイギリス軍の将軍ジョン・チャーチル・モールバラ公爵が戦った)ブレナムにおける戦い、あるいは(一七五七年のプロイセンのフリードリヒ二世が戦った)ロイテンにおける戦いがあり、いずれも、より制御のきいた軍の撤退であっても、町に逃げこんだ兵士の数が多すぎると町の防衛ができなくなることを教え

上　ゴラン高原　イスラエル軍がアラム軍の側面に回りこむ前、アハブとベン・ハダド２世は、写真左上の樹木群とスカイラインの尾根の間の狭い鞍部で互いに対峙した。
下　古代イスラエルの要塞都市ダンの城門跡

ている。狭いところに兵士が大挙して流れこむため、戦略体勢がまったく機能しなくなってしまうからである。[10]

事態を把握したベン・ハダド二世はアハブに投降し、その足下に身を投げ出して慈悲を乞うた。それは多くのイスラエル兵にとってまったく嫌悪すべき光景であったが、アハブは敗残の敵将に対し非常に寛大な態度を示した。かつてアラム人が征服したイスラエルの町に対し主権を行使したように、今度は反対に、イスラエル人がアラムの首都ダマスコに市場を開く権利を認める代わりに、ベン・ハダドは安全に本国に戻ることを許された。

アハブのベン・ハダドに対する寛大な態度は、騎士道精神によるところもあったが、それだけではなかった。先見の明のある指導者として、アハブは宿敵を寛大に扱うことで、果てしないアラムとイスラエルとの戦いのサイクルを終わらせようとしたのだ。したがってアハブは、アラム人にあまり強い屈辱感を与えないように注意しながら、勝利者としての権利を効果的に施行しようとしたのである。さらにアハブはおそらく、再興したアッシリア帝国がその版図の西方におけるさらなる拡大を目指してシリア・パレスティナに侵攻してきたとき、それをくい止める共同の力を用意しておくことが必要であるというところまで先を読んでいた。

アッシリアの脅威に対抗する

実際、それからわずか二年して、アッシリアの侵攻が現実問題となって現れた。[11] 東の諸国を征服したアッシリアのシャルマネセル三世（前八五八～八二四年）は、治世第六年、ユーフラテス川以西の征服に乗り出した。アッシリアの軍事力の強さについては推測の域を出ないが、少なくともそれまで古代世界が知っていた軍隊の中で最もよく組織され洗練されたものであったことは疑いない。それは、シャルマネセル三世のいくつかの軍事遠征を描いたイラクのバラワットの城門を飾っていたブロンズの浮彫から明らかである。[12] そこには三人乗りの戦車隊、突き槍、投げ槍あるいは弓をもった騎兵と並んで戦うアッシリアの歩兵部隊がいろいろな形で描かれている。兵士の一部は重い鎧で身をかためた、他の兵士はまったく鎧を着けていない。攻城の機械にはよく知られた城壁に穴をあける道具、梯子、金属または獣皮で覆われた四輪ないし六輪の破城槌が含まれていた。渡河には小舟、筏、動物の皮をふくらませた浮き袋が使用され、周囲の防備をかためた宿営キャンプ内の様子も細かく描かれている。

アッシリアの騎兵隊は完全な発達を見せている。それは歩兵あるいはさまざまな武器を手にした騎兵と組み合わせた部隊である。小規模の作戦には、二人の騎兵が組になって、ひとりが弓を用い、もうひとりは弓を射る同僚を守る楯その他の武器を手にしている。それは、重装備の歩兵が弓を射るときに、仲間の兵士が楯をもって彼を敵から守るのと同じである。

騎兵の導入がイスラエル軍にもある程度行なわれたが、戦車部隊が北王国の歴史全体を通して使用

町を攻めるアッシリア軍兵士　城壁の守りとして建てられた家屋を乗り越えて前進する兵士を、弓や槍をもつ兵士たちが援護する。槍をもつ兵士は大きな防楯で自分自身と射手を守る。城を守る兵士は城壁上部に張り出した木製ギャラリー（ヘブライ語：ヒシュボノート）から矢を放っている。

されたのに比べると、さほど目立つ存在ではなかった。他の場合同様、イスラエルでも、騎兵はもともと戦車のわきに付き添う騎馬従者から発達したものである。いくつかのアッシリアの浮彫には、戦車と一組になった騎兵の姿が描かれている。イスラエルの将軍イエフが補佐官のビドカルに言った言葉、「私とお前が肩を並べてアハブに従ったとき」〔列王記下9：25〕は、イスラエルにおいても騎兵は最初、それぞれの戦車に付き添うために使用された証拠として引用されてきた[13]。

前八五三年、シャルマネセル三世率いるアッシリア軍は進軍し、上オロンテス川流域に到ったとき、カルカルの湿地に布陣したシリア・パレスティナ連合軍に行く手を阻まれた。シャルマネセル三世の年代記は、その時アッシリア軍と戦った連合軍の指導者の名と兵力を詳細に記している。「ダマスコのハダドエゼル（ベン・ハダド二世）、戦車一二〇〇台、騎兵一二〇〇、歩兵一万。ハマトのイルフレニ、戦車七〇〇台、騎兵七〇〇、歩兵一万。イスラエル人アハブ、戦車二〇〇〇台、歩兵一万。クエ、歩兵五〇〇。ムツリ（シリアの国あるいはエジプト）、兵一〇〇〇。アルカ、戦車一〇台、歩兵一万。アルヴァド、兵二〇〇。ウスヌ、兵二〇〇。シアヌ、戦車三〇、歩兵一万。アンモン、兵一〇〇〇（？）。アラブのギンディブ、ラクダ兵一〇〇〇」。以上、連合軍が動員した兵力は、戦車三九四〇台、騎兵一九〇〇、ラクダ兵一〇〇〇、そして歩兵五万二九〇〇であった[14]。

このリストは、この時代の軍事史を知る上で最も貴重な史料である。アッシリアの歴史家が敵軍兵力を意図的に減らして記述したとは思えない。同盟軍のそれぞれの兵力として挙げられている数字は相対的に穏当であり、額面通りに受け止めることができるであろう。もちろん、それらはそれぞれの国の兵力を完全に表わしたものではないであろうが、彼らが大きな戦闘にどの程度の兵力を投入したかを推し量る上でのよき物差しになることは間違いない。ちなみに、これらの数字は、ヨーロッパの戦場における実際の兵力に匹敵する。単独の戦闘に関して言えば、上の数字以上の兵力を展開できたのは、数カ国が一致団結して戦った十九世紀においてだけである。中世における戦闘はもっと小規模であった。

もうひとつの興味深い点は、アルヴァドのようなフェニキアの海洋国家がわずかな兵士しか送っていないことである。ツロについては一言も言及されていない。これらは主要海軍国であったので、陸上の活動に関してはしるし程度の兵士を送るだけだが、それ以外に財政的貢献を果たし、後の強力な

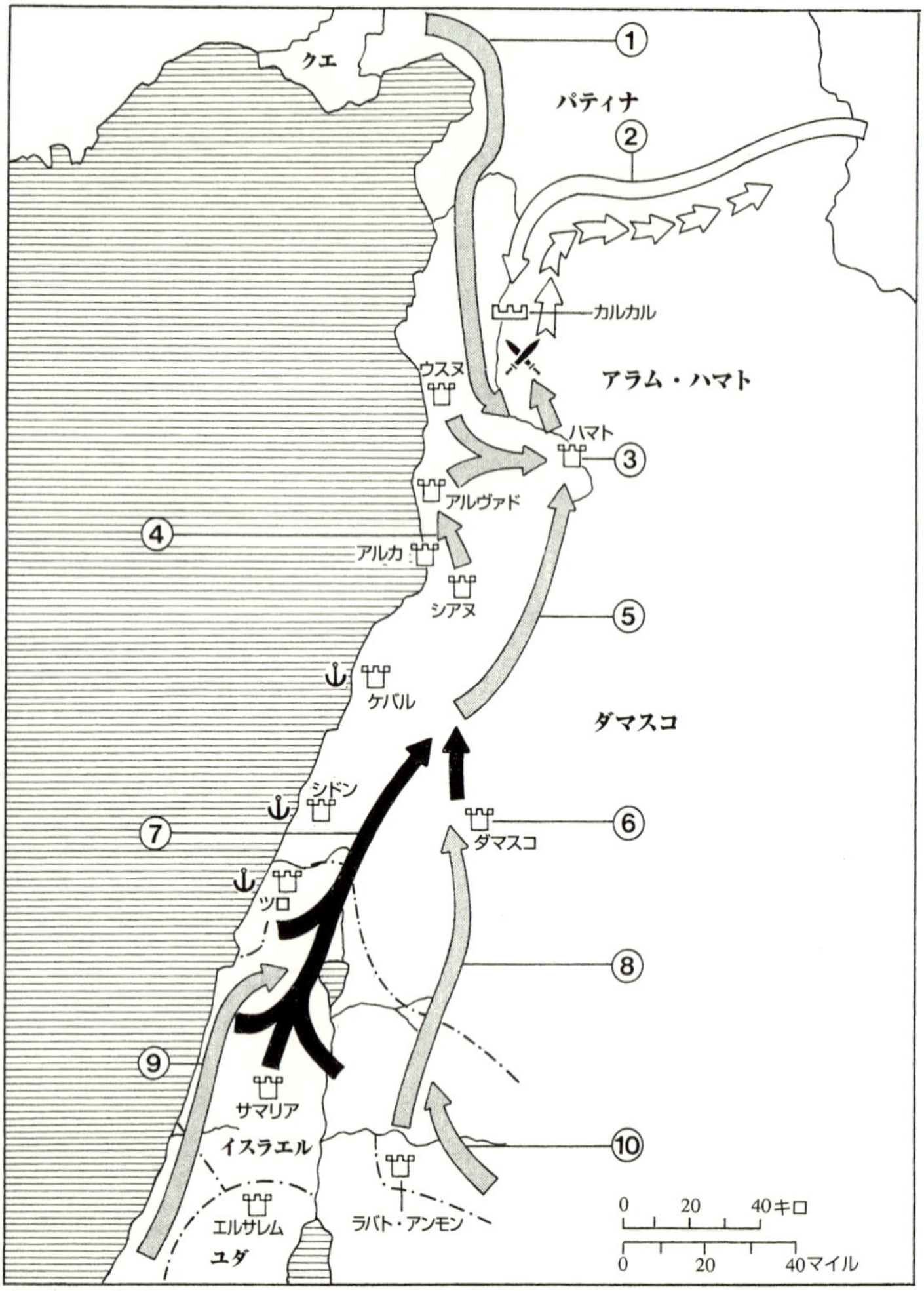

地図22　シリア・パレスティナ同盟軍、アッシリア軍と戦うためカルカルに集結する

1　クエ（キリキア）軍：歩兵500。
2　アッシリアの大軍。
3　ハマト国のエメサ（現ホムス）部隊：戦車700台、騎兵700、歩兵1万。
4　フェニキア諸都市国家（アルヴァド、アルカ、シアヌ、ウスヌ）の軍：戦車40台、歩兵2万200。
5　南部同盟軍。
6　ダマスコのアラム軍：戦車1200台、騎兵1200、歩兵1万。
7　イスラエル軍：戦車2000台、歩兵1万。
8　アンモン軍：歩兵1000。
9　エジプト軍（またはシリアのムツリの軍）：歩兵1000。
10　アラブ軍：ラクダ兵1000。

したはずである。

海軍国家（たとえば、ヴェネチアやイギリス）のように、彼らの艦船が海上からできることはなんでも

アッシリアのリストの中で、アハブの名は（地理的にアッシリアにより近いダマスコのアラムやハマトの王に続いて）三番目に挙がっているが、彼は、同盟軍の中心の人物でなかったにしても、同盟軍を実際に動かす上で重要な役割を担ったに違いない。ベン・ハダドは、イスラエルの王と戦って手痛い敗北を喫したばかりであったから、そのような務めを果たすのはむづかしかったであろう。アハブのイスラエル軍には騎兵も参加したかもしれないが、言及に値するほど多くなかった。それに対し、アハブが率いた戦車の数は二〇〇〇台と、二番目のベン・ハダド二世より八〇〇台も多かった。興味深いことに、アハブの戦車の数は、統一王国時代にソロモンが所有していた戦車と比べてもやはり八〇〇台多い。さらに、メギドで発見された当時の馬小屋は四九二頭の馬を飼育できる大きさであったことから計算すると、二〇〇〇台の戦車を維持するためには、メギドと同程度の規模の馬小屋をもつ町がさらに十二なければならない。そのような非常に経済的に高くつく軍事設備をアハブが維持できた主な理由のひとつは、やはり彼がツロと同盟関係を結んでいたからであろう。アハブの戦力に大きな力が加わった理由として考えられるもうひとつのことは、彼は南王国ユダとも相互防衛協定を結んでいたから、この時のアハブの戦車部隊にはユダの戦車も加わっていた可能性がある。最後に、アッシリアのリストに挙げられているシリア・パレスティナ連合軍の各メンバーの相対的戦力評価は間違っていないとしても、意図してかあるいは誤ってか、実際よりふくらんだ数字が記されているかもしれない。(15)

アハブの歩兵の数が比較的少ないのは容易に説明がつく。アハブは、北シリアへの軍事遠征が万一失敗に終わって、さらに新たな戦いを迫られたときのために必要な兵力を本国に温存しておきたかった。加えて、モアブを押さえこんでおくためにも、西のペリシテ国境や東の国境からの侵入者に対する警戒を怠らないためにも十分な兵力を残しておかなければならなかった。さらに、アハブは、北シリアへの遠征はかなり距離も長く、兵站学的面からも複雑であることを考慮して、常備軍だけを用いることにした。

一万人以上の兵員の移動、食糧その他の維持と四八〇キロ以上の距離を共に行動する輜重《しちょう》隊を含むロジスティックスの実行にはかなりの負担が要求される。二〇世紀初頭の南アフリカにおけるブール（ボーア）戦争を例にとると、それと同じ距離を進軍するのに約三〇日要している。[16] しかしながら、この計算には、時速約三キロの速度で進むため、戦闘部隊の進行をかなり遅らせることになる雄牛の荷車やラクダ輜重隊のことは含まれていない。兵士、戦車、輜重隊を含むイスラエルの遠征軍の列の長さは単純計算で約一〇キロになる。全隊列との連絡手段（視覚による合図、口頭、走者、騎馬）は非常に限られていたこの時代に、それだけの集団を問題なく移動させるには、かなり高度の規律と命令系統の完備が必要である。馬は、もし自然の草がなければ、一頭につき約二キログラムの飼い葉を必要とし、雄牛は自分の体重九キログラムごとに約一・五キロの飼い葉を消費する。イスラエル軍はいろいろな目的のために毎日平均して十一万ガロン（約五〇万リットル）の水を消費した。

遠征軍はたいてい友好的な住民が住む地域を通って行軍したし、補給物資の多くは、行軍ルートの近くに設けられた基地によって準備されたが、それは言い換えれば、必要な物資を適切な時点に適切な保管所や軍事基地で確実に補給するための方法や手順に狂いがないように――民族や言葉が異なる連合軍の場合は特にそれが重要である――各持ち場のスタッフがそれぞれの任務をしっかり守ったということを意味する。

こうしたさまざまな困難な条件にもかかわらず、同盟軍は大きな混乱もなくカルカルの戦場に到着した。そして、たとえ装備の点では最新鋭の武器を使用するアッシリア軍と比べて劣っていても、彼らはアッシリア軍を破っただけでなく、徹底的なダメージを与えたため、シャルマネセル三世はしばらくの間、シリア・パレスティナへの軍事遠征をあきらめざるをえなかった。聖書には、カルカルの戦いについての言及はない。それをわれわれに伝えてくれるのはアッシリアの碑文であり、その骨の折れる仕事をしたアッシリアの職人と、その碑文を記したアッシリアの王宮跡を、これま

石投げと弓を用いてイスラエルのラキシュ要塞を攻撃するアッシリア兵 ニネベのセンナケリブの王宮壁画浮彫より

た忍耐のいる発掘作業を通して掘り出した考古学者たちのおかげである。(17)

当時の戦いがどのような制約や限界の中で行なわれたかは、エジプトやアッシリアの浮彫などから理解することができる。それと同時に、アハブとその同盟軍が用いた方法は、基本的に、紀元六七～七一年、一一二二／三～一一二五年にユダヤ人と戦うために召集された、同程度の規模のローマ軍団が用いた方法とほとんど変らないこともわれわれは知る。さらに後代、カール大帝（七四二～八一四年）から十六世紀までの神聖ローマ帝国の歴代の皇帝たちがイタリアの支配をめぐって戦った戦争において も、軍隊は同じように長い（アルプス越えを含む）きびしい行軍を強いられたし、兵站学的条件もアハブの時代よりけっして勝っていたわけではなかった。

聖書は聖書なりの理由から、アハブのカルカルへの遠征後しばらくして、彼の力と名声が頂点に達したころにイスラエルが行なった戦争についての記事を残している。


時が経ち、ユダの王ヨシャファトがイスラエルの王のもとにやって来た。イスラエルの王は家来たちに言った、「お前たちは、ラモト・ギルアドがわれわれのものであることを知っているか。それなのに、われわれは何もせず、アラムの王の手からそれを取り戻そうともしない」。彼はヨシャファトに言った。「私と一緒にラモト・ギルアドに戦いに行ってくれませんか」。ヨシャファトはイスラエルの王に言った。「私とあなたは一つです。私の民とあなたの民は一つです。私の馬はあなたの馬と一つです」（列王記上22：２～４）。

この記事の歴史的文脈や状況は明らかである。ヨシャファトは、両王国がオムリの（?）治世に協定を結んで以来、毎年定期的に行なっていた双方の首脳会議の一環としてサマリアにやって来たのである。ベン・ハダド二世は、アフェクの戦いでアハブに敗れたときにイスラエルの旧領土をすべて返還するという約束をしたが、それをいまだ実行せず、ギルアド北部の支配権を握ったままであった。そのためアハブは、ユダの王に、互いに協力して自分たちの土地を取り戻したいと思う、いかがかと、相談した。ヨシャファトがその提案に即座に同意した理由として、三つのことが考えられる。（1）ヨシャファトはアハブの軍事力の強さを信じていた。（2）彼は、ヤルムク川とエドレイ渓谷の支配が両国の国境の安全のために不可欠であることを理解していた。（3）「王の道」とハウラン山地西部の豊かな穀倉地帯からその先に広がる牧草地に通じる道との両方にまたがるラモト・ギルアドの支配が、戦略的・経済的にいかに重要であるか、よくわかっていた。事実、そこは、砂漠からさまざまな部族や民族の侵略者たちが絶えずやって来てはユダヤ人住民を悩ませる場所であった。(18)

「一人の〔アラムの〕兵士が何気なく弓を引くと、矢はイスラエルの王のうろこ鎧のとじ目を射抜いた」（列王記上 22：34）。これと似た場面を描いたほぼ同時代のエジプトの浮彫。

ダマスコが支配しているラモト・ギルアドでイスラエル

と決戦する段階になって、ベン・ハダドは過去のアハブとの戦いで敗北を喫したことを思い出して、一抹の不安を覚えた。彼は軍の将校たちを集めると、いちばん危険なのはイスラエルの軍隊ではなく、それを指揮するアハブの存在そのものであると言った。「アラムの王は、彼に従う戦車隊の長三十二人に命じて言った、『小さいのも大きいのも構わず、ただイスラエルの王を狙って戦え』」（列王記上22：31）。

翌日、両軍が激突すると、アラムの戦車部隊の精鋭は、攻撃対象をアハブだけにしぼって戦い、ついに彼を倒した。この特殊部隊の一部が間違ってヨシャファトを攻撃したとき、それがアハブではなくユダの王であると知るや否や、彼らはすぐさまそれを離れてアハブを探した。アハブは最初から混戦の先頭にいたのだが、たまたま彼をわなにはめるように命令を受けた戦車兵たちの目にとまらなかったのである。だが、戦闘が激化して来たとき、アラムの兵士の放った流れ矢がアハブのうろこ鎧のとじ目を射抜いた。傷は深く、彼は戦闘を続けることができなかった。しかしながら、同時に、アラム軍の攻撃はすさまじく、アハブは自分が傷の手当のために少しでも戦列をはずれるなら、敵はイスラエルが後退したと見ていよいよ勢いづく、それを恐れた。「その日、戦いはますます激しくなった。王はアラム軍と向き合ったまま戦車の中で、夕暮れまで立って自分を支えていたが、日没と共に死んだ」（歴代誌下18：34）。

アハブは、血が流れ続けるのもかまわず、日没になって死ぬまで戦場にとどまったため、敗北は逃れた。しかし、翌朝、戦闘が再開される前に、アハブの死の報せがイスラエル全軍に行きわたった。

その悲報を怒りに変え兵士のリベンジ精神をかき立てるだけの指導者はいなかった。兵士たちは狼狽して戦意をなくし、「おのおの自分の町、自分の国へ帰れ」という叫び声が、イスラエルとユダの陣営の中を駆け巡った(列王記上22：36)。

第8章　アハブ以後のイスラエル

メシャに対する戦い

アラム人に対するアハブの戦いは決定的勝利に結びつかず、しかもアハブはラモト・ギルアドの戦場に倒れ、イスラエルとユダの国民は意気消沈した状態にあった。その機会に反旗をひるがえし、イスラエルの軛から自国を解放しようとしたのがモアブの王メシャである。メシャの業績は、彼がイスラエルに対する勝利のあとで建てた、そして一世紀前にモアブのディボン近郊で発見された有名な碑文に記されている。[1] 聖書に記されている出来事をそのまま裏づけているという意味でユニークなメシャ碑文から、われわれは、メシャがモアブの国境線で留まらず、北はアルノン川を越えてミショル（ギルアドの低い台地）の町や村落を占領し、南はゼレド川を越えて北エドムにまで侵入したことを知る。[2]

イスラエルの王アハズヤフは誤ってサマリアの王宮の窓から落ち、二年間の治世の大半を病床で過ごした。イスラエルが平衡を取り戻してモアブの再征服の計画にとりかかったのは、アハズヤフの兄弟イェホラムが即位してから（前八五〇年頃）である。

イェホラムは、ユダの王ヨシャファトに使者を遣わして言わせた、「モアブの王が私に背きました。私と共にモアブに戦いに行っていただけませんか」。すると、ヨシャファトは言った、「行きましょう。私とあなたは一つです。私の民とあなたの民は一つです。私の馬はあなたの馬と一つです」。そして言った、「われわれはどの道を上ればよいのですか」。イェホラムは言った、「エドムの道を」。イスラエルの王は、ユダの王およびエドムの王と共に出かけたが、回り道に七日かかり……（列王記下3：7〜9）。

このように、イスラエル・ユダ協定は十分に機能していた。われわれはメシャ碑文から、このときユダの王が単にイスラエルとの協定に定められた義務を守ろうとしただけでなく、対モアブ遠征に非常に積極的であったことを知る。なぜなら、当時のエドムはユダの属国で、事実上ユダから遣わされた代官の監督下に置かれていたからである。

イスラエル・ユダ連合遠征軍は戦車隊と歩兵の両方から成り、イェホラムはまだ若かったが、全体

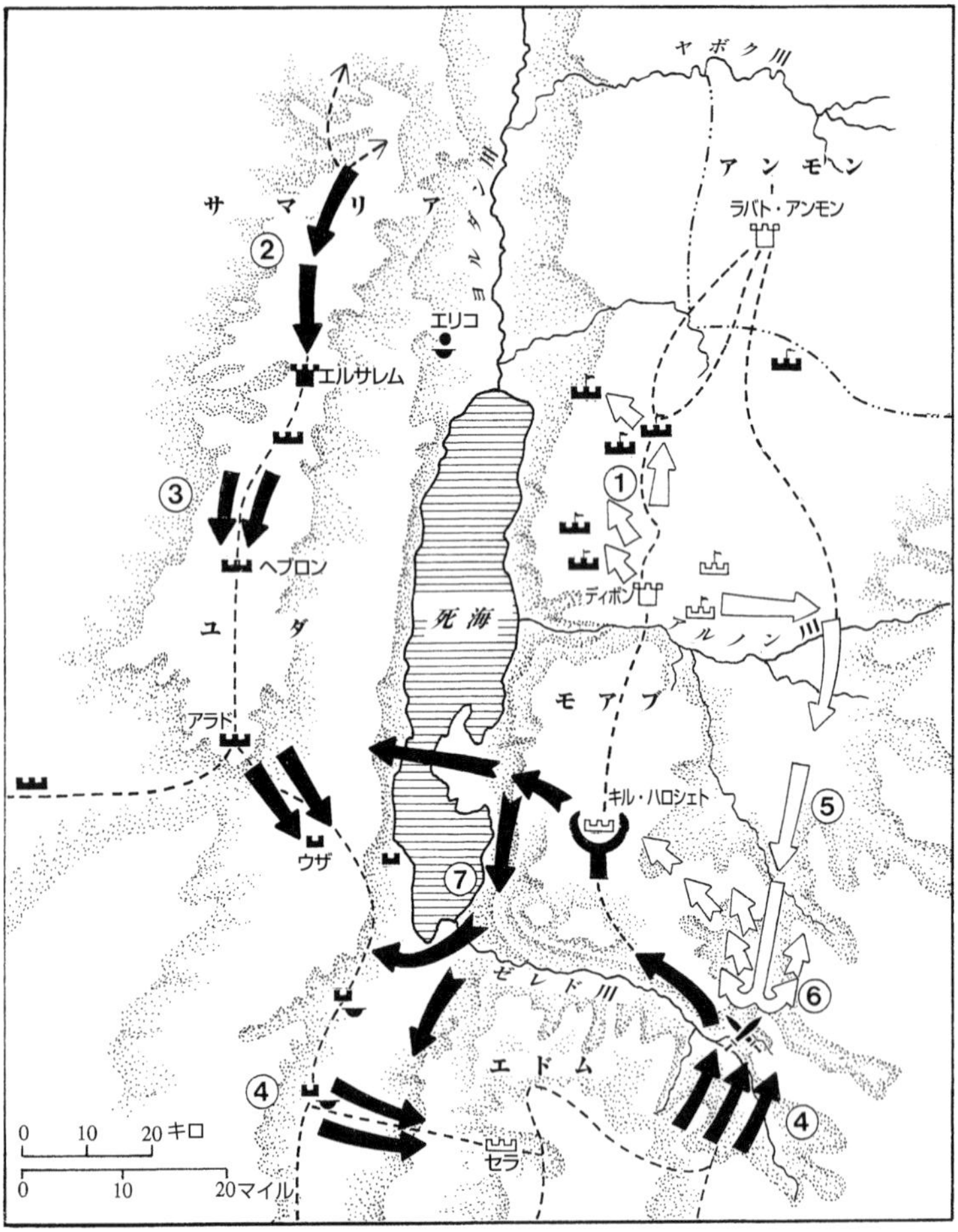

地図23　メシャとの戦い

1　モアブの王メシャ、反乱を起こし、イスラエルの守備隊や居住地を占拠する。

2　イスラエルのイェホラム、ユダとその属国エドムと連合してモアブを南から攻めるため出立。

3　ヨシャファト率いるユダ軍、イェホラムの軍に合流する。

4　エドム人部隊、イスラエル・ユダの部隊に加わる。

5　メシャ、連合軍と戦うため、軍を南へ動かす。

6　メシャ、戦闘に敗れ、キル・ハロシェトに撤退。連合軍、キル・ハロシェトを包囲する。

7　連合軍、突然、包囲を解き撤退する。包囲を解いた理由は謎。撤退ルートには死海の渡しが利用されたらしい。

の指揮を任された。彼のたてた作戦は想像力に富み、大胆であった。アダム（または別の渡し）でヨルダン川を渡ってからモアブの地に向かうのが一番わかりやすいルートであったが、イェホラムは回り道をして、南からモアブに攻め入ることに決めた。ヨルダン川付近は絶えず侵入や衝突がくり返される場所であった。メシャは、防備の強化を政策の第一と決め、ヨルダン川地域ではいつでも戦闘体勢に入れるように準備を怠らなかった。彼は南の前線の防備の強化を犠牲にしてでも北の防備に力を入れた。それは、南からモアブに接近するのは、地形的にも気候の面でも非常な困難を伴うことを彼は知っていたからである。

イェホラムは、まさにこのモアブの南の防衛体制が手薄である点に目をつけて計画を練った。しかしそれは特に、北からモアブに接近するのも地勢学的に決して楽でないことを知っていたからである。第一次世界大戦において、アンマンとエッ＝サルトを襲撃したイギリス軍部隊の運命を見れば、その地域での戦闘がいかに大きな困難を伴うかを教えている。そのとき、イギリス軍の精鋭中の精鋭であった部隊が、トルコ軍守備隊によって打ち破られたのである。加えて、イェホラム時代におけるアルノン川（ワディ・ムジブ）を越える唯一の主要な渡しは、アロエルに築かれた新しい要塞がしっかり守って、そこを渡ろうとする敵の主力の行く手をたくみに阻んだ。

それゆえ、イェホラムは、荒野の住民の襲撃に遭うかもしれず、兵士や家畜たちのための水の補給の問題などが待ちかまえているのに、その危険を承知の上で、南の荒野の道を選択した。イェホラムの率いた連合軍の規模については記されていないが、歩兵三万五〇〇〇、馬四〇〇頭が無理のない数字であろう。一九一五年一～二月のスエズ運河攻撃にかかわったトルコ軍の兵力は二万、十四日間の軍事遠征に必要な水を運ぶのに五〇〇〇頭のラクダが使用された。(3) 前八四九年のイェホラム率いるイスラエル・ユダ連合軍が要した兵站用ラクダがトルコ軍のそれの半分より少なかったはずがない。いうまでもなく、砂漠を進軍する兵士たちのための新鮮な食糧を積んで部隊の後からついてくる家畜たちの飲む水がなければならないように、水を運ぶラクダたちの水も必要である。

南の道を進んだ遠征軍が大きく迂回してから北に方向を変え、いよいよモアブの領土への侵攻を開始するまでの過程に関し、聖書は二つの重要なことを記している。第一は、回り道に七日かかったこと（列王記下3：9）。第二は、七日目に、兵士たちとその後に従う家畜のための水が尽きて遠征軍が窮地におちいったとき、突然、近くのワディ（涸れ谷）が水で溢れて助かったことである。実際、上空には雲ひとつなく、降雨のきざしなどまったく見られなかったし予感もしなかったのだが、そこから離れたエドムの山に雨が降り、それが流れてワディを溢れさせたのである。

地形的・気候的にこの種の現象が生じやすい地域は、エドム台地南東のなだらかな傾斜地である。仮に連合軍が、家畜の群れ、人間、馬、運搬用の動物たちのために食糧や水を運ぶ動物たちの群れに足を引っぱられながら、一日に行軍した距離を二四キロとするなら、七日目に、ちょうど砂漠の縁がゼレド川（ワディ・エル＝ヘサ）渓谷上流を迂回する地点付近に到達した計算になる。カアラト・エル＝ハサは、この道を守るために建てられた要塞である。しかし、イェホラムが危険を覚悟で南のルートを選択したのは、天然の障壁ゼレド渓谷やその沿岸を守る町や後背地に出るためだけだったとは思えない。その大迂回が理屈に合っていたからであり、エドム人は明らかにそのような場所でも水のある場所をよく知っていたということを考えれば、なおさらである。

水不足の理由が何であれ、「奇跡的な」降水に救われた攻撃側はモアブ人を打ち負かし、メシャはキル・ハロシェトにたてこもった。キル・ハロシェトは別名キル・モアブ、断崖の上に立つ堅固な要塞、現在のケラクである。十字軍時代に、ケラクの非常にめぐまれた立地条件を活かした大要塞都市が建設された。それは当時の十字軍王国の城塞中もっとも堅固な城塞のひとつで、その後マムルーク朝イスラムに征服された後も、外敵の包囲に耐えた戦略上の拠点であった。

危機が迫ると、メシャは七〇〇名の精鋭部隊を率いて突破口を開こうとした。そのために、彼は、攻撃側のいちばんの弱点と思われた箇所、つまりエドム王とその召集部隊が守っていた場所に突撃した。しかし、

移動式破城槌で城壁を壊すアッシリア軍

そこでも押し返された。全軍が混乱し希望をなくしたメシャは、「自分に代わって王となるはずの長男を取り、城壁の上で全焼の供犠として捧げた」(列王記下3：27)。すると、聖書の語るところによると、イスラエル軍は戦闘を中止し、国へ引き上げたのだった。

あれほど綿密に準備し多額の費用をかけて実行した軍事遠征を、突然、それも完全な成功を目前にして中止した具体的理由は記されていない。古代中東世界では、さし迫った大災害など、ぎりぎりの状況の中で子供を犠牲として捧げる風習があった。一部の研究者は、包囲されたケラク城塞の中で疫病が発生したため、メシャは悪霊を追い出し疫病の蔓延を防ぐために子供を犠牲にしたのではないか、そして、連合軍の方は疫病の感染を恐れたため、一刻も早く包囲を解きたかったのではないか、と推測する。別の説明は、メシャは、神の怒りをかわす最後の手段として子供を犠牲に捧げたのであるが、はからずも、相手のイスラエル同盟軍側は城内で疫病が発生したと思いこみ、あわてて野営を引き払ったのだろうと考える(4)。

モアブからの突然の撤退で、連合軍が戦いの初期段階で得た戦果は無効になった。メシャはさらに独立を保持し続けたし、失った要塞も最終的に取り戻すことに成功した。一方、モアブからの撤退それ自体は、イスラエル王国の軍事力の構造の健全さ、あるいはユダ王国やフェニキアのツロとの政治協定を損なうものではなかったが、屈辱的体験であったことは間違いない。したがって、連合軍の突然の撤退の理由についてもう少し探ってみたい気持ちにかられる。ひとつ以上の戦線で全面戦争が起きることは、古代中東の大国にとっても、可能なかぎり避けるべきであった。モアブ遠征中断の決定は、モアブを襲った疫病の感染を恐れたから（だけ）ではなく、むしろ北のアラム人が戦争の準備を始めていたからである。

聖書は、たとえば、ダマスコのアラム人の略奪隊が出動したことについて語っている。そうした略奪隊に捕らえられたイスラエルの少女は、「アラム軍の長」であったナアマンのもとに連れて来られて、その家に仕える者となった（列王記下5：2）。イスラエルの戦略上の長所は、その内側の防衛ラインにある。モアブから軍を引き上げただけで、ダマスコ前線の防衛が強化できた。だが、アラム（シリア）人は、イスラエルが彼らに対する攻勢をひかえていた数年を無駄にしなかった。彼らはイスラエルが攻勢に出る前に自分たちの方から攻勢を仕かけた。飢饉と餓死がイスラエル軍の力を失わせ、攻勢を続けるアラム軍はサマリアの城門に迫った。だが、イェホラムの巧みな政治的策略により、アラム軍は急な撤退を余儀なくされたのだった。

背後に強敵の脅威を感じるということがどういうものであるか、自分の直接の体験から知っていたイェホラムは、アラムのすぐ背後にいる「ヒッタイトの王たち」（ヒッタイト帝国滅亡後、その末裔たちがシリア地方に建設した「新ヒッタイト諸国」）と協定を結んだ。形勢は一転した。ちょうどアラム人たちがイスラエルとモアブの戦争を利用したように、今度は「ヒッタイトの王たち」が、イスラエルと戦うアラムを背後から攻撃した。[5] イスラエルとユダの王たちは、アハブのように、ラモト地方の北東ギルアドを取り戻すための戦いを開始した。モアブを攻める前にアラム・ダマスコに対する攻撃を優先させたのは、戦略上、理にかなっていた。イスラエルにとって、アラムはモアブより強い、はるかに危険な敵である。アラムを破ってヤルムク川を国境線にしてギルアドの安全が確立さえすれば、あとは堂々とモアブを攻めて、降伏にいたらせることは十分に想定できた。加えて、すでに述べたラモト地方がもつ経済的重要性が、モアブよりアラムとの戦いを優先させたもうひとつの主な理由であった。

少なくとも外面的には、ラモト・ギルアド占拠のために組まれたイスラエル・ユダ連合軍の攻撃力は、モアブ遠征の時のそれと比べ少しも衰えていなかった。しかし、イェホラムが傷を負い（彼の父アハブが敵の流れ矢で致命傷を負った場所からさほど離れていなかった）、その傷を癒すためにイズレルの王宮に戻っていた時に、戦場の連合軍の陣営で反乱が起きた。預言者エリシャは、ユダの王アハズヤフが彼の甥になるイェホラムの見舞いに行っていて、戦場にいなかったのを利用し、独裁的統治と国中に広がっていた外国の文化や宗教に対し反感をいだいていた者たちを煽動して反乱を起こさせた。それらの異文化的要素は、イスラエルの国際的義務や立場や関係から考えると、少なくとも一部は避けがたいものであった。だが、それらは伝統的に素朴な多くの民衆にとっては異質のものであった。

人びとの反感は自然に王に集中して向けられた。預言者エリシャにとって、フェニキアとの同盟は——イスラエル・ツロ両王室間の婚姻関係は宗教的・文化的影響をイスラエルにもたらした——呪われた同盟であった。そのフェニキアの影響は、イスラエル・ユダ両王国の同盟の結果、また特に、現ユダ王アハズヤフの父ヨラムがアハブの娘、王妃アタリヤと結婚したことで、ユダ王国にも確実に広まっていた。そこでエリシャは、ラモト・ギルアドの陣営に集まった軍の長の中から「王の将軍」イエフを選び、彼に油を注いでイスラエルの王とした。

アラムの台頭

続いてイエフはイェホラムとアハズヤフを殺害する。それは、イスラエルとユダの両王国にとって三五年にわたる衰退期の始まりであった。[6] そうした行動により、イエフは、イスラエルのツロおよびユダとの伝統的な同盟関係を断った。強まるアラムの圧力にひとりで立ち向かうだけの力はイスラエルにはなかったため、イエフはアッシリアのシャルマネセル三世の援助をあおいだ。だが、これはイエフの孤立を深めるだけであった。というのは、アッシリアの年代記によると、カルカルの戦い（前八五三年）でシャルマネセル三世の軍を破ったシリア軍事同盟はそれ以後も健在で、事実、その後さらに三度にわたって（前八四九、八四八、八四五年）シャルマネセル三世率いるアッシリア軍を破っているからである。イスラエルは、それらの戦いではシリア同盟軍に加わることはなかったが、イスラエルの中立的立場もシリア同盟軍にとっては貢献のひとつであった。それによって、背後から攻められる心配なくアッシリア軍との戦いに集中できるからである。アッシリアの脅威をさらに直接的に感じたときは、きっとイスラエルは同盟軍の主要なパートナーとなって働くであろう。しかしそうした可能性も、イエフがあからさまに、しかも自分から進んでアッシリアへの従属を宣言したことで消滅した。そのため、アッシリアの攻撃をひとまず押し返すことに成功したダマスコの支配者ハザエルは、アッシリアが新たな攻勢を仕掛けてくる前に、背後の敵を潰すことを決意した。

ハザエルはいまやシリア諸国のリーダー的存在であった。それに対しユダの国力は、「団結すれば立つが、分裂したら倒れる」のことわざ通り、北王国イスラエルとの同盟の絆を失って、どん底状態にあった。ハザエルのたびたびの攻撃によりイスラエルは荒らされ、国土の一部はダマスコ王国の領土となり、ユダはハザエルに年貢を納めることになった。ハザエルはイスラエルやユダの山地深くに攻め入って余計な困難を招くことは避けたため、イスラエルとユダはそれでかろうじて完全征服を免れたのであった。

この大勝利を祝って、ハザエルは、イスラエルから奪った要塞都市のひとつ、北辺のダンに戦勝碑を建てた。その石碑の断片が最近、ダン遺跡の発掘により発見された。そこにはなかんずく、「私は、わが王国の七つ地域(?)から攻め、何千もの戦車や馬を動員した七〇人(?)の王を倒した。私は、イスラエルの王アハブの息子イェホラムを殺害し……ダビデの家の王イェホラムの息子アハズヤフは[7]……」。

このときもイスラエルとユダが完全に征服されずにすんだのは、両王国の主要部がエフライム(サマリア)連山あるいはユダ丘陵という天然の要害にあったおかげである。しかしその間にも、アッシリアではタウロス山脈からナイル川にいたる東地中海地域征服のための準備を完了していた。その初期の軍事遠征(前八〇六年)で、アッシリアのアダドネラリ三世は、ダマスコに決定的打撃を与えたため、イスラエルとユダの軍が山を下りてアラムに占拠されていた土地を取り戻そうとしたとき、ダマスコにそれを防ぐ力はなかった。

その前の時代の祭司や一般の人びとの間で徹底的自己省察がなされたように、たびたびの敗戦経験やユダヤ人国家としての存在そのものが危機にさらされるという体験をしたこの時代のユダ・イスラエルの人びとの間でも、精神的・倫理的リバイバルの気運が高まった。北のイスラエルでは、気性の激しい預言者エリシャが、王や国民に宗教的情熱やユダヤ人意識をさかんに吹きこんだが、南のユダでは、大祭司が文化的革命と復興の必要性を唱え、三八年間統治したユダ王ヨアシュ（前八三六～七九七年）がそれを実行した。ヨアシュの息子アマツヤは、ユダのより安全な地形学的条件にも助けられて、より徹底した社会改革を、イスラエル人がはじめる前に率先して行なった。アマツヤは、エドムに対し戦いを挑み、エドムをユダの属国とした。こうして南のエイラート湾からセラ（後のペトラ）、さらにネゲブを経て地中海沿岸にいたる交易路が再開された。

ユダが先に復興したことに気を良くしたアマツヤは、自分の力を試したくなって、イスラエルのイェホアシュに戦いを挑んだが、失敗。主導権はふたたび北王国に渡った。死の床にあったエリシャからの激励を受けたイスラエルのイェホアシュは、前七九〇年頃、ダマスコに奪われた領土の奪還に乗り出した。三度にわたる軍事遠征で、イェホアシュはアラム軍を破った。決定的戦いの焦点になったのはアフェクであった。そこからイスラエル軍は、一九七三年のヨム・キップール戦争にいたるまで、伝統的にイスラエルとシリアの自然の境界をなしたダマスコ街道および分水嶺の側面をまわりこんで、東から砂漠沿いに敵の首都ダマスコに接近した。(8)

この進軍の主要基地となった都市はカルナイムであった。カルナイムの占拠は、東側から敵の首都

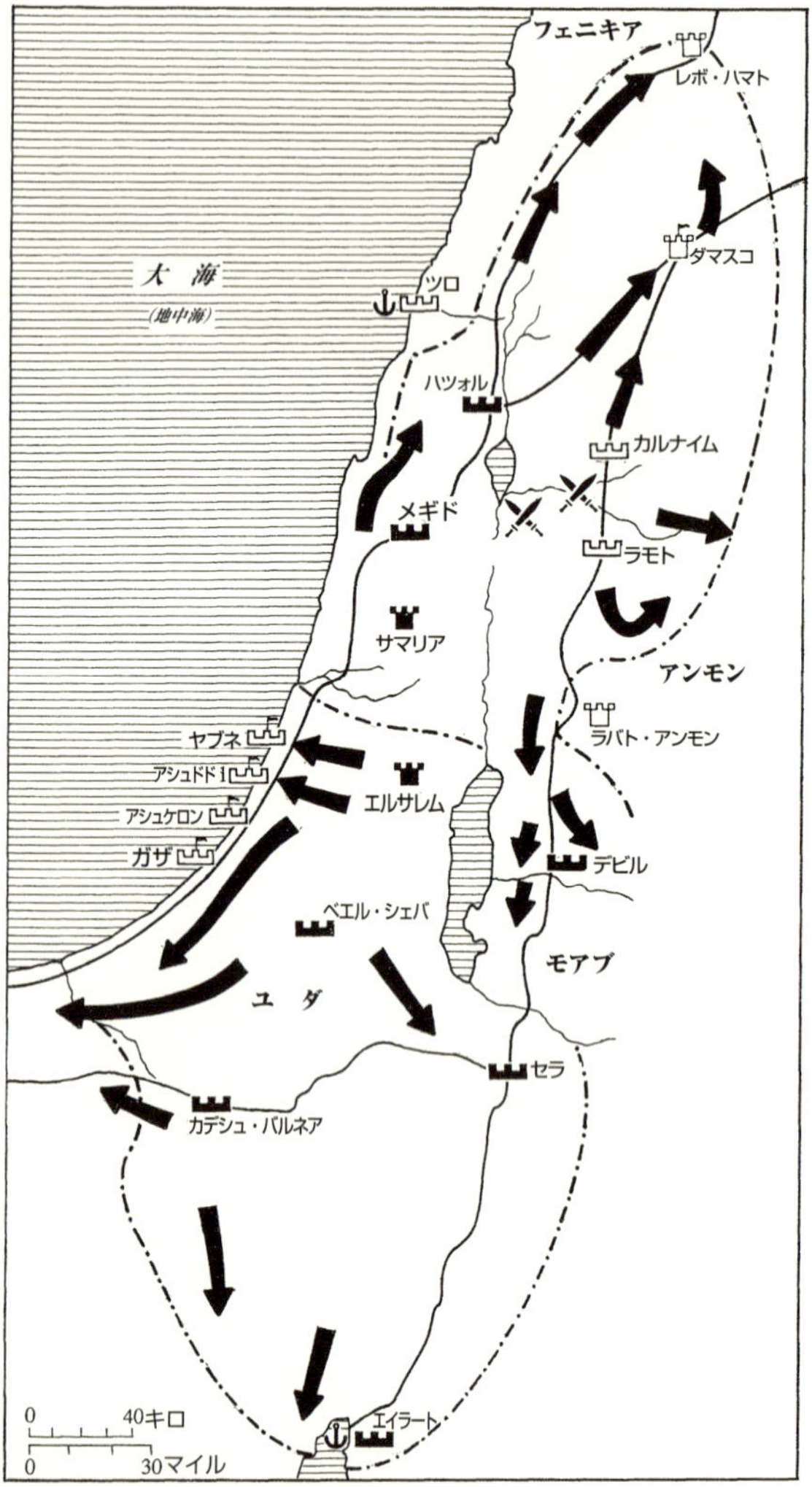

地図24　ヤロブアム2世とウジヤの時代におけるイスラエルとユダの領土拡大　後のヨシヤの王国の領土は、ペリシテ諸都市とツロ・カルナイム線の南を除くと、これとほとんど同じ領域を占めていた。

に迫るための必須条件であった。それがその後の事態の展開にいかに重要な意味をもったかを伝えているのは、預言者アモスである。アモスは、イスラエルが占拠した第二に重要な都市としてロ・デバルをあげている。(9) ロ・デバルはギルアドの北西山麓に位置し、そこでの戦いに勝ったことは、ラモト地域およびギルアドの残りのすべての地域の再征服にとっての重要な第一歩であり、それは南のアンモンおよびモアブの再征服のための道が拓かれたことを意味した。

ソロモン時代の国境の復活

アフェクの戦いの結果イスラエルが取り戻した領土のうち、どこまでがイェホアシュ(ヨアシュ)によるもので、どこからが彼の息子のヤロブアム二世によるものであるかをめぐって、依然、議論が続いている。イスラエルのヤロブアム二世とユダのウジヤの両者の領土を合わせて、聖書時代のイスラエルの第二黄金時代と呼ぶことがある。ヤロブアム二世はダマスコを占領し、北の国境をふたたびオロンテス川上流のレボ・ハマトまで戻した。ヤロブアム二世とウジヤがそれぞれ統治した四〇年近い治世の間、イスラエルはシリア最強の国としてのイメージが一般に行きわたった。イスラエル・ユダ同盟の勢力や影響力の範囲は、イスラエルあるいはユダの支配者がレボ・ハマトよりさらに北のハマト(現ハマ)を中心とするアラム王国を支配していた——あるいはオバデヤというヘブライ語名(アラム語ではヤウビイディ)を用いるのが得策と考えた地元の人間によって支配されていた——事実(10)によって推しはかることができる。

ヘルモン山麓のダンにある堅固な要塞は、イェホアシュあるいはヤロブアム二世のいずれかの手で取り戻された。その七五年前にダマスコのハザエルがダンに建てた戦勝碑を壊したのは、彼らまたは彼らの兵士たちであろう。それは無名の兵士による衝動的破壊行為であったかもしれないし、あるいは勝利者となった王ないしその副官立ち会いのもとで行なわれた、厳粛な儀式としての敵の記念物破壊であったかもしれない。破壊されたハザエルの戦勝碑は壁石や敷石に使用されていた。[11]

ヤロブアム二世の息子ゼカリヤが〔王位を継いで半年とたたないうちに〕殺害されると（どういう状況においてであったかは不明）、ユダのウジヤがそれまでのヤロブアム二世の役割を引き受け、地中海沿岸地域への新たな侵攻を画策していたアッシリアに対抗するため、互いに和睦して結束しようとしていたシリア諸国における中心的存在になったのはごく自然なことであった。

アモスは、イスラエルが絶頂期にあったヤロブアム二世の治世を通じて活躍した預言者である。彼が語った言葉から、ヤロブアム二世後のイスラエルの凋落の原因を探ることは可能である。悲惨と弱小の状況から一級の軍事強国への突然の変身は、イスラエルに誤った自信と安心感をいだかせてしまった。上空は軍事的脅威の暗雲で覆われていたにもかかわらず、社会的持てる者と持たざる者の大きな格差が、それまでイスラエルが外敵に打ち勝ち発展する力のいちばんの源であった「イスラエル精神《スピリット》」そのものを弱らせてしまった。ゼカリヤがシャルムによって暗殺されたあとは、宮廷革命の連続であった。政府がすぐに変るため、戦略的計画や政治的行動は持続性や安定性を欠いた。預言者ホセアは、このときのイスラエルの状況を愚かな鳩にたとえた——「エフライム（イスラエル）は、

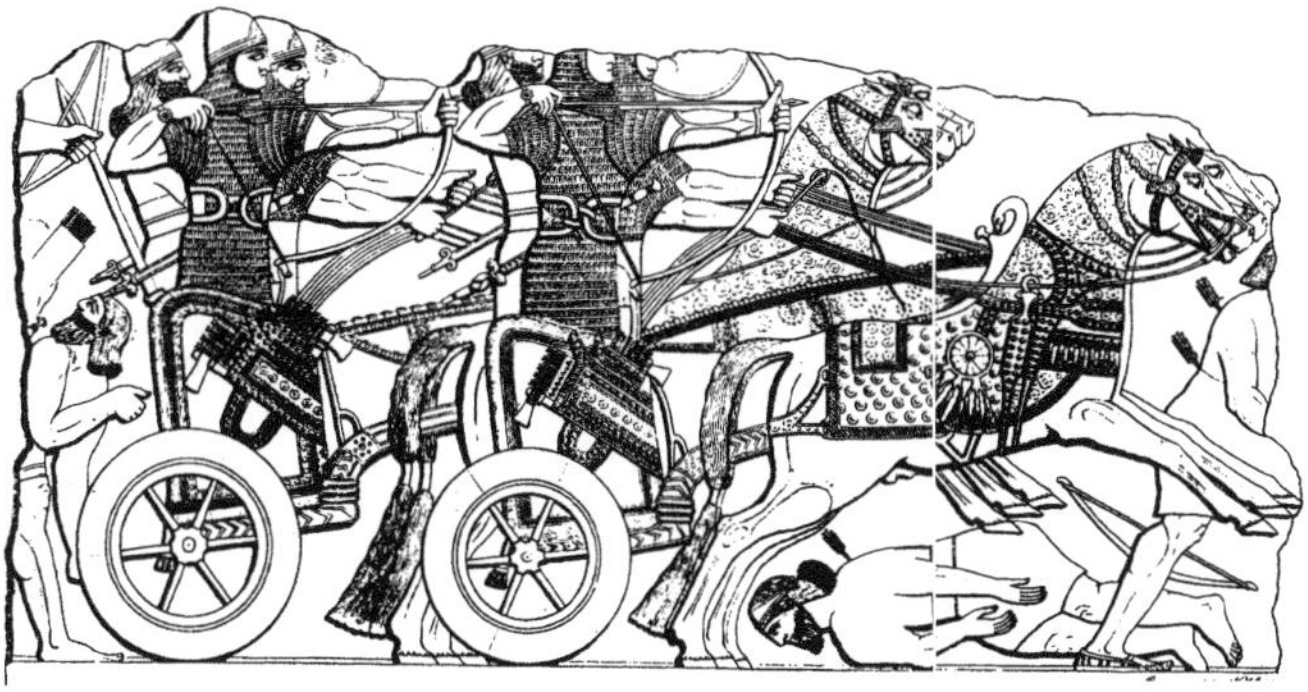

鎧を着た２人の戦士を乗せたアッシリアの重量級戦車

鳩のように愚かで思慮がない。エジプトを呼び求め、アッシリアに行く」（ホセア書7：11）。

イスラエルがウジヤ主導の同盟に参加しなかった背景には、ホセアのいう、そうした政治的優柔不断があったためと思われる。聖書はこれについて沈黙しているため、われわれはユーフラテス川沿岸のカラハ出土のひどく破損したアッシリア語碑文によって知るだけである。北シリアで行なわれた戦い（以下の記述参照）ははっきり勝負がつかなかった。それから十二年もしない前七三八年、ティグラト・ピレセル三世（聖書のプル）はシリア全土を席巻し、イスラエルとユダに重い租税を課した。イスラエルがアッシリアに黙従しその属国になったことに反発したイスラエルの上級将校のペカハが、王ペカフヤに対し謀反を起こした。ペカハはギルアド人で、彼の台頭はギルアドの重要性が増し、ギルアド出身者がイスラエル王国内で力をもつようになったことを示唆している。ペカハは、シス・ヨルダンの住民に対するギルアドの地位の向上と軍事的・経済的重要性の増加を強く意識していた同胞の自尊心に訴えると、五〇人ほどのギルアド人と組んで王を殺害した。ペカハは、イスラエルにおける自分の地位を強くするため、さらに多くの部隊をその恒久的駐屯基地であったギルアドから移動させたに違いなく、そのために（その前にすでにユダヤ人の支配から離れていた）ダマスコの勝手なギルアド侵入を許すことになったものと思われる。

イスラエルの崩壊

ダマスコの王レツィンはその機会を逃さず、その軍が侵攻した地域は、南のエイラートにまで及んだ。こうして、イスラエルの沈滞のおかげで、ダマスコは聖書史上はじめて「王の道」全体を支配することができた。経済的意味合いは別にして、アラム人はいまやイスラエルとユダ両国の東の国境沿いに自由に往来することができた。イスラエルはいやおうなしに、事実上のダマスコの衛星国家としての地位を受け入れるはめになったが、ユダは、レツィンとペカハの反アッシリア連合加盟をためらった。レツィンとペカハがユダのアハズを力ずくで退位させようとすると、アハズは捨てばちになって、アッシリアのティグラト・ピレセル三世に対する完全服従を宣言した。イスラエルの明白な分裂を絶好の機会と見たティグラト・ピレセル三世は、シリア・パレスティナ沿岸部に侵攻し、エジプト国境（現在のエル・アリシュ）にまで兵を進めた。

ティグラト・ピレセル三世にとって、苦境におちいった属国ユダを救出するとの名目で堂々とシリア・パレスティナに侵攻できるのは痛快であった。前七三四年と七三二年の間に行なわれた一連の軍

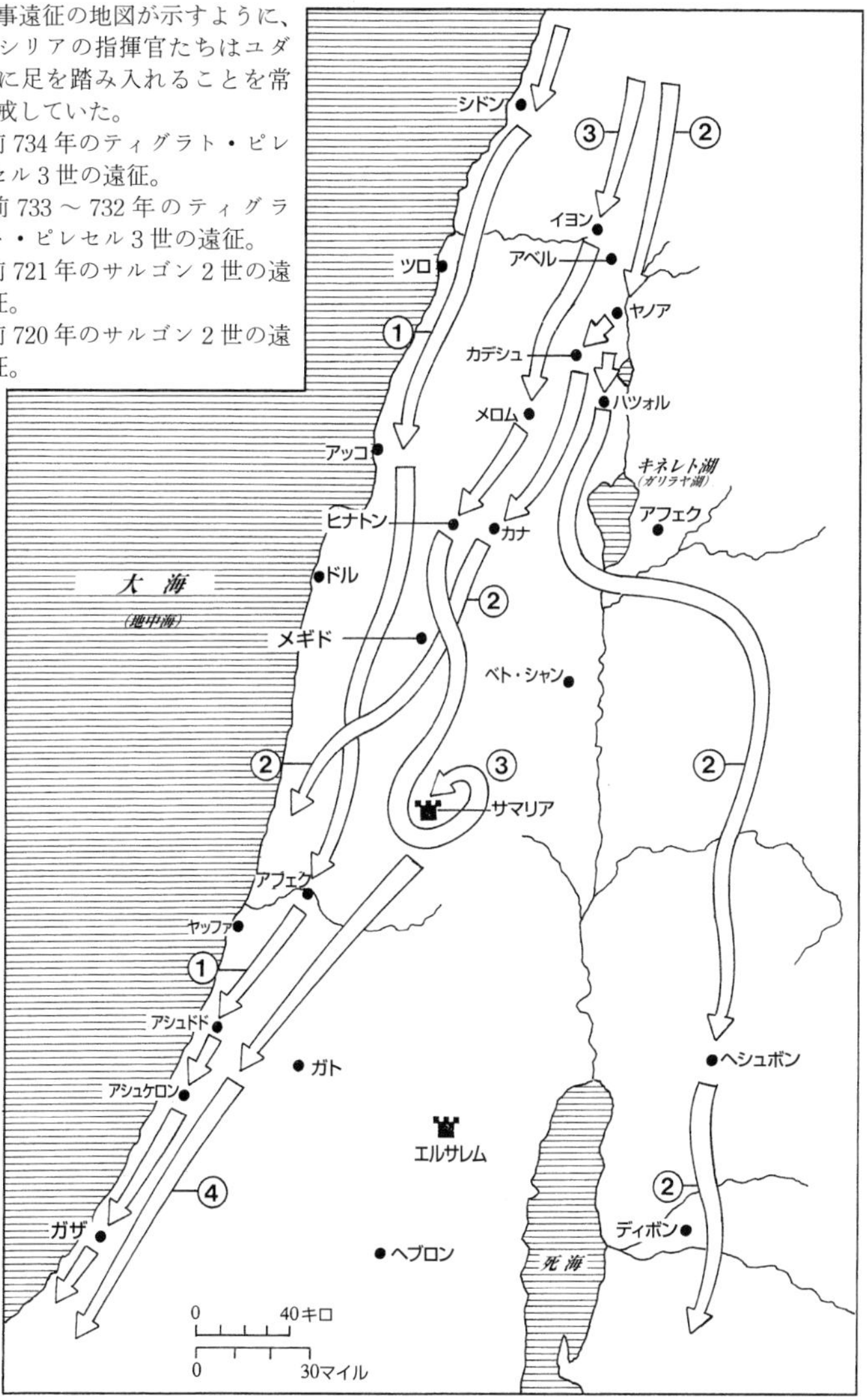

地図 25　アッシリアによる征服
このアッシリアの4度の重要な軍事遠征の地図が示すように、アッシリアの指揮官たちはユダ山地に足を踏み入れることを常に警戒していた。

1　前734年のティグラト・ピレセル3世の遠征。
2　前733〜732年のティグラト・ピレセル3世の遠征。
3　前721年のサルゴン2世の遠征。
4　前720年のサルゴン2世の遠征。

事遠征で、アッシリアはシリアとパレスティナの全土を征服した。アッシリアの浮彫を見ると、アッシリアの軍隊がさらに多様化し、野戦や攻城用の武器や装備に新しいタイプのものが登場している。[12]ティグラト・ピレセル三世は敵を徹底的に打ちのめした。彼はアッシリアのもてる力を国家事業としての戦争にみごとなまでに適応させ、征服した地域をすべて恒久的行政地域とした。進貢地域となったフェニキア沿岸以東の（ダマスコを含む）全シリア――シャロン海岸平野、ガリラヤ、ギルアド――はいくつかの地区に分割され、アッシリア帝国の一部に完全に編入された。イスラエルは属国としてサマリア山地に閉じこめられた。ユダの運命も同様であった。かつてイスラエルやユダの属国だった地域はそれらから切り離されてアッシリアの行政区にされた。イスラエルをさらに弱らせるために、新たな戦争を起こすときに必要な一万三五〇〇人のイスラエル人をその行動領域から離し、アッシリアに連行した。[13]

ペカハはこの国家の大難を生き延びることができなかった。彼に代わってエラの息子ホシェアがアッシリアの属王として即位した。しかし、イスラエルの王も国民も外国の軛にいつまでも我慢し続けることはできなかった。独立への強い欲求――それは、部族社会の時代から、非常に独裁的な政権のもとでも一度たりとも消えたことがないイスラエルの遺産である――がふたたび頭をもたげた。いまや小国となってしまったイスラエルは、伝統的に高い政治的名声をあてにして、ひそかにアッシリアに対する謀反を画策しはじめた。「しかしアッシリアの王は、ホシェアが謀反を企て、エジプトの王に使節を派遣し、アッシリアの王に年ごとの貢ぎ物を納めなくなったのがわかったため、彼を捕らえて牢につないだ」（列王記下17：4）。

聖書の記述は、不完全であるか首尾一貫していないか、そのいずれかである。もしホシェアが愚かにもまったく独力でティグラト・ピレセル三世の後継者のシャルマネセル五世に公然と反抗したのだとしたら、一戦も交えずに、アッシリア当局に身をまかせるなどという無鉄砲はできないはずである。可能性としてより考えられるのは、ホシェアは裏切りにあったとする説明である。裏切られ密告されたが、証拠は不十分だった。そうでなければ、ホシェアはただちに殺されていたはずである。もうひとつの可能性は、ホシェアは、国がアッシリアの徹底的復讐を免れるために、代わりに自分を犠牲にして投降したという説明である。[14]

理由が何であれ、サマリアは最後の段階で、王も指導者もいない状態に置かれた。「アッシリアの王はこの国の全土に攻め上った。彼はサマリアに攻め上って、三年間これを包囲した」（列王記上17：5）。三年間のサマリア攻囲のサガを構成していた住民たちの勇気、忍耐、そしてあらゆる苦難を伴う行動について、聖書は何も記していないというか、おそらく子孫のために書き記されたはずのものは失われて残っていない。だが、その攻囲期間の長さにおいては、サマリアのケースは、圧倒的に優勢な敵を相手にした戦いとしてよく知られている古代のどの例にもひけをとらない。

アッシリアの首都ニネベは、ナボポラッサル率いる新バビロニア軍の包囲に二年ともたず陥落した。ローマ軍の攻囲に遭ったカルタゴは、サマリアの場合同様、三年間持ち堪えたあとに征服された。アレクサンドロス大王は七カ月の攻囲のすえにツロ（テュロス）を陥落させた。ローマの将軍マルケル

梯子を使って城を攻める　なぜ梯子がもっと多く使用されなかったのかというと、梯子は城壁の上まで掛けなければならず、掛けても防御側によって外されてしまうのが現実だったからである。

スは〔シチリア島の〕都市シラクサを二年かけて征服した。近現代における最も長い例として、十一カ月間の攻囲に耐えたセバストポリ（一八五四～五五年）、一三二日間耐えたパリ（一八七〇～七一年）のケースがある。

サマリアを実際に征服したのはサルゴン二世で、前七二二／二一年にサマリアに入城している。イスラエル「十部族」の大半の住民はアッシリアに捕囚として連行され、代わりにシリアやメソポタミアから移された人々が住んだ。前七二〇年、イスラエルはふたたび自由を求めて一か八かの賭けに出る。エジプトがけしかけた反アッシリア反乱に加わったのである。結果は悲惨なもので、アッシリアは情け容赦せず、さらに多くの住民を強制移住させた[15]。こうしてイスラエルは最終的に征服され、もとの形にふたたび戻ることはなかった。

第9章　レハブアム時代におけるユダの防衛システム

レハブアム王は、ダビデ・ソロモンの統一王国が南北に分裂した後、南王国ユダを何世代にもわたって守った防衛・保安システムの建造者である。[1]それ以後の南王国の全軍事史は、レハブアムが構想した国家の軍事的基礎構造に内在する戦略的可能性の結果およびその発展として理解されるべきである。イスラエル同様、統一王国分裂後、ユダは、ファラオ・シシャクの侵攻により国際間のバランス・オブ・パワーに変化が起きたことに気がつかされた。驚くべきは、シシャクの侵攻を受けたあとに、レハブアムに国家防衛システムを大々的に作りなおすだけの力が残されていたことである。

レハブアムはエルサレムに住み、ユダに町々を建て要塞都市としていた。すなわち、ベツレヘム、エタム、テコア、ベト・ツル、ソコ、アドラム、ガト、マレシャ、ジフ、アドライム、ラキ

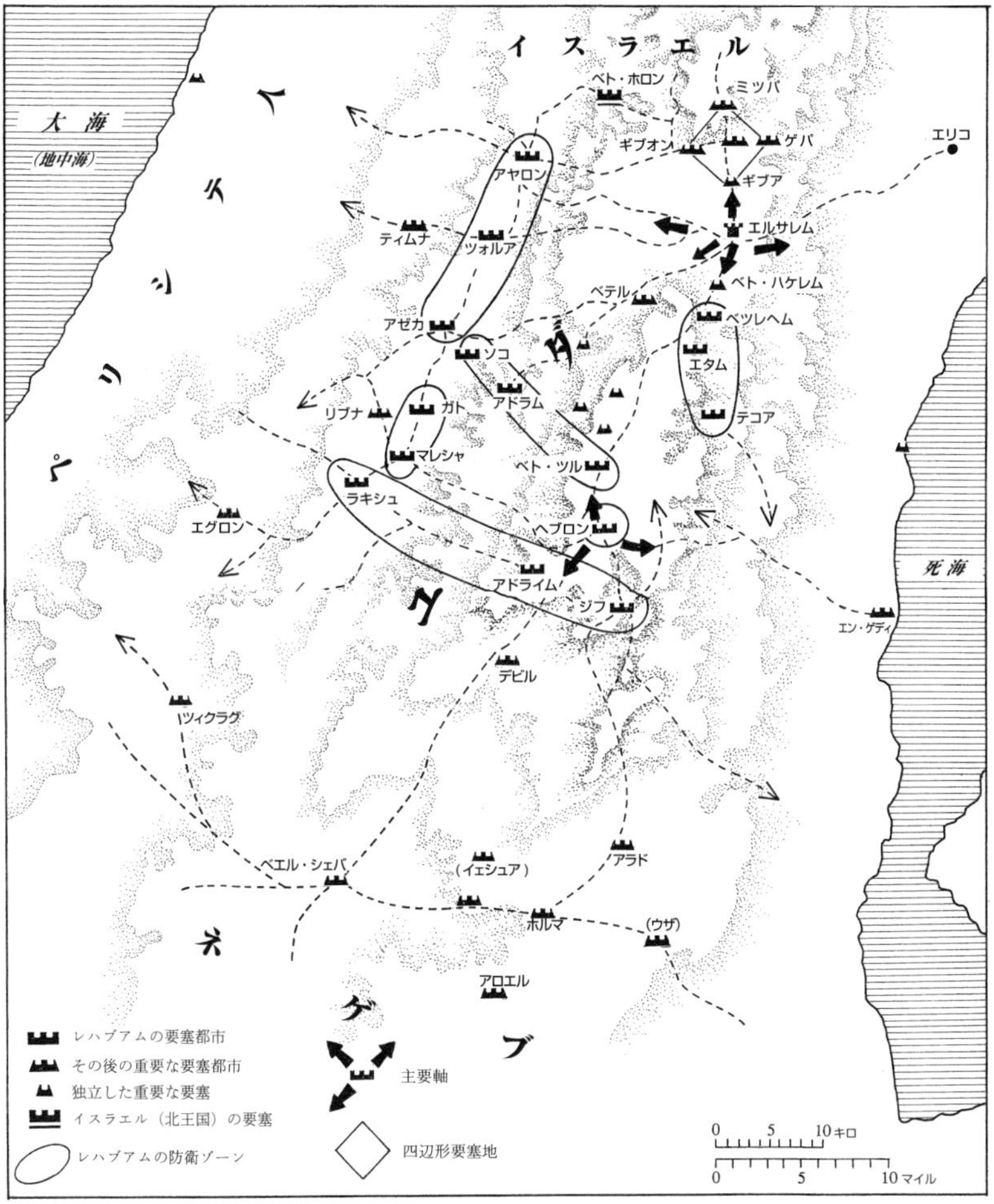

地図 26　ユダ（ネゲブを除く）の防衛網

シュ、アゼカ、ツォルア、アヤロン、ヘブロンである。これらはユダとベニヤミンにある、防備を施された町々であった(歴代誌下11：5～10)。

ユダの国民は、あきらかにシシャクの侵略を体験したことで、将来あるであろう同じような外敵の侵略にそなえてしっかり防衛体制作りにさらに努めなければならない、と考えたに違いない。歴史上多くの例が見られるように、住民に恐怖心をいだかせて抵抗意欲を萎えさせるつもりで行なったシシャクの軍事遠征は、その意図とは逆に、かえって敵の威圧に対するユダ国民全体の反抗精神を強める結果になってしまった。

レハブアムの防衛システムは、ソロモンのそれとは正反対の概念を表わしている。もてる力や資源に限界があるのを知っているレハブアムは、なによりもユダが独立を維持する上で基本的に重要な地域に集中して防衛を強化することを決定した。もうひとつ、彼の考え方で顕著なのは、防衛システムを、その地域への敵の侵入をすべて防ぐための手段とみなしたことである。すなわち、侵攻してきた敵ができるだけ多くの要塞を攻囲しなければならないようにし、しかもそれらの要塞ができるだけ連携しやすい距離内にあって、敵の攻撃力が弱ってきたとわかったらただちに反撃に出られる、あるいは、理由がなんであれ、反撃の機が熟したと思ったらすぐに反撃できるような場所を選んで要塞を建てることである

それゆえ、レハブアムは、ユダを中心とする南の部族や氏族の揺籃の地であり、心臓部であり、砦

でもあるユダ山地以外のすべての領地の防衛は考慮から除くことに決めた。

レハブアムの要塞とその配置

上に引用したレハブアムの要塞リストにある要塞の位置を地図の上で確認すると、防衛の作戦上の概念がよく見えてくる。アヤロン、ツォルア、ソコ、マレシャ、ラキシュは、それぞれ西からユダ丘陵地への敵の接近を阻む。アヤロンは、ベト・ホロンの上り坂およびギブオン人の町や村を通ってエルサレムの北の台地に通じる道を監視する。ツォルアはシャアル・ハガイ道路（現在のラトゥルンとエルサレムを結ぶハイウェー）を守り、ソコはエラの谷を、マレシャはマレシャ・ヘブロン道路を、そしてラキシュは、ラキシュ・ヘブロン道路を見張る。

これらの要塞はいずれも、西の山麓から東の中央分水嶺台地へと上る東西を結ぶ道路の入口に位置している。この地形の変化を示す谷は（すでにヨシュアによるアモリ人の部隊の追撃とのかかわりで述べた）アヤロン谷の北の部分になる。この山麓と険しい上り坂を分ける自然の中で、南北に走る道路が、複数の東西軸をそれぞれの山地への入口地点で切断しながら伸びている。上に挙げたアヤロンからラキシュまでのすべての場所は、これらの交差する道路沿線かその近くに位置しているため、そのいずれかの要塞を攻囲する敵を別の要塞からの援軍がいつでも攻撃可能であるだけでなく、ひとつの要塞から別の要塞への兵の移動も迅速に実行できる。

この要塞ラインに奥行と結合力を加えるため、山麓にもう一カ所、ひょっとするともう二カ所に要塞が設けられた。すなわちアゼカとガト（テル＝ツァフィト？）の要塞である。エラ谷を数キロ奥に入ると、横にそれてヘブロン北の台地に通じる重要な間道がある。この迂回路を進もうとする敵の行く手を阻むのはアドラムの要塞である。

南部になると、地形の特色ががらりと変る。中央大山塊は二つの尾根に分かれる。西の尾根は、ペリシテ平野とベエル・シェバ谷に向かってゆるやかに傾斜している。他方、東の尾根は、ベエル・シェバ谷とユダ荒野に向かって急勾配に下る。西の尾根の低い傾斜地には道が扇状に何本もあり、そちらからの敵の侵入を阻むには要塞が六つ必要である。しかし、レハブアムは経済的理由もあって、この考えを止めにし、何本かの上り道が扇の要のように集合する地点に要塞を築くことにした。こうして、南西からユダ山地中央に接近する道が集まる地点、アドライムに要塞が築かれた。アドライムは西の尾根全体

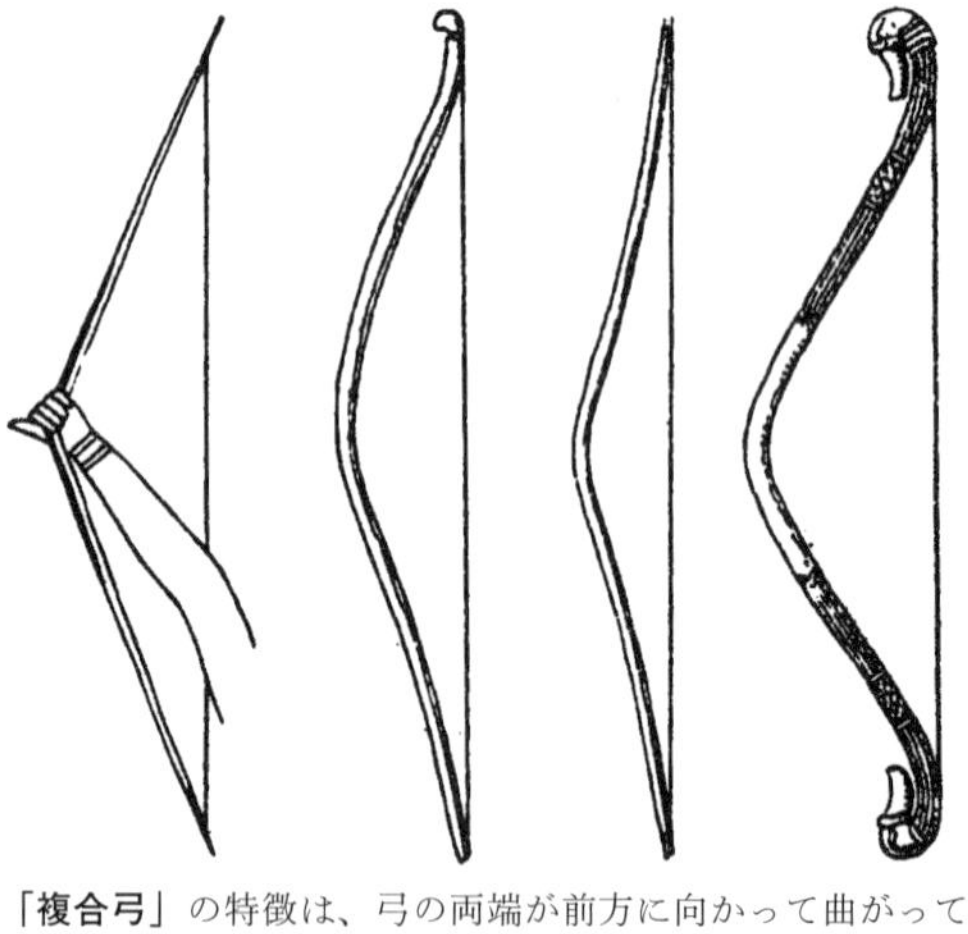

「**複合弓**」の特徴は、弓の両端が前方に向かって曲がっているのですぐにわかる。木製の芯を皮と角材で被った複合弓は強靭で、矢の貫通も他の弓よりはるかに勝っている。

の呼称にもなって、今日にいたっている。

西のアドライムのように、東のジフもいくつもの道が出会う地点にある要塞であり、東の尾根もジフの名で呼ばれた。ネゲブや死海からユダ山地中央部に向かう多くの道は、ジフにおいて一本になる。ユダ山地へ向かうそれらの道の入口に要塞を築いて侵入者をいつでも食い止めることが無理なら、ジフが防衛の要になる以外にない。この部分における恒久的な防衛ラインをユダ丘陵のより内側に下げざるをえなかったもうひとつの理由は水の問題、すなわち、南に下れば下るほど降水はわずかで水は乏しくなるからである。

ユダ山地の東縁辺部の状況は、南東の尾根沿い部分の状況と同じか、いっそう厳しくなる。ユダ山地東部のテコアとエタムにある要塞は、ジフのように、ユダの東の隣国や遊牧民たちの侵攻にそなえて設けられた要塞である。それらの要塞も、東側からユダ山地に上る坂道の入口にではなく、ずっと上の、分水嶺台地の端に位置する。

上記の要塞リストに記された場所の組み合わせを少し変えただけで、重要な防衛サブ・ゾーンの図式が見えてくる。それらサブ・ゾーンの要塞と図26に記した地域や道との関係に注目することで、それらがもつ作戦上の意味もわかってくる。

全体の防衛システムの中軸をなすのは分水嶺を走る道路であり、それに沿って、（エルサレムに駐屯している）中央予備軍はただちに外敵の脅威にさらされている場所に移動することができた。あるいはまた、しっかり防備された道を通って先に進み、先制攻撃をしかけて相手から主導権を奪い取ることもできた。この〔生命線〕を守るのはベツレヘム、ベト・ツル、ヘブロンの要塞であり、そのいずれも、山麓から台地に向かって上ってくる道と、南北に走る分水嶺とが交差する地点に位置している。その位置だけから見ても、ヘブロンは、中央部のエルサレムのような役割を南部地方で果たすように運命づけられていた。エルサレムと同様、ヘブロンには、いざという時にすぐに飛び出して展開できる予備軍が常駐していた。

既存の町が王の要塞建設の場所として選ばれたことについては、古代中東世界では、どの町も、できるだけ防衛の点でふさわしい自然条件をそなえた場所の中から選ばれているという事実によって説明できる。さらに、そこは水の供給を自分でコントロールでき、主要道路網にも近くなければならない。加えて、古代中東の慣習では、町が破壊されると、決して瓦礫をきれいにどけたりしなかった。むしろ、破壊された壁や建物の上に土を盛ってならして、以前の町の位置より高くした。こうして、破壊がくり返され、時がたつにつれ、町はどんどん上に高く押し上げられていった。そのように破壊された町が積み上げられてはならされ、また積み上げられてはならされといった形で作られた人工的な丘が、いわゆる「テル」(遺丘)と呼ばれるものである。この人工の丘「テル」の斜面は急になるため、町の防衛強化にもなるわけである。また、既存の町を要塞の場所に選べば、その町の防壁やそれ以前の町の防壁なども取りこんだ堅固な要塞を築くことができる。

最後に述べるが、しかし決して軽んじられないのは、既存の町を要塞に変えることによって、住民が、いざという時に、人数に限界のある正規の駐屯兵たちを救援する予備兵の役を務めることができるという点である。正規駐屯兵が撤退や長びく攻囲が理由で激減した場合にも、「予備兵」としての市民を動員して、そうした戦闘中に生じるさまざまな「ギャップ」を補填することができる。ちなみに、集落の防備のために常駐する駐屯軍の補強に集落の住民を使用するという戦略構想は、初期シオニストたちの基本的考えの中にあったし、現代イスラエルの国家全体の防衛組織やプランニングの中にも組み入れられている。

国境防備における〝ギャップ〟

ふたたびわれわれの地図に戻ると、そこにはユダの防衛ラインを形づくる要塞の名前が記されているのであるが、まったく防備対策がなされていない箇所がいくつかあることに気づく。特に目立つのは、ユダの北国境を守る要塞がまるでないことである。ユダの首都エルサレムから北の国境までせいぜい十二キロしかない。しかもそこまで簡単に行けてしまう。それなのに防衛体制がとられていない。この謎を解く答えは政治的なものである。レハブアムは、北王国イスラエルとの間に恒久的国境を意図的に築くことで、北の「ダビデ王家による統一支配体制からの」離脱を彼が黙認したかのように北の者たちに思わせたくなかった。そうしたことから、レハブアムは、北の防衛については既存の町や集落だけでがまんした。

しかしながら、それ以上にむづかしい問題は、ペリシテ人の侵入ルートとして悪名高い、しかもエルサレムへの到達を容易に許してしまうソレク谷そのものを守る要塞がリストに記されていないことである。近代の軍事的思考をじゅうぶんな保留付きで用いれば、状況からして、「殺戮グラウンド」や「自分自身で選んだ戦場」といった言葉を思い起こさせる。何世紀もの間、軍事専門家たちが口にしてきたのは、意志堅固な敵は通常、防衛する側がいかに強かろうと必ず攻撃してくる。しかし、それでもなお敵は、自分にとって最も都合のよいと思われる場所をめがけて攻撃するということである。もし強固な要塞ベルトに直面して、そこを攻撃するには非常に多くの兵力や時間の消耗を伴うことが考えられれば、敵は要塞ベルトの弱点を探すか、迂回して効果的な突破を試みるはずである。

この人間に共通の態度に従って、第二次世界大戦では、そうした敵が接近しやすい道にそって地雷その他の障害物を埋めたかなり広い「ギャップ」を意図的に設けてそこへ敵を誘導するという作戦が練られた。そうした敵の侵入が予想される場所で、敵が考えうる最高の条件の下で、しかもそれが手痛い壊滅的敗北につながる危険性が非常に高いのを承知で仕掛けてくるであろう攻撃に対して、いかに対応するかが考えられた。一九四二年にアラム・エル＝アルファで〔ロンメル将軍率いる〕ドイツ軍が喫した敗北、そしてそのあとの〔モントゴメリー将軍率いる〕イギリス軍のエル・アラメインにおける大反攻は、まさにそうした仕方で生まれたのであった(2)。

したがって、ソレク谷からエルサレムへ向かう道筋に要塞がひとつも築かれなかったところに、将来シシャクが侵攻して来たなら、その狭い谷に誘いこんで難なく敵を全滅させる場に変えようというレハブアムの意図を読みとることができる。このソレク谷の進軍ルートを意図的に「開け放し」状態にしたことを示唆するもうひとつのポイントは、重要な要塞になる可能性をもつベト・シェメシュを無視したことである。それは、ツォルアとアゼカの中間にある町で、ソレク谷に侵入してくる敵を食い止めるには理想的場所に位置する重要な町である。ベト・シェメシュの南に位置するアゼカやソコの要塞、そして北に位置するツォルアの要塞は、エルサレムに攻めこもうとする敵軍を無防備のソレク谷の方へ向かわせる役割を果たした。ツォルアの守備隊との戦いを避けたいと思う者は、自動的により南のソレク谷「ギャップ」の方に道をそらしたはずである。

レハブアムの防衛の内部組織について、歴代誌はこう記している——「彼はこれらの防備を固め、それらに守備隊長を置き、食糧、油、葡萄酒を貯蔵した。町という町すべてに楯と槍を配備し、それ

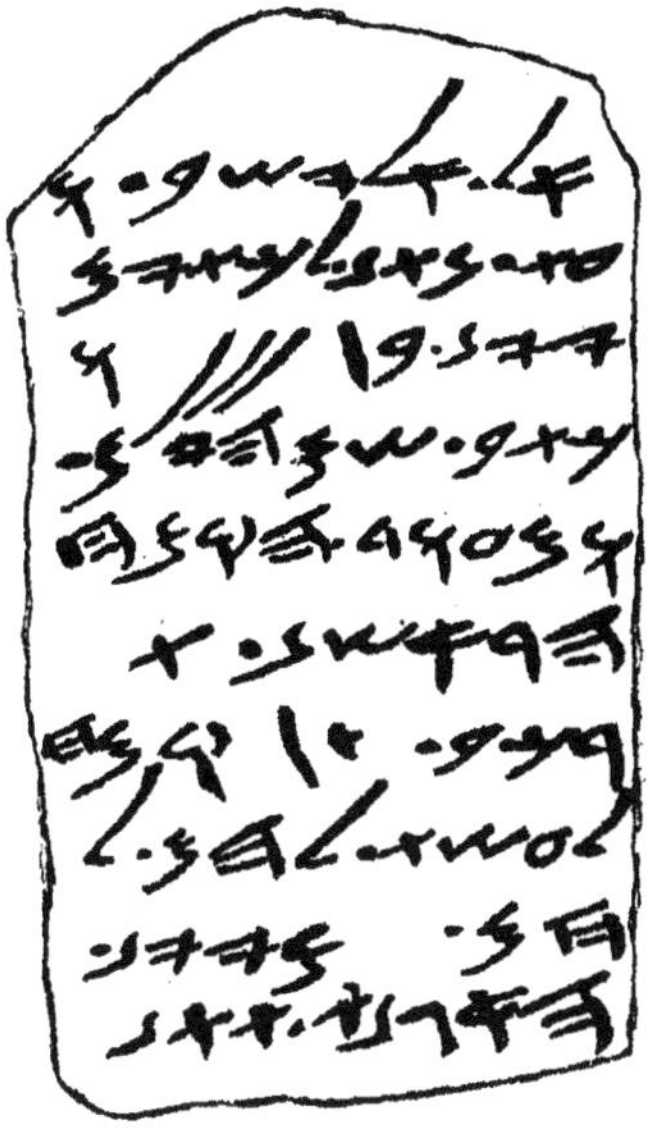

パトロールや護衛の任務についていた「キッティム」（東地中海出身の傭兵）部隊のための配給命令（前7世紀のネゲブ地方のアラドの文書庫跡出土陶片）命令にはこう記されている——「エリアシブへ〔の命令〕。キッティム隊に〔オリーブ油〕3バト〔約69リットル〕を支給し、帳簿に書き入れること。第一粉（ある小麦粉の銘柄名）を使って〔ある量の〕パンを作るように準備すること。瓶のワインを……支給すること（アラド出土の他の陶片によると、五日に1度ワインの支給があった）。

らを非常に堅固なものとした。こうして、ユダとベニヤミンは彼のものとなった」〔歴代誌下11：11〜12〕。

レハブアムが自分の要塞の守備隊長の忠誠とスムースな運営を確実なものにするために行なったことというのが面白い。彼は全部で十八人を妻とし、六十人の側女を置き、二十八人の息子、六十人の娘をもうけた。その息子たちの中から自分の常備軍の長を選んだ。そして「彼は賢明に事に当たり、ユダとベニヤミンの全土、すなわち、防備を施されたすべての町に、自分の息子たち全員を割り当てた。そして彼らに十分な食糧を与え、彼らのために多くの妻を求めた」〔歴代誌下11：23〕。

防衛ベルトは主要な要塞だけで成り立っているわけではない。前線陣地、前哨、二次的接近路、迂回路、水源のすべてを、さまざまな形や大きさの砦、小要塞、主要防衛ベルトを互いに結び、そのベルトに前と後ろから厚みを加える塔などで防護しなければならない。これらに加えて、敵の動静を見張る監視哨や信号所のネットワーク――たいていは塔の形をしている――がユダ王国の防衛システムの重要な一部を成していた。他のすべての防衛ベルトと同じように、それは、その目と耳がちゃんと働いているときにだけ機能した。換言すれば、いっさいの戦術上の伝言だけでなく、警報を伝達するため、絶えず監視の目を光らせていなければならなかったということである。そうした信号は通常、視界の状況により、煙や火を用いて送られた。(3) 聖書は、こうした防衛システム複合体を「見張りの塔から城壁のある町に至るまで」（つまり、最小の防衛リンクから最大の防衛リンクまで）という言葉で表現している〔列王記下17：9〕。近年になって、イスラエルのすべての古代遺跡を登録するために設立された組織「イスラエル考古調査局」が行なった組織的調査から、古代イスラエルの主要な要塞と要塞の間にさらに多くの小さな要塞を組み合わせた小規模防衛ネットワークの存在が確認された[4]。

もちろん、既存の町が見当たらなければ、主要な要塞も土台から新しく、純粋に軍事基地として造らなければならなかった。特に、ソロモン時代に小さな村や砦を足場につくった地方の民兵組織がシシャクの侵攻で壊滅したネゲブのケースがそれであった（二七一頁参照）。ホルヴァト・ウザ〔アラドの南西〕やカデシュ・バルネア〔ラファとエイラートの中間〕の要塞はその良い例である[5]。残念ながら、これまでの調査で登録された遺跡の大半について、それがレハブアムによるものなのか、それともその後の時代のものなのかはまだ不明である。いずれにせよ、レハブアムの後継者たちがユダ国が滅びるまで、レハブアムの要塞網に、縮小であれ拡大であれ、絶えず手を加えていったことはたしかである。その結果、その他の多くの主要要塞も作られたに違いない。しかし、ユダ王国とその国境線がどのように変ろうと、レハブアムによって考案された元の防御ベルトは、常にユダの国防政策の土台を成していた。サマリア（北王国）が滅んだあとユダ王国が一三五年間も生き続けたことが、それを何よりもよく証明している。もちろん、「レハブアムの要塞」はユダの堅忍不抜の唯一の理由ではないが、そのために大きく貢献したことは間違いない。

侵略の試み

ユダの防衛システムは幾度も敵の侵入を防いだが、そのうちの三例をとりあげてみたい。最初の例は、レハブアムの孫のアサの時代にあった、「クシュ人（エチオピア人）ゼラハ」によるユダ侵攻である。「クシュ人ゼラハ」は何万もの兵と戦車三百からなる軍を率いて進軍してきた。彼はおそらくファラオの援助を受けて力を揮っていたクシュ人の首長だったに違いない。ひょっとすると、シシャクの侵攻後のパレスティナ南部に恒久的な足がためを狙ったエジプトの政策の枠内で、ある種の役職についていたかもしれない。(6) ゼラハは、一時期ユダに占拠されたゲラルに居をかまえていた。彼はたぶん、ユダが弱体化する機を狙って以前の地位を取り戻すことを狙っていたペリシテ人のサポートを得ていたかもしれない。兵「何万」というのは誇張であろうが、戦車三百台は考えられる数字であり、エジプトの補助軍としても大変な脅威であった。

クシュの侵攻コースは、ユダの防衛システムあるいはそれに似た防衛ゾーンが巧みに用いられた良

アッシリア軍によるラキシュ要塞攻撃（想像図） 自らの手で傾斜路を築いたアッシリア兵たちは破城槌を先頭に攻撃を続ける。防御側のユダの主力兵が狭間胸壁の背後から攻撃する様子は描かれていない。

い例である。第一局面において、侵攻者たちは、最初の攻撃の勢いを強固な要塞ベルトにはばまれて、最後にやむなくそのうちのひとつ、マレシャ要塞を攻囲した。ゼラハが攻囲に時間と兵力を消耗し、両側面の要塞から出動してかく乱するユダ軍に神経を使っている間に、アサ王は、主要防衛ベルトの横軸に沿って、その背後の分水嶺街道に自分の軍隊を配列させることができた。第二の局面において、アサは頃合いを見はからって反撃にでると、主導権を奪われ打ち破られた敵はあわてふためいて逃走した。アサはその戦闘での勝利を無駄にせず、さらに敵の多くの砦を破壊し、彼の息子のヨシャファトが南部におけるユダの失地を回復するための道を用意した。

ユダの防衛システムが敵の侵略を止めた第二の例は、謎に包まれた部分が多く、客観的に記述するのはむづかしい。それは、アンモン人、モアブ人、ミディアン人による侵略というだけで十分であろう。彼らの兵力の中には軽装備の遊牧民が多数含まれていた。これらの侵略者たちの攻撃は、ユダ荒野のテコア地域に張りめぐらした防衛網によって撃退された（歴代誌下20：1～28）。

第三の例は、ユダがもっとも厳しい状況に追いこまれたなかで防衛システムが機能した例である。前七〇一年、アッシリアの偉大な戦士であるセンナケリブ王はパレスティナに侵攻した。ユダの王ヒゼキヤ（イェヒズキヤフ）とアシュケロンの王ツィドカが（エジプトの援助を得て）アッシリアの支配に反旗をひるがえしたためである。この出来事については、アッシリアの年代記だけでなく、ニネベ出土の浮彫にも生き生きと描かれている。エジプトからの派遣部隊をエルテケの戦いで破ったセンナケリブ（前七〇五～六八一年）は矛先を転じ、西からユダを攻撃した。同時に、アッシリアの軍司令官で王の献酌官（タルタン）であった人物が指揮する第二軍団は、アッシリアの行政地区サマリアから分水嶺の道を通って南下し、エルサレムに向かった。センナケリブの作戦は、ユダの王を可能なかぎり多くの兵士と共にエルサレムに押しこめて、ユダ全土の防衛の指揮を執れなくすること、そしてユダの予備軍が他の地域の救援に駆けつけられないよう動きを封じてしまうことであった。

センナケリブの作戦は、あるところまではうまく働いた。エルサレムをしっかり包囲し、ヒゼキヤを中に閉じこめた。こうしてセンナケリブはかなり自由に、周囲からの不意打ちや介入の心配もほとんどなく、ユダの要塞を一つひとつ陥落させることができた。そのためユダの防衛ベルトは効力を十分に発揮できないまま、こうむった損害だけが大きかった。というのは、ユダの防衛ベルトは、「クシュ人ゼラハ」の侵攻を受けたときのように、いかなるときにもエルサレムで待機する予備軍が、攻撃を受けた要塞にすばやく駆けつけ戦闘に介入したときに効果を発揮することが多いからである。しかし、ユダ国民にとって幸いだったのは、ユダの防衛システムの価値が別の面で証明されたことである。すなわち、レハブアムの要塞は堅固で、それを攻略するために敵軍は非常な兵力の消耗を強いられたこと、そしてレハブアムより後の歴代のユダの王たちは、ユダ中央部の防衛網の補強の必要性を認識し、それを実行したことである。

センナケリブが最初の攻撃目標に選んだのはラキシュ要塞であった。考古学的検証だけでなく、アッシリアの浮彫に描かれた記録からも、エルサレムが包囲されてしまったため、ヒゼキヤがユダ全軍の指揮を執ることはできなかったにもかかわらず、各地の要塞を守るユダ国民は勇猛果敢な戦いをしたことがわかる。たしかに、ラキシュは最終的には陥落したが、そのためにアッシリア軍がこうむった損失はかなりのものであった。だが、その段階になってもセンナケリブは軍を統合することはできず、もうひとつの主要な堅固な要塞、リブナ要塞に対する攻囲を開始しなければならなかった。それまでに、アッシリア側の史料によると、センナケリブは、ユダにある大小四六もの砦や防衛基地の征服を強いられたのであった。(7)

ヒゼキヤは、敵に対する恐怖から逃れることができず、とうとう服従と重い租税を支払う意志があることを宣言した。しかしながらセンナケリブは、ユダが独立国家であるかぎり、また自分の統治に対し反旗をひるがえしたユダの罪を徹底的に罰し破壊してしまわない限り、シリア・パレスティナにおける自分の統治は決して安定しないと考えた。したがって、センナケリブはユダの完全征服のために倍の力を注いだのであるが、短期間に思うような成果を引き出せないまま、アッシリア軍のなおいっそうの損失を招いた。その時になって、センナケリブがユダで兵力を消耗しているという情報を入手したエジプトの王ティルハカは、弱くなったアッシリア軍の背後を攻め、センナケリブを打ち破るための絶好の機会が到来したと判断した。

センナケリブはさし迫った危険に気づくと、どことも連絡がとれないまま、ただちに撤退する以外になかった。彼の撤退は当時の人びとの目には奇跡と映った。現代の軍事史家たちにとって、それは一九一六年の〔フランス北東部の激戦地〕ヴェルダンにおける「奇跡」を思い出させる。そのとき、ドイツ軍はただ撤退すればよかったものを、自分たちの頑迷さの故に、おびただしい数の兵士を犠牲にしなければならなかった。それに比べると規模は小さいが、アッコを攻囲していたナポレオンは、エジプトにいる自分の後衛に対するイギリス・トルコ連合軍の攻撃が迫っているのを知ると、アッコの前を離れ、エジプトに撤退した（一七九九年）。

センナケリブ軍の攻撃にユダの兵士たちが最後まで持ちこたえた重要な要因のひとつが、彼らの高い士気にあったことは間違いない。死に物狂いで戦うユダ国民に天の助けがあったと信じる人びとの気持ちを踏みにじるつもりはさらさらないが、アッシリア軍の撤退という奇跡を生じさせる上で、レハブアムの防衛システムが決定的役割を果たしたことは、ぜひ強調しておきたい。センナケリブの攻撃力はひどく殺《そ》がれ、彼の後継者たちも、ユダ中央部における戦闘に関わることを避けるようになったため、ユダは、前五八七年に〔バビロンの王〕ネブカドネツァルに征服されるまで、さらに一一五年間、生き延びることになる(8)。

もし、統一王国分裂後、ユダ王国が生き残り、一度ならず軍事的強国として登場した背景についてまとめるならば、レハブアムによる要塞網の構築および後の時代の王たちによるそれの強化を具体的要因としてあげたい。ユダは、たとえるなら、危険にさらされると棘のようになった背の剛毛をあらゆる方向に向ける大ヤマアラシに似ていた。その棘に刺されないように、パレスティナに侵攻してきた敵軍は、よほど特別の理由でもないかぎり、できるだけ中央のユダ山地での軍事行動は控えようとした。

サルゴン二世やエサルハドンだけでなく、シャルマネセル三世（前八四一年）やティグラト・ピレセル三世（前七三四〜七三二年）も、アッシリア軍の勢いを殺ぎ、その高性能の攻撃用兵器が十分な力を発揮するのを妨げ、アッシリア兵のエネルギーをやたらと消耗させるユダ山地での戦闘をできる限り避けようとした。前七一二年に、アシュドドの王とユダのヒゼキヤが、エジプト第二五王朝初期の強力な王シャバカの具体的支援を得て、アッシリアに反旗をひるがえしたとき、サルゴン二世がまともにユダ山地深く攻め入るのをためらった理由も、そこからはじめて理解できる。

サルゴン二世は、アゼカ要塞——アッシリア人の表現によれば、

センナケリブのアッシリア軍に攻撃されるラキシュとその城門　移動式破城槌は、弓の射手と楯持ちのペアから成る歩兵隊の援護を受けている。槍兵たちは別の人工堤を上って城壁に迫ろうとしている。要塞の防衛側に関しては、楯で守られた木製ギャラリーにいる兵士たちが描かれているだけである〔188頁の図参照〕。防衛側の主要兵器は弓、石投げ、槍、燃え木であり、一方のアッシリアの破城槌は火が燃え移らないように絶えず水をかける必要があった（ニネベの王宮浮彫より）。

「剣の刃のように鋭い山の背に位置していた」――の征服に、軍指揮者としての彼の目から見ても長い時間がかかってしまい、それ以上奥に進むのをためらった[9]。

同様に、前六〇九年にファラオ・ネコが「海の道」（ヴィア・マリス）沿いに北上し、アッシリア軍と一戦を交えようとしたとき、ユダの王ヨシヤに自分の行く手の邪魔をしないように約束させようとしたのは、ユダ山地に向かうつもりはファラオにはなかったからである――「……ネコは使者たちをヨシヤのもとに遣わして言った、『ユダの王よ、私とあなたの間に何の関わりがあるのか。今日やって来たのは、あなたに対してではなく、私が戦っている家に対してなのだ。神は私に急ぐように命じておられる。私と共におられる神に逆らうのはやめなさい。さもないと、神はあなたを滅ぼすであろう』」（歴代誌下35：21）。

実際、大国の軍隊がユダ山地の要塞を攻撃する以外にないと判断したのは、通常、海岸沿いの道をユダの軍隊によって邪魔されたときだけである。

ユダが強力な軍によって守られていることを知ると、海岸平野からの侵攻者たちは、ユダ山地での戦いはできるだけ避けようとした。この姿勢は、あの偉大なナポレオン自身にも見られた。一七九九年、ガザを征服した後、将軍や副官たちが兵を東に向けるべきだと主張すると、彼はこう言い返した――「とんでもない。私の作戦の流れにエルサレムは乗っていない。私は困難な道で山岳民に攻撃されたくない……私はケスティオス〔紀元六六年、ユダ山地でユダヤ反乱軍と戦って惨敗したローマの将軍〕と同じ運命をたどりたいとは思わない[10]」。同様に、イギリス軍のアレンビー将軍は、一九一七年、ヤッファ、ヤルコン川を越え北にさらに延びる海岸平野を征服したあとで、やっとユダ山地に向かうことができた。典型的なのは、一度ベエル・シェバとガザを結ぶ防衛線をこじあけるのに成功すると、アレンビー軍は、八五キロ先のヤルコン川までの地域を平定するのにわずか十二日しか要しなかったのに、そこから三五キロ離れたエルサレムを征服するまでに二一日かかり、しかも多くの犠牲を払わなければならなかったことである。

第10章　ウジヤ治世下のユダ

北王国イスラエルの離反やシシャクの侵攻があったのちにユダが行なった最初の戦争は、すべてイスラエルとの無益な戦いであった。ユダのアビヤとイスラエルのヤロブアムがベテル西の険難なツェマライム山で戦った戦いについては、歴代誌下13章が語っている。ヤロブアムはアビヤの軍を挟み撃ちにしたが、アビヤは反撃し、ベニヤミン地方の一部を占領した。はたしてこの戦闘が実際に行なわれたのか疑問視する研究者が少なくない。その議論がどうであれ、一世紀後には、アビヤが奪った領土はふたたびイスラエルの手に渡っていた。自暴自棄におちいったアサが、イスラエルに反撃するためにダマスコのベン・ハダド一世の助けを借りたことについては、すでに述べた（一七三頁参照）。

長い目で見れば、それはユダに大きな害を招く政治行為であったように思えるのだが、少なくともアサが望んだ通り、緊急の国家救済措置としての働きはした。ゲバとミツパに要塞を築いたことで、アサは、少なくとも当座は、統一王国の分裂をやむをえない事実として認めたことを意味する。

しかしながら、イスラエルの王バアシャがダマスコの侵略をはね返すのに忙しくしている間に、アサは、イスラエルとの国境を地形的に安全な線、つまり分水嶺台地からそれぞれ西と東に深く刻む渓谷、ワディ・ベイト・ハニナとワディ・スウェイニトの線にまで押し上げることに成功した。それでも狭い分水嶺の道筋を通って首都エルサレムに接近してくる敵を想定して、アサ（あるいは彼の後継者のひとり）は、首都エルサレムの北約五キロの地点にあるギブアト・サウル（サウルのギブア）の要塞を再建した。その結果、北から直接首都に迫ろうとする敵に対して、ゲバ、ミツパ、ギブオン、ギブアの四つの要塞から成る防衛網が築かれた。[1]

考古学的証拠から、遅くとも前八世紀には、ラマト・ラヘル（聖書のベト・ハケレム）に要塞が築かれ、首都エルサレムに南から迫る敵に対するもうひとつの四重防衛網が敷かれたことが明らかになった。つまり、エタム、ベテル、ベツレヘム、そしてラマト・ラヘルを加えた四つの要塞による首都防衛である。[2]

砂漠から侵入する遊牧民の攻撃だけでなく、周囲を強国やその属国が取り囲むユダとしては、絶えず防衛に気を配っていなければならなかった。アサは、緊急課題としての北の国境の安全対策を完了すると、レハブアムが築いた防衛ベルトの「すきま」の補強工事に力を注いだ。

彼はユダに防備を施した町々を建てた。ヤハウェが彼に安息を与え、地は平穏で、この時代、

> 彼は戦うことがなかったからである。彼はユダの人々に言った、「さあ、これらの町々を築き、塔と門と閂を備えた城壁で囲もう。この地は、まだわれわれの前にある……われわれがわれわれの神ヤハウェを求めたので、ヤハウェは、われわれの周囲に安息を与えて下さったのである。こうして、彼らは町々の建設に成功した」(歴代誌下14：5～6)。

レハブアムの要塞網にその後さらに新しい要塞を加えた後継者がだれであったのか、まだ正確に同定できていないが、次の要塞リスト(不完全であるが)は、それらが建てられた地域とその広がりについて教えてくれる。つまり、エン・ゲディ、アラド、テル・エシュア、イラ、テル・クルウェイルフェ(ツィクラグ?)[3]、ベト・シェメシュ、そしてギブオンであり、これらはすべて山地要塞の範囲内にある。上に引用した歴代誌の記述から、レハブアムは、全国民の継続的協力や努力のおかげで、防衛網を完成させたことがわかる。要塞に指定された町の住民が負担分担を申し出ると、国はそれぞれの割り当てを決め、それに従って住民たちは肉体労働や建材などを提供して貢献したかもしれない。上の記事は、事業が成功したことをはっきりと強調している。

さらに、アサの息子のヨシャファトの治世にも大規模な要塞建築がなされたことが、聖書に記されている。「ヨシャファトはますます勢力を強め、ユダに要塞と倉庫の町を建てた」(歴代誌下17：12)。父のアサとは対照的に、ヨシャファトは、主要な要塞間に生じていた「すきま」を前哨や小要塞で補強し、国家防衛に必要な兵站事業の刷新をはかった。後者に関しては、統一王国時代の事業ラインに

ネゲブ北西部のアラドに建てられたユダ王国の城塞跡（空撮）

似せた「倉庫の町」が建てられた。加えて、主要な町は、他に頼ることをせず、自力で戦車のメンテナンスを含む主要な兵器や武器の生産ができるようにした。

主要な防衛基地間の「つなぎ」の役割を果たした砦のよい例は、ラキシュとアゼカの中間に設けられたホルヴァト・ラシャム砦である。[4] エリコ〔死海の北〕とツォアル〔死海南端〕の間にのびるまったく町のない地域（主要定住地として〔中間地点の死海左岸に〕エン・ゲディのオアシスがあるだけ）に新たに設けられた「つなぎ」としては、エイン・エル＝タウベやムゲイルなどの一連の軍事砦があげられる。新たな見張り台や信号基地の発見はいまも続いている。それらの一部はヨシャファトの治世に建てられたものかもしれない。[5]

要塞と攻城機

ユダやイスラエルの要塞は四角形または円形が標準タイプで、突き出た塔や狭間《はざま》胸壁が付いている。特に注意が払われたのは城門である。城壁が高台にある町の輪郭に沿って建てられている所では、城門は通常、堅固な塔の形をしており、通路は狭く、それも二重の扉と閂で守られ、通路の両側は箱形の部屋があり、兵士たちが守っていた。聖書はそれを、ソロモンの防衛設備とのかかわりで、適切にも「彼は、城壁、二重の門、閂を備えた要塞都市を備えた」と記している。(6)

考古学的発掘調査、聖書のあちこちに見られる記述、エジプトやアッシリアその他の浮彫や壁画などから、イスラエルの防衛施設をかなり詳細に復原することが可能である。北はアラムとの国境地域に存在するダンから、南はシナイ半島の境界地域にあるカデシュ・バルネアまで、イスラエル各地に残る要塞に、標準タイプから特殊タイプにいたるさまざまな発展や工夫の跡を認めることができる。

最もよく使われる幕壁のタイプは「ケースメート城壁」である。それは二重の壁を縦壁でいくつもの箱に仕切った城壁である。少なくとも緊急時には、それらの「箱」に荒石や土や瓦礫を詰めて壁に厚みと弾力性をもたせたものと思われる。敵が使用する破城槌などの効力を可能なかぎり小さく抑えるのがその目的であった。改良された破城槌がアッシリア軍により使用されるようになってからは、その最新の武器が、より工夫されより堅固になった「ケースメート城壁」の「箱」の詰め物に捕らえられ、動きがとれなくなるチャンスも増えた。さらに、「箱」の上を覆った平らな屋根は一枚岩（一重）の城壁の狭い「巡視路」よりずっと広く、戦う兵士も行動しやすい。最後に、この幅広い城壁に

ラマト・ラヘル（エルサレムの南郊外）に残る「ケースメート城壁」（箱付き城壁）

より、城を守る兵士たちのための新たな安全区域が生み出され、彼らは戦闘区域のすぐ後ろで自由に行動できた。(7)

しかし、イスラエルのすべての城壁が「ケースメート城壁」だったわけではない。多くの堅固な要塞には、しばしば地形上、突出部と窪みが交互にできる場所にしっかりした幕壁を築いた時期があった。この築城法の利点は、敵の破城槌の攻撃を受けたときの衝撃が、攻撃された部分以外に大きく広がらないことである。もし、ラキシュ攻囲を描いたアッシリアの浮彫に見るように、狭間胸壁上部に張り出す形で木製「ギャラリー」を据えれば、城壁の突出部や窪んだ箇所からでも敵に縦射《じゅうしゃ》を浴びせることは可能である。換言すると、「ギャラリー」に上った弓手は、多少近くの城壁と平行する形で構え、接近した敵兵を射ることができ、このあとで述べる塔からの縦射を補完する。

アラドでは、いちばん古い時代の城壁(前一〇世紀)が「ケースメート城壁」である。その後、アラドの城壁は「一枚岩」になり、最後に(前六世紀)ふたたび「ケースメート城壁」に変る。前九世紀ないし前八世紀に建てられたカデシュ・バルネアの城壁は、常時「ケースメート城壁」であった。同じ例はほかにも多く見つかっている。

一枚岩の幕壁とケースメート幕壁の相対的価値をめぐって一貫した見解はなかったようだ。時が移ると見解も変化した。しかしながら、「ケースメート城壁」はパレスティナにおいてビザンツ時代まで続けて使用された。ローマ時代後期になると、それはローマ帝国全土に広がり、ローマ時代のイギリスやドイツにおける要塞は、それらより千年も前のイスラエルの要塞に非常に似ている。

どのタイプであれ、要塞側にとって不利な点は、野戦に見るような柔軟性や奥行に欠けることである。要塞は丸見えで、隠れることはできない。そうした不利な条件を戦略的に最小限にとどめるため、以下のような手段や方法のひとつないしそれ以上の処置がなされた。ラキシュに見るような二重の城壁、ラマト・ラヘル（ベト・ハケレム）に見るような〔秘密の〕出撃口や抜け道、城壁の最下部にめぐらした射堤、壕。最後の二つ――射堤と壕は、ラキシュとミツパで見つかった。いずれも二重の目的を共有している。ひとつは、敵が城壁に達する前に足止めさせ、しかもそれを城側から弓や石投げで正確に撃って倒すためであり、もうひとつは、敵が簡単に城壁の下を掘って城壁を崩したり穴をあけたりするのを防ぐためである。

すべての主要要塞の構造上の重要な部分は、幕壁から外に突出して狭間胸壁を見下ろすようにして立つ「塔」である。塔はいくつもの役割を担っている。敵の攻囲が激しく戦況がきびしくなると、胸壁の兵士たちは城壁の真下に来た敵兵を撃とうとすると身を乗り出さなければならず、自分も敵の矢や石に撃たれる危険性が高い。ところが前に突き出た塔にいる兵士は、比較的安全な位置から城壁沿いの敵兵を縦射できる。この縦射あるいは側面からの攻撃は現代の野戦においても決定的に重要とされ、防衛陣地の構築には側面からの縦射が可能な位置をできるだけ多く設けることが求められる。縦射が徹底的に威力を発揮するために、塔と塔の間隔は矢の届く距離内になければならない。

同じように重要なのは塔の高さである。塔が高ければそれだけ視野は広がり、それだけ正確な縦射を敵に浴びせることができる。さらに、塔が高い分、矢の貫通力も増し、城壁の上に手をかけた敵兵を強烈な矢で射落とすことができる。塔はまた、幕壁をいくつもの区画《セクション》に分けることができる。万一幕壁の一部が破られ、敵兵がその区画に踏みこんでも、両脇の塔が健在であれば、防衛側は敵軍を押し返し、塔の弓手たちの援護射撃を受けながら、反撃に転じるチャンスさえ生まれてくるかもしれない。さらに、両脇の塔が制圧されない限り、敵軍が胸壁に沿って展開することは不可能である。胸壁からでも塔を攻撃するのを確実に困難にするため、古典時代以後ずっと、両脇の塔を結ぶ木橋あるいは梯子がしばしば使用された(8)。

特別の注意が払われたのは城門である。どの要塞においても、城門は防衛上一番の弱点であった。城門の最も精巧な防衛様式は、メギド、サマリア、ラキシュの例に見るように、二セットの塔門で守るやり方である。仮に攻撃側が第一の塔門を破って中に侵入しても、次の塔門に向かう間に四方八方から飛んでくる矢に撃たれて倒れることになる。たとえ要塞入口を守る塔門が一つしかない場合でも、門それ自体に奥行があり、その両側には門衛たちが待ちかまえており、二階の開口部からも侵入した敵に矢を浴びせることができる。塔門は、外側と内側とで少なくとも二セットの門をそなえていた。門の内側通路の両側の部屋を仕切る壁にも同様な工夫を加えることで、さらに侵入者の行く手を阻むことができる。

より大きな町となると、籠城軍の最後の拠り所となる「城塞《シタデル》」がある。そこは、市民にとって非常事態の際の武器保管所であると同時に、駐屯兵が宿営する場所にもなる。「城塞」は町の高い場所に建てられ、塔もいくつかそなわっているので、指揮官が戦闘の全指揮を執る場所にも使用される（た

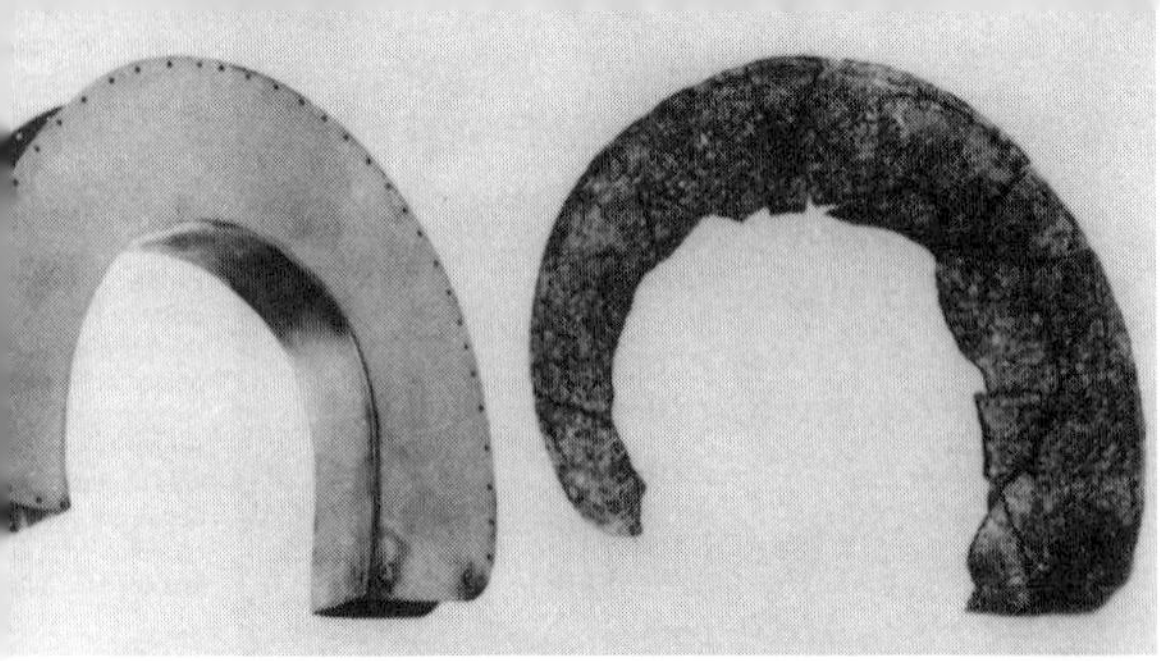

上　かぶと飾り　ラキシュ出土
右　鎧のうろこ　ラキシュ出土

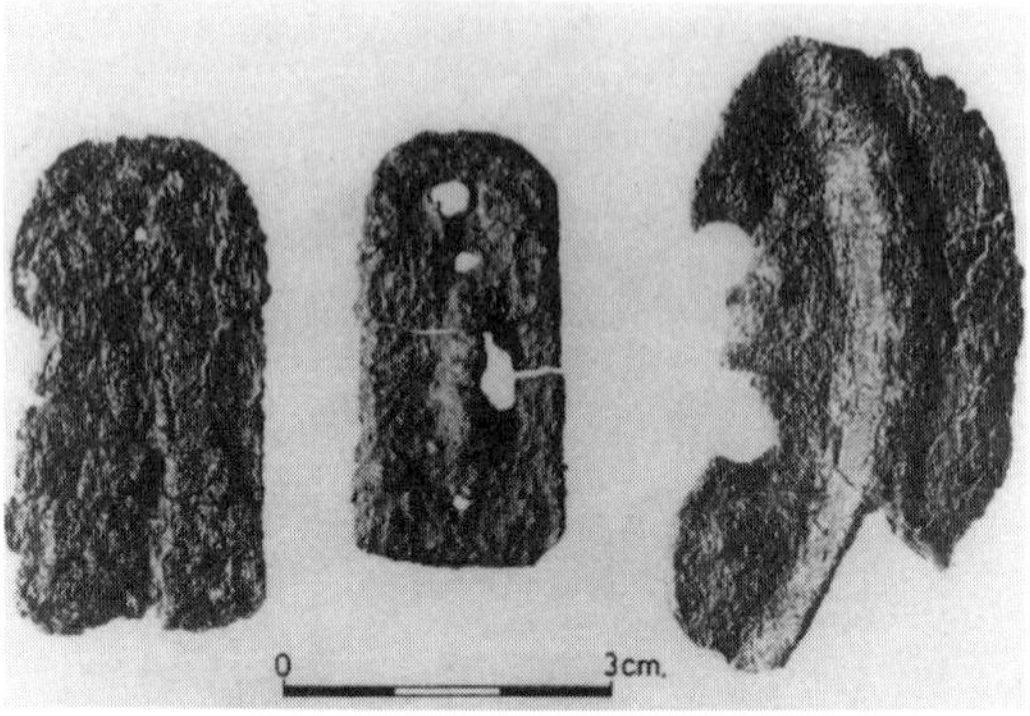

投石用の石　ラキシュ出土

古代の鏃と槍先　ラキシュ出土

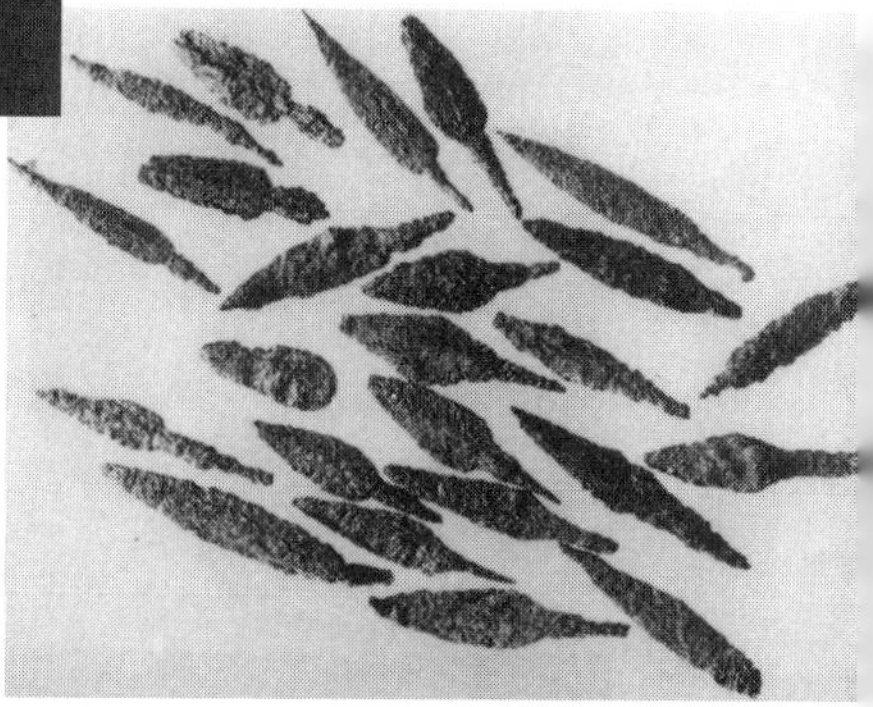

ユダのラキシュ要塞跡
（テル・ラキシュ）

右　頭蓋開口手術を受けた頭骸骨　ラキシュ出土。除去された骨の部分の回復状況から、手術はセンナケリブのエルサレム攻囲（前 701 年）の最中に行なわれたのではないかと思われる。

下　アッシリア軍のラキシュ包囲攻撃　ニネベのセンナケリブ宮殿壁画浮彫

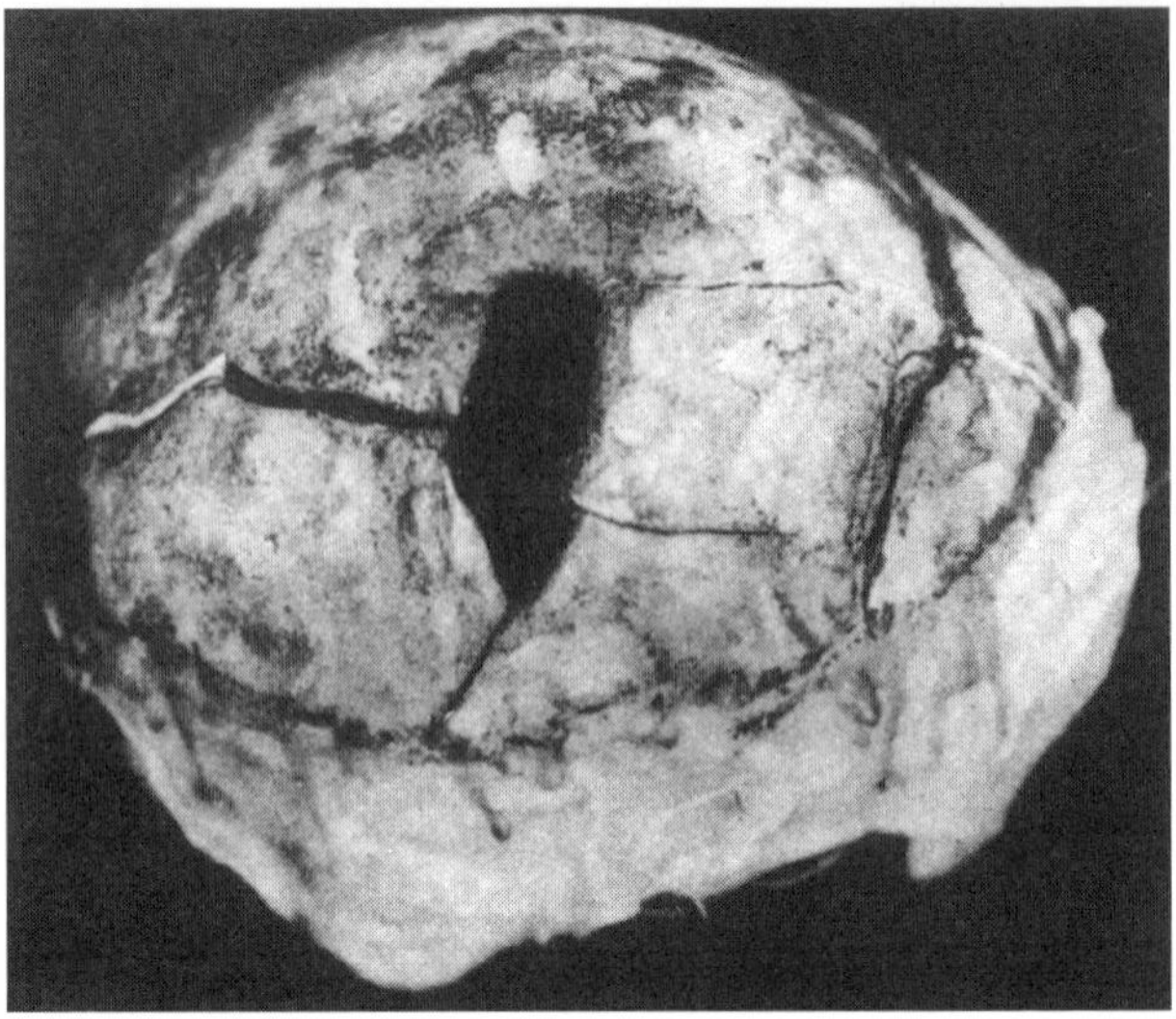

とえばハツォル、メギド、ラキシュでそのような「城塞」が見つかっている)。

水源の確保が、敵の攻撃を失敗に終わらせることもありうる。古代の技術者たちは、非常に深い地下水脈を探し当てることができたし、水を城外にある泉から地下トンネルによって城内まで引く技術ももっていた。ハツォル、メギド、ギブオン、アゼカに見る例がそれである。ユダの人々が古くからあった地下水道をさらに改良して使用したのが、エルサレムの例である。(9)

高みにある城門まで、道路の設計にも工夫がほどこされた。門に向かって旋回する形で駆け上がらなければならないため、敵軍の攻撃の勢いは弱められ、しかも楯を持たない右方は籠城軍の攻撃にもろにさらされることになる。このような状況において、ベニヤミン族は非常に器用であった。というのは、右方からの攻撃に対しては円楯で身を守りながら、左手に石投げをもって攻撃できたからである。

そこで攻城術について見てみたい。軍事専門家の視点からすれば、防衛術と攻城術とは互いに補完関係にあることは言うまでもない。ひょっとすると最も偉大な軍事技術者といえるかもしれないフランス人のヴォーバン(一六三三~一七〇七年)、あるいはそのすぐ後に続くオランダ人のコウホルン(一六四一~一七〇四年)は、はたして築城家と呼ぶべきか、それとも城を破壊するための道具や方法の考案者と見なすべきか、決めがたい。そのように、統一王国時代以降イスラエル人の攻城術は、その築城術との密接な関係の中で著しい進歩をとげた。

城の攻囲の手順は、エルサレムに迫ろうとしている運命について警告するエゼキエルの預言に的確に語られている――「それに向かって包囲の陣を敷くがよい。それに向かって包囲壁を築き、それに向かって土塁を盛り上げ、陣営を敷くのである。さらに、それに向かって周囲に城壁崩しを据えよ」（エゼキエル書4：2）。フェニキアのツロがバビロニアのネブカドネツァルの手に墜ちることを預言したときのエゼキエルの言葉はこうである――「彼はお前に対して包囲壁を築き、お前に対して土塁を盛り上げ、お前に対して大楯を立てる。彼は戦闘の嵐をお前の城壁に送り、お前の塔をその剣をもって打ち壊す」（同26：8〜9）。

エレミヤはエルサレムに対する包囲について「敵たちへの語りかけの形で」こう預言する――「お前たち、木を伐れ、

の兵士たちは鉄梃（かなてこ）を用いて城壁を崩そうとしている。城側の兵士たちは鎖に繋いだフックで破城槌の竿を抑えようとしている。

そしてエルサレムに対して塁を築け」(エレミヤ書6:6)。土や石で築いた塁を木枠や木製厚板を挿入するなどして補強するやり方は、中世になるまで一般に見られた。土塁や土堤を築くのは、梯子や破城槌を高い所まで届かせるために壕その他の障害物を埋めたりならしたりするときであった。包囲した城壁の下部の石を除くのが常にいい方法とは限らない。もし破城槌が高い所まで届くのなら、胸壁のかなりの部分を守備軍の兵士もろとも突き崩すことができる。さらに、崩れ落ちた石を構築中の土塁に使用して、突破口への接近をより容易にすることができる。

しかし、聖書にはイスラエルの土工工兵についての記述がほとんど残って

町を攻囲するアッシリア軍兵士たち　弓兵たちは櫓のついた破城槌を援護する。工兵たちは城門の下を掘って侵入路を作ろうとしている。他

いない。とはいえ、将軍ヨアブによるアベル・ベト・マアカの包囲に関する記述から、上記の攻城術のすべてが、すでにダビデ時代のイスラエル人によって応用されていたことがわかる。「人々はアベル・ベト・マアカに来てビクリの息子シェバを包囲し、この町に向かって土塁を築いた。それは外壁の高さにまで達した。ヨアブにつく民全員が、城壁を破壊して倒そうとした」（サムエル記下20：15）。

もちろん、破城槌は非常に古い時代から使用されていた。それがいつから城壁を壊すのに用いられたのか正確なことはわからない。エジプト第十二王朝（前二〇世紀）のフレスコ画（ベニ・ハサン出土）には破城槌が描かれている。ダビデ時代になると、破城槌の「槌」はしばしば金属をかぶせた「雄羊」（破城槌を指す英語のramはそれに由来する）の形をした、より頑丈な兵器に発展した。「槌」は木製の足場にしっかりつないだ装置で振るようにして城壁や門を打つか、あるいは屈強な男たちの一団がそれを振り回して目標とする箇所にぶつけて破壊し、突破口をつくろうとした。エジプトのベニ・ハサンの破城槌は別のタイプで、鋭い刃で城壁のゆるくなったレンガや石のつなぎ目に突き刺してこじ開けるためのものであったと思われる。上に引用したエゼキエル書26章9節にあった「……お前の塔をその剣をもって打ち壊す」の「剣」（ハラヴォート）はそのタイプの破城槌である。絶えず先を行くアッシリアの移動式破城槌の進歩にイスラエルやユダの国がどこまで追いついて行けたかはわからない。[10]

攻城戦は必然的に包囲された町の非戦闘員全員をまきこむことになり、そこには厳しい運命が待っている。包囲する側は、戦闘を開始する前に、降伏と引き換えに「平和」を約束する。その申し出を拒絶した場合、成人男子は死を覚悟しなければならず、財産は略奪に遭うのが原則であった。その原則は十九世紀まで生きていた。たとえば、一七九九年三月、ナポレオンに対する降伏を拒絶したヤッファの人も物も、勝利したフランス軍に略奪された。

旧約聖書に記されている、攻城戦に関する別の原則について触れなければならない。「あなたが一つの町を多くの日数をかけて包囲し、その町を攻め取ろうとするときは、あなたは斧をふるってその町の木を切り倒してはならない。その木からその実をあなたは食べてよいが、野にある木までが、あなたの前から逃れ、防塁で囲まれたところに逃げ込む人間であるかのように、それを伐り倒してはならない。ただし、実を結ばない木だとあなたが分かっているものは、これを伐り倒し、それであなたと戦っている町に向かって塁を築き、その町を陥落させることができる」(申命記20：19)。

野の木を伐り倒すことを禁じた法であるが、その理由は、ヘブライ語聖書をそのまま読めば、そもそも「木は人間が戦い挑むべき対象ではないのだから」ということになる。欽定訳英語聖書は「なぜなら野の木は人の命なのだから」と訳している。ヘブライ語聖書の直訳は倫理的視点にもとづくものであり、欽定訳聖書は「生態学《エコロジー》」の視点に立って聖書を解釈している。いずれにせよ、たとえ町を征服したとしても、町の生活を支える畑や農園を破壊してしまったら、その征服にどれだけの価値があるのか。おそらく、それら二つの要因が働いて、上のような旧約聖書の法が定められたものと思われる。

要塞および塔には食糧や兵器を保管する大きな倉庫があった。ベエル・シェバからは、約五五〇

上　ベエル・シェバの要塞跡　環状道路の一本に沿ってさまざまな建物が建っていたことがわかる。

下　エルサレム神殿の祭壇をモデルにして作られた、ベエル・シェバ守備隊が使用した聖所の祭壇

平方メートルの敷地に並ぶ一連の倉庫が発見された。同様な倉庫は、メギド、ハツォル、テル・エル＝ヘサ、テル・カスィーレからも見つかっている。他の場所では、「ケースメート城壁」が貯蔵庫や倉庫として使用された[11]。

兵士たちの「精神的糧」も大事である。アラド、ラキシュ、ベエル・シェバにおける発掘から、中央集権的なエルサレム神殿の聖職者たちでさえ、前線基地における軍務に長期間耐えている兵士たちの要求に応じ、公認の「軍用礼拝堂」を建設しなければならなかった。筆者は、この現象のなかに、のちにすべての一神教の礼拝場（ユダヤ教のシナゴーグ）の原型となる革命的制度を生んだ一連の流れの最初の一歩を見たい[12]。

これらの駐屯基地の礼拝堂はもうひとつ、おそらく現代の言葉でいうところの「軍事教育の場」としての機能を果たしていたであろう。それには、縁辺

征服したユダのラキシュから捕獲した戦車を引くアッシリア兵（ニネベの王宮より）

地域の住民や部族に対する布教活動も含まれていたかもしれない。後の時代において見られるように、政治的・軍事的活動は文化的・宗教的統治に支えられたり、文化的・宗教的活動が政治的・軍事的活動のあとを追ったりした。イスラエル統一王国にとってレビ人が果たした役割同様、縁辺地域の聖所は内的にも外的にも、旧約聖書の宗教や法や文化を教え伝える場所となったはずである。王国時代全体を通じて、真の意味での一神教がイスラエルの人びとに完全に理解されていたわけではないというのが、一般的な見方である。さらに、他の信条に対する寛容を要求する政治上・通商上の接触や交流は文化的混乱を生んだ。

ときにはこうした問題が軍事基地の聖所にも影響を及ぼした。ユダ、イスラエル、フェニキアの宗教的要素がとまどうほど混淆したクンティレット・アジュルドの聖所などは、そのケースに当たる。[13]

ユダ軍の構成

ユダの非常に広い国土に張りめぐらされた防衛システムに配備された軍は、統一王国やイスラエル（北王国）の場合同様、常備軍と国民軍（召集軍）とから構成されていた。常備軍には、王の護衛兵、「走る者」と呼ばれた精鋭歩兵部隊、そしてもちろん戦車部隊が含まれた。「走る者」たちは戦車部隊と互いにチームを組んで戦った可能性がある。ダビデ王家と深いつながりをもつ（ケレテ人やペレテ人のような）「海の民」出身の傭兵たちも引きつづきユダ軍の一部として活躍した。アラド要塞跡の発掘で、物資補給係将校あての陶片が複数発見された。それにはギリシア人（?）傭兵部隊に対する食糧補給に関する命令が含まれており、その発見者ヨハナン・アハロニによると、それらの陶片はユダ最後の王ツェデキヤの時代に属するという[14]。

常備軍の規模は、国家の経済的繁栄の状況しだいでいろいろ変った。軍隊は、一部は各地の要塞に駐屯し、一部は巡回、機動作戦、野戦などのために移動した。移動する野戦軍として最大の部隊は、統一王国時代同様、王のいるエルサレムに駐屯していた。それらの軍隊は、「千人隊」、「百人隊」、「五十人隊」、「十人隊」など、今ではよく知られている兵団に区分されていた。

ユダとイスラエルの大きな違いは、ユダでは主力攻撃兵力として歩兵に重きが置かれていたことである。広い平野や谷をもつ北のイスラエル王国では戦車部隊の発展が重要だったのに対し、山地から成る南のユダ王国では歩兵が重視された。ユダの王ヨシャファトは、イスラエルのアハブの指揮に従って敵と戦うつもりであることを示すのに用いた「私の馬はあなたの馬と一つです」という表現を、アハブの息子イェホラムとモアブ遠征軍を共に編成する際にも用いており、その他の聖書における言及とも合わせてみると、ユダ軍が戦車部隊を保有していたことは間違いない。エジプト、アッシリア、バビロニアそして後のペルシアの王たちの場合同様、ユダの王も戦車に乗って戦場での指揮を執った。どのような場合にも、戦車一台で単独で戦うことはできなかった。そのことが、いかに小さな規模のものであろうと、とにかく戦車部隊が存在したことの証明である。戦車隊長やイェホラム王の戦車隊の存在（下記をみよ）についての記述は、戦車が単なる力の象徴以上のものであったことを証明している。実際、ユダがその勢力をネゲブから南のエドム、さらには西の地中海沿岸地域にまで広げようというとき、戦車なしで実行することはまず考えられない。

どの時代のユダの軍隊にとっても歩兵が重要な役割を果たしたことに関連していうと、ユダの王ウジヤの率いるシリア同盟軍のティグラト・ピレセル三世に対する戦いに言及した史料が——残念ながら保存状態は非常に悪いが——残っている。アッシリアの年代記記者は、ユダの歩兵軍団を打ち破ったアッシリア王の偉業を記している。[15] それらのユダ歩兵軍団には国民からの召集軍が含まれていることは確かである。ユダの召集軍について聖書もある種の情報を提供してくれている——「アサには、大楯と槍を持つユダ出身の兵三〇万人、小楯を持ち、弓を引くベニヤミンの兵二〇万人がいた。彼らは皆、勇士であった」（歴代誌下14：8）。

それぞれの部族の兵士が伝統とする能力や技術は、そのままユダの軍隊の中で活かされた。ユダ族は槍兵集団をその特徴とし、ベニヤミン族は弓兵部隊を伝統とした。それでもやはり上記の三〇万、二〇万は誇張された数字である。当時のユダの全人口を五〇万として、たとえ男性の四分の一でも、一度に動員する数としては多すぎるかもしれない。

ヨシャファト時代の軍事関連リストによれば、ユダの国民軍は五つの軍団に分かれ、それぞれの上に長が置かれていた。ユダ族のアドナは三〇万以上の兵士を率いた。同じくユダのイェホハナンは二八万の兵士、ユダのアマスヤは二〇万の兵士を率いた。ベニヤミン族のエルヤダは弓と楯を担う者二〇万人を、イェホザバドは十八万人の兵士を率いた。「以上は、王がユダ全土の防備ある町々に配備した者たちとは別に、王に仕えた者たちである」（歴代誌下17：14～19）。したがってこれらの国民軍は五軍団に分けられ、統一王国時代における十二軍団のように、毎年、決められた期間、交代で兵役に就いた。もし、上のそれぞれの数字からゼロを一個消すと、国民軍兵士の総数は十一万六〇〇〇（男性人口のおよそ半分）になり、理論上は、緊急事態における動員数として可能な数字である。[16]

五軍団は十二の行政地区から徴募された戦闘部隊であったと思われる。ソロモンは十二の行政地区が毎年、月ごとに交代で王と王室の食糧供給の義務を課したが、ヨシャファトはそれを再興した。ユダ国の十二行政区はそれぞれで軍団を編成するにはマンパワーが足りなかったので、二つあるいはそれ以上の地区を合わせて五軍団とし、それぞれが毎年十一週間ずつ交代で兵役に就くか、あるいは各軍団の半分が年に二回、約一ヵ月の兵役に就くかのいずれかであったと考えられる。[17]

ネゲブの防衛

イスラエルのアハブとイェホラムが、ユダのヨシャファトと手を組んで連合軍を結成し、アラムやモアブの軍と戦ったことについてはすでに第7章で述べた。検討がまだ済んでいないのは、ユダ王国南部の地域ネゲブについてである。ネゲブは基本的にユダ王国にとって大きな関心の対象であったが、イスラエルもユダとの共同の交易事業として、その地方に関心をもっていた。ネゲブにかかわる問題を理解する上で、イスラエルはソロモン時代以降ネゲブに深くかかわってきたことを知る必要がある。

ネゲブとは「乾いた土地」を意味する。ネゲブはベエル・シェバから南のエツィヨン・ゲベルの間に広がる地域で、面積にしておよそ一万二三〇〇平方キロメートルになる。ネゲブの年間降水量は

カルメル山麓を蛇行しながらイズレル平野に抜けるイロン山道　長い歴史を通して数々の軍隊がここを通った。

一五〇ミリメートルで、遊牧民の生活を支えるのがやっとである。ネゲブは気候上の境界地域であるため、泉や井戸を支える地下水だけでなく、そのようなわずかな年間降水量でさえ一定しない。長い乾燥の時期を遊牧民が生き延びるための唯一の道は、それがフェアなやり方であろうとなかろうと、沃地に侵入することである。沃地の水源はより豊かであるし、農耕民が育てた作物だけではなく、さまざまな牧草地もあるからである。サウルの王国誕生の一五〇年前に、北のイズレル平野に侵入してギデオンに撃退されたミディアン人も、そうした乾季に沃地に侵入した遊牧民集団であった。

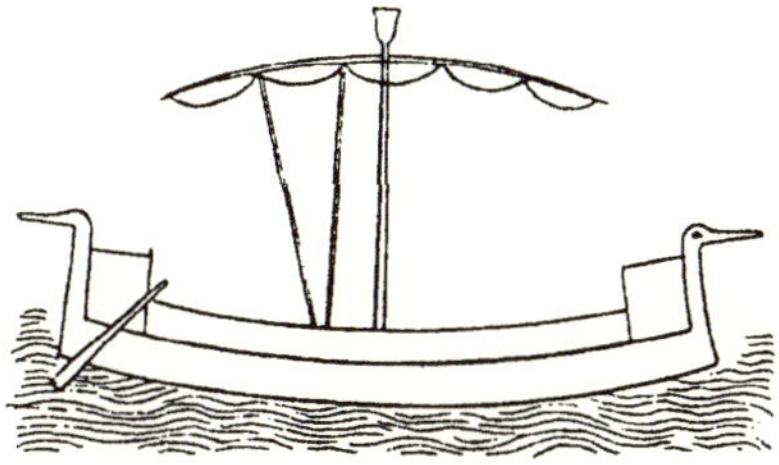

エジプトの船

王国誕生後、すべての王たちに課せられた課題は、南の国境の防備をかため、国民の生活の安全と安心を確保することであった。言い換えると、ネゲブ以南地域からの侵略者を撃退するための確かな防衛ラインの構築は、ユダ国の平和維持にとって必須条件であったということである。自然の防衛ラインは、ベソル谷、ベエル・シェバ谷、マルカタ谷などの切り立つ深い峡谷や涸れ谷であり、それらはさらに枝分かれして明確な境界線を形作っている。したがって、それらの地形を活かした適切な砦を設け、パトロールをしっかりすることで、効果的な防衛ラインにすることは可能であった。[18]

実際、この渓谷ラインに沿って、ベエル・シェバ、テル・マソス（ホルマ?）、イラ、アラド、マルカタを含む国境要塞ラインを築くことができた。[19]その要塞ラインの効果をあげるには、それに「奥行き」を加える必要があった。というのは、砂漠からの侵入者たちの行動は敏速で、いかなる防衛ラインでも、奥行きをもたない「線」だと簡単にすり抜けてしまうからである。調査の結果、この「ワディ（涸れ谷）ライン」の主要基地とヘブロン山地上部斜面の中間に、最前線の防衛ラインに奥行きをもたせるための砦を設ける努力が絶えずなされたことが明らかになった。

われわれは、最初の防衛ラインをすり抜けて侵入した砂漠の略奪者たちが、相互に支えあう防衛の「網」にかかる様子を想像しなければならない。仮にそれでも略奪者たちが防衛ベルトを突破し沃地に潜入したとしても、彼らは略奪した穀物をラクダの背に積み、肥えた家畜の群れを率いて逃げる途中で奪い返されてしまう可能性が高い。

国境に適切な防衛ラインが構築されていない場合でも、略奪者が略奪したものを奪い返されることがある。ダビデがガトの王の「傭兵隊長」だったとき、彼が基地にしていたツィクラグが遊牧民集団に襲撃されたが、彼は彼らを追跡して奪われたもの〔家畜、彼の妻を含む女や子供たち〕を取り返したのは、その一例である（サムエル記上30章）。そうした行動も、もし恒久的な国境警備体制が整っていたなら、きっとより効果的にできたであろう。

「ワディ（涸れ谷）ライン」を越えたネゲブ地域の主要な価値は、一方のエドムとエイラート湾に集中する内陸と海の交易と、もう一方のペリシテ平野とをつなぐ働きをしている点にある。ソロモンから一千年後にストラボンは、ガザ港に言及したあと、的確な言葉でこう述べている――「ここから山越え道で一二六〇スタディオン（二二七キロ）行くとアイラ〔エイラート〕市がある。アイラ市はアラビア湾の最奥部に位置する……横断するには、ラクダに乗って無人の砂漠地帯を通る」(『世界地誌』16・2・30)。そしてまたストラボンは、「アイラ市は……ガザ市に面したアイラニテス湾奥に位置する」とも記している(同16・4・4)。大プリニウスは、紀元七四年頃、ガザとペリシテ海岸を結ぶ別の主要な交易センターについて記している——「次はペトラ〔聖書のセラ、エドムの首都〕という名の町に住むナバタエア人だ。その町は幅が二マイルに足りない深い谷にあって、その谷の間を一本の川が流れているが、そこは近づくことができない山々に囲まれている……ペトラで二本の道、シリアからパルミュラへ通ずるものと、ガザから来る道とが会する」(『博物誌』6・32・144)。

エドム、ネゲブ、ペリシテ海岸は常に共通の交易上の利害関係で結びついていた。エドム人もペリシテ人も、ネゲブの遊牧民との良い関係を維持しようとした。ネゲブの遊牧民にはすでにアラブ部族も含まれていたので、彼らとよい関係を保つことで、一方から他方への商品の流れを確実にすることができたからである。イスラエル王国の誕生は、その利害関係に第四のグループが加わったことを意味する。イスラエルがネゲブ地域全体を統治したことで、イスラエルは既存の交易を通して生じる利益の分け前にあずかることが可能になったが、それは消極的意味においてであり、より積極的には、新しい交易ルートを開発する、つまりイスラエルの統治地域内に引き込ませる、あるいはイスラエルの支配地域を通過させて利益の増大を計ることが可能になった。

両方の方法が採用された。二番目の方法に関しては、パレスティナの北から南に向かう(あるいはその逆の)交易の一部を東の方に向きを変え、さらに、エツヨン・ゲベルないし近くのエイラートの開発および紅海の航行ルートの一部からエジプトの港を外すなどして、エジプトの紅海交易の独占権の一部に食いこんだ。

イスラエル以外のすべてのグループは、新入りのイスラエルの商業活動を妨害することで利害が一致した。イスラエル人は、ソロモン時代以後ずっと、砂漠の交易ルートおよび交易の中継基地を保護するため、ネゲブ砂漠を横切る交易ルートおよび荒野の水源を守る要塞を築く必要に迫られた。砂漠の交易ルートを守るための防衛システムを最初に築いたのは明らかにソロモンであって、前九二四年のファラオ・シシャクのパレスティナ軍事遠征の多くはそれに対抗してなされた。[20] それはソロモン自身のアイディアであったか、それとも彼の相談役たち、あるいはフェニキア人の提案によるものであったか、ともかくソロモンは、大イスラエルの建設によって生まれた地政学上の現実をフルに活用することをビジョンとして心に描いていた。ソロモンは、フェニキアのツロの協力を得て、紅海におけるエジプトの海軍および交易の独占的支配に挑戦し、実際、紅海と地中海を結ぶ代わりのルートを確立させた。

ハツェヴァ、ヨトヴェタ、テル・エル＝ケレイフェの考古学的調査で明らかになった「初期イスラエル時代」の要塞は、アラヴァ〔死海南端からエイラート湾にかけて広がる荒れ地〕を通る交易路の使用を示している。他方、カデシュ・バルネアの最初の要塞は、交通の要衝で、ネゲブ西縁辺地域における交易の中心地であるこのオアシスの防衛に当たった。[21]

ネゲブの治安を維持し道路や交通の正常を維持するということは、砦、要塞、塔、検問所、保護された水源、信号発信所などのネットワークを維持管理することを意味した。[22] これらすべてを維持管理するには何千人もの兵力が常時必要であった。そのためには種々の問題を克服しなければならない。このひとつの仕事を達成するためには、それに十分なだけの兵を常駐させるか予備役を交代で勤務させるなどの体制を組まなければならない。他の同じように重要な仕事をおろそかにしないで実行するにはどうすればよいのか。それは、ソロモンといえど頭を悩ます問題であった。

さらに、ネゲブに軍隊を常駐させ維持することには、あらゆる兵站学的困難がつきまとう。現代においてもそうであるから、当時はなおさらである。もちろん、二〇世紀の軍隊の保持管理が要求するものは非常に複雑であり、それを三千年前の軍隊の場合と単純には比較できない。だが、三千年前の軍隊のためにも、ベエル・シェバやイスラエル北部から必要な物資を運ばれ、基本的メンテナンスやサービスをほどこすための努力がなされた。そしてもちろん、ベエル・シェバ以北の定住地からは、生産の依頼があった「複合弓」(二二四頁の図参照) から戦車の軸にいたる、あるいは靴から兜にいたるあらゆる品物が運ばれた。

最後に、同じく重要なのは、防衛システムの維持管理における人間的要素である。たとえ、聖書時代のイスラエル兵士たちは、(家族と手紙のやりとりが簡単にできるだけでなく、軍隊用飲食施設があり、コンサート、映画・演劇、ラジオ、そしてテレビまで観ることができる) 現代イスラエルの兵士たちに比べるとずっと質素で、要求もはるかに少なかったにしても、それでも荒野に駐屯する兵士たちが休暇を得て、定住地域にいる家族のもとに戻れるような手段や方法を見つけなければならなかったはずである。

こうした問題に対する解決策は、同じ問題で悩んだその後のすべての時代の人びとにとって問題解決法の原型となった。[23] それは、ネゲブを人びとの定住地にし、その地域の防衛の責任はそこに住む人びとが受け持つという基本である。ネゲブを歩いた人は、その各地に典型的な三つの建造物がセットになって存在しているのに気づくはずである。そのひとつは、戦略上重要な場所——通常、四方を眺めわたすによい高台に築かれた大小の砦である。次は、要塞の城壁の下の斜面に建てられた村。第三は、要塞のある丘の麓あるいは谷に築かれた大がかりな集水施設および貯蔵設備である。住民が兵士たちに食糧その他日常の必需品を提供する代わりに、兵士たちは両者にとって重要な水源はもちろん、村と住民たちの防衛を引き受けた。周囲には遊牧民諸族が彷徨している中で村人が日常生活を営むためには、絶え間ない警戒と、敵の攻撃の抑止力および住民の避難所としての要塞の存在が絶対に欠かせなかった。こうして、生き延びる上での共通の利害関係が住民と兵士たちの間に一体感を生んだ。事実、最初からではないにしても、まもなく、駐屯兵のメンバーを近隣の村の住民から募集するようになるのは自然の流れであった。

第二神殿時代、ネゲブ地方の農民は、政府から土地を分け与えられた民兵であった。土地所有権あるいは土地の一画の用益権取得の代償として、それらの民兵たちは国境監視の義務を課せられた。その義務は父から息子に引き継がれた。第一神殿時代にも同様の取り決めがあったかもしれない。事実、それが歴代誌下26章の記述と考古学的証拠から描かれる当時の情景である。これらの軍事施設はすべてひとつの青写真によって設計され、同時に建設されたと考えられる。

さらに、大規模な集水施設および貯蔵所、灌漑設備等は、今日の専門家たちが見ても驚くほど精巧な造りで、とても個人的事業のためのものであったとは考えられない。それはどこから見ても国家的事業が生んだものである。

正確に言えば、居住地域に選ばれる場所は、地形的条件から、北の砂丘地帯と南の高い山地とに挟まれた中央ネゲブ高地に限られた。そこにおいても、この大がかりな事業を可能にしたものは、既存の砂漠縁辺で行なう農業技術を採用し、それを改良発達した人びとの努力である。

これまでに見つかった三十数個の要塞すべてが、最初から農民たちの保護を目的にして築かれたのではない。一部の要塞は交易ルートのネットワークを守り、外部からの脅威を減じる目的で作られた。ある要塞は宿場あるいは行政センターとしての役割を兼ねていた。それは、ネゲブにあるすべての要塞がイスラエルで好まれた――中庭を「ケースメート城壁」（二四五～二四七頁参照）で囲む――様式で作られていたので容易であった。居住区域、倉庫、厩その他の施設や建物は「ケースメート」の中に置かれ、それらの要塞化された建物に囲まれた中庭は、宿に入りきれなかった旅行者とその家畜、商品の避難所あるいはその他の目的のために使用された。[24]

交易商たちが無事にネゲブ砂漠を渡ることができたのは、道中の安全がいくつもの要塞により守られていたからだけではない。途中の村は隊商たちの食事や秣《まぐさ》を用意できたし、地方の職人たちは人間や家畜のためにさまざまなサービスを提供できた。

最後に、中央ネゲブの植民地には、統一王国時代における繁栄の結果として生じた余剰人口の中から採用された人びとが入植したと考えられる。

このように、ソロモン時代におけるネゲブの開発や利用は複合的で、いろいろな要素が複雑に入り組み、多様な面をもった事業であった。上に述べたように、ソロモンが築いた大事業は、イスラエル人をネゲブから切り離そうとしたシシャクの侵攻により破壊された。[25]

南ネゲブを（シナイとの自然な境界を作っている「エジプトの川」まで？）取り戻したのはユダの王ヨシャファトの功績である。「ペリシテのある者たちは、ヨシャファトのもとに贈り物と銀の貢ぎ物を持って来た。[26] アラビア人も雄羊七七〇〇頭と雄山羊七七〇〇頭を彼のもとに持って来た」（歴代誌下17：11）。ここでペリシテ人とアラブ人がいっしょに言及されていることに注目したい。彼らがヨシャファトに屈服したのは、ユダの軍事的力のせいだけでなく、ユダの経済的圧力に屈したからである。ヨシャファトのネゲブにおける活躍には第三の要因があった。聖書は「そのころ、エドムに王はなく、〔ユダの〕王の代官がいた」と、ほとんど挿入句的な記述をしている（列王記上22：48）。エドムはユダに完全に併合され、「エドム問題」が解決したのは確かである。

こうしたお膳立てのもとに、紅海交易への道がふたたび開かれた。「ヨシャファトは金を求めてオフィル〔たぶんナイル川上流地域〕に行こうとタルシシュ船を数隻造ったが、船団はエツヨン・ゲベルで難破し、行くことができなかった。そのとき、アハブの息子アハズヤフがヨシャファトに言った、『私の家来たちを、あなたの家来たちと一緒に船に乗せましょう』。しかし、ヨシャファトは承知しなかった」（列王記上22：49〜50）。

そのころまでにイスラエル人もある程度航海の経験を積んでいたのだが、ヨシャファトはむしろ北王国がネゲブの事業に深くかかわることの方を嫌い、アハズヤフの申し出を断ったのである。

特に興味深いのは、ユダ王国の南西国境、地中海沿岸のエル・アリシュとエイラートの中間に位置し、周囲の砂漠を見下ろす高い丘に建てられた前九〜八世紀の要塞聖所で交易の要衝、クンティレット・アジュルドである。山麓に、この乾燥地帯では貴重な、一年じゅう水が湧き出る泉のひとつがあり、クンティレット・アジュルド要塞はその水の使用を支配していた。発掘により出土した小さな遺物や宗教的器具などから、そこは、紅海と地中海を結ぶ最短ルートを利用したイスラエル・ユダ両王国とフェニキアとの共同交易事業の活動の拠点であり、それの重要な防衛拠点であったことがわかった。この共同事業は、エジプトおよびこの大きな利益をもたらす交易事業から疎外されることを恐れた他の地元民たちの強い妨害に遭ったはずである。[27]

聖書には言及されていないが、ヨシャファト、あるいはひょっとするとウジヤは、最終的に、ソロモン時代に栄えた紅海交易の復活に成功したに違いない。研究者たちは、ヨシャファトの船団の難破の原因は、おそらくエツヨン・ゲベルに多い内陸に向かって吹く強風にあり、その港をより安全なところへ移したのだと推測する。もしだれも船を進水させ、海洋事業に従事していなかったら、だれがわざわざ港を他所に移すなどという苦労をするだろうか。

テル・エル＝ケレイフェ（聖書のエツヨン・ゲベル）の発掘から、ヨシャファト時代の要塞跡が確認されている。他の二つの遺跡、南からネゲブに接近する地点にあるカデシュ・バルネアの要塞および「ワディ・ライン」（ワディ・ベソル、ワディ・ベエル・シェバ、ワディ・マルカタを結ぶライン）の東端に位置するアラドでは、この王の時代とはっきり結びつく建築遺構が発見されている。いま一度、聖書の記述と考古学的事実の一致を見る。[28] 最近、クンティレット・アジュルドの要塞が、カデシュ・バルネアの南およそ五〇キロのクレイイェで確認されている。

クンティレット・アジュルドの商業的・宗教的意義についてはすでに上で論じた。その戦略的位置から見て、最盛期におけるユダ王国の最南端の国境線は、エイラートからエル・アリシュあるいはまたガザに向かう古代道路に接してある崖や河床などの地勢的に自然な線に沿って引かれていたと考えられる。したがってわれわれは、一九六七年までエジプトの国境警備隊の車が土埃を立てながら走っていた、それとほとんど同じ土埃を立てて駆ける二八〇〇年前のユダの戦車兵たちの姿を想像することができる。

イェホラムの対エドム軍事遠征

イエフの反乱とそれに続くイスラエルの弱体化は、ただちにユダに影響を与えた。

彼〔ユダの王ヨシャファトの息子イェホラム〕の治世に、エドムがユダに反逆しその支配から脱し、自分たちの王を立てた。ヨラム〔イェホラムの別の呼び方〕は全軍を率いてツァイルに渡った。彼は

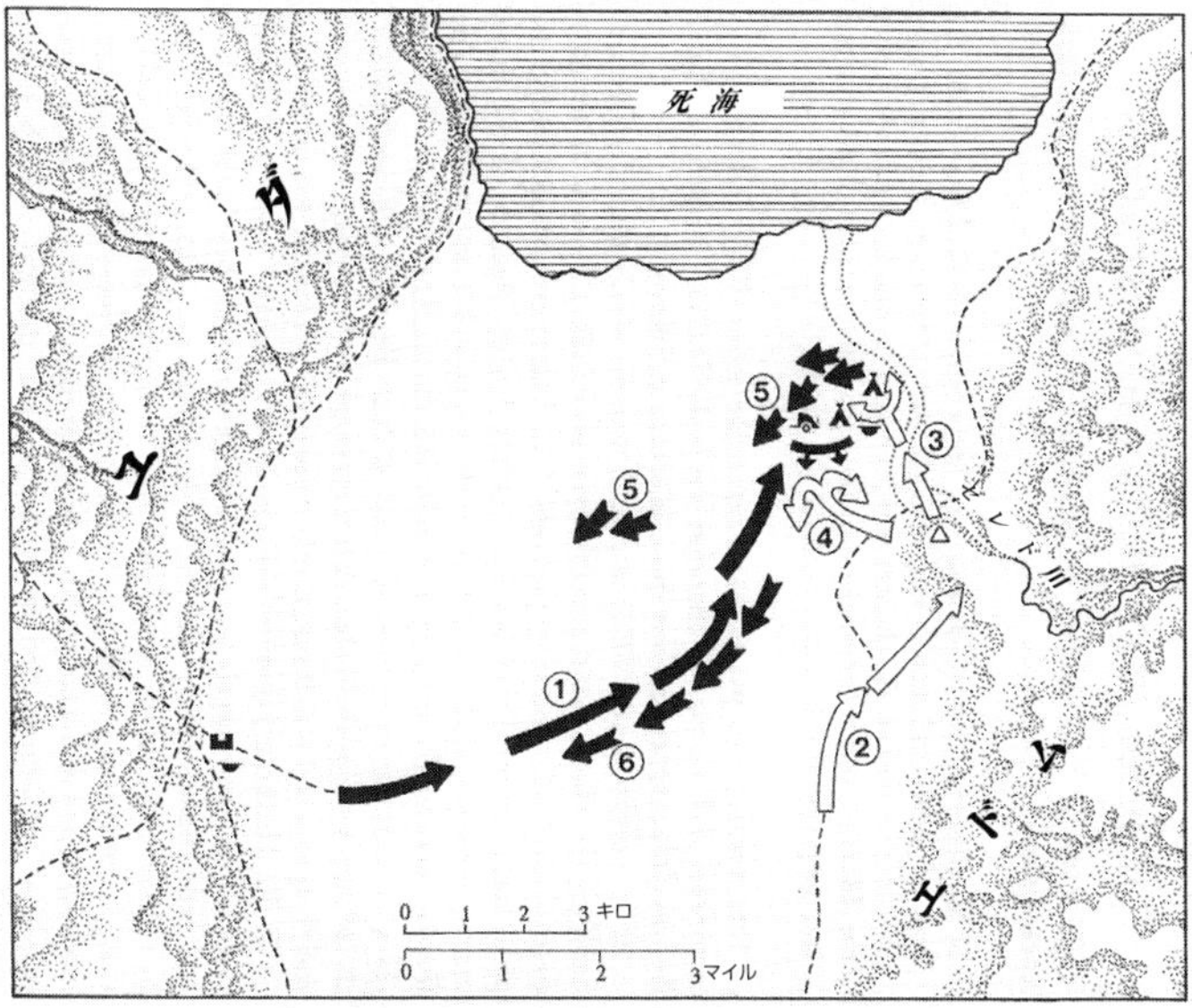

地図27　イェホラムのエドムに対する軍事遠征

1　ユダ軍のエドムへの接近ルート。
2　セラから来たエドム軍。
3　エドム軍、ユダの野営陣地を急襲する。
4　イェホラム、彼の陣地外縁部を襲撃したエドム人を撃退する。
5　一部のユダ軍、イェホラムが敵を撃破したのも知らずパニックに陥る。
6　王イェホラムとその軍隊、整然と退却する。

夜中に起きて、彼を包囲していたエドムとその戦車隊の長たちを撃った。ところが民は自分たちの天幕に逃げ帰った（列王記下8：20〜21）。

この文章はちょっと読んだだけでは意味がわからない。王が戦いに勝っているのに、民が逃げる必要はどこにあるのか。しかし、よく読むと、以下のようなことではなかったかと思われる。

エドムまでのユダの行軍は困難の連続であった。戦車を手で引いたり押したり、狭く険しい峠を越えるときはおそらく戦車を解体して運ぶなどの苦労をして、死海南の平原（聖書のキカル）に移動した。[29] 道中の泥灰土質の地面の割れ目、岩の裂け目、乾いた石ころだらけの河床など、戦車部隊、歩兵、輜重《しちょう》隊、補助部隊にとってなお多くの障害物が待ち受けていた。夜になり、部隊はツォアルのオアシスのそばで野営した。疲れきった兵士たちはたぶん普段にくらべ気が緩んでしまい、夜間を三分の一ずつ歩哨に立った兵士たちも同じように気が緩んでいた。

謀反を起こしたエドム人たちにとって、ユダの戦車は非常に目ざわりであった。ほとんどが非正規の兵から成るエドム反乱軍は、広い平地で戦車隊と戦えば自分たちにほとんど勝ち目がないことを知っていた。明らかに、イェホラムは地表がでこぼこで、しかも背後にエドムの山々が構えているという場所に来て自軍の戦車を危険にさらしたと言える。だが、ユダの戦車兵たち自身はもともとが山の男たちであるから、おそらく戦車にとって地形的に不利な状況での戦いではだれにも負けないであろう。イェホラムはそう考えた。したがって「機甲部隊」を中心にした部隊編成はすべてを計算した上での決定であり、やってみる価値のあるものであった。通常なら戦車兵に協力し一体となって戦うはずの「走る者」（精鋭歩兵）たちがこの遠征に参加していない点を考えると、ますますその可能性が高いと言える。

エドム人たちにとって、ユダの戦車部隊は確かに厄介であったが、しかし彼らはうろたえなかった。状況を冷静に判断したエドム人は、ダビデ時代までのイスラエル人がそうだったように、兵力において勝る敵の攻撃から自分たちを救う唯一の方法は、相手がその得意とする兵器を活用するより先に奇襲をかけることで、それしかないと判断した。彼らの主要攻撃目標は、ユダの王そのもの、戦車隊の

ヒッタイト軍、シリアのラメセス2世の陣地に攻め込む　エジプト軍の天幕を踏み越えると（図左手）、ファラオとその参謀たちの天幕のあるエジプト陣営中心部に向けて進撃する（図中央）。荷物や戦車、あるいは戦車からはずされた馬たちのうしろでは通常通りの業務がなされている（図右手）。陣営隅では輜重隊の若者たちが勤務に従事している。陣営外縁部は楯で防備されている。エドム軍が奇襲をかけたツォアルのイェホラムの陣営もこれに似たものだったに違いない。

士官たち（王は彼らに混じって陣を構えているはずである）、それに戦車と馬であった。攻撃をこれらの目標に集中することにより、彼らは敵の攻撃力を決定的に撃破しようとした。イェホラムは幸い、敵来襲の報せを受けて目を覚ますと、すぐに武装し、戦車から降りて休んでいた戦車兵たちの防衛体制をととのえることができた。もしその晩、ユダ軍のキャンプが通常の編成によっていたなら、「走る者」たちが戦車の隣かその近くに陣を張っていたはずである。そしてきっと敵来襲の報せに飛び起き、武器を手にすばやく敵の攻撃に応じたに違いない。その夜、王も、詩歌に讃せられていない多くの英雄たちも、よく戦ってそれぞれの責任を果たし、敵軍を打ち負かした。こうしてイェホラムは、彼が直接指揮を執った軍とともに難なく撤退できた。

とはいえ王イェホラムがエドム軍に包囲されて戦っている間、彼は残りの兵士たちの指揮を執ることができなかった。彼らは、自分たちの王がどうなったかもわからず、暗闇で指揮官もそばにいないところを奇襲されて文字どおりパニックにおちいり、あわてふためいて逃げ出した。兵力の多くをなくしたイェホラムは遠征を中止せざるをえなかった。そしてユダ国内に問題が発生し、王の注意はもっぱらそちらに向けられたため、エドムは最終的に独立を手に入れることができた。

エドムの独立はそれから二世代にわたり、およそ三五年間続く。一方、ユダはどん底に落ちた。北のイスラエルは、イエフの反乱に続く大混乱のただ中にあった。イスラエルというアラムに対する背後の楯を失ったユダは、絶頂期にあるダマスコの圧力に対し、自分ひとりで立ち向かわなければならなくなった。ダマスコを全パレスティナ地方の盟主にすることが夢だったアラムの王ハザエルは、パレスティナのすべての街道を自分の支配下に置こうとした。もしそれに成功したら、ハザエルは国際交易の世界において、かつてのダビデ・ソロモンと同じ地位につけるはずであった。

地政学的環境ではしばしば見られるように、「隣人の隣人」同士が同盟を結ぼうとする動きがふたたび出てきた。東のモアブ人とエドム人、そして西のペリシテ人は、独立しているのにユダヤ人の影響の下でじっとしているより、やや離れたところにいるアラム人の支配下に身を置く方が、ずっとましだと考えた。アラムの王ハザエルは、前九世紀最後の二〇年間になんどか軍事遠征を行ない、トランス・ヨルダンの「王の道」をモアブ領と接するアルノン川まで征服し、一方、西においては「海の道」をペリシテ人の都市ガトまで征服した。エドム人に加え、モアブ人やペリシテ人も、喜んでダマスコ発の交易活動の運搬人や仲介人として働こうとしたことは確かである。

だが、この点において、ハザエルは、自分の計画を完遂できなかった。ハザエルは、シス・ヨルダン（ヨルダン川西岸）中央を南北に走るユダ・サマリア山地の征服を控えたため、中央の分水嶺台地を走る道路は引き続きユダの支配下にあった。この内陸中央部を南北に走る線を軸にして、ユダはそこから東方の「王の道」あるいは西の「海の道」に接近するすべての道を続けて支配した。そのためユダの指導者たちは、彼らの山岳要塞から出て行って、失った領土や交易路を取り戻す好機の到来を待つことができた。

アマツヤによるエドムの再征服

今回復権のための行動を最初に起こしたのは、イスラエルではなくユダであった。前七八五年頃、アラム人が対アッシリア前線に神経を集中させている間に、ユダのアマツヤ王は、エドム再征服に乗り出した。アマツヤの計画はイェホラムが行なった遠征計画を参考にしながら、イェホラムがおちいった落とし穴を避ける道を考えた。アマツヤは、ツォアルから十一キロの距離にある「塩の谷」でエドム軍と出会ってこれを破ると、そのままエドムの首都セラ（岩の意）を含む北エドムの領土を征服して、ふたたびユダのものとした。彼はセラをヨクテエルという名前に変えた（列王記下14：7）。

このアマツヤのエドム遠征に関する歴代誌下25章の同じ出来事を述べた記事から、三つの興味深い事実を読みとることができる。第一に、ユダでは一定の間隔で男性人口の公的調査が行なわれていたが、大規模な軍事的計画が立てられる際には必ずその前に行なわれたことである。第二に、国民軍の兵役義務の年齢は二十歳と定められていた。その理由は容易に推測できる。十七歳から二十歳までの男子は、徴募された者たちに代わって仕事を引き受け、老人や女子供を助けながら農作業その他の事業に従事する必要があった。そうすることによって、彼らは自分たちの身体を鍛え立派に成長していく。息子に武器の使い方を最初に教えるのは父親の仕事であった時代、二十歳前の若者は、大きな軍事遠征に参加するにはまだ未熟と見なされていた。他方、国内戦線におけるこれらの若者たちの存在は、不測の事態において家屋敷を守ることのできる男子を欠かさないという意味で重要であった。

アマツヤは大志を抱く、非常に意志の強い支配者であった。彼の時代になってユダ軍にはじめて騎兵隊が導入されたことを明確に示す間接的証拠がある。しかしながら彼のあらゆる成功や意欲にもかかわらず、アマツヤはイスラエルに対するユダの優位を奪回することはできなかった。とはいえ、そうした競争から、両ユダヤ人王国間に再び積極的な同盟関係が生まれ、それが土台となって、聖書時代のイスラエルは二度目の黄金時代を迎えることになる。外面的には、ユダヤ人による統治が、かつての統一王国時代の領土の大部分と重なるほど拡大した。

ウジヤ

アマツヤがその息子ウジヤに対して果たした役割は、後にマケドニア王フィリッポス二世が息子アレクサンドロスに対して果たした役割に似ている。つまり、父が鍛えて造った道具を息子が用いて、王国に非常な繁栄と力をもたらした。アレクサンドロスとの関連でいうと、ヘレニズム時代以降、並外れた支配者を「大王」の称号をもって呼ぶのが慣習となった。たしかにウジヤは、その統治のあらゆる分野から見て「ウジヤ大王」と呼ぶにふさわしい王であった。国家の安全は常に、本章が主題とする軍事的事柄よりもっと多くの要因に影響されるものであるから、われわれは、ウジヤが立てた武勲について語るときも、それを可能にした文化的、社会的、宗教的、経済的な力のすべてを考慮に入れるべきである。

ウジヤ王の墓石　碑文には「ユダのウジヤ王の骨はここに移された。だれも開けてはならない」と記されている。アラム語の文体や書体から判断すると、ウジヤはハスモン時代あるいはヘロデ時代に再埋葬されたと思われる。ウジヤは最初、王たちの墓に埋葬されたが（歴代誌下 26：23）、たぶんその後、墓の損傷があったものと思われる。

彼〔ウジヤ〕は出かけて行ってペリシテ人と戦い、ガトの城壁、ヤブネの城壁、アシュドドの城壁を破壊し、アシュドドなどペリシテ人の地にいくつかの町を建てた。神は、ペリシテ人、グル・バアルに住むアラブ人、メウニム人に立ち向かう彼を助けた。アンモン人はウジヤに貢ぎ物を献げた。彼の名はエジプトの境まで届いた。彼は非常に強大だったからである（歴代誌下

26：6〜8）。

こうしてウジヤは、ペリシテをふたたびユダの完全な属国とした。ペリシテに対する支配を確実なものにするため、ウジヤはペリシテの主要都市のいくつかの城壁を破壊し、ペリシテの町や領地にユダ軍兵士を駐屯させた。それらの駐屯兵を保護するため、彼は特別の城塞を建てた。

ペリシテ人とネゲブおよび南トランス・ヨルダン（エドム）のアラブ諸族との地政学的・経済地理学的相互関係については本章の前の方でも触れた。ペリシテ人がユダに帰順したため、ネゲブの諸部族は、経済的にユダのなすがままに自分たちの販路を見つけなければならなかった。そうした環境にあって、彼らはユダの条件付きの覇権を受け入れ、その範囲内で生きるしかなかった。さらに、彼らのユダへの帰順が徹底していたことは、「エイラートの町を再建してユダに復帰させたのは彼（ウジヤ）である」という聖書の記述（列王記下14：22）から推測できる。それがペリシテ征服前であったか後であったかははっきりしないが、いずれにせよ、ウジヤは、彼の父の時代にはじまったエドム征服の目標を達成し、エイラートにふたたびユダの海軍基地を築くことで有終の美を飾った。

現在のテル・アビブ市郊外のテル・カスィーレに残る古代小都市跡から、「ベト・ホロンにオフィルの金……三〇シェケル」という碑文のついた陶片が見つかった。[30] この非常に興味をそそる碑文の最も簡単な解釈は、当時ベト・ホロンのイスラエルの要塞に駐屯していた部隊の金庫が、今日のテル・アビブ市の先がけになる王立の「倉庫の町」に駐在した司令官または主計官から、オフィル産の金三〇シェケルを受領したとするものである。オフィル産の金がイスラエルにおける合法的貨幣となった最も直接的な動機は、エイラートを基地とする紅海交易を——イスラエルの協力を得てあるいは得ずに——復活させたユダとの同盟が復活したことにあった。

「メウニム人」(メフニム人)は伝統的に、現在のヨルダン王国南部のマアン周辺地方に住んでいた半遊牧民であったとされている。アンモン人に加えてメウニム人についても言及することで、ユダの統治が「王の道」だけでなく、ヨルダン川東岸の台地とアラビア砂漠の間の縁辺部沿いのバイパスにまで及んだことを強調している。アンモン人あるいは彼らに続いてこれら砂漠縁辺地域の道を支配したその他の民族が見せた回復力は、言うなれば、征服者たちは(砂漠についての知識に欠けたため)砂漠縁辺部のバイパスをコントロールすることができなかったことに多く起因している。アンモンの特別な重要性は、この国が、アラビアからパレスティナ陸橋に通じる大路、ワディ・シルハンを監視する位置を占めていたところにある。ペリシテ海岸のアシュドド、エイラート、ペトラ(セラ、ウジヤの時代のヨクテエル)を結んだ三角地帯が完全にウジヤの支配下に置かれてしまった以上、アンモンとしてはユダの言うなりになるしか経済的利益を得る道はなかった。

最近になって、メウニム人をアッシリアの諸文献に登場する、北シナイあるいはカデシュ・バルネア地方に住む諸部族と同定する新たな見解が提案された。[31] メウニム人を東のマアン地方と結びつける先の伝統的見解と並んで、この見解も可能性として考えられる。なぜなら、ウジヤの統治の影響圏は「エジプトの川」(ワディ・エル＝アリシュ)の南にまで及んだからである。「エジプトの入口」の正確な場所を決めるのは不可能であるが、ペルシウム要塞とミグドルの要塞の中間、ティネ、ロマニ、カンタラの間の地域にあった。プトレマイオス朝とセレウコス朝、十字軍とサラセン、トルコとマムルーク朝、イギリスとトルコ、イスラエルとエジプトその他多くの軍がこの地域で衝突した。そこにはしばしばスエズ運河沿いに、「エジプトの入口」を守るための要塞がいくつも建設された。[32]

ウジヤの業績は、北シナイで交差する「海の道」の二本の支線、そしてたぶん南の迂回路も合わせて支配したことである。それができたのは、その地域にある防備をほどこした水源をユダの支配下に置いたからである。歴史を通じてすべての道はそれらの水源の位置によって決定されたのである。イスラエルのエジプト脱出について論じた際に見た通り、それらのシナイの道を交易および戦略の視点から支配していたのは、エジプトである。ファラオの権力の弱体化とユダヤの再興の時がたまたま一致したため、エジプトはシナイからエジプトに通じる重要な道の支配権を放棄せざるをえなかった。こうしてユダがエジプトに代わって、砂漠の交易路沿いの拠点を支配することになった。

ユダ南部および農村の民兵

ウジヤのもうひとつの偉大な業績は、ネゲブそのものにかかわるものである。

彼はまた荒野に塔を建て、多くの溜池を掘った。彼はシェフェラ〔ユダ丘陵地と海岸平野の間の低地〕と平地に多くの家畜を所有し、山地や肥沃な地に農夫や葡萄造りをもっていた。彼は土を愛した（歴代誌下26：10）。

この簡潔な文章から、ウジヤはたぶん王国南部の既存の居住地や農地をかなりの規模で拡大したことが推測できる。考古学的調査結果から、ウジヤが集中したのは、ソロモン時代の中央ネゲブ台地における事業を再興することではなく、ユダ山麓地帯、ベエル・シェバ谷およびその他の砂漠縁辺地域への入植と農業活動の強化であった。

これらの地域の防衛に当たったのは、中心部の要塞を除けば、すべて、ソロモン時代の例にならって、農村に入植した民兵であったと考えられる。

民兵によるネゲブの国境警備体制を新たに創ったのは、たぶんウジヤではなく、ヨシャファトであった可能性が高い。それにもかかわらず、その大事業を復活させさらに拡大したのはウジヤである。ウジヤの才能は、多くの問題を総合的見地から解決しようとした点に見ることができる。事柄ひとつひとつを取り上げるとたしかに「問題」なのだが、しかしそれらを互いに組み合わせると、ひとつの達成可能な総合計画が生まれるのである。

たとえば、ユダの人口過剰の問題がそうである。ユダが繁栄し、人口がある限界を越えて増加すると、耕作地が不足する問題が生じる。西は海、北はイスラエル国、東はエドムと国境を接する砂漠と、三方の行く手を阻まれたユダに残された土地はネゲブしかない。ユダの王たちは、過剰人口をネゲブに入植させることで、既存の王国内の定住地が圧迫されるのを防いだ。またそうすることで、必要としている者たちのための畑地や家を新たに創出し、開墾地の面積を広げ、ネゲブ縁辺地域の交易と防衛のための安全な戦略的基幹施設を創造し、遊牧民の侵略を防ぐために築いた要塞ネットワークに奥行きをもたせることになり、国境や街道を守るマンパワーを増やし、そのために、かかる経費の少なくとも一部を入植者自身が生み出すことができた。(33)

ソロモンを手本にしたヨシャファトからウジヤが学んだ教訓はほかにもあった。ペリシテ人はユダに服従し、たぶんその方面の治安はそれまでになく確かになったと思われる。しかし、他方、ペリシテ人はユダにとって親の代からの敵、それもユダのすぐ隣りに住み、ユダが他の大国の侵略に遭ったときにはすぐに背後からユダを襲おうとする最も危険な敵であった。しかし、そのペリシテ人を、ウジヤは根絶しなかったし、その力の弱体化を計ろうともしなかった。その理由は、ちょうどイスラエルにとってツロのフェニキア人がそうだったように、ユダにとってペリシテ人は、ユダの産物を海外に船で運ぶ上で重要な運搬人の役目を果たしたからである。ペリシテ人は、自分たちの商取引上のつながりを企業秘密として固く守りながら、ネゲブを横断する内陸貿易の要所のかなりの部分を、依然掌握していた。そのためウジヤは、先代の王たちのように、ユダの交易事業にとって重要な「枝」が切り落とされることを恐れた。ウジヤは、ガザやアシュケロンのような町に対しては、城壁を破壊したりせず、むしろ特恵扱いすることで、ペリシテ人をユダの事業により積極的にとりこもうとした。

ウジヤの参謀本部と軍隊

軍事関連の研究者ならだれでも、あのウェリントンがこぼした愚痴について知っている。国防大臣が要求している通り官僚的形式主義に従うのか、それとも自分の判断に従って軍を率い、戦闘に勝とうとするのか。老兵は皆、官僚的形式主義によって多くの戦術が混乱におちいったというウェリントンの意見に賛同するであろう。他方、彼らは、健全なスタッフ業務は勝利のための必要条件のひとつであるという見方に賛同するであろう。そこでわれわれは、ウジヤの参謀本部の中をほんのちらっとでも覗けるのは幸いである。三人の役職者についての言及が見られる。（1）参謀長ハナニヤ。王がいない時、彼が軍を指揮した。（2）高級副官（または人事局長）イェイエル。軍の名簿を管理し、事務関連の仕事いっさいを受け持つ。ヘブライ語はソフェール（字義通りには「書記」）で、諜報局長の任務も負った。（3）ショテール。総司令部（GHQ）から出された命令が遵守されているかどうかを監視する。ひょっとすると兵站部業務が正しく実行されているか監察する仕事ないしその一部も含まれる。

ウジヤの軍隊はユダの伝統的武器を使用した。「ウジヤは彼ら全軍のために楯と槍、兜と鎧、弓と投石用の石を用意した」（歴代誌下26：14）。聖書にはダビデ時代以降のユダの軍備のことがくり返し語られている。それはもちろん、武器が訓練ですり切れたり戦場で折れたり失ったりするからである。携帯用武器に極端な変化があったのかどうかはわからないが、時どき小さな変更や修正が加えられ、そのつど軍の再装備が行なわれた。武器の統一については当時でさえ議論があった。さらに、貧しい者たちは、指示された武器を自分で調達などとうていできなかった。ウジヤは、全国民軍を統一さ

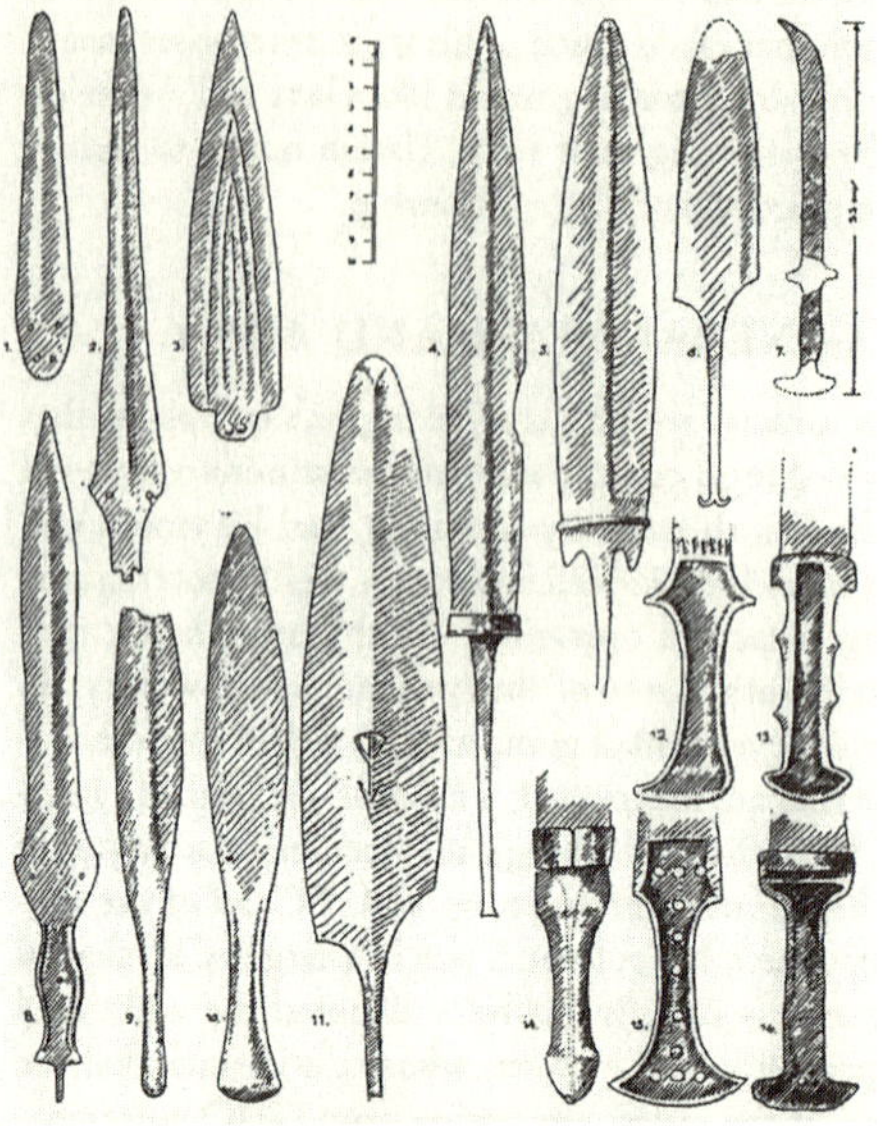

前２千年紀および前１千年紀の短剣

れた武器で装備した最初の王である。あるいはそのことが記録された最初の王である。ウジヤが軍に持たせた武器のひとつに「シルヨノート」と呼ばれるものがある。欽定訳はそれを「鎖かたびら」と訳しているが、実際にはそれは身体を防護する武具（鎧）一般を指す。それぞれ異なる軍備や任務によって、各部隊が身に着ける防具も異なったと考えられる。有名なユダの密集歩兵隊は、アッシリアの密集歩兵隊のように、兜、鎖かたびらを着け、重いサンダルを履いたかもしれない。

もうひとつ、ウジヤの軍組織で注目したいのは、世襲階級「ギッボレイ・ハイル」についての言及である。これは一般に「有能な勇士」と訳される。われわれは、少なくともその一部は、ダビデのエリート護衛兵団「ギッボリーム」の末裔ではなかったかと考える。ギッボリーム（「英雄たち」）は王から領地を与えられた騎士階級で、軍隊組織の支柱を構成していた。もっとも、彼らは土地所有者であったから、常備軍よりもむしろ「武装した人々」の一部であった。道具と暇のある生活を営むことができた彼らは、一般市民より熱心に武器の扱いの訓練を積んでいた。この騎士階級は二六〇〇家族あり、国民徴募軍は彼らの指揮下に置かれた[34]（歴代誌下26：12〜13）。

そうした兵士たちを率いて、ウジヤは多くの軍事的勝利を収めた。またそうした軍の最高司令官として、ウジヤは堂々と亡くなったヤロブアム二世に代わってシリア・パレスティナ連合軍を率い、オロンテス川中流のハマトでアッシリア軍を迎え撃った。あのカルカルの戦い（一九三〜一九四頁参照）の場合同様、ハマトの戦い（前七三九年頃）は行きづまりの形で終わったらしい[35]。しかしながら、今回は、アッシリア軍は撃破されなかった。前七三八年、ティグラト・ピレセル三世は侵攻を再開し、連合軍勢力を粉砕し、シリア全土を占領することに成功した。

アッシリアの年代記によると、ウジヤも勝利者であるアッシリア王に対し忠誠を誓わされた。だが、ティグラト・ピレセル三世は、ハマトの戦いでの決定的勝利を活かしさらに南へ深く進むことができたのに、それを止めた。その理由のひとつは、彼がユダ軍の実力を甘く見ていなかったからであり、その判断は正しかった。前七三四年に南への軍事遠征を開始したときも、ティグラト・ピレセル三世は、ユダ本土へは少し侵入するだけにとどめている。

軍の移動

ウジヤのシリア遠征軍も、カルカルに向けて進軍したアハブの遠征軍と同じ兵站学的問題をかかえながら進軍した。ユダの野戦軍の進軍、野営、通信、戦術的展開についてどのようなことがわかるだろうか。幸いにも、エジプトから脱出したときのイスラエルの進軍に関する興味深い記事が民数記にあり、そこに記されていることは、ユダ王国の軍隊についても当てはまると考えられる。

民数記10章によると、いついかなるとき攻撃してくるかもしれない住民の土地を進まなければならなかったイスラエルは、四つの連隊〔デゲル〕に分かれ、各連隊は三つの軍勢から成った。司令部および参謀は、第一連隊の後に続き、幕屋（移動式聖所）はおそらく輜重《しちょう》隊とともに、第二連隊と第三連隊にはさまれる形で進んだと考えられる。主隊列の前には先遣隊がいて、次の野営地の選択などの任務を負った。

この編成や配置は現代にいたるまで基本的に変らなかった。司令部を第一連隊の後ろに設けるのは、隊列の先頭が敵の攻撃を受けた際の司令部の安全を考えての配置である。前には敵からの直接的攻撃に対処できるだけの十分な兵力があり、司令官は状況を自分の目で確かめて判断でき、しかも敵から十分距離をとりながら最も適切な行動への判断をくだせる位置にいる。一方、自軍の主力部隊はまだ交戦していない。事実、その前に先遣隊からはひんぱんに警戒信号が送られてきているはずである。

もてる時間と兵力を最大限に活かすため、指揮官は、戦闘においてだけでなくあらゆる状況においても、自分の軍隊を展開し指揮するための簡単な伝統的信号や合図を必要とした。その目的のためにイスラエル人が使用したのは、旗と管楽器であり、それは野戦用携帯電信機が登場するまで、すべての軍隊によって使用された。

民数記10：4～6はイスラエル人が用いたラッパによる合図のことが記されている。それを現代の言葉に訳すと、以下のようになる。(1)ラッパを一回吹く──「Oグループ」の召集。たとえば、指揮官たちが総司令官の命令と指示を受けるための召集の合図。(2)警報のラッパを(上の召集ラッパとは調子を変えて)一回吹く──東側の部隊、前進!(3)ラッパを二回吹く(あるいは、二度目のラッパの合図で)──右翼、前進!(4)信号音を聞いた部隊は、応答のラッパを吹いて、命令をたしかに受け取り、ただちに実行に移ることを伝える。

戦術的動きの合図に旗が使用されたことは、聖書の記述からわかる。たとえば、イザヤ書5:26の「彼は旗を掲げ……すると見よ、彼らは急いで走って来る」や同11:12の「彼は旗を掲げ……集める」。エレミヤは、旗による後退の合図について語っている。「旗を掲げよ、シオンに向けて。逃れよ、立ち止まるな」(エレミヤ書4:6)。戦闘の最中に音のしない旗の合図に目を向けさせるには、旗と角笛がいっしょに用いられた(イザヤ書18:3)。

野営するときは、各部隊はそれぞれすでに先遣隊が印をつけておいた場所に直行する。こうして、原則として同じ隊形で宿営したことで、野営のためにむだな時間を費やしたり混乱におちいったりするのを防いだ。実際、遠征軍にとって、野営地でキャンプを張る時は敵の攻撃を受けやすかった。それは、紀元七〇年に宿営の準備をしていたローマ軍が二度もユダヤ軍の襲撃を受けて、対ユダヤ戦争全体を通して最大の危機におちいった事実からも明らかである。(36)

民数記2章に記されているイスラエル軍の宿営の形は、不思議なくらい、有名なローマ軍のキャンプ「カストラ」のそれに似ている。「カストラ」は、これまでローマ軍の兵站学上の最大の業績と言われてきた。イスラエルの宿営は四区画に分けられたが、ローマ軍の場合は三ないし四区画に分かれ、各部隊は常に同じ場所で宿営した。いずれの場合も、宿営の中心に司令部、聖所、指揮官のテントが張られた。偉大なオランダの将軍で思索家、ナッサウ公ウイリアム・ルイ（一五六〇～一六二〇年）は、イスラエルの宿営の復原に関する一組の研究をまとめ、オランダ軍はそれをモデルにして独立戦争を戦った。彼の書物はその後のヨーロッパの多くの軍改革の基礎教科書として用いられた。[37]

ユダの軍旗はどのような形をしていたのであろうか。近代の民間伝承では、「ヤコブの祝福」（創世記49章）で用いられているイスラエル十二部族の象徴がそれぞれの旗のしるしとして使用されている。古代イスラエルの各部族は自分たちのシンボルを持っていたであろうが、はたして族長ヤコブが用いたものがそれであったかどうか、残念ながら明らかではない。ヤディン教授は、翅を広げたカブト虫、またはそれに似た有翼円盤を長い竿の先につけたものがユダ王国の軍旗ではなかったかと推測する。R・D・バーネット教授によると、大英博物館は、ユダ王国がアッシリアの王にみつぎ物の一部として納めた複数の金属製皿を所蔵しており、それらの皿には軍旗をもって行進する旗手たちが描かれている。[38] 少なくとも一部金属製の軍旗は、とりわけ戦闘において、ちょうどヨシュアがアイを攻撃したとき自分の剣か槍か楯を用いてしたように、太陽光線を反射させて合図を送るのに使用されたのではないだろうか。

ウジヤの後を引き継いでユダの王となった息子のヨタム（前七五八～七四二年頃）は、その治世を通じて、父の時代の繁栄と力を維持することに成功した。アンモンはイスラエルの衰退を機にその支配を脱したが、ヨタムはアンモンと戦って勝ち、年貢を納めさせた。その点でも父王ウジヤに似ている。

ヨタムはエルサレムの防備を堅固にし、さらに森林地帯にも要塞や塔を建てた（歴代誌下27：3〜4）。彼が肥沃な北ネゲブ縁辺地域の防備にも力を入れたことは、考古学的証拠から明らかである。考古学者たちは、ネゲブのアロエル要塞の建設をヨタムより後のマナセの時代に帰しているが、戦略的視点から考えると、この地域全体をおおう小要塞網だけでなく、アロエルのような大きな要塞がヨタムの治世に築かれたことは十分に考えられることである。(39)

第11章　ユダ最後の世紀

ユダが外部勢力の援助なしにアッシリアの圧力にいつまでも耐えられる望みはなかった。しかし、どういう理由からであれ、ウジヤの孫アハズは、ダマスコの王レツィンとイスラエルのペカハが反アッシリア同盟への参加を求めたとき、それを拒否した。ひょっとすると、アハズは、遠方のアッシリアとの同盟を遵守している限り、そして将来アッシリアがエジプトと戦うことになり「海の道」を自由に往来するのを邪魔しなければ、アッシリアもユダ山地にまで足を踏み入れて余計なエネルギーを費やそうとはしないのではないか、そう考えたかもしれない。たしかに、さし迫った大国同士の流血を避け、比較的安全なユダ山地にいて事の成り行きを見守ろうとするのは無鉄砲な行為ではなかった。だが、ダマスコとイスラエルの置かれた状況はその逆であった。両国ともアッシリアの軍事作戦の中心軸の上にあり、将来アッシリアがパレスティナのより直接的な支配に乗り出せば、彼らの存在が危機にさらされるのは間違いなかった。それゆえ、アハズが同盟への参加を拒否すると、ダマスコのレツィンとイスラエルのペカハはユダ領内に攻め入り、強引にアハズを仲間に加わらせようとした。彼らは、アハズとダビデ王朝を権力の座から追い払おうとさえした。

預言者イザヤはアハズに「これら二切れの木っ端のくすぶった燃えさし」を恐れてはならないと言って元気づけようとしたが、アハズはパニックにおちいって、ティグラト・ピレセル三世に助けを求めた。アハズが自信をなくしイスラエルとの内輪もめに心を奪われている間に、ユダはエドム、ペリシテ、そしてネゲブの大部分を失った（列王記下16章、歴代誌下28章、イザヤ書7章）。

国家の運命はしばしば、最も過酷な事態に直面したとき、立ち上がってそれに挑戦する能力があるかどうかで決まる。まさにそうした挑戦の重大さこそが、国家を活気づけてひとつにまとめ、大きな力を発揮させるのである。一九四〇年のフランスの降伏、イギリス軍のダンケルク撤退、そしてドイツ空軍によるロンドン大空襲は、イギリス的無関心の足かせを打ち砕き、英国を万能のナチスとその同盟国に対する勝利の道へと向かわせた要因であった。国内抗争に明け暮れ、国外の出来事には無関心だったユダ国民に、多くの点でそれと同様な効果をもたらしたのは、前七二二年のサマリア陥落の出来事であった。住民はアッシリアの地に捕囚として連行され、それまでユダヤ民族を構成していた十二部族のうちの十部族が消滅した。その「トラウマ」が、ユダ国民を精神的に復活させたのである。事実、ユダ国民の間に、ただ彼らの国家的アイデンティティや独立を守るためだけでなく、彼らの精神的・物理的影響をかつてのイスラエルの地にまで可能な限り広め、そのための身体的犠牲も惜しむまいという強い気運が生まれた。

ヒゼキヤの治世

もちろん、そうした国民の感情の急激な高まりを良きことに利用し、国家救済の方向に仕向けるためには、それにふさわしい人材が各所にいて、しかもそれらの人びとを正しい時に正しく引っ張っていける正しい指導者がいなければならない。アハズの息子ヒゼキヤはそのような人物であった。ヒゼキヤの治世は前七二四年頃に始まり、三〇年続いた。それは正しくも聖書が最も高く評価している治世である。聖書の年代記は、「すべてのユダの王の中で彼のような者は、彼の後にはいなかったし、その先にもいなかった」とまで記している（列王記下18：5）。

国内改革に関しては、ヒゼキヤ〔イェヒズキヤフともいう〕は、ヨシャファトのように、ダビデ時代を見ならって、レビ人に彼の文化的・行政的・宗教的改革の「先触れ」の役を与えた。防衛に関しては、彼はネゲブとエドムに対する支配の復活を目指し努力した。両地域に対する支配と安全を恒久的なものにするため、それらの地域にシメオン人〔イスラエル十二部族のひとつ〕の余剰人口をできるだけ多く入植させ、そこを彼らの恒久的居住地にする計画を立てた。ヒゼキヤは、もとの北王国イスラエルの地に勢力を広げるにあたり、まずレビ人を宗教的先遣隊として送りこんで、ベテルやサマリアにあった祭壇を破壊させ、捕囚として連行されずに残っていたイスラエル人たちに、エルサレムをイスラエルの精神的中心として受け入れ、犠牲の捧げものはエルサレムの神殿に捧げるように呼びかけた。さらに、ユダの人口を増やすために、イスラエル北部に住むアシェル族やゼブルン族の者たちにユダに来て住むよう促した[1]。

治世のある段階に来て、ヒゼキヤはアッシリアに対し反旗をひるがえした。

ヤハウェは彼と共にいて、彼はどこに出て行っても成功した。彼はアッシリア王に反逆し、その僕とならなかった。彼はペリシテ人を、ガザとの境界の領域まで、見張りの塔から城壁のある町まで攻撃した（列王記下18：7〜8）。

ペリシテ人との関係はある意味でそれよりもっと複雑であった[2]。アハズ治世の暗い時期は、ペリシテ人がギムゾ、アヤロン、ソコなどの町のあるユダ山麓地帯を占領したため、ユダとペリシテの間には再び相互不信や嫌悪の空気がただよっていた。ところが、その空気を緩和する巨大な危険、つまり共通の敵が現れた。さらに、ペリシテ諸都市の王たちは、北と南の大国から来る互いに矛盾した約束や圧力にさらされて、いまやペリシテ人の間でも意見や態度の対立が起きていたことも聖書外史料から知ることができる。ヒゼキヤはそうしたペリシテの足並みの乱れを利用し、反アッシリアの立場をとっていたアシュケロンと同盟を結んだ。その結果、彼は、アハズ時代にペリシテ人に占領されたユダの領土の大半を取り戻し、ガザの領地の多くを自分の支配下に置いた。ヒゼキヤは、アシュケロンのツィドカと協力して、エクロンのペリシテ人王パディを退位させると、彼をエルサレムに監禁し、代わりに反アッシリア派の人物をエクロンの王座に据えた。こうしてアッシリアとの衝突は避けられないものとなった。

その頃にはヒゼキヤはすでにバビロニアと交渉を始めていたはずである。[3] バビロニアは、アッシリア帝国の主要部を成すメソポタミア内に反乱を起こさせることで、アッシリアの支配に対し深刻な揺さぶりをかけていた。いずれにしても、北王国が征服され多数のイスラエル人がアッシリアに捕囚として連行されたことで、ヒゼキヤは現在アッシリア国内で何が起きているかについての確かな情報を絶えず手に入れることができたはずである。

ユダ・アシュケロン同盟の第三のパートナーは、もちろんエジプトである。かつてのエジプトの力を取り戻せなかったファラオたちも、エジプト以外の大国がパレスティナの主権を握ったなら、必ず次は途方もない資源と富に恵まれたナイルの国の征服を目指すことを知っていた。そのためファラオ・シャバカは、反アッシリアの旗を掲げるユダ・アシュケロン同盟の積極的メンバーであった。[4]

ヒゼキヤは、アッシリアの王センナケリブに挑戦することでユダ王国をどれだけ大きな危険にさらすことになるかよくわかっていた。彼はアッシリアの攻撃に対し十分な備えをし、ユダ全土に最高度の臨戦態勢を敷いた。

ヒゼキヤが力を入れた防備体制のなかでも、エルサレムのそれは有名である。「王は意を決し、壊れた城壁をすべて補修し、塔を高くし、外側にもう一つ城壁を設けた。またダビデの町のミロを強化し、投げ槍と楯を大量に造った」（歴代誌下32：5）。言い換えれば、ヒゼキヤは、アハズ時代に造られて以来、誤った安心感からかあるいは経済的窮乏からか、放置されたままだった城壁の破れを修復した。エルサレムの西の丘の新居住区の周囲に城壁を築くなど、エルサレムの防衛体制の基本的拡充の仕事は、すでにヒゼキヤの曾祖父、ウジヤ大王の時代に済んでいた。「ウジヤはエルサレムに角《すみ》の門、谷の門、城壁の角に塔を建て、多くの溜池を掘った」（歴代誌下26：9～10）。ヨタムも父ウジヤの事業を継続し「ヤハウェの神殿の上の門を建て、オフェルの城壁の拡大を行なった」（歴代誌下27：3）。ナフマン・アヴィガドが行なった発掘で、現在のエルサレム旧市街の通りの下一・八～五メートルの層から幅六メートルもある大きな城壁跡が発見され、考古学的検証から、それらはウジヤかヨタムのいずれかの治世に築かれたと考えられる。この城壁の発見により、エルサレムの西の丘は捕囚以前から城壁に囲まれたエルサレムの一部を成していたことがはっきり証明された。

エルサレムの北の城門付近の城壁跡についての詳細はまだ完全に明らかではない。しかしながら、ユダの土木技師たちは、古代ギリシアに一般的な（たとえばアテナイ、ペルゲ、スィデ）、そして近代初期のヨーロッパで復活した凹角堡で城門を守る高度の建築技術をもっていたという印象を受ける。したがって、城門の壁はU字型（ペンチ型）をしていて、しばしば二セットの城門が——ひとつは「ペンチ」の端に、もうひとつはその基の部分に——建造された。「ペンチ」の両腕によって作られた狭い「中庭」は、そこを通り抜けようとする敵兵たちにとって、後方の門や「ペンチ」頂部の飾り（クレスト）から雨あられと飛んで来る矢や石に撃たれて倒れる「墓場」である。敵兵は奥へ入りこめば入りこむほど、槍その他の武器の的にされる。[5]

どの要塞にもある弱点――要塞入口や防御側にとっての「死角」が生じる城壁の角など――に対しては特別の注意が払われた。具体的対応は、城壁より前に突き出た塔の建設である。それにより、防御側は城壁に迫る敵兵に側面から矢や石の雨を浴びせることができた。歴代誌記者によると、ウジヤはこれらの塔に「ミサイル発射装置」を据えた。「彼はまたエルサレムで、発明者の工夫により、矢や大石を放てるように工夫した装置を造り、塔や城壁の角の上に設置した」（歴代誌下26：15）。「発明者の工夫により……工夫した装置」は、原文のヘブライ語「ヒシュボノート・マハシェヴェト・ホシェヴ」の七十人訳ギリシア語聖書にもとづく訳であるが、原文の意味ははっきりせず、いろいろな解釈がなされている。もし、上の一般的訳が正しいとすれば、それは「弩砲《どほう》」（攻撃用〝ミサイル〟〔矢・石〕発射装置）についての最古の言及ということになる。それは「弩砲」のいちばん古い具体的証拠の年代より五〇〇年も古く、「弩砲」ではないかと言われているものよりも三〇〇年も古い。しかし、そのことは七十人訳ギリシア語聖書の訳の自動的否定にはつながらない。古代のユダヤ人の器用さや技術力の高さを証明する資料が増えつつあり、ユダのように常に防衛上不安定な状況にあった小国が、その器用さや創造的能力を軍事的発明に注入せざるをえなかったのは当然である。一体、古代世界の闘技場ともいうべきこの地域で生き抜くために、ほかにどんな道があったであろうか。

ところで、ローマの伝承は、「弩砲」はシリア・フェニキア地方で発明されたとしている。だが、「ヒシュボノート」と石弓（投石機）あるいはそれに類似したものとの同定に反対する意見のひとつは、聖書時代における最強の軍事大国であったアッシリアの資料にそれに関する言及や描写がまった

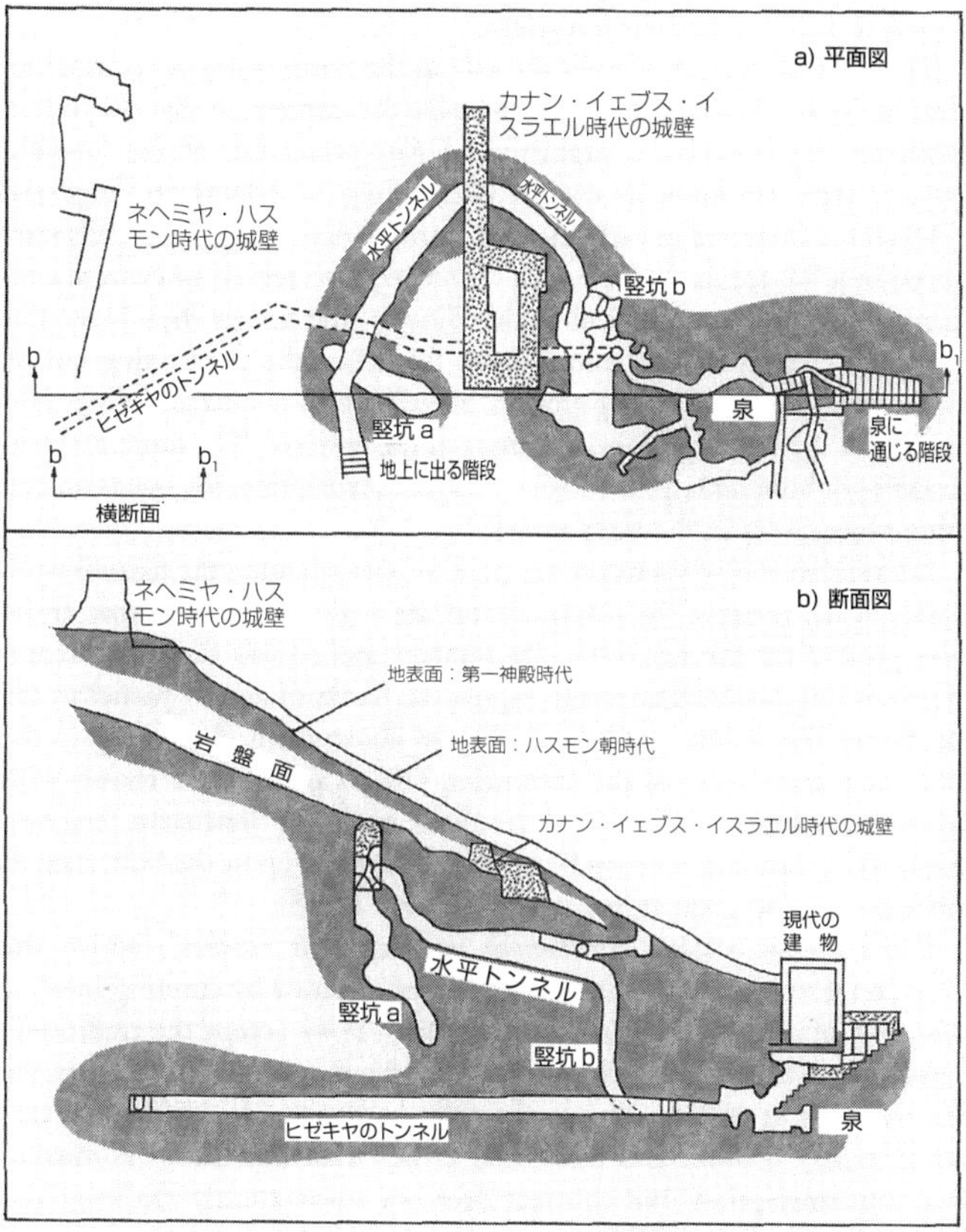

図 28

エルサレム　イェブス時代あるいはそれより古い「ツィンノール」、およびヒゼキヤのトンネル。平面図（上）と断面図（下）。

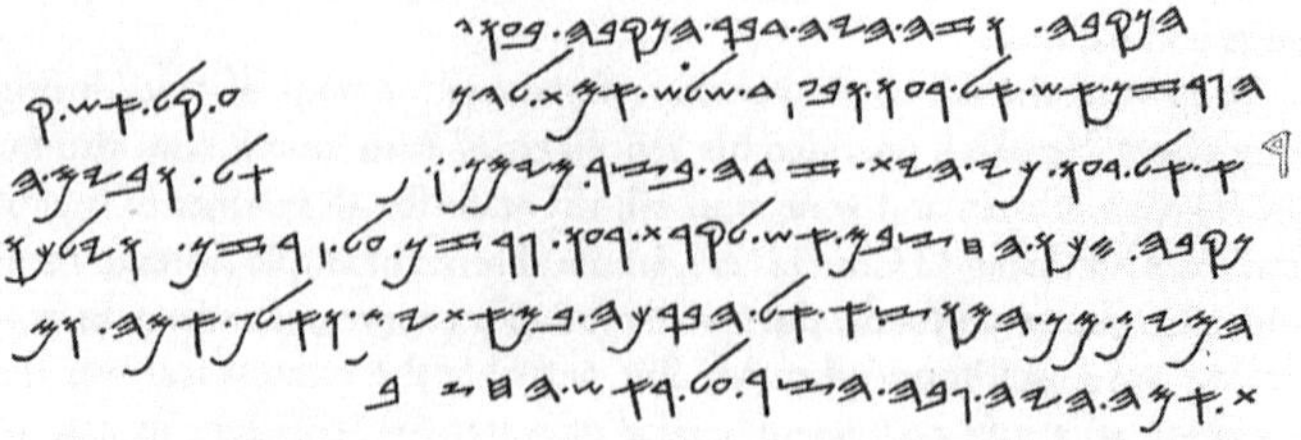

シロアム碑文　ヒゼキヤ王（前726～697年）の命令でギホンの泉の水を城内に引くために掘った地下トンネルの完成を記念してトンネル内に刻まれたヘブライ語碑文。それによると、石工たちは、トンネルを左右両側から同時に掘りはじめ、最後に中央で出会った〔蛇行するトンネルの長さは全長533メートル（直線距離320メートル）〕。

く見いだされない事実を指摘する。たしかに、たとえそれがアッシリア人の発明でなかったとしても、当然彼らはそれを採用したであろうし、少なくともその捕獲や破壊についての言及があったはずである。

そのことを考慮に入れながら、ヤディン教授は、「ヒシュボノート」は「木材」を指すセム語に由来することから、それは古代の図像資料から知られる「木製ギャラリー」ないし「胸壁」とする見解を提案した。つまり、城壁や塔の上に足場を組んでさらに高いところにスペースを設け、必要なときはいつでも兵が配置につけるための建造物である[6]。敵が飛ばしてくる石や矢から兵士を守るのに加え、火矢などで木造の胸壁が燃えるのを防ぐため兵士たちの楯を――必要な場合はさらに多くの楯、バックル、小丸楯も――胸壁の梁に縛り付けた。同様なものは、紀元十六世紀になっても城や町の防衛のために建造された。重要な問題は、そうした木造建造物は、中東のような地域では非常に燃えやすく、乾燥が非常に激しい暑い夏と強風が及ぼすマイナスの影響、またそうした構造物に兵士が乗るのは、実際に敵が城壁に接近してきた時に限られることを考えると、ヤディン教授の独創的で魅力に富む見解はやや説得力に欠ける。

ウジヤが考案した建造物や装置が何であれ、ヒゼキヤがそれらを彼の防衛システムに取り入れたことは疑いない。上に引用した、ヒゼキヤのエルサレム防衛に関する歴代誌下32章の記述には「投げ槍と楯を大量に造った」ことが含まれている。これは、彼が、木製の足場を守るためと防御側兵士を敵の矢や投石から守るための楯を余分に用意したことと呼応する。他方、「投げ槍」は投石機（カタパルト）や投射機（バリスタ）で飛ばした丸石や太矢のようなものであった可能性もある。

国内の要塞が敵に包囲され、最後は食糧の欠乏が理由で陥落するということがないように、ヒゼキヤは、「城壁で囲まれた町」に「収穫した穀物、葡萄酒、油のための倉庫を造った。またすべての家畜のための畜舎と羊の群れを入れる囲いを造った」（歴代誌下32：28）。肉その他の保存食を保管するのに十分な倉庫がなかったため、生きた家畜を非常食としたのはよく考えられた処置であった。

しかし、たぶんヒゼキヤの最も偉大な業績は、エルサレムが敵に包囲されたときの水源確保に対する処置であろう。「ギホン（の泉）の上方の出口を塞ぎ、下方にあるダビデの町の西側に向けて水をまっすぐ流れるようにしたのは、このヒゼキヤである」（同32：30）。ヒゼキヤの技術者が行なったのは、ダビデの町（のある丘）の麓にあるギホンの泉の出口を塞いで、水が長さ五三三メートル（両端の落差二・一三メートル）の地下トンネルを通って城壁の内側に造られた人工池まで流れるようにすることであった。一八八〇年、いまや「シロアム碑文」として有名な碑文が地下トンネルで発見された。それは地下トンネルの完成を記念してトンネル内の壁に刻まれていた。[7] 現存の碑文断片には以下のように記されていた――

……そして、これがトンネル貫通の次第である。石工たちが（岩のむこうの）仲間たちに向かって斧を振るっていた時、貫通までまだ三キュービット（一・三メートル）あったが、相手を呼ぶ人の声が聞えた。壁に亀裂が南から北に向けて走っていたからである。そして貫通の日、石工たちは仲間と出会うため斧を振るった。こうしてついに水は泉から池まで一二〇〇キュービット（五三三メートル）の路を流れていった。石工たちの頭上の岩の厚さは一〇〇キュービット（四四・四メートル）であった。

前七〇一年、アッシリア軍が怒濤の勢いで迫ったとき、ヒゼキヤの念入りの準備が功を奏した。センナケリブの遠征ルート、彼の軍の本隊および別動隊、そして長い包囲戦などについては第9章との関係で述べた。

ここでは、アッシリア軍の攻撃が始まる前の土壇場における、ユダの人びとによる周到な準備について触れよう。

ヒゼキヤは、センナケリブが来て、エルサレムに対し戦いを仕掛けようとしているのを見ると、

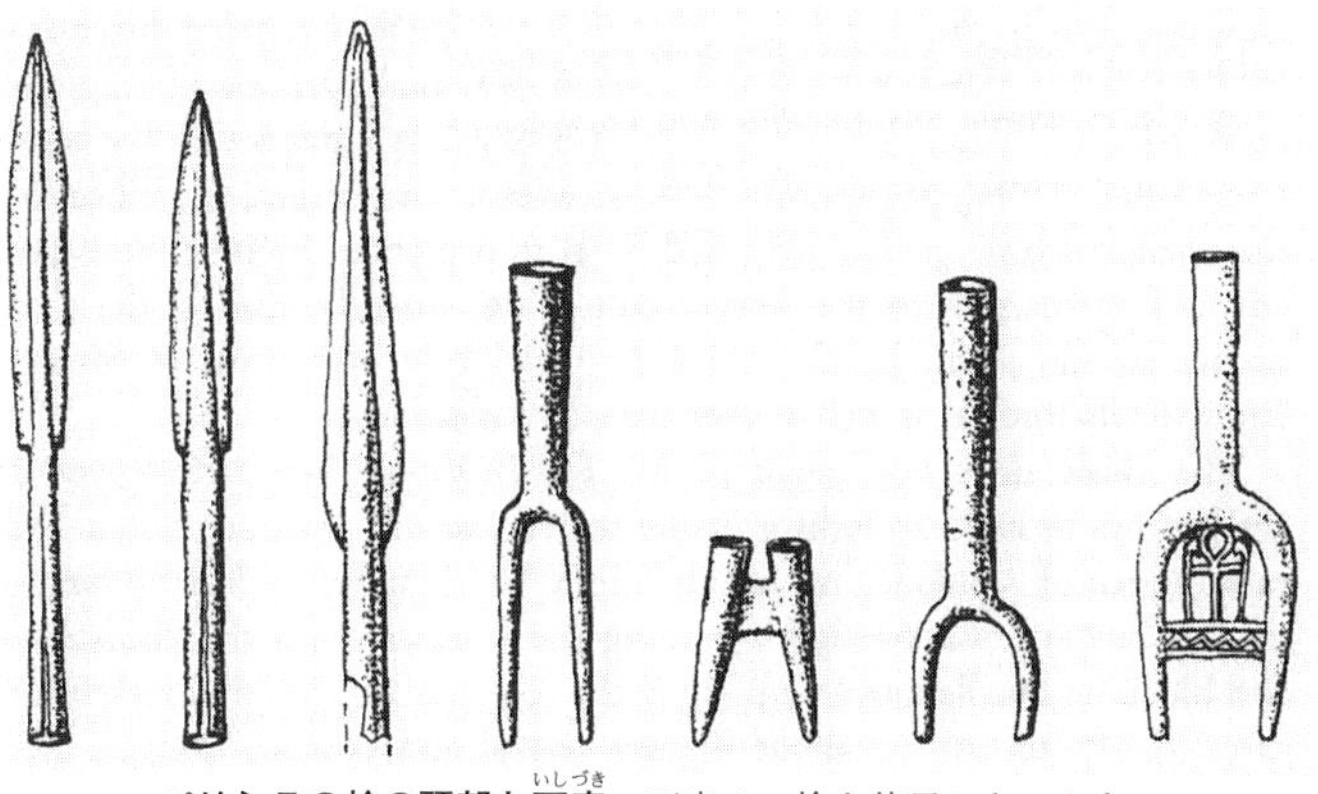

ペリシテの槍の頭部と石突《いしづき》　石突は、槍を使用しないときにそれを地面に突き刺しておくためフォーク状になっている。

彼の高官たちや勇士たちと協議して、町の外にある泉の水を塞き止めようとした。彼らは王を支持した。彼らは大勢の民を集め、すべての泉とその地を流れる谷川を塞き止めてこう言った、「アッシリアの王たちがやって来て、豊富な水を見いだしてよいだろうか」（歴代誌下32：2～4）。

それは、真の意味での（ロシア人が一八一二年に、そして一九四一～四二年にふたたび用いた）「焦土戦術」ではなかったにせよ、非常に厳しい、田舎に住む農民と羊飼いの両方に害をもたらす戦術であった。その戦術を実行に移すに当たって、ヒゼキヤは民の協力を得なければならなかった。そして彼はそれを得た。民の協力を得るための道具の役割を果たしたのは、少数特権階級の「ギッボリーム」であった。ギッボリームが自分たちの領土の水源をふさぐ作戦に同意し手本となってくれたため、小作人たちの了解も得られ、その結果、侵略者たちは水の欠乏によって力を失った。

歴史的資料にはしばしば一般大衆の態度や反応についての記述が欠ける。われわれは、センナケリブがラキシュを攻囲していたときに、ユダの山中に隠れていた一部のユダ国民の気持ちがどうだったかを知るという、思いがけない幸運に出会った。[8] それらラキシュの要塞都市近くの広々とした洞穴に身を隠した人びとは、それぞれの思いや感情を洞穴の壁に刻み、そのはけ口にした。「全能の神よ、われわれを救ってください」という悲痛な訴えは、人びとの恐怖を如実に語っている。「全能の神は全地の神、ユダの山々は、エルサレムの神なる全能の神のものである」は、ユダ王国の成功と救済を願う祈りである。他方、「全能の神よ、あなたはモリヤの丘〔エルサレムの神殿の丘〕をあなたの住処として特に愛されます」に、エルサレムがアッシリア軍の攻囲に最後まで耐え抜くことに成功した報せと、自分たちも救われて隠れ場所から出ることができた彼らの喜びが表現されている。

これらのグラフィティの中には複数の船や三人の人物の絵も見られる。船の絵はたぶん、ユダと同盟を結んで共にセンナケリブと戦ったアシュケロンまたはエジプトの船艦で、エジプト軍の救援軍が海上から駆けつけてくれることへの彼らの強い願いを表わしたものであろう。三人の人物のうちのふたりはレビ人かもしれない。ひとりは竪琴を弾き、もうひとりは手を上げて祈っている。彼らは洞穴に難を逃れてきた彼ら自身なのか、それとも彼らに身近な人びとであったか。この文脈で非常に興味深いのは、第三の人物である。彼は鎖かたびらの上着と羽飾りを着けている。後者は当時の軍隊で一般的に見られた兜飾りを示している。この絵を岩壁に刻んだ人物は、敵の姿を描こうとしたのだろうか。それとも、せっぱつまった時、戦況の行方がすべてその働きにかかっている――それを「トミー」（英国兵）あるいはG・I（米国兵）あるいは「プワーリュー」（フランス兵）など、どういう呼び方をするにしろ――無名のユダ兵を描こうとしたのだろうか。

聖書は、侵略者が用いた、むしろ現代的といえる「神経戦」のひとつについて語る。つまり、包囲されたエルサレムの住民に向かってアッシリア軍が行なったヘブライ語による長い説教である。恐怖、嘲笑、約束、歪められた情報、そしてその情報はすべて無益であることの「論理的」証明といった手法を次々に用いて、アッシリア人は籠城するエルサレム市民の抵抗の意志を打ち砕こうとした。列王記も歴代誌も、アッシリアの将軍が自らヘブライ語で語る様を記述している。もし彼らが本当に通訳なしに交渉できたのだとしたら、それは、前八世紀末の国際情勢において、ユダ王国が比較的重要な位置を占めていたことの証明になるかもしれない（列王記下18、歴代誌下32）。

アッシリア人がエルサレムの住民を説教で「洗脳」するために選んだ場所は、ギホンの泉の水が最近完成したばかりの地下トンネルを通って流れこむ「上の池」に面していた。彼らがそこを選んだのは、エルサレムの住民がどんな努力をしようとセンナケリブから逃れられないことを印象づけるためであったかもしれない。アッシリアの将軍は、ヒゼキヤがまともな騎兵部隊をもっていないことを馬鹿にした。それを城壁の上で聞いて、はたしてユダの兵士たちは、自分たちの王がアッシリアの騎兵部隊との競争よりもっと他の大事なことに、特にエルサレムの住民が渇きに苦しむことのないための対策に神経を集中させたことを感謝したであろうか。

アッシリアの年代記は、アッシリア軍のエルサレムからの突然の撤退（二三五～二三七頁参照）――勝利を目前にしていただけによけい屈辱的な行動になった――について巧みに言いつくろうとしている。もし、アッシリア年代記の記述が信頼できるものだとすれば、ユダは、占領された平野部を取り戻すことはできなかったばかりか、ヒゼキヤはアッシリアに譲歩するほうが得策だと考えるようになったらしい[9]。

こうしたことにもかかわらず、センナケリブ軍の撤退は、結果としてユダの名声を高めるのに役立ち、バビロニアの王メロダク・バルアダンが使者に手紙と贈り物を持たせてヒゼキヤのもとに遣わしたほどであった[10]。しかしながら、アッシリアの力が弱まるなどということはまったくなかった。むしろその反対である。センナケリブとエサルハドン（前六八一～六六九年）は、エジプト征服を目標に容赦のない軍事遠征を開始した。しかし、前七〇一年の遠征の結果と経験から、ユダとの間に事実上暗黙の了解があった。つまり、ユダはアッシリアが「海の道」に沿って行なう軍事作戦に干渉しない代わりに、アッシリアはユダの攻撃は控えることとである。

前六六九年、エサルハドンは、ファラオ・ティルハカの下エジプトを占領することに成功した。そして前六六三年、アシュルバニパル〔在位、前六六八―六二七年〕は上エジプトをナイル第一急湍まで征服した。いまやアッシリアの勢力は絶頂に達し、ヒゼキヤの息子マナセはアッシリアの主権に黙って従う以外になく、アッシリアの軍事的活動のために補助軍を提供したほどであった。マナセは、近隣の国々との良好な関係維持に気を使いつつ、宗主アッシリアの機嫌をとるため（あるいはアッシリアの要求に従い）、異教の慣習をユダに導入した。この妥協政策のため、反対者に対する厳しい弾圧が行なわれたが、他方、それは、彼の国境防備の政策と結びついて、ユダ中心部の領土の保全を確かにした。マナセの治世は五五年におよんだが、アシュルバニパルが国内問題の対応に追われて帝国のたががゆるんだとき、マナセは国内の軍備体制の総合的刷新を行なった。それに伴い、彼は、ユダヤ精神と士気の高揚のため、父ヒゼキヤの精神による宗教的改革に乗り出し、自分が導入した外国の慣習を徐々に排除していった[11]。

マナセが建設しそのメンテナンスも怠らなかった防衛システムの一環として、強固なアロエルの要塞都市を用いての、ベエル・シェバ谷へ東から接近する主要街道のひとつの安全確保があった。アロエルの城壁は、幅がそれぞれ約四メートルと二・五メートルの凹部と凸部が交互に続く形で築かれている。幅がより狭い凹部の安全は、凸部から最も的確な縦射を敵兵に浴びせることで守られている。この幕壁構造システムの利点については、前三世紀の偉大な軍事建築家フィロンの推奨の言葉のなかにも見いだされる[12]。

ヨシヤ

ヒゼキヤの政策の真の後継者はヨシヤ（前六二八〜六〇九年）であった。彼は、アッシリアの弱体化の隙を狙って、自分の宗教的密使を急先鋒にして、政治的勢力拡大に努めた。事実、エルサレム神殿から「申命記」が発見されたことが刺激となり、異教の影響の払拭とユダにおける宗教的復活の勢いに拍車をかけた。国家高揚の精神は、イスラエルの地に移植され、ユダヤ文化に順応した外国人たちに加えて、指導者を失ったヨルダン川両岸の旧イスラエル領の住民たちをひとつにつなぐ磁石の役目を果たした。その結果、彼の治世の最初の十年間に、ヨシヤはギルアドはもちろん、かつてイスラエル領だったヨルダン川東岸地方の大部分を、事実上彼の統治下に置いた。

聖書は彼の防衛強化政策については語らないが、アシュドドの北十二キロの地点の海岸に残る強固な要塞は、考古学的にヨシヤの時代に建設されたものと考えられる。その要塞建設には二つの目的があった。ひとつは、ペリシテ国境の防備を固めること、もうひとつは、敵対的勢力が海岸線沿いの道を通るのを妨げることである。[13] 後者は、ヨシヤがエジプトの再興と予想されるその政治的計画を非常に恐れていたことを意味する。彼の恐れには根拠があった。ユダ国家の安全は、当時のエジプト、アッシリア、バビロニアの「ビッグ・スリー」間の力の均衡に大きく左右された。これらの三国が互いの勢力を相殺しあっている間は、小国たちにも単なる生き残り以上のチャンスが生まれてくる。伝統的に大国の軍隊の通り道にあったユダの王は、どの国の王よりもその状況に対し敏感であった。[14]

ヒゼキヤはすでにその大国間の力の均衡《バランス・オブ・パワー》創出のために一役買っていた。マナセが一時的にアッシリアに拘束されたときは、アッシリアが優位に立った。しかしその後、アッシリアは内部抗争で国が分裂し、バビロニアとメディアの連合軍は、首都ニネベを含むアッシリア東部の領土の大半を占拠した。同時にエジプトも自由を取り戻し、第二十五王朝初代王プサムティクは、新たな三大国によるバランス・オブ・パワーの先頭を突き進んでエジプトに利益をもたらそうとした。彼は近い将来その優勢をなくすに違いないアッシリアを援助することで、アッシリアを除いて唯一の覇者の地位を占めようとしているバビロニアの野心を砕きたいと思った。プサムティクに言わせれば、エジプトこそ覇者の地位に就くべきであった。

ネコの軍事遠征

ヨシヤが恐れたのはまさにそのエジプトの狙いであり、なんとしてでもそれを阻む必要があった。前六〇九年、ファラオ・ネコは、新バビロニア軍を迎えて最後の戦いをしているアッシリアを助けるため、遠征軍を率いてユダの領土を通過しようとしたが、ヨシヤはそれを許さなかった。ヨシヤは大ばくちを打った。ヨシヤは、中立を守るようにというエジプトの提案を無視しただけではなく、エジプト軍が海岸線を通るのを邪魔しなかった。それればかりか、カルメル山を横断するイロン峠は、待ち伏せするには格好の場所だったのに、そこを彼らが越えるのを許した。それに代わってヨシヤは、イロン峠からイズレル平野に入るメギド付近の広い戦場に陣をかまえ、エジプト軍を迎えた。出エジプト以来、イスラエルとエジプトが広い戦場で激突し刃を交えたのはこの時が初めてであったから、なおさら劇的な舞台設定となった。

ヨシヤは、そこを戦場に選ぶことで心理的・政治的により優位に立てると考えた。彼の計画は、広い戦場における会戦でユダ軍がエジプト軍に勝っていることを証明することにあった。彼は、そうすることで、将来のいかなる敵もユダの領土に足を踏み入れるのを躊躇するほどの恒久的な抑止的効果

地図29　ユダの凋落

1　ネブカドネツァルの軍、ユダの諸都市を占拠し、エルサレムを包囲する。
2　エジプト軍がユダ軍に加わるために上ってくると、エルサレム周辺のバビロニア軍の勢いが弱まる。
3　エジプト軍が敗北し、ふたたびエルサレムの包囲攻撃がはじまる。エルサレム占領される。
4　ツェデキヤ、ユダ荒野に逃れようとして捕らえられる。
5　ユダの力が弱まったのを見てエドムなどの近隣の国々がユダを侵略する。

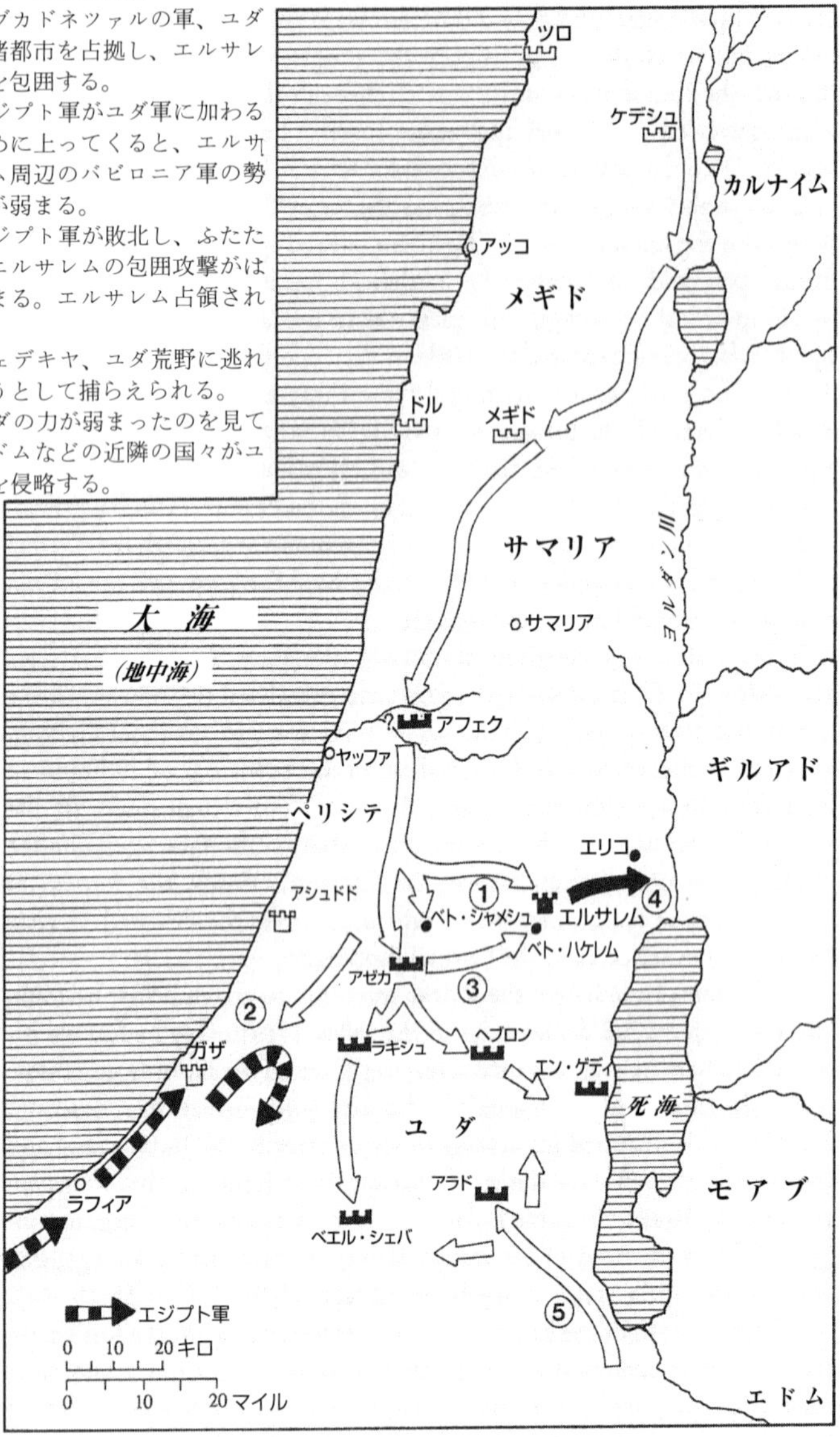

ユダの王ヨシヤにとっての最後の戦場　イロン山道を出てメギドに向かう古代の街道口。

が生まれることを期待した。戦略的に、ヨシヤは、エジプト軍がイロン峠から姿を現してまだ隊列がととのっておらず、バランスを崩した状態にある時に、ユダの戦車部隊と歩兵部隊が総攻撃を仕掛ければ、背後のカルメル山を鉄床《かなとこ》にして敵軍を粉砕することができると計算した。生き残ったエジプト軍がカルメル山を抜けてエジプトの方に退却あるいは敗走しても、その側面をユダ山地で待ちかまえる兵が襲うから、敵は壊滅するはずであった。

ヨシヤの計画はたしかに大胆であった。宗教的情熱が彼の士気を強め、この計算された冒険にあえて向かわせたのかもしれない。しかしながらヨシヤは、彼の軍隊が規模と質の両方においてネコのそれに匹敵すると判断したからこそ、そのような作戦に出たのではないかと思う。またそう判断したからこそ、彼はユダ全軍をハイ・ピッチの状態にまで引っ張ることができたのである。ところでヨシヤは、自分の計算とは逆にユダが敗北したときの事態も想定に入れていたらしい。そうした不測の事態に対しては、メギド要塞やカルメル山のあちこちにある自然の洞穴が、敗れたユダ兵士たちの避難場所になるはずであった。

ネコは、ユダの王が、イズレル平野に入って体制を完全にととのえる前にエジプト軍を叩こうとしているのを察知したに違いない。どうやらネコは、エジプト軍の弓手たちをひとかたまりにして先行させ、予想されるユダ軍を撃ち破る、あるいは少なくともエジプト軍の展開が完了するまでユダ軍の進軍を遅らせるための遮蔽部隊にした。さらにネコは、ダマスコのハザエルのように、弓兵たちにユダ王とその戦車の位置を確かめ、攻撃目標をそこに集中するように命じた。〔イスラエルの王アハブが敵の矢に当たって倒れた〕ラモトの戦いの場合と同様、この作戦は功を奏した。戦車に乗って全軍の指揮を執っていたヨシヤは、戦闘の初期段階でエジプトの矢に当たって致命傷を負った（列王記下23：29、歴代誌下35：19〜24）。

王が死んだため、ユダ軍は敗北した。敗北したため、国際的に大国と対等の地位を保持しようとしたユダの目論見も失敗に終わった。この視点から言うと、前六〇九年にメギドで矢を放ってヨシヤを倒した無名の弓手は、同時にユダ凋落の第一矢を放ったわけである。

前六〇五年頃、そのカリスマ的リーダーを失ったユダは、強力な新バビロニア帝国の王であり支配者であるネブカドネツァルの属国となった。しかし、そのようなみじめな状況に置かれても、ユダ国民は、自分たちはまだ外国の軛を振り払う力を失っていないと思っていた。申命記の発見に続く

破城槌を用いて攻撃するアッシリア軍（想像図）

ヨシヤの改革がもたらした宗教的情熱は根強く、人びとは皆、社会的地位や職業に関係なく、事態を額面通り受け止めようとしなかった。預言者エレミヤは人びとに、バビロニアに対する一時的降伏を神から与えられた罰として受け止めることが、外交的枠内での最善策であると教えたが、多くの「偽預言者」たちは、バビロニアに対する反乱と実力行使を主張した。

前五九八年、ネブカドネツァルは、戦略的に重要な陸橋パレスティナにおけるこの反乱を抑えるため、特殊部隊を派遣した。特殊部隊はエルサレムを包囲し、時のユダの王イェホヤキンに完全降伏を迫った。イェホヤキンは降伏し、エルサレム市を破壊から救うため、自分が捕囚としてバビロンに連行されること、および神殿の略奪を受け入れた。王イェホヤキンと共にすべての高官、ギッボリームを含む一万人、それに鍛治屋を含むすべての職人が捕囚として連行された。ユダの指導者層と技術者や職人を連れ去ったのは、ユダがふたたび反乱を企てないようにするためである。

だが、ネブカドネツァルのそうした方策も効き目がなかった。前五九一年、エジプト海軍の船がフェニキア海岸沖に現れてその軍事力を誇示し、その上陸部隊はユダの新しい王ツェデキヤがもう一度バビロニアに対する反乱の準備をするように誘導した。しかし、完全な小国になってしまったユダのどこにそれだけ大きな力や資源が隠されていたのか不思議である。この時も人びとを反乱の準備にかり立てたのは宗教的情熱であったが、今回それは社会改革の梃子《てこ》としても働き、市民のだれもが戦うことの意義をしっかり自覚していた。エジプトも援助を約束し、反バビロニア同盟の機も熟しはじめた。しかしネブカドネツァルは、反バビロニア同盟の総合的準備が整う前に行動しなければならないことを知ると、前五八八年、ユダの反乱を鎮圧するためシリアに急行した。

激しい戦闘の後、ユダの防衛線は粉砕された。このユダ国民の叙事詩的苦闘の瞬間について、かすかながら哀愁に満ちた形で生き生きと伝える聖書外史料がある。ラキシュにおける発掘で発見された陶片群《オストラコン》がそれである。それらは、ラキシュの軍司令官ヤウシュの命令で小さな前哨基地の指揮を任されていたホシャヤフという人物から上司あてに送られた急信である。そのうちの短信のひとつは、ユダ中央部がバビロニア軍の猛攻を受けて非常に厳しい状況下にある中で書かれたものである。

「……われわれは、閣下がお与えになったすべての信号にもとづき監視を続けておりますが、アゼカからの合図がまだ見えないのです」[15]。

実はこの時アゼカはすでに陥落していて、バビロニア軍はその大軍をラキシュその他の主要な要塞に攻撃をしかけるため配置につかせている最中であった。彼らはユダ山中に入る前に、まずそこへの接近を妨害するものをすべて取り除かなければならないことをよく知っていた。最後に、エルサレムもアッシリア軍の包囲攻撃に遭った。エジプト軍によるユダ救援が失敗に終わると、ネブカドネツァルは、ユダ国が存在する限りバビロニアによるパレスティナ陸橋の支配は困難であるという確信をいっそう強めた。一方、籠城軍は自分たちが容易ならぬ深刻な状況に置かれていることをひしひしと感じながら、さらに二年以上持ちこたえた。「〔ツェデキヤの治世第十一年の〕第四の月の九日に、町の中で飢えがひどくなり……パンがなかった。そのとき町が破られた……」（列王記下25：3）。

王ツェデキヤは、おそらくユダ荒野から最後の抵抗を試みようとしたのであろう、家族と戦士を率いて夜のうちに逃げ出した。しかしながら、安全な荒野の隠れ処に着く前にツェデキヤは見つかり、捕らえられた。主を失った首都エルサレムは、ネブカドネツァルの「厨房長」指揮下のバビロニア軍によって組織的に破壊され、かつてソロモンが建てた神殿も焼かれた[16]。

バビロニア軍による征服に引きつづいてユダを離れた人びとの武人的性格は、異郷の地に捕囚あるいは移民として定着してからも消えなかった。事実、ユダヤ人の存在はバビロニアとエジプトのいずれの軍隊や軍事的植民地においても顕著になり、そうした形での支配者との依存関係はローマ時代まで続いた。専門家たちは、東地中海世界に離散ユダヤ人（ディアスポラ）の居住地域が急速に広がった理由のひとつに、彼らが強制された場合と同様に、自分たちから進んで傭兵として軍務に就いた事実をあげている[17]。

ペルシアのキュロス大王がバビロニアのユダヤ人たちにユダの地への帰還を許したばかりか、それを積極的に勧めた大きな理由のひとつは、ユダヤ人の軍人としての資質に対する高い評価があったからである。前五四〇年頃、バビロニアを征服しパレスティナもその支配下においたキュロス大王は、かつては戦闘的であったがいまやペルシアに忠実な、しかし独立するだけの力はないユダヤ人たちをユダに住まわせることで、その地域の安全を計ろうとした。ユダヤ人が帰還を許されたユダは周囲を削られてしまった文字どおり小さな地方であったし、しかもその周囲には敵対的な民族がいて、ユダヤ人が寛大なペルシア大王の支配に対し反旗をひるがえさないかどうか見張っているわけであるから、帰還を許可する条件としてこれ以上のものはなかったのではないか。こうして帰還第一波としてエルサレムに着いたユダヤ人は、前五三七年、廃墟となった聖所跡に新たな神殿の基礎を据えた。第二神殿時代の幕開けである。

第Ⅱ部

第12章　初期マカベア戦争

マカベアの反乱の原因

マカベア戦争はひとりの偉大な歴史的人物を生んだ。ユダ・マカベアである。マカベア戦争は、宗教の自由をめぐる戦いとして記録に残っている最古のものである。この戦争できわ立っているのは、ユダ・マカベアの軍事的天才である。彼は当時一般に用いられていた戦術から根本的に離れ、直感的にまったく新しい戦法を採用した。

マカベア戦争は、組織化されないユダヤ人たちが戦っていた時期が長く続いた後、前一六七年に勃発した。実際、ユダヤ人全体が武器をもって戦ったのは、前五八六年にネブカドネツァル率いるバビロニアの侵入軍にエルサレムを包囲されたとき、エルサレム住民が必死に戦って敗れた、あの戦いが最後であり、四百年以上前のことである。ユダヤ人はそれ以後も時々、他国の傭兵として戦いに参加することがあった。しかし、ユダ山地でユダヤの軍隊が進軍する姿を見かけることは、四百年のあいだ一度もなかった。

前二世紀半ば、ユダヤ地方は、シリアを本拠地とするセレウコス王朝の小さな一地方にすぎなかった。前一九八年にセレウコス王朝のアンティオコス三世がエジプトのプトレマイオス王朝と戦ってパレスティナを自分たちの帝国に併合して以来、そうであった。ユダ・マカベアの頃のユダヤは、広さがおよそ二五六〇平方キロメートル、一辺の長さが四八～六四キロメートルの矩形の形をした行政区であった。そこは山岳地帯で何本もの谷やワディ（涸れ谷）が西は地中海に向かって、東はヨルダン谷や死海に向かって走っていた。その行政区の当時の人口はおよそ二〇万から二五万であった。

前三三三年、歴史上最も偉大な将軍のひとりであるアレクサンドロス大王は、ペルシア軍に勝利し、ユダヤ地方を含む西アジアまで広がっていたペルシア帝国の領土をその支配下に置いた。ユダはユダヤとも呼ばれた。前三二三年、アレクサンドロス大王が若くして死ぬと、彼が征服した西のエジプトや小アジアから東のインドまでの広大な領土は、後継者の座をめぐって争った将軍たちの間で分割された。将軍プトレマイオスはエジプトの「サトラップ」（大守）に任命されたが、まもなくして彼は自ら王を宣言し、アレクサンドリアを首都に定めた。バビロンの「サトラップ」に任命されたセレウコスは、同様に王を宣言し、〔ティグリス河畔の〕セレウキアを首都とした。後に彼は支配領域をシリアにまで伸

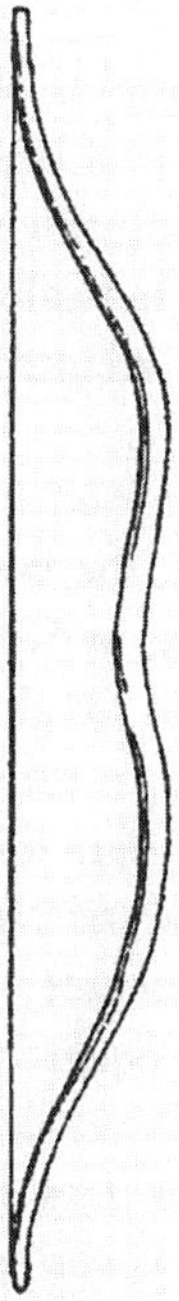

中央部が凹んだ複合弓
第二神殿時代以降に使用された。

ばし、新しい首都をシリア北西端、地中海に近いアンティオキアに定めた。

ここにきてシリアの支配者とエジプトの支配者の間の積年の対立が再燃した。明白な戦略的理由から、セレウコス王朝もプトレマイオス王朝も、パレスティナの支配をどうしても手にしたかった。百年以上もの間、パレスティナはプトレマイオス王朝の支配下に置かれていた。しかし、前一九八年、セレウコス王朝のアンティオコス三世はパレスティナをプトレマイオス王朝から奪い取り、セレウコス王朝の一部にした。

ユダヤ人は、かなり寛容であったプトレマイオス王朝の支配の方を喜んだ。重い年貢は課せられたが、ユダヤは実際上自治区であった。一世紀のユダヤ人の歴史家フラウィウス・ヨセフスは、プトレマイオス王朝統治下のユダヤ人がいかに平和な雰囲気の中で自分たちの行政を営み、宗教行事を行なうにも迫害に遭わず、エルサレムの自分たちの神殿に参拝し、ユダヤ教の伝統的祭事を行なうことができたかについて記述している。このユダヤ教の慣習に対する寛容およびユダヤ在住のユダヤ人の自治権に対する敬意は、アンティオコス三世がパレスティナを占領した段階ではまだ守られていた。[1] ところが、彼の息子のアンティオコス四世エピファネスが即位すると、状況は一変した。[2]

前一七五年、アンティオコス四世は権力の座に即いてみて、ある事実に気づいた。それは、たしかに南の隣国エジプトとの摩擦は続くであろうが、セレウコス王朝にとってのいちばんの脅威はどこかといえば、間違いなく、彼が尊敬しながら恐れている新興の強国ローマだということである。そのため、ユダヤはますます重要になる。なぜなら、そこはエジプトに近いうえに、ユダ山地から歴史的にシリアとエジプトを結ぶ海岸道路を完全に支配できるからである。

ユダヤはセレウコス王朝にとって軍事的脅威ではないし、その地域で起きるいかなる軍事的問題も彼は恐れていなかった。しかしながら、南の国境を狙うエジプトの脅威に加え、東でセレウコスの領土を虎視眈々と狙うメディア人やパルティア人の脅威を常に意識しなければならない状況の中で、アンティオコス四世は、帝国にとって戦略的にきわめて重要なユダヤの安全を確保するために、そこの住民にギリシア的文化と祭儀を強要し、彼の帝国全土を共通の忠誠心と画一性でまとめることは絶対に必要であるという結論に達した。彼は、それが彼の臣民を互いに融合させ、したがって帝国を統一するための最善の方法と考えたのである。統一のための手段はヘレニズム化であり、それは宗教的目的や社会的目的のためだけでなく、政治的目的のためにも適用されなければならなかった。

ユダヤ、特にエルサレムのヘレニズム化の過程——（1）ユダヤ人（ユダヤ教徒）の精神的指導者であった大祭司の任命権はセレウコス朝が握り、（2）「ヘレニズム化」したユダヤ人と自分たちの伝統に忠実であろうとするユダヤ人の分断——で、エルサレムに反乱が起きた。反乱の報せは、前一六八年、アレクサンドリアの包囲攻撃を断念してエジプトを引き上げ、海岸線沿いに北のシリアに向かいつつあったアンティオコス四世のもとに届いた。ローマからの圧力でエジプトから撤退することになったことは、アンティオコス四世にとって屈辱以外のなにものでもなかった。怒りのムードの中で反乱の報せを受け取った彼は、彼の将軍のひとりアポロニオスを指揮官とする部隊を派遣し、ユダヤにおける新しい事態の収拾に当たらせた。

マカベアの反乱勃発前に宗教的に熱心なユダヤ人が逃れ隠れたユダ南東の荒野

セレウコス朝の軍隊は、エルサレムのユダヤ人住民の大量虐殺を行なった。彼らは町を焼き、略奪し、神殿に侵入して多くの聖器を盗んだ。そのあと神殿はギリシアの大神ゼウス・オリンピアスを祀る神殿に変えられ、ユダヤ教で禁じられている豚を犠牲に捧げて、ユダヤの神を冒瀆した。

神殿に面した丘に要塞（アクラ）を築いてセレウコス朝の守備隊を常駐させ、神殿を監視した。まもなく反乱を起こしたユダヤ人たちは強制的にアンティオコスの命令を遵守しなければならず、ユダヤ教の儀式や習慣の根絶が計られた。ユダヤ人は祈りのために集まること、安息日や宗教的儀式を守ること、割礼を行なうことやユダヤ教の食物規定などは禁止され、違反者は死罪に当たるとされた。ユダヤ人は皆、豚を神殿の捧げものとして、その肉を食べなければならなかった。

マカベアの出現

エルサレムを征服すると、アンティオコス四世は、地方にも部隊を派遣してユダヤ教の慣習や教えに反する規則を強制し、「非ユダヤ化」政策をさらに進めた。アペレスという将軍は少数の兵を連れてエルサレムの北西、ユダ山麓にあるモディインの村にやってきた。そして村に祭壇を建て、集められた住民たちの前で、ユダヤの祭司マタティアに向かって、その祭壇で犠牲を捧げ、その肉を食べるように命じた。マタティアは命令に従わずその場を一歩も動こうとしなかった。するとひとりのユダヤ人の男が進みでて、命令どおり犠牲を捧げようとした。怒りに燃えたマタティアは、その裏切り者に襲いかかってこれを切り捨て、さらにアペレスをも殺した。マタティアの息子たちはギリシア兵たちを撃ち殺した。こうしてマカベアの反乱ははじまった。

マタティアは村の人びとを率いてユダ山中のゴフナの丘（現在のラマッラの北西）に逃れた。そこが避難場所に選ばれたのは、海岸平野にいるセレウコス朝の駐留軍基地からの接近が比較的むづかしいこと、またその山岳地域の地形が敵の攻撃を防いだり避けたりするのに適していたからである。武器を手に立ち上がったこの小さな農民集団は、そのゴフナの丘でゲリラ部隊として自分たちを組織化し、訓練し、身を守り、反乱計画を立て、展開した。彼らは二百人ほどの集団で、たぶん壮健な男子は五〇人にも満たなかったし、軍事的訓練などはそれまで一度も受けたことのない者ばかりであった。

およそ一年のあいだ、反乱者たちは比較的平穏な状況の中で準備を行なった。彼らはゲリラ戦術の訓練を重ね、新たなメンバーが採用された。彼らは、自分たちはあくまでもユダヤ教の基本精神を守るために戦うのだということを忘れないようにした。彼らは必要なときはいつでも戦ったが、組織の土台作りをしている間は、自分たちの方から攻撃に出ることはなかった。同時に、彼らは山間の村や町とも連絡をとって、武装蜂起の話を広めた。まもなくしてユダ・マカベアの指揮のもとにユダ民兵軍が成長すると、いっそう効果的な情報網が発展した。祭司マタティアは反乱の最初の年に高齢で亡くなる前に、第三子のユダ（ユダ・マカベア）を次の指導者に任命してあったのだ。

ユダの率いる小集団は、斧やぱちんこといった原始的な手製の武器を手にしただけで、最新の装備をしたギリシア（セレウコス）に戦いを挑む準備をした。セレウコス朝の兵士たちはよく訓練され、組織も徹底し、戦闘経験も豊かであった。彼らの軍隊は各種輜《しちょう》重兵に加え、重・軽歩兵、重・軽騎兵、軍象隊、投石機を操作する〝砲火〟隊で構成されていた。彼らの武器には剣、槍、投げ槍、弓、携帯石投げ、投石機、破城槌などが含まれていた。

ユダ・マカベアは、見た目には絶望的な状況を冷静に分析して、そこには自分に有利に働かせることのできるいくつかの要素があることに気がついた。セレウコス朝の軍隊は動員可能人員の面でも兵器の面でも圧倒的優勢を誇っていたが、彼らは、精密な計画にもとづく伝統的戦闘隊形を組んでの軍事作戦のための訓練しか受けていなかった。彼らは傭兵であって、大義名分とはほとんど、あるいはまったく無関係なところで戦っていた。それにたちむかうのは、自分たちの大地の上で、自分たちの同胞のために、自分たちの信仰と自由のために命を捨てる覚悟で必死に戦う者たちである。セレウコス軍は伝統的戦法で挑んでくるから、こちらは伝統にとらわれない戦法で応じなければならない。彼らは日中の戦闘のための訓練を積んできているから、ユダヤ側は夜襲をしかけなければならない。さらに、ユダ・マカベアの軍はまったくの小兵士集団であるから、ゲリラ戦に必要なものは皆備えていた。二千年後に毛沢東が適切に表現したように、彼らは水の中の魚であった。ユダ・マカベアの戦士たちは村の住民であったから、必要とあればいつでも民衆の中にとけこみ、姿を消すことができた。

彼らが訓練を重ね、自信をもつようになると、ユダ・マカベアのゲリラ兵士たちは、地方に散在する村々との補給ラインの増強を計った。反乱第一年も末ごろになると、武器をもつ兵士の総数は数百人にまでふくらんだ。精巧な情報網の発展にともない、ユダ・マカベアは、ユダヤおよび北のサマリア地方の状況を完全に把握することができた。ゲリラ兵たちは徐々にセレウコス軍のパトロール隊を

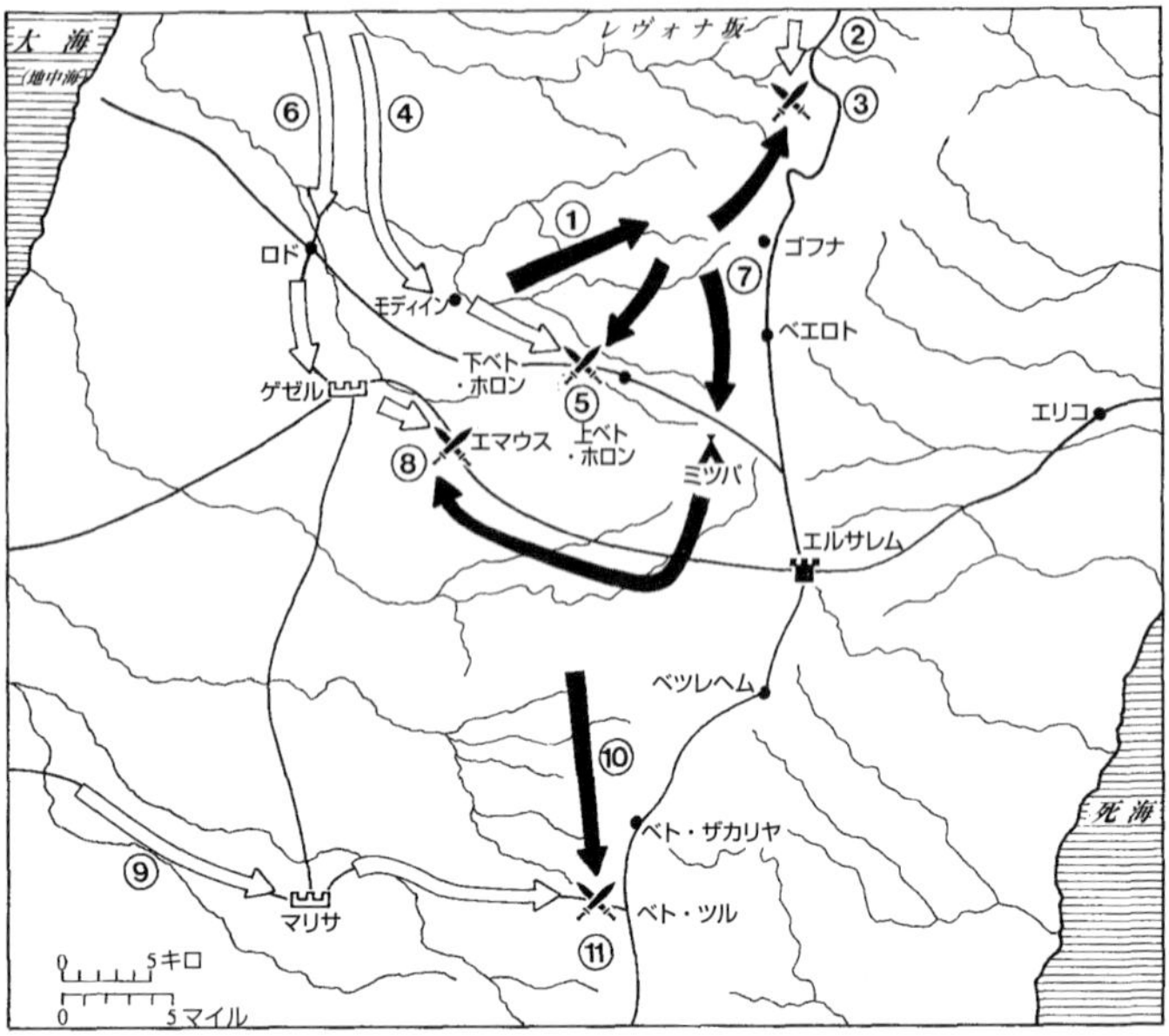

地図30　ユダ・マカベアの戦いとその活動

1　マカベアの兵士たち、ゴフナ山中に逃れる。
2　ユダヤ地方を治めたセレウコス朝のサマリア知事アポロニオス、ユダヤ人の反乱を鎮めるために進軍する。
3　ユダ・マカベアの軍、セレウコス軍を待ち伏せし、撃ち破る。
4　セロン司令官、第2次討伐軍を率いて出陣する。
5　前165年、ベト・ホロンの戦い。セレウコス軍、再び狭い峠で待ち伏せに遭い、敗れる。
6　アンティオコス4世の代行リュシアス、プトレマイオス、ニカノル、ゴルギアスの3将軍が指揮する第3次討伐軍を派遣する。彼らはユダ山中に踏み込まず、エマウスに陣を張る。
7　ユダ・マカベア、彼の軍をミツパに集結させ、セレウコス軍陣地に向かって出陣する。
8　セレウコス軍、エマウスで敗れる。
9　将軍リュシアス指揮する第4次討伐軍、南からユダ山地に接近する。
10　ユダ・マカベア軍、敵軍の侵攻を止めるために移動する。
11　前164年、リュシアス軍、ベト・ツルで敗退する。

襲撃して倒した。このヒットエンドラン戦術は、セレウコス駐留軍の足並みを混乱させただけではなく、最新の兵器がユダヤ反乱軍の手に渡るという結果をもたらした。

ユダ・マカベアの活動範囲はいよいよ増え、地方はすべて実質上マカベア反乱軍の支配下に置かれ、エルサレムのセレウコス駐留軍は外との連絡を絶たれ、孤立した。事態の悪化とユダヤ地方におけるマカベア反乱軍の勢力が優勢となったのを見て、サマリアの知事で、この地域一帯におけるアンティオコス四世の軍隊の指揮官であったアポロニオスは介入を決意した。ユダ・マカベアと彼の兵士たちにとって初めての全面戦争の開始であった。

セレウコス軍の戦術

セレウコス軍の核になったのは、重装歩兵が整然と隊形を組む「ファランクス」（密集方陣）であった。兵士たちは互いに肩と肩を寄せ合い前の兵士のすぐ後に続く、まさに密集状態で敵軍に向かって前進した。「ファランクス」の主要な戦略的要素は、二五〇名ほどの兵員から成る「シンタグマ」で、ほぼ現代の歩兵中隊にあたる。それは十六名の兵士の横隊が十六列並んで形成する約十四メートル四方の大きさの単位である。四個の「シンタグマ」が合わさると、千名以上の兵員から成る「キリアルキア」（千人隊）が生まれる。二個の「キリアルキア」で二千名、横一一〇メートル、縦十四メートルほどの大きさの部隊が、当時の戦闘で使用された最小の「ファランクス」である。

ファランクスが敵に向かって前進する時、最初の五列は槍を水平にかまえ、残りの十一列は直角に

ユダ・マカベアがアポロニオス軍を待ち伏せしたレヴォナ坂

かまえた。全員が戦闘態勢にあった。いったん戦闘に入ったなら、ファランクス全体が敵に向かって突進する。敵が弱ければ、前にあるものはすべて倒されるであろうし、相手が同等の備えをもつ場合は、ものすごい激突となる。ファランクスの両翼は、主力部隊より先に敵軍と小競り合いをした騎馬隊や歩兵隊が援護する。

ファランクスの弱点は非常に扱いにくいことと、不意打ちにはまるで適さないことであった。その結果、この展開には、奇襲という戦いの主要戦略のひとつが欠けていた。戦闘態勢に入って前進するファランクスの動きは遅く緩慢であった。戦いがはじまると、両軍は互いに相手の動きがよく見え、戦闘は決まった戦術的原則に従って行なわれた。敵軍の展開をじゃますることで戦術上あるいは戦略上でも優位にたつといった考えはなかった。単純に言って、当時そういう考えはなかった。

ユダ・マカベアの天性の軍事的直感が教えた。敵にその得意とする戦闘スタイルをとらせなければ自分たちに有利な戦いができるはずである、と。基本的に彼のアプローチは、当時のユダヤの人びとが直面していた政治的・社会的問題に影響されていた。現代のイスラエルにある予備役・民兵システムがイスラエルの社会的・経済的・政治的考慮にもとづいているように、ユダ・マカベア軍の組織は、当時のユダヤのユダヤ人住民が直面していた同様な問題を反映していた。

アポロニオスの敗北

前一六六年、アポロニオスの軍隊はサマリア山地から出陣し、エルサレムを目指して分水嶺沿いに進軍した。彼はゴフナの脇を通るサマリア・エルサレム直線ルートを進んだ。アヴィサル少将によるマカベア戦争に関する詳細な研究（ヘブライ語）によると、[3] アポロニオスは二千名の兵士を率いてユダヤに向かった。一方、それを迎え撃つユダ・マカベア軍の兵はおよそ六百名であった。ユダ・マカベアは自分が直面している問題を分析した結果、奇襲戦法で行くことを決心した。奇襲をかけ地形をうまく活かせば、兵の数と武器の面で勝るセレウコス軍の力を封じ、ユダヤ軍は優位に立てるはずであった。セレウコス軍が力を発揮できるのは広い平地においてであって、山地においてではない。そこでユダ・マカベアは敵軍が隘路あるいは谷を通る時に攻撃をしかけることに決めた。セレウコス軍の大部隊は、通常の詳細な作戦にしたがって遂行される軍事作戦にそった備えをしていた。ユダ・マカベアは、戦闘態勢がととのっていない、あるいは訓練したとおりの隊形を組もうとしてもできない進軍中の敵を攻撃したかった。

ユダ・マカベアが攻撃を仕かける場所として選んだのは、ゴフナの北東五〜六キロのナハル・エル＝ハラミアであった。サマリアから来た道は、その地点から狭い曲がりくねった上り坂に変わり、それが一・五キロ以上続く。敵軍は四列縦隊で接近しつつあった。ユダ・マカベアはセレウコス軍の進行を止めて、彼らの側面を攻撃することにした。敵は戦闘の準備ができていない上に、もっとも無防備なところを突かれることになるはずだった。

ユダ・マカベアは、彼の兵力を四つの部隊に分けた。第一部隊は、隘路の南で道をふさぐ。第二部隊は主力攻撃隊として、隘路の東側から敵を攻撃する。敵軍はそちらに向きを変えることになる。第三部隊は隘路の西側から攻撃する。そして、第四部隊は、東側の主力攻撃隊の少し北で配置につき、隘路の北側をふさぐ。こうして、敵軍を完全に罠にはめるのだ。

セレウコス軍が四列縦隊で狭い山道に入ってきたのは午後遅くなってからであった。セレウコス軍はそれぞれ一千名ほどから成る二個の「千人隊《キリアルキア》」に分かれ、騎乗の指揮官アポロニオスは後方の「千人隊」を率いた。いずれの「千人隊」も、後ろの兵士が前の兵士にぶつかるくらいぴったり一団となって進んだ。合図とともに、隘路の南側にいたユダ・マカベア第一部隊が、第一「千人隊」の先陣に襲いかかった。セレウコス側は全軍がすでに狭い隘路に押しこまれた状態にあったが、主力部隊は縦隊の先頭で何が起きたのか気がつかないまま進軍を続けた。この時点で、東斜面に姿を現した第二部隊がセレウコスの第一「千人隊」の側面を攻撃した。隘路での戦闘にはまったく不向きな重装備が足手まといになるなかで、セレウコス軍はこの新たな敵の攻撃に立ち向かった。その間にも第一「千人隊」の後衛は隘路を進みつづけた。この時、西斜面で待ち伏せしていた第三部隊が後衛を襲撃した。いまや罠にはめられたセレウコス軍をめがけて、山道の両側から矢や石が雨霰と飛んできた。

第二「千人隊」を率いていたアポロニオスは、戦闘の叫び声を聞くや、前方で何が起きたのを確かめるため、馬に拍車をかけた。ところが、アポロニオスは左右から矢を浴びせられて倒れた。ユダ・マカベアは全セレウコス軍が隘路に入り終えたのを知ったとき、第四部隊を率いて山道の北の入口をふさいだ。セレウコス軍は完全に罠にはめられた状態で、指揮官なしの予期せぬ状況での戦いを強いられた。セレウコス軍は全滅し、すべての武器や武具はユダヤ側の手に落ちた。

ユダ・マカベアの勝利は、ユダヤの全ユダヤ住民に電撃的衝撃を与えた。国民的指導者として受け入れられたことで、彼はその規律をユダヤ住民全体に課すことができた。さらに、彼の軍に加わる志願兵が殺到した。彼は従来の戦争の仕方を無視することにしたが、それが間違いでないことが立証された。彼は、弱小の民でも大軍を倒すことができること、そして精神は数に勝ることを証明したのであった。要するに、ユダ・マカベアは、戦争の大原則——「士気」の重要性をはっきり示したのである。状況に臨機応変に対応できる、天性の柔軟性を伴った彼の姿勢により、彼の指導者としての才能はいかんなく発揮された。それはどこまでも綿密な計画にしたがって軍事作戦を遂行しようとした敵軍とは対照的であった。さらに加えてユダ・マカベアは、敵軍が柔軟性に欠く体勢にあるときはなおさら、敵の指揮官をできるだけ早い段階で倒すことが非常に重要であることを学んだ。

アポロニオスの敗北後、アンティオコス四世は、ユダヤが深刻な状況にあることを知った。その戦闘から戦術上の結論を少しも引き出せないまま、彼は、皇帝としての自分の権威をそこまで愚弄した反乱分子を許すことはできなかった。アンティオコス四世は、ユダヤ行政区における政治的・軍事的状況を再評価するよりも、行政区における法と秩序を回復するための大作戦を決行し、彼の軍隊に歯向かう輩に対する決定的処置を行なうことを決断した。

ベト・ホロンの戦い

アンティオコス四世は将軍セロンをユダヤに派遣し、アポロニオスの敗北に対する復讐を命じた。セロンは、たいした武器を持たないゲリラを打ち負かすことなどたやすいことだし、自分の名声を高めるよい機会だと思った。前一六五年、セロンはユダヤに向かって出陣した。山中の道をまっすぐ南下して敵の罠にはまって全滅したアポロニオスの轍を踏まないため、安全な海岸線ルートを進むことを決意した。

ヤッファ地区に着いたところで、セロンは軍を東の内陸の方に転じ、現在国際空港があるロドを通過してユダ山麓に到着した。そこからエルサレムおよび最も近いセレウコス軍駐屯基地までおよそ二四キロ、ちょうど一日行程の距離にあった。エルサレムに駐在するセレウコス軍と合流し、エルサレムを基地にしてユダヤ各地に討伐隊を送り出し、ユダヤ反乱軍を全滅させる、それがセロンの計画であった。

マカベア第一書3：16によると、セロンはベト・ホロンの峠道にさしかかった。このエルサレムに通じる第二のルートは、一九一七年にアレンビー将軍率いるイギリス第九〇師団がトルコ軍支配下のエルサレムに向かうために選んだルートと同じである。それはまた、一九六七年の「六日戦争」の際、イスラエル軍が北面からエルサレム旧市街に接近するために選んだルートでもある。

ユダ・マカベア軍に対し、セロン軍の兵力は圧倒的に優勢であった。セロン軍はアポロニオス軍のおよそ二倍、つまり四個の「千人隊《キリアルキア》」——約四千名から成り、それに対するユダ・マカベア軍の兵士は約千名であった。実際、マカベア第一書の記述によると、ユダ山中に身を隠していたユダ・マカベア軍の兵士たちは、アヤロン谷を越えて進軍してくるセロン軍の勢力のあまりの大きさにすっかり怖じ気づいてしまったため、ユダ・マカベアは、われわれが戦うのは自分たちの家や家族を守るため、神への信仰のためなのだからひるんではならないと叱咤激励した。

この時もユダ・マカベアは、組織、数、武器の面で圧倒的に優勢な敵軍がその力を十分に発揮できない場所を選んで、敵に奇襲をかけることにした。ベト・ホロンの上り坂の両側には切り立つような山の斜面が迫っていた。ユダ・マカベアは峠の出口をふさぐと、セロン軍の隊列を両側から攻撃した。

この時、セレウコス軍の司令官セロンは、騎馬で隊列の先頭に立って進んだ。ユダとしては戦闘の初期段階で敵将を倒してしまうことが重要であった。それは敵の士気を萎えさせる上で大きな効果があったからである。ユダヤ人歴史家ヨセフスによれば、ユダ・マカベアは兵士たちに、敵の数がどれほど大きかろうとも、共に前進しセロンを打ち倒すことを命じた。

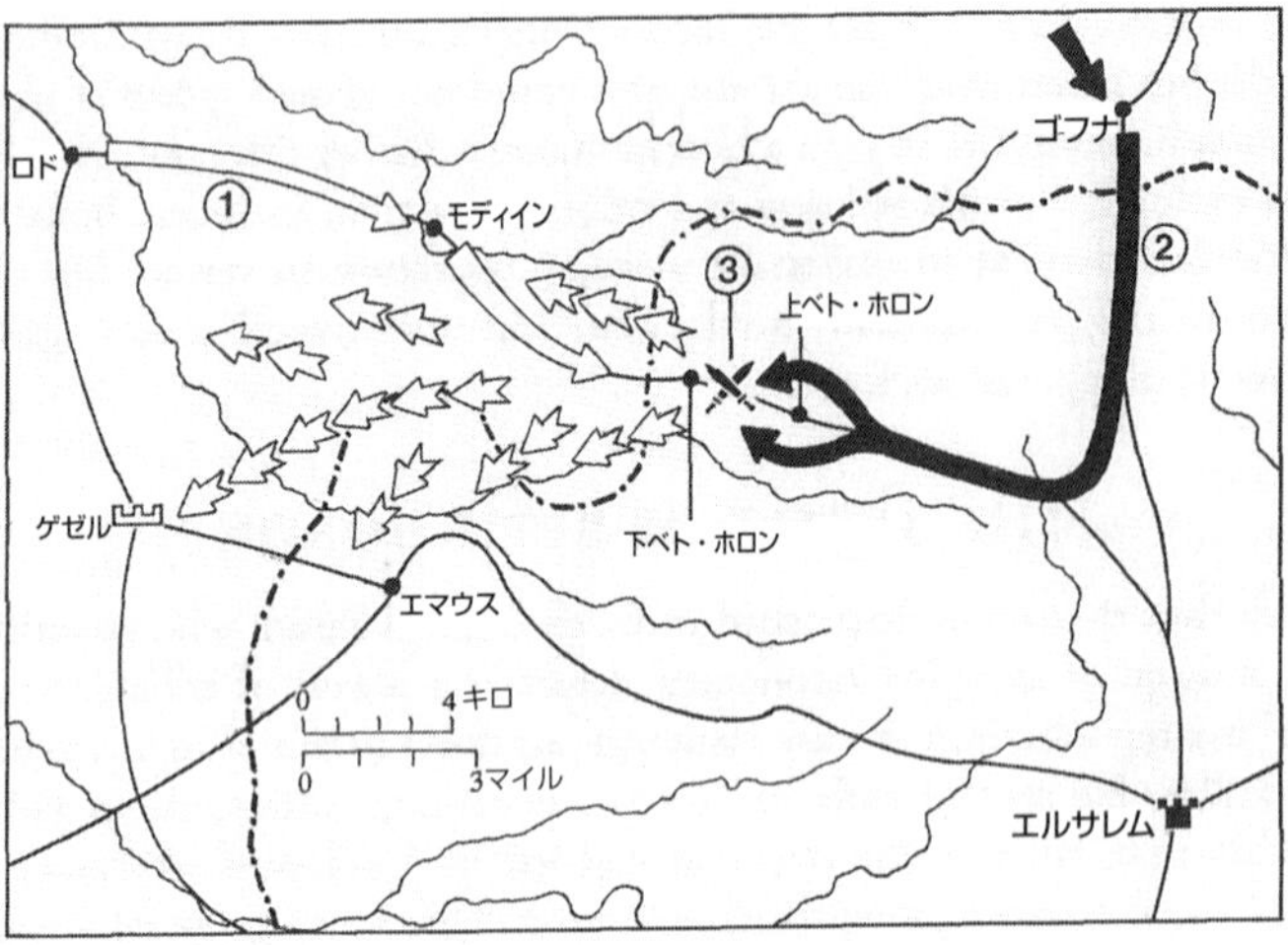

地図31　ベト・ホロンの戦い

1　セロン軍、ユダ山地を進軍する。
2　ユダ・マカベア軍、セロン軍に攻撃をしかけるためゴフナ山を降りる。
3　ベト・ホロンの戦い。

しかしこの時は、ユダ・マカベアはアポロニオス軍に対してしたように敵を全員罠にはめることはできなかった。なぜなら、セレウコス軍は部隊と部隊の間隔を大きくあけて行軍したからである。そのため彼らの隊列は一・五キロを越える非常に長い隊列になった。この長い隊列を罠にはめようとすれば、奇襲作戦にとって最大の要素——「時」を逸してしまうことになり、それを、ユダ・マカベアは望まなかった。

エルサレムを目指す最後の日、セレウコス軍は夜明けとともに進発した。第一「千人隊《キリアルキア》」の先頭の「中隊《シンタグマ》」がベト・ホロンに向かう長い曲がりくねった上り坂を上りはじめた。重装備のため、彼らはゆっくりとしか進めなかった。岩陰や山の斜面に生い茂るオリーブの木の陰に身を隠したユダ・マカベアの偵察たちは、ベト・ホロン峠をゆっくり上ってくるセロン軍を

ヨシュア時代からユダ・マカベア時代、さらに1967年の「六日戦争」に至る数多くの戦いの場面となったベト・ホロン坂

じっと見張っていた。

このときのユダ・マカベアは、アポロニオスから奪った剣（以後、彼はどの戦いにもそれを帯刀していた）を振りかざしながら、峠の出口を塞いだ部隊を指揮していた。セレウコス軍の先鋒がユダヤ軍の待ち伏せしていた場所にさしかかるや、ユダ・マカベアの兵士たちはいっせいに突撃した。彼らは、奇襲で移動不能になった敵の先頭の兵士たちを切り倒すと、セロンに向かって突進した。「千人隊」の後方部隊は前進をつづけ、一方、ユダ・マカベア軍の封印部隊の猛攻を受けた先頭部隊は動揺して後退する。その時点で道の両側のユダ・マカベア軍に矢や石の雨を浴びせられたセレウコス軍は混乱におちいり、白兵戦になった。

先頭の「千人隊」の多くが殺され、司令官のセロンが死ぬと、セレウコス軍は総崩れとなり敗走した。パニック状態が広がり、その他の「千人隊」も向きを変えると、戦場に倒れた最初の「千人隊」の八百名以上の兵士たちの遺体も拾わずに、海岸の方に向かって逃走した。ユダ・マカベアとその兵は、敗走する敵兵を「ベト・ホロンの下り坂から平野まで」追撃した。

これで、ユダ・マカベアはセレウコス軍を二度にわたり撃破し、捕獲した多くの武具や武器でユダヤ軍の装備を補強した。ユダヤ民衆の間における彼の名声はいよいよ高まり、彼の兵力は六千名を越えた。彼は可能な限り奇襲作戦と戦士たちの果敢な戦闘精神を大事にし、戦いの主導権を握ることに努め、早い段階で敵将を討ち取ることの重要性を強調した。彼はいまや、よく訓練された兵士たちの長であり、勝利の味を激励の薬にし、圧倒的兵力の敵との戦いで鍛えられ、幅広い民衆の支持に自信を深めた。

エマウスの戦い

アンティオコス四世は、ユダヤ地区がユダヤ人の大反乱に直面している事実にやっと気づいた。セロンの敗北の報せを受けたとき、アンティオコス四世は、ちょうどセレウコス帝国東部における反乱分子の鎮圧に出立するところであった。彼はユダヤ地方における事態の深刻さを十分に理解していたが、底をつきはじめた国庫に新たな収入をもたらすためにも、自分の遠征を中止するわけにはいかなかった。そこで彼は、彼の親族のメンバーであるリュシアスを、自分が帰国するまで政務の代行者に任命し、自分の息子のアンティオコス（後のアンティオコス五世エウパトール）を最大の注意を払って養育するように頼んだ。彼は自分の軍事遠征のために用意した兵力のかなりの部分をリュシアスのユダヤ討伐のために割かなければならなかった。

アンティオコス四世がリュシアスに与えた命令は、いかなる手段を用いてでもユダヤ軍を殲滅することであった。「軍隊を送ってあの者どもを一掃し、イスラエルの軍とエルサレムに残留している者どもを根絶やしにせよ。あの者どもを思い出させるものは、その地からすべて取り払い、他の国の者を彼らの土地の至るところに入植させ、彼らの住んでいた土地をその者たちに与えよ」（マカベア第一書3：35〜36）。

リュシアスは、対ユダヤ軍事遠征のためにプトレマイオス、ニカノル、ゴルギアスの三名の将軍を選んだ。彼らの指揮の下に、セレウコス遠征軍は、前一六五年春、海岸線に沿って行軍し、エマウスに到着するとそこに幕陣した。先の二回の対ユダヤ遠征軍のように敵の罠にはまることのないよう、彼らが十分に注意しているのは明らかであった。

セレウコス軍が幕陣したエマウス（現在のラトゥルン村近くのイムワス）は、アヤロン谷の上の山麓に位置し、セレウコス軍が求める戦闘を展開するのに必要な地勢的条件のととのった場所にあった。このときのセレウコス遠征軍の兵力は、マカベア第一書によると歩兵四万、騎兵七千であったが、マカベア第二書によると歩兵は二万であった（一般に後者の数字がより妥当なものとして受け入れられている）。セレウコス軍としては、エマウスを基地にしてエルサレムに対する軍事遠征を――もちろん、エルサレム城内にいるセレウコスの駐屯基地との協力で――行ない、そのあとでユダヤ各地に対する

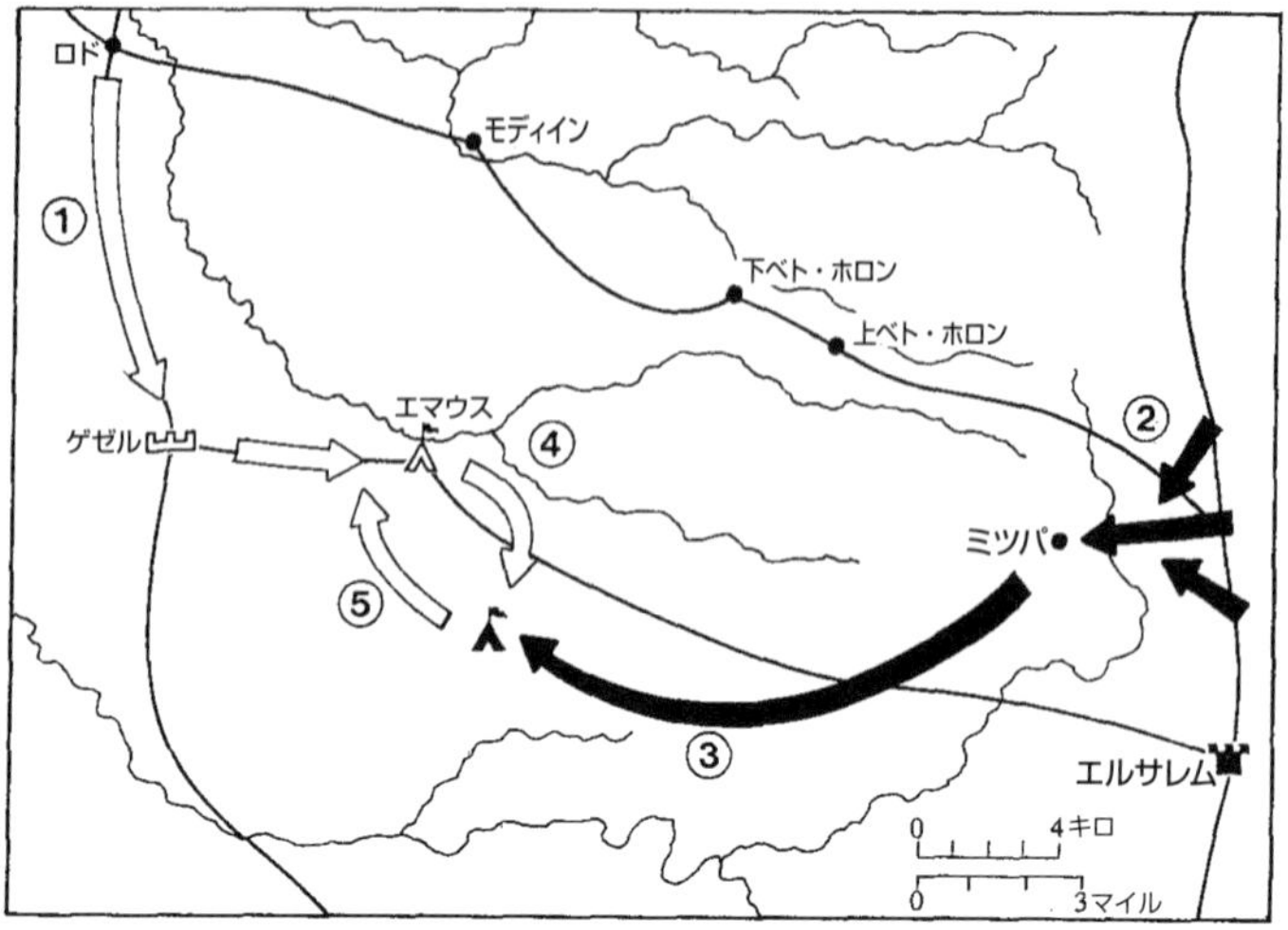

地図 32　エマウスの戦い（局面 1）

1　セレウコス軍、出陣しエマウスに幕営する。
2　ユダ・マカベア、ミツパに軍を召集する。
3　セレウコス軍がエマウスで進軍を休止したとの報せを受けたユダ・マカベアは、自軍をエマウスの南東に進めた。
4　ゴルギアス、イスラエルの陣営に夜襲をかけることを決定する。
5　危険の報せを受けたユダ・マカベアは、イスラエルの陣営にわざと多くのたき火を残して撤退し、後衛として200名だけを残した。

反乱鎮圧活動を徐々に展開していく計画であった。

その間、ユダ・マカベアはベト・ホロンの戦いの勝利を最大限に活かしながら、この新たな軍事遠征に対する準備を進めていた。ユダの軍隊はセレウコス軍の兵力のほぼ半分であった。彼は六千名ほどの兵を募り、それをいくつかの基本単位に分けて軍の組織化をはかった。それは驚くほど現代の軍隊組織に似ていた。彼は全軍を各一千名ほどの兵で構成される単位《ユニット》（現代の「大隊」に相当）に分け、さらにそれを各百名から成る単位（現代の「中隊」に相当）に、それを各五〇名から成る単位（現代の「小隊」相当）に、そしてそれを

五個の各十名から成る単位（現代の「分隊」）に分けた。(4)

セレウコス軍の将軍たちは自分たちの勝利を確信して疑わず（いまやユダヤの南国境地域のイドゥマヤや海岸地域からの補助軍も合流していた）、マカベア第二書8：11によると、ニカノルは「沿岸の町々に、ユダヤ人の売買について使者を送り、一タラントで奴隷九〇人を譲り渡すという約束で呼びかけた」。すると、土地の商人たちは大もうけをしようと「巨額の金銀、それに足枷を携えて」エマウスの陣営を訪れた。

一方、ユダ・マカベアは自分の軍を各千五百名から成る四つの部隊に分けた。最初の三部隊はそれぞれ彼の兄弟、シモン、ヨハナン、ヨナタンの指揮下に置き、彼自身は四番目の部隊の指揮を執った。ユダ・マカベアは、軍をエルサレムから北におよそ八キロ、ベト・ホロンに向かう道の途中に位置するミツパに集結させた。そこで彼は全軍の団結をかため、士気を高めることに努めた。なぜなら、今回も敵の兵力は自分たちを圧倒していたからである。彼は兵士たちにユダヤ民族の自立と過去から受け継いだ精神的遺産を守ることの重要性を説いたあと、聖書の教え〔申命記20：5〜8〕にしたがって、「家を建てている者、婚約した男、ぶどうの植え付けをしている者、心ひるんでいる者」はおのおの家に引き返すよう勧告した。

ユダ・マカベアは、偵察隊の報告から敵がエマウスに幕営したことを知った。ミツパは、ユダヤに侵攻しようとする敵の動きをすべてチェックできる便利な場所に位置していた。そこで、彼は自分の部隊をエマウスの南東に移し、現在のラトゥルンの上の丘に集結させた。

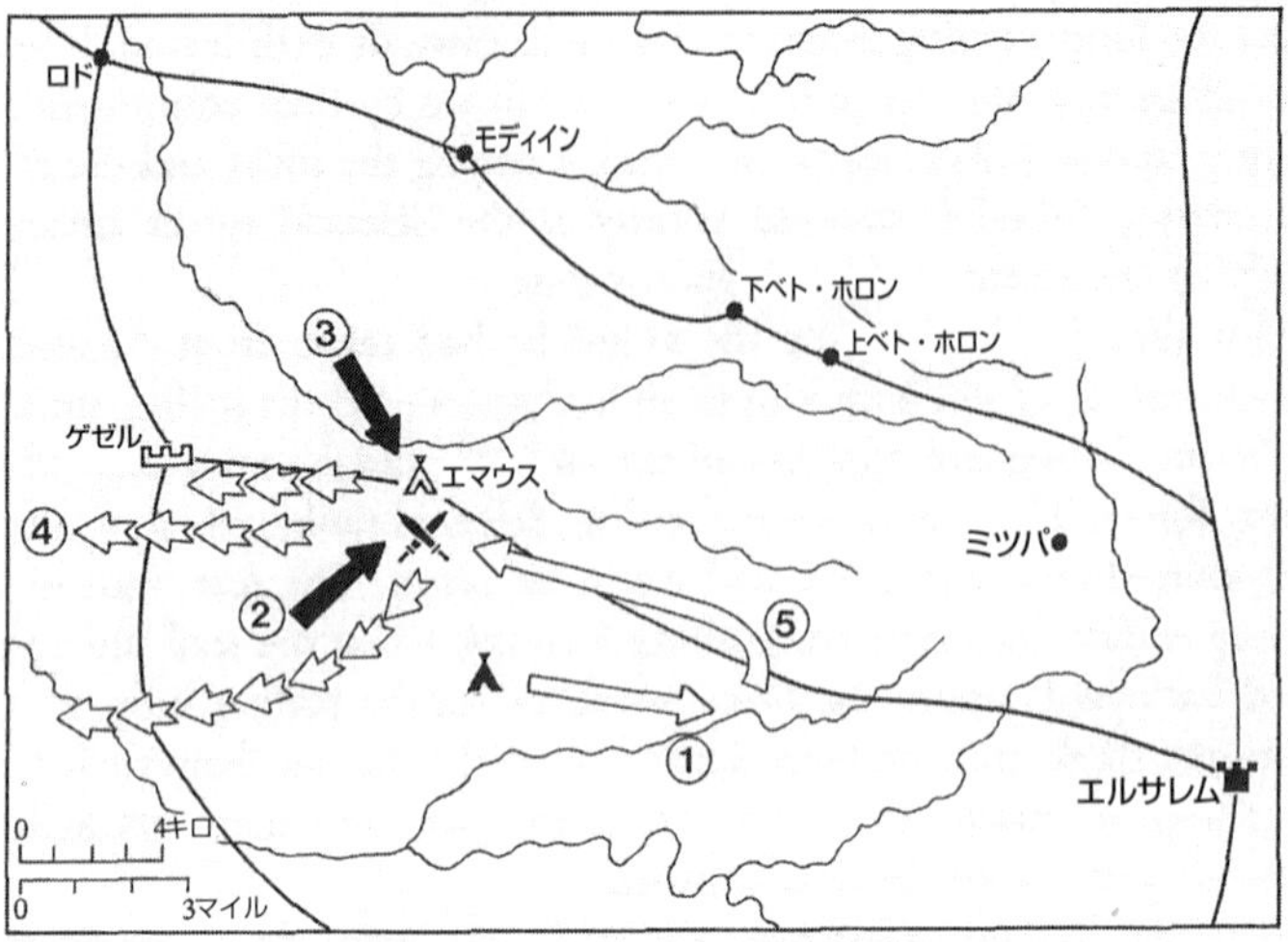

地図 33　エマウスの戦い（局面 2）

1　ゴルギアス、イスラエルの全軍がいるものと思ってその陣営に夜襲をかける。イスラエルの後衛が谷をエルサレムの方へ後退するのを見て、その後を追う。
2　その間にユダ・マカベアはセレウコス軍陣営の攻撃の準備をし、1500の兵をエマウスの北へ配置すると、彼はセレウコスの密集方陣を南西から攻撃する。
3　北に配置したユダ軍、セレウコスの陣営を北から攻撃する。
4　セレウコス軍、海岸平野の方へ敗走する。
5　ゴルギアスの率いる軍、自分たちの陣営に戻ろうとするが、陣営に残った自軍が敗走するのを見て、彼らも海岸の方へ逃れる。

いまやユダヤ軍もセレウコス軍も、たがいに相手の基地のある場所がよく見えた。ユダ・マカベアは、今回はセレウコス軍が最初の行動をとるように仕向けた。というのは、偵察隊の報告やセレウコス軍の準備状況を見ると、彼らの方からユダヤ陣地に攻撃をしかけてくるのは間違いなかったからである。

将軍ゴルギアスは、ユダ・マカベアが先に用いた戦略を真似た。彼は部隊を率いて夜陰にまぎれてユダヤの山中に入り、ユダヤ陣地に奇襲をかけて敵軍を壊滅させるという作戦を立てた。ユダ・マカベアはきっと、セレウコス軍は夜戦に慣れていないから夜襲をしかけてくることはまずないと思っているに違いない。ゴルギアスがそう考えたとしても不思議ではない。こうして、ゴルギアスは五千の歩兵と一千の騎兵を率いてユダ山中に向かって進軍した。

ユダ・マカベアはゴルギアスのそうした計略がよく読めたので、その裏をかく準備にとりかかった。彼は、ゴルギアスの部隊をユダ山中奥深くまでおびき出して、セレウコス軍の本隊から遠く離れさせることにした。彼はユダヤ陣地にわざと多くのたき火を残し、敵にはそこにユダヤの大部隊が集結しているかのように思わせた。しかし、その間にユダ・マカベアは夜陰にまぎれて自分の部隊を陣地から移動させ、わずか二百名ばかりの後衛を残しただけであった。

ゴルギアスが夜襲をかけると、ユダヤ陣地はもぬけの殻で、撤退中――わざとであるが――のユダヤ軍の後衛の姿を認めた。その後衛をユダヤ軍本隊と思ったゴルギアスは追撃を開始し、気がついたときには、ユダ山中奥深く、エルサレムに通じる主要な谷（現在のシャアル・ハガイ〔バアブ・エル＝ワド〕）にまで来ていた。ゴルギアス軍が狭い上り坂をさらに進もうとしたとき、ユダヤの待ち伏せ隊に攻撃された。

一方、エマウスのセレウコス軍陣地には一万五千の歩兵と三千の騎兵が残っていた。ユダ・マカベアはこの陣地に奇襲をかける準備をした。彼は、千五百名から成る部隊にセレウコス陣営の北で待機し、ユダが率いる主力部隊が敵陣を攻撃したならただちに行動に移るように命じた。ユダ・マカベアは三千の兵を率いて敵陣に接近し、夜明けと同時に攻撃しようとして驚いた。危険を察知した敵軍は、陣地前の平野に密集方陣隊形で、戦闘にそなえていたからである。

上　プトレマイオス６世が陣を築いたユダ山麓のエマウスからの眺め　ゴルギアス将軍率いる軍が侵入し、次いでユダ・マカベアの軍がそこから攻撃を仕掛けた場所（前２世紀半ば）。**下　セレウコス軍がエマウスに設けた陣地跡**

ユダ・マカベアはもはや予定した攻撃をしかけることはできなかった。目前の敵軍はすでに戦闘隊形をととのえているため、奇襲をかける機会は消え失せた。ユダヤ軍は、マカベア戦争がはじまって以来はじめて、彼らがそのための訓練を受けていない密集方陣の敵と戦わなければならなくなった。一般に認められた戦いの仕方ではユダヤ軍が壊滅的敗北をこうむるのは明白であった。しかし、この時もユダ・マカベアは、その柔軟な戦術で敵を驚かした。彼は状況をすばやく判断して行動に出た。

敵軍は南に向かって密集方陣隊形を敷いていた。ユダ・マカベアは部隊を敵の密集方陣の西側に配置した。彼は密集方陣との正面からの衝突を避け、軽騎兵部隊によって守られているその西側面を攻撃することを決断した。彼は、彼の指揮下の兵を各千名から成る三つの部隊に分けた。そのうちの一隊は敵の騎兵と戦い、残りの二隊は敵の側面に突撃し、小集団で密集方陣の中にもぐりこんで戦った。一団となって正面の敵に向かうために訓練された密集方陣は側面からの攻撃を受けて混乱におちいり、激しい白兵戦となった。

その時点で、エマウスのセレウコス軍陣地の北で待機していた北部隊の兵千五百名は、ユダ・マカベアの部隊が敵の密集方陣と戦っているとは知らず、むしろまだ一万の歩兵と二千の騎兵が残っているエマウスの陣営を攻撃したものと判断して、攻撃を開始した。エマウスの陣営にいたセレウコス軍は、南のユダ山中に出撃したゴルギアスの部隊が比較的小規模のユダヤ軍を撃破するだろうし、仮に敵が攻めてこようとしても、その前に自軍の密集方陣が防いでくれるものと考えていたため、戦闘の準備はととのっていなかった。こうしてユダヤ軍は敵の陣営に突入し、敵軍を驚愕させた。ユダ・マ

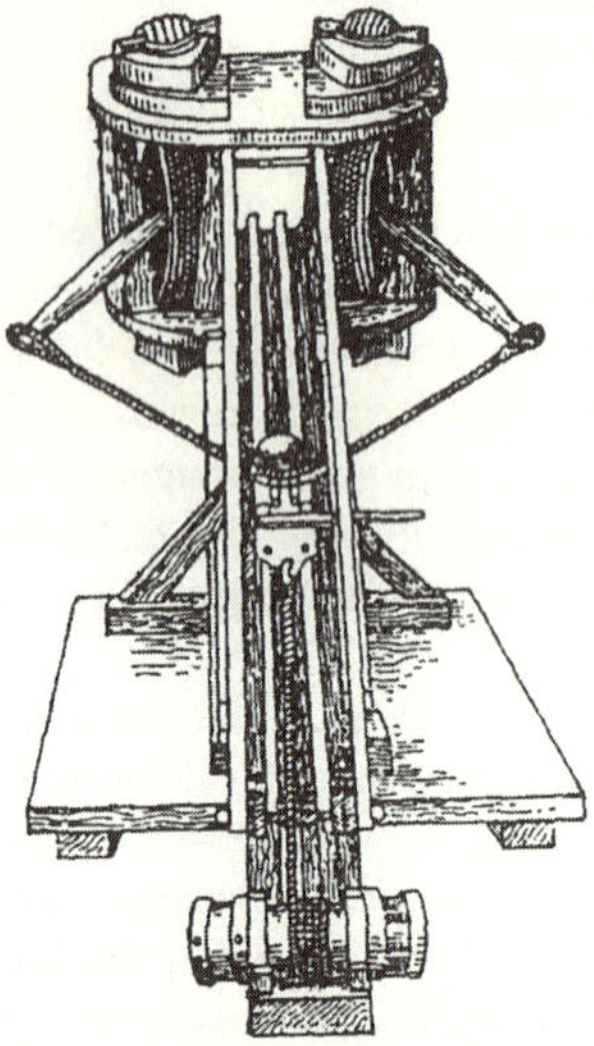

マカベア時代のギリシア式投石機（パリントロン）復原図

カベアはセレウコス軍の兵力の寸断に成功した。ゴルギアスとその六千の兵士たちは逃げ足の速いユダヤ軍を追って山中に深く入りこんだままであり、ユダ・マカベアの部隊は敵の密集方陣の側面を攻撃して白兵戦の最中であり、彼の兄弟たちの指揮下にある部隊は敵の陣営に奇襲をかけて戦っていた。

ユダ・マカベアと戦った密集方陣は総崩れとなって、陣営の方に向かって敗走した。敵の陣営では、軍馬や軍象が狂奔して戦闘中の兵士たちにぶつかり、大勢の奴隷商人たちその他の商売人たちはパニックにおちいり、まさに修羅場であった。ニカノルの部隊は乱れ、海岸地帯に向かって敗走した。およそ三千の兵士が殺された。ここでも戦場で主導権をけっして失わないユダ・マカベアの指揮官としての優秀性が証明された。彼は敗走する敵兵の追撃を止めさせ、分捕り品に手をつけることも禁じた。ユダ・マカベアはまだゴルギアスとの対決が待っていることを忘れなかった。彼は兵をエマウスに集めると、敵陣を焼き払った。

ゴルギアスは間もなくして自軍の陣営が炎上しているという報せを受けた。彼とその部隊は戻ることになったが、途中軽装備のユダヤ兵たちの攻撃に苦しめられた。そして谷の下の状況を目にしたとき、ゴルギアスの兵士たちもパニックにおちいり、海岸地帯に向かって敗走した。今度はユダ・マカベアの兵士たちは彼らを追撃した。

エマウスにおける敗北は、アンティオコス四世にとってそれまでにない深刻な大打撃であり、彼の帝国東部諸州における軍事遠征全体にも害を及ぼした。事実、セレウコス王朝の存在そのものがいまや危険な状態にさらされていた。というのは、エマウスにおける敗北が将来深刻な欠陥をもたらすことになるからである。ユダ・マカベアはこの勝利によって時間を稼ぐことができたし、（エルサレムの要塞《アクラ》の守備兵を除けば）ユダヤ全土がいまや彼の支配下にあった。セレウコス軍のもうひとつの大部隊が殲滅し、ユダ・マカベアは大きな富や貴重な分捕り品に加え、かなりの量の武器や武具を捕獲した。その結果、ユダ・マカベアはそれらの武器で、ユダヤ軍の装備を充実させることができた。ユダヤ軍はいまや一万人もの勢力にまで成長した。

第13章　解放から独立へ

ベト・ツルの戦い

セレウコス側が復讐戦の準備を完了するまでにあまり時間はかからなかった。リュシアスは、強大なセレウコス軍に何度も敗北の屈辱を味わわせたユダヤ軍を一気に壊滅に追いやるため、自ら軍を率いてアンティオキアを出立した。リュシアスは、エルサレムの要塞守備兵《アクラ》たちの協力を得るためにエルサレムを目指した。彼は、エルサレムを基地にしてユダヤ全土に討伐隊を派遣し、ユダヤ軍を完全に潰す計画であった。

リュシアスは海岸線沿いの道を進んだが、先のセレウコス遠征軍のように途中から東に折れてユダ山中に入るルートは選択しなかった。必ずユダヤ軍の待ち伏せに遭うはずだからである。リュシアスが選択したのは、ユダ山地を迂回する形で南下を続け、アシュケロン地区に来たところで内陸部のマリサ（マレシャ）の方に折れ、そこからヘブロンに向かうルートである。それが通過する住民はセレ

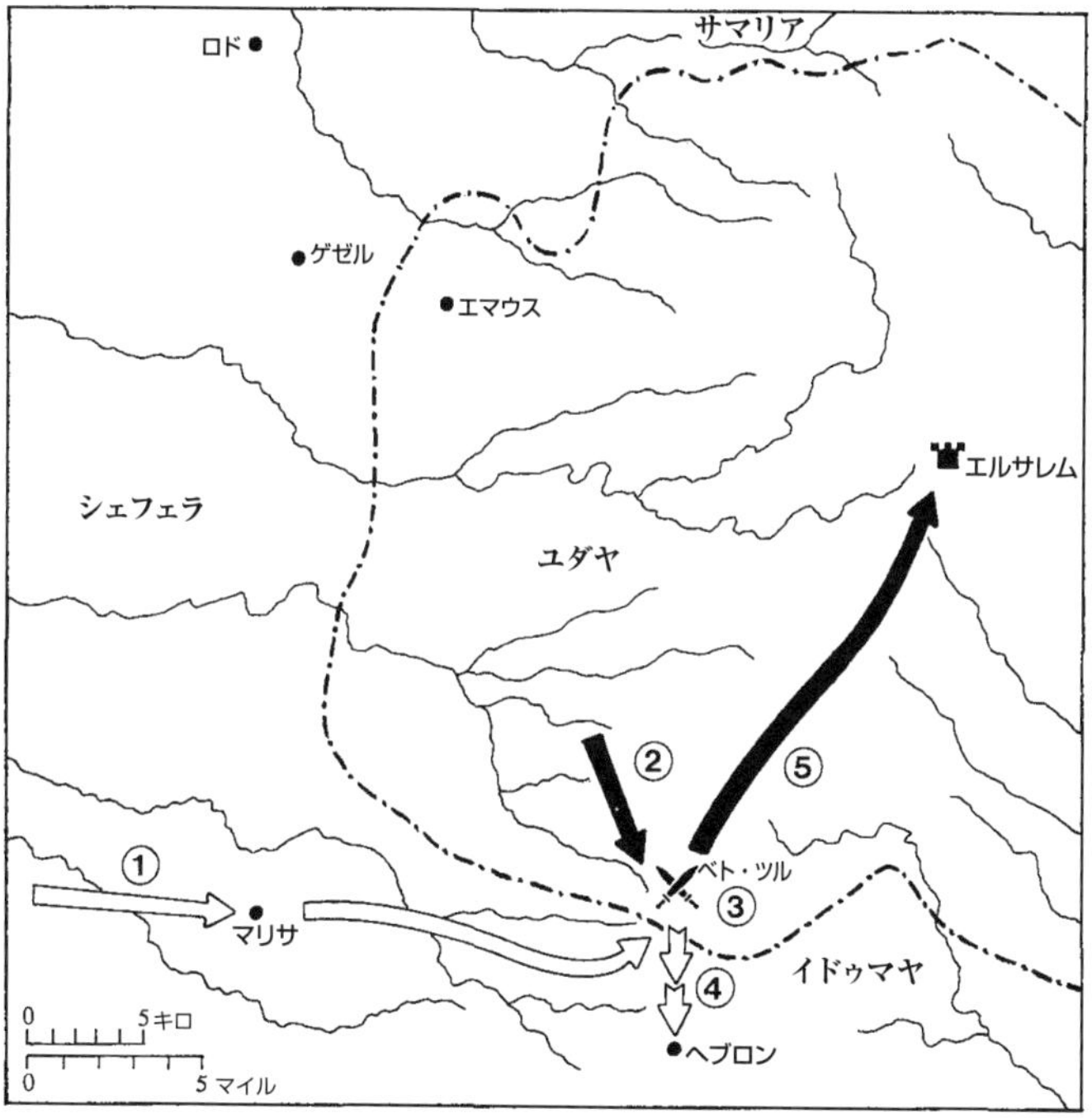

地図34　ベト・ツルの戦い

1　海岸線沿いの道を南下したリュシアス率いるセレウコス軍、敵の待ち伏せに遭う危険性が高いユダ山地は避け、マリサ経由で内陸部に入る。

2　ユダ・マカベアの軍、リュシアス軍に接近する。

3　セレウコス軍、ベト・ツルでユダヤ軍の待ち伏せに遭う。

4　リュシアスの兵士たち、ヘブロンに向かって敗走する。

5　ユダ・マカベア、エルサレムに向かい、異教により汚された神殿を清める。

ウコス朝に好意的であった。そのルートの最後の部分はユダヤ人と敵対し、ギリシア人の支配者に対し友好的なイドゥマヤ人の領土であった。そこからリュシアスはヘブロンの北およそ十キロのユダヤ国境のベト・ツルに陣を敷いた。

リュシアスの兵力は、ユダ・マカベアがエマウスで対峙したセレウコス軍とほぼ同じ、歩兵二万、騎兵四千程度ではなかったかと思われる。ベト・ツルでリュシアスと対峙したユダヤの兵力はおよそ一万であった。ユダ・マカベアはリュシアス軍に接近し、最後に南から現れた相手の歩調にぴったり合わせる形で行動した。ユダ・マカベアは、ニカノルやゴルギアスと戦ったときのように、敵軍の兵力を分裂させる作戦に頼るのはむづかしいと判断した。

しかし、相手の兵力の相対的大きさを考えると、リュシアス軍とまともに衝突するのはあまりに危険が多すぎた。そこでユダ・マカベアは、北のエルサレムに向かって伸びる街道の地形を最大限に利用して、セレウコス軍の密集方陣が行軍中で、まだ戦闘態勢がととのっていないところを攻撃することに決めた。

彼は、数の上で優勢な敵が地形的にその力を十分に発揮できない場所を探して、ベト・ツルのすぐ北、たぶん現在のヒルベト・ベト・ヘイラン付近がそれにふさわしいと考えた。この北に上って行くルートは、途中何本もの渓谷やワディと交差するため、敵を待ち伏せするには格好の場所であった。同時に、自然が作ったこの道は狭いため、進軍してくる敵は、そこでは得意の戦闘隊形をとることができなかった。

ユダ・マカベアは自分の兵力を四つのグループに分けた。第一グループ三千名、第二、第三各一千名、第四グループは五千名であった。ユダ・マカベアは、自然の地形がどうであれ、リュシアスは必ずある地点で一万もの兵を集結させるに違いないと考えた。ユダ・マカベアが第四グループの五千名を予備軍として残したのは、必要な時いつでも介入して戦いの流れを変えることができるようにするためである。

セレウコス軍の縦隊は北に向かって進軍した。彼らは長い山道に入った。そして、彼らが現れると、渓谷に伏せていたユダ・マカベアの第一部隊が左側から奇襲をかけた。セレウコスの前哨は奇襲で大打撃を受け、先陣の密集軍は、ユダの第一部隊が峡谷の両側から戦闘に加わったため混乱におちいった。ここでユダの第二、第三のグループがほぼ八百メートルの幅の前線に向かって突撃を開始した。

セレウコス密集方陣の先頭が攻撃を受けて押し戻されると、後ろの密集軍兵士たちは敵の罠にはまったことに気づき、パニックにおちいった。リュシアス軍には実戦の経験のない補充兵が多く含まれていたため、前哨は総崩れとなり、自分たちの陣営に向かって敗走した。セレウコス軍の陣営にはまだ八千の兵士がいた。この兵力と対峙するために、ユダ・マカベアは五千の兵士を温存しておいたのである。ところが、その予備軍が攻撃に出る前に、陣営に残っていたセレウコス軍兵士たちまでがパニックにおちいってしまった。

ユダ・マカベアは、ヘブロンの方向に向かって敗走する敵兵たちの追撃を止めさせた。追撃してユダヤ人に敵対する地域の住民との抗争に巻きこまれるのを恐れたのである。傭兵たちの程度の低さに失望落胆したリュシアスは、軍を引き揚げ、アンティオキアに帰った。彼は五千の兵を失った。完全な敗北である。しかし、彼が戦いを続けないで撤退したのは、軍事的弱さからではなく、むしろ政治的判断によるものであった。リュシアスは、ユダヤ人と戦うにはもっと強力な軍隊が必要であることを知ったのである。他方、彼はすでに緊急の国内問題をかかえていた。その一番は、再燃したセレウコス朝内での主導権争いであった。

たしかにユダ・マカベアはまたもや目覚ましい勝利を収めたのであるが、それだからといって彼は、リュシアスが急に兵を引き揚げた本当の理由について幻想を抱いたりはしなかった。

神殿の清め

ベト・ツルの戦いでの敗北がセレウコス軍に与えた打撃は、過去のどの対ユダヤ戦争における敗北よりも大きく深刻であった。なにしろ副王自らが指揮を執り、兵力においても武器においても敵を圧倒していたのに負けたからである。ユダ・マカベアは一息つきながら、セレウコス朝の力に翳りが見えはじめていること、そして国内的に非常に不安定な危うい状況にあることを理解した。その結果、彼は、セレウコス朝に対する勝利の余韻にいましばらく酔えても、セレウコス軍は必ずユダヤに戻ってくると考えた。マカベア家の活躍で、ユダヤは宗教的自由を手にした。今度は政治的独立を実現しなければならない。ユダ・マカベアはそう思った。そのために、彼はまずエルサレムに行って神殿を清め、全ユダヤ人にむかって、宗教的自由が本当に実現したことを宣言しなければならないと考えた。

エルサレムの「ダビデの町」跡　第一神殿時代の建物の上にハスモン時代の城壁が建造されていた。

エルサレムに着くとユダ・マカベアは、神殿の丘に面して立っているセレウコスの要塞《アクラ》に対する攻撃を先に延ばした。神殿の丘に着くと、彼の軍隊は、要塞から少し離れたところでセレウコスの守備兵たちと交戦した。ユダヤ人たちが神殿に入って清め、新しい祭壇を築き、神殿内部を修復している間、ユダ・マカベアの兵士たちは、敵兵の封じこめに努めた。前一六四年キスレウ月（ユダヤ暦第九月）の二五日、神殿の奉献が行なわれた。タルムードにはそれに続いて起きた奇跡のことが記されている。神殿で純粋オリーブ油の入った小瓶が見つかり、油は燭台で火をともす一日分の量しかなかったのだが、燭台の火は八日のあいだ燃え続けた。この出来事を記念して、ユダヤ人は毎年「ハヌカ」（奉献の意）の祭を祝う。

同胞救出のための遠征

ユダヤ民族主義の台頭とユダ・マカベアたちの支配下に置かれたユダヤ地方の住民たちによるその受容に、周辺のすべての民族は強く反発した。戦場ではユダ・マカベアたちに太刀打ちできないヘレニスト（ギリシア主義者）勢力は、その怒りの矛先をヨルダン川東岸やガリラヤ地方の各地に点在するユダヤ人居住地に向けた。そういう場所であればなんでも勝手にできると思ったからである。

ガリラヤから、ずたずたになった衣服を着けた使者が火急の報せをもってユダ・マカベアのもとに到着した――「プトレマイス（アッコ）、テュロス（ツロ）、シドン、それに異邦人のガリラヤ全域の者たちが連合し、わたしたちを根絶しようとしています」。ガリラヤ湖の東約三二キロ（現在のシリア・ヨルダン国境）の地点にあるダテマの要塞からの使者は、ティモテオスの指揮する兵力が要塞を包囲攻撃中で、ユダヤ人コミュニティは甚大な被害をこうむっていると報告した。

報告を受けたユダ・マカベアは、いま、民族の独立と宗教の自由のために、戦いの指導者としての自分の能力が試されていることを知った。彼は、この周辺民族の迫害を受けている同胞を救出するために、重い武具・武器や輜重車は使用せず、軽装備の兵で作戦を実行することを決断した。彼は、国境の外の敵に対する遠征軍を派遣しながら、同時にユダヤ本土の治安を維持する能力があることを証明してみせることが、彼の一挙一動をじっと見守っている周囲の権力者たち――その中でも特にセレウコス朝とプトレマイオス朝の支配領域にますます強い関心を持ちはじめているローマ――に対して、まちがいなく効果的な結果をもたらすことを理解していた。

ユダ・マカベアは、兄弟のシモンに三千の軍勢を与えてガリラヤの同胞を救出するように命じた。一方、ユダ自身は、兄弟のヨナタンとともに八千の軍勢を率いてヨルダン川を渡り、ギルアド経由でトランス・ヨルダン荒野に向かった。シモンの軍勢は、セレウコス軍の救援部隊の妨害にも遭わずに、地元のフェニキア連合軍を撃破し、救出したユダヤ人を連れてエルサレムに凱旋した。他方、ユダ・マカベアは、ユダヤ人が捕らえられていたボストラ、ボソラ、アレマ、カスフォ、マケド、カルナイムなどの要塞を目指して進軍した。これら北ギルアドにある要塞都市は、主に現在のゴラン高原東部および南東部に集中している。

ユダ・マカベアは、最初にフィラデルフィア（現在のアンマン）の北東約九六キロの地点にあるボ

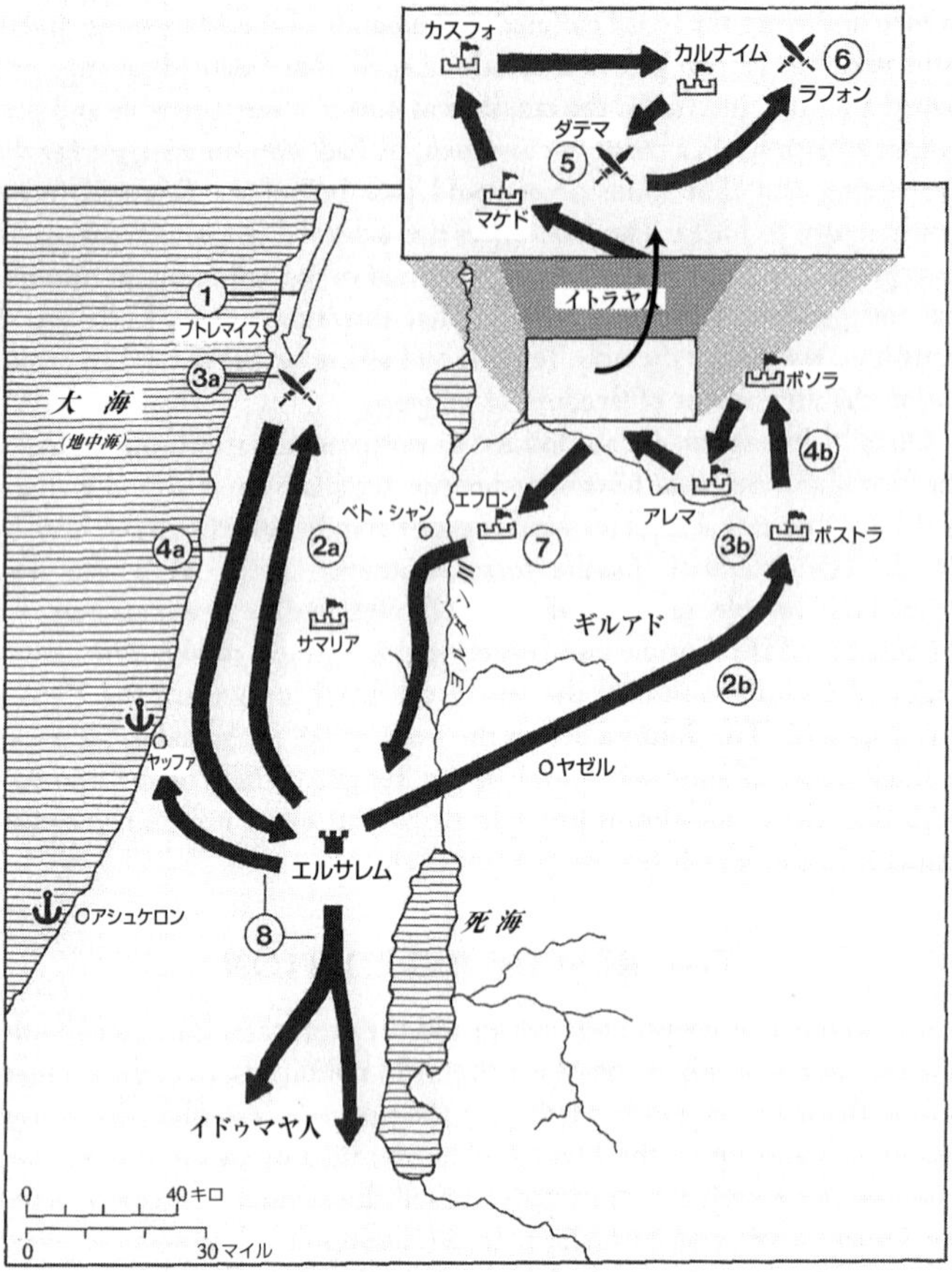

地図35　ユダ・マカベアとシメオンによる同胞救済のための遠征

1　ティルス（ツロ）とシドンからの軍にプトレマイオス（アッコ）の兵士が加わって、地元のユダヤ人を迫害する。

2a　報告を受けたユダ・マカベアは、兄弟のシモンをガリラヤに派遣する。

2b　同様な報告がギルアドからも届き、ユダは兄弟のヨナタンとともにヨルダン川東岸に急行する。

3a　シモン、フェニキア連合軍を破り、ガリラヤのユダヤ人を救う。

3b　ユダ・マカベア軍、ボストラを攻撃し、ユダヤ人を救出する。

4a　シモン、救出したユダヤ人をユダヤに連れ帰る。

4b　ユダ・マカベア、さらに軍を進め、ボソラ、アレマ、マケド、カスフォ、カルナイムを攻撃し、捕われの身となっていたユダヤ人を救出する。

5　ユダ、ダテマでティモテオスを破る。

6　ティモテオス、ラフォンで反撃に出るが失敗。

7　ユダ、敵対的領地を通って救出したユダヤ人を連れ帰る。

8　ユダ、ヤッファとイドゥマヤ人に対する懲罰的遠征を続ける。

ユダとヨナタンがティモテオス〔アンモン人の指揮官〕を撃ち、迫害されていたユダヤ人たちを救出したヨルダン谷

ストラに対し攻撃をしかけた。彼の戦略は成功し、要塞を次々に陥落させてからダテマにやってきた。ダテマはこの地域におけるユダヤ人の主要な居住地であったが、ティモテオスの軍はこれを包囲攻撃した。ユダ・マカベア軍は相手が予想しなかった方角から要塞に接近した。夜明けごろ町に着くと、敵兵たちはすでに城壁に梯子をかけて、いまにも要塞を占拠しようとしていた。籠城するユダヤ人たちにとって、状況は絶望的だった。ユダ・マカベアが包囲攻撃している敵軍を背後から急襲したのは、まさにそのような時であった。ティモテオスはラフォンで反撃に出たが、ユダ・マカベアはそこでも敵に打ち勝ち、ラフォンの町を占拠した。ユダは救出されたガリラヤのユダヤ人を全員集め、戦いながら敵の領地を通り抜け、無事エルサレムに帰った。

トランス・ヨルダンにおける軍事遠征に続いて、ユダ・マカベアはユダヤに敵対するイドゥマヤ人（リュシアスの軍は彼らの領地を通ってベト・ツルに向かったのであった）およびヤッファの住民（彼らはそこのユダヤ人とその妻子たち二百人以上を海で溺死させた）に対し報復の軍事遠征を行なった。ユダはヤッファの港を焼き、船を炎上させた〔マカベア第二書12：1〜9〕。ユダ・マカベアは、いまやユダヤだけでなく周辺地域全体における軍事指導者としての自らの権利を主張した。彼は（エルサレムの要塞《アクラ》を除く）ユダヤ全土を完全に支配し、国境は比較的安全であった。ユダは民族独立の構想に向けて国民の教化に努めた。

その間、セレウコス朝の運命は下り坂であった。アンティオコス四世は死ぬ前に、王の友人のひとりフィリポスに、自分の息子のアンティオコス・エウパトールが成人するまでの摂政として、全王国の支配を任せた。このアンティオコスの最後の決定は、帝国の安定を保証するどころか、フィリポスと、彼の前にアンティオコスの息子の養育係だったリュシアスとの間の権力抗争を生んだだけであった。ユダ・マカベアは、この明らかにセレウコス軍に足枷をはめるような状況を利用して、エルサレムの「要塞《アクラ》」とヘレニストのユダヤ人たちを攻撃することを決意した。彼はセレウコス軍から捕獲した攻城機をもって要塞の攻囲に向かった。

ユダ・マカベアは、エルサレム市のまん中にセレウコスの要塞があることに我慢がならなかった。まさに「要塞」は、ユダヤ人にとって自分たちの自由が依然完全でないことを思い知らせるものであったし、セレウコス朝の支配者たちにとっては、帝国の名に賭けて守らなければならない場所であった。前一六二年初め、ユダ・マカベアは「要塞」を攻撃したが、彼の兵士たちは撃退された。彼は「要塞」の包囲網を強めたが、要塞守備隊の密使が包囲を破ってアンティオキアに行き、リュシアスに救援を求めた。ユダ・マカベアに対する報復の機会を狙っていたリュシアスは、ライバルのフィリポスが現在遠征中の帝国東部からいつアンティオキアに戻ってくるかもしれないのに、ユダ・マカベアとの新たな戦いのために、ユダヤに向けて出立した。

ユダ・マカベアは初めて軍事的・政治的判断で誤りを犯した。彼は、リュシアスはセレウコス朝の王位をめぐる内部抗争で動きがとれないはずだと判断していたのだ。ところがリュシアスは、若いアンティオコス五世エウパトールとともに、象軍団まで伴って出陣した。実際、ローマはセレウコス朝に対し、戦闘での軍象の使用を禁じていたから、ローマの怒りを買うのは必須であったが、リュシアスがその危険を犯してでも象軍団を参加させたのは、ユダ・マカベアの兵士は軍象を相手に戦った経験がないので、戦いの流れを変えて、ユダヤ反乱軍を早い段階で撃破できると考えたからであった。

三万を越すセレウコス軍の先頭を約三〇頭の軍象、そして騎兵と戦車隊が進んだ。リュシアスは数年前と同じく、ユダ山地を迂回し、南からエルサレムへ上るルートを選んだ。ベト・ツルに着くと、彼は町を包囲した。その報せを聞いたユダ・マカベアは、自身エルサレムの「要塞」の包囲の最中であったが、それを解いてベト・ツルに急行した。あらゆる戦闘の方法が考えられたが、ユダは、セレウコス軍と対峙するには通常の戦闘隊形をとるのが戦略的にいちばんかなっているという結論にいたった。なぜなら敵は、ユダヤ軍は通常の戦闘隊形以外のあらゆる戦法を用いて攻撃してくると思っているはずだからである。そこでユダ・マカベアはベト・ツルの防衛はそこの駐屯兵に任せ、自分自身はベト・ツルの北一〇キロ、エルサレムの南十九キロの地点にあるベト・ザカリアに陣を張った。

ベト・ツルの守備隊は結果的には降伏し、その間、ユダ・マカベアの軍はベト・ザカリアのエルサレム街道沿いの丘に布陣した。ベト・ザカリアに向かって平地を進むリュシアス軍の威容は、相手に恐怖心をいだかせるように計算されたものであった。彼らは「象たちを各密集部隊に配置し、鎖の胸当てを着け、銅の兜をかぶった千人の兵士をそれぞれの象に割り当て、さらにまた選ばれた五百人の騎兵をそれぞれの象に配した。それらの兵士たちは、象の前後左右をかためて行動をともにし、象を離れることがなかった。また、それぞれの象の背には、天蓋でおおわれた堅固な木製のやぐらが、器具で縛りつけられていた。そしてその一台一台の上に、屈強な戦闘員が四人、象使いのインド人が一人配されていた。王は、残りの騎兵を陣営の両翼の各所に配置し、突撃態勢をとらせ、彼らには密集部隊を守らせた。太陽が金や銅の楯を照らすと、それに反射して、山々も燃えさかる火のように輝いた」（マカベア第一書6：35〜39）。

この記述から、リュシアスが先のユダ・マカベアとの戦いから学んだことがわかる。なぜなら、今回彼は、行軍軸の両翼の高台もしっかり支配する形で兵を進めているからである。同じマカベア第一書によると、リュシアスの軍隊の「一部は高地へ展開し、他は低地に展開して、堂々とまた整然と進んで行った。その大軍のどよめき、進軍の足音、武具のぶつかり合う音を聞く者は皆、震え上がった。この軍勢はまことに数多く、強力であったからである」。

マカベア軍は初めて守勢で戦うことを余儀なくされた。ユダ・マカベアは敵を攪乱して徐々に疲れさせるために、前衛を送り出した。それを待って、配置を終えているユダ・マカベアの後衛が敵の密

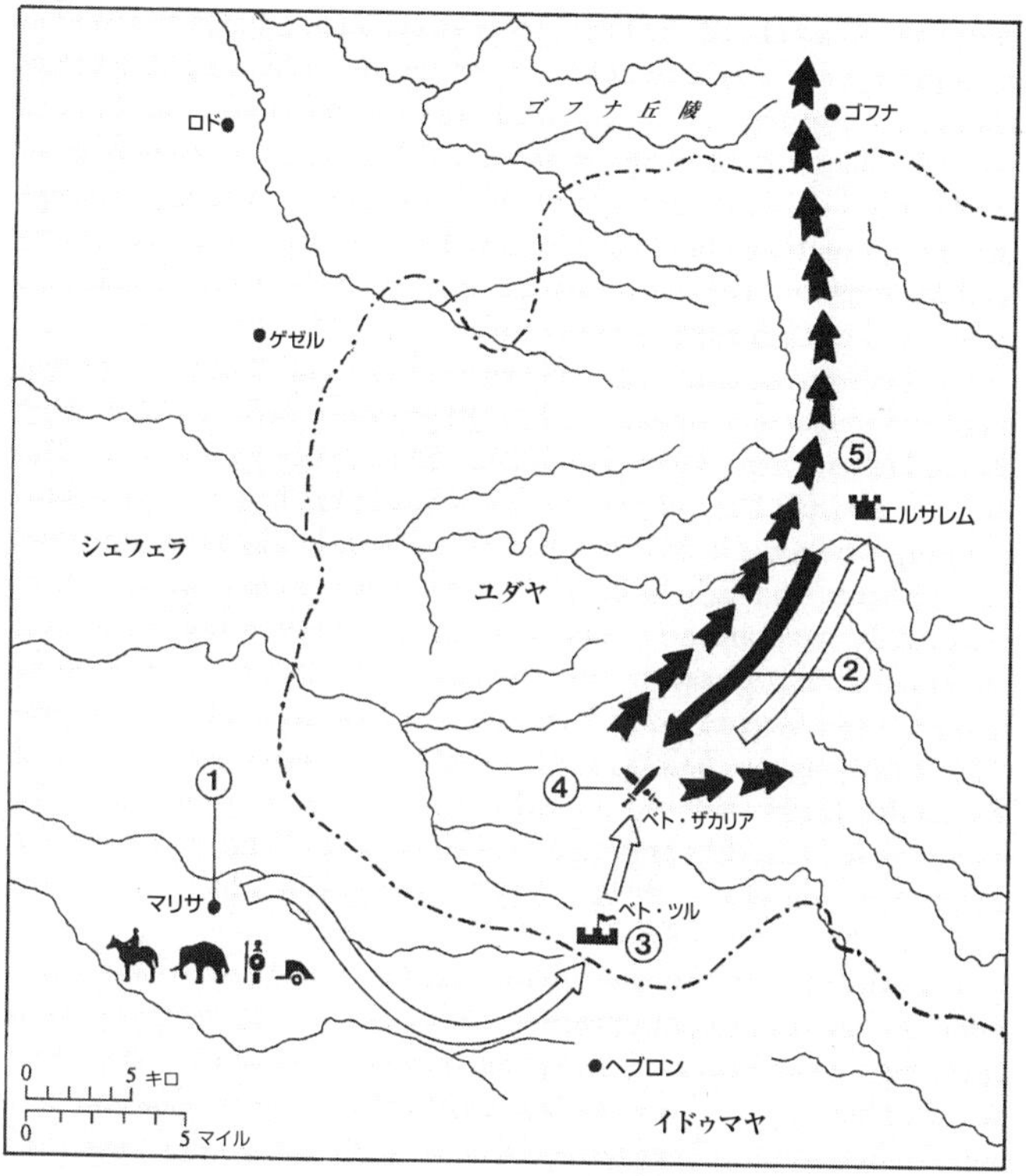

地図36　ベト・ザカリアの戦い

1　リュシアスの軍隊
2　ユダ・マカベア、敵の進軍を阻止するために出陣し、ベト・ザカリアに幕営する。
3　リュシアス、ベト・ツルを占領する。
4　ベト・ザカリアの戦い。マカベア軍のエレアザル、軍象により殺され、マカベア軍破れる。
5　ユダ・マカベア、ゴフナ山地に逃れ、リュシアスはエルサレムに進軍し、神殿の丘を攻撃する。

集軍と戦うことにした。他方リュシアスは、自分の前衛を軍象で守りながら進軍し、マカベア軍の前衛の戦闘能力を消耗させてから、今度は密集軍が前進して敵の主力部隊を撃破し粉砕する作戦であった。

戦場で相対した両軍は激突し、セレウコス軍の軍象はユダヤ兵の気力を挫き、心理的大打撃をもたらした。その状況を見て、ユダの弟エレアザルは、同胞たちに象にも弱点があることを示して士気を取り戻させなければならないと思った。王の武器で守られた象を見つけると、エレアザルは、象を守る敵兵を右に左になぎ倒しながら象の腹の下にもぐりこむと、その下腹に剣を突き刺して殺した。しかし、そのとき彼は全身の重みで彼の上にのしかかった象につぶされて死んだ。エレアザルは、マカベア兄弟の中で戦闘中に倒れた最初の人物であった。しかし、エレアザルの犠牲的行為もむなしく、リュシアスの密集軍は容赦なく前に突き進んだ。戦闘の様子から勝ち目がないと見たユダ・マカベアは、できるだけ多くの兵の命を救うことに全力を尽くした。彼は兵を敵軍から引き離し、エルサレムを通り過ぎて北の山地に撤退した。

ベト・ザカリアの戦いをとおし、ユダ・マカベアは敵の戦略を真似したことがいかに失敗だったかを痛感した。ユダヤ軍は、敵が得意とし、そのための装備も訓練も徹底している戦法を真似るのではなく、どこまでも本来のゲリラ戦法にとどまっていれば必ず成功するはずだった。セレウコス軍は通常の軍隊で、密集方陣隊形で戦う訓練を長年積み重ねてきた。それに対し、ユダヤ軍は状況が必要としたときに召集がかかる国民軍であった。

上　ヘレニズム時代の騎馬兵

上右　ヘレニズム時代の歩兵

右　アンティオコス５世の軍象に押さえ込まれた兵士　ローマはセレウコス軍による軍象使用を禁じたが、ユダヤ人の反乱鎮圧を目的とする戦いでは、その禁令は無視された。ユダ・マカベアの弟エレアザルは、ベト・ザカリアの戦いで敵軍の象に踏まれて死んだ。

しかし、後退に際しても、ユダ・マカベアの戦闘指導者としての才能はいかんなく発揮された。軍人としての彼の最も偉大な才能は、戦闘のただ中で、状況に対し自在に対応するその柔軟性にあった。彼は、自分の作戦の失敗に気づき、戦況がどの方向に向かっているかを知ると、躊躇することなく――たしかにつらい判断ではあったが――撤退命令を下した。

ユダ・マカベアの軍が撤退すると、リュシアスはエルサレムにまっすぐ進撃することができた。ユダは、エルサレムを通過するが、神殿の丘の防備をしっかり固めてから、生き残った兵士とともにゴフナに退き、他日の戦いにそなえた。リュシアスはエルサレムに到達すると、神殿の丘を攻撃したが、ユダがあとに残した兵士たちは勇敢に応戦した。攻撃軍は押し返され、リュシアスは作戦を包囲戦に切り換えざるをえなかった。

マカベア軍は長期戦にそなえた。しかしながら、リュシアスは気づいていなかったが、籠城軍は食糧も武器も不足し、非常に厳しい状況にあった。万事休すかと思われた、まさにその土壇場で、フィリポスが先王の軍隊を引き連れて、遠征からアンティオキアに帰還し、政権を乗っ取ろうとしているという報せがリュシアスのもとに届いたために、籠城軍は救われることになる。リュシアスはジレンマにおちいった。ほとんど掌中に収めていた勝利をあきらめて、撤退しなければならなかった。そこで彼は、目の前の状況を最大限活かすため、ユダヤ人と平和協定を結び、彼らに慣習の遵守と信仰の自由を認めることを決定した。彼は、王と自軍の将兵たちに向かって言った、この際、この人々には和解の印として右手を差し出そう。そして彼らおよびその民族全体と和を結ぼうではないか。また彼らに、従来どおり自分たちの慣習に従って生活することを許してやろうではないか。彼らが怒って、抵抗しているのは、我々が彼らの慣習を破棄させようとしたからだ（マカベア第一書6：58〜59）。

ユダが和睦の提案を受け入れると、リュシアスは急いでアンティオキアに戻り、フィリポスと戦ってこれを破り、セレウコス朝の支配者として政権を取り戻した。

ユダヤの住民たちは自分たちの目的がかなったと思った。彼らは、これで自分たちの家に戻って元の生活ができると考え、ユダに軍の解散を提案した。しかし、政治的自由と独立を達成しない限り、ユダヤ人は真の礼拝の自由を手にすることはできないというのがユダの結論であった。したがって、ユダは、ユダヤ軍はそのまま残し、完全なユダヤ国家の独立を自分たちの一番の目標に定めた。ユダは、セレウコス王権の弱体化、アンティオキアの宮廷内での陰謀、油断のないローマの姿勢などから、情勢は間違いなくユダヤにとって有利と読んだ。したがって、彼はセレウコスと戦い続けることを決意した。

その間、セレウコス帝国内の権力抗争は、前一六二年における血みどろの争いにまで発展していた。最終的に、アンティオコス五世エウパトールの甥のデメトリオスが、人質になっていたローマを脱出し帰還すると、幼いアンティオコス五世とリュシアスを殺害して、王座に即いた。次いで、デメトリ

アダサ　ユダ・マカベアがセレウコス軍のニカノル将軍を破った場所。

オスはアルキモス（エルヤキム）なる人物をエルサレムの大祭司に任命した。ところが、アルキモスは人びとの期待を裏切り、多くの「ハシダイ」[1]と呼ばれた者たち（正統派ユダヤ教徒）を殺害した。同時に、デメトリオスによりユダヤの新しい大祭司を支援するために派遣された将軍バキデスは、マカベア家の同調者と見なされたゴフナ地域のユダヤ人を多数殺害した。

　セレウコス朝の圧政がふたたび始まったため、ユダ・マカベアは行動に出た。ユダは、彼の兄弟たちと百戦錬磨の指揮官たちとともに、ユダヤ国民軍を現役に戻すと、アルキモスと彼を支持するヘレニスト（ギリシア主義者）たちに対する攻撃を開始した。アルキモスはアンティオキアに戻ってデメトリオス王に助けを求めた。デメトリオスはただちに、三年前にエマウスの戦いでユダ・マカベアに敗れたニカノルに対し、軍を率いてマカベア反乱軍を殲滅するように命じた。

ユダ・マカベア軍はふたたびゲリラ戦法に戻って、エルサレムとベト・ホロンの中間点に位置するカファルサラマ（クファル・シャレム）でニカノルのセレウコス軍を待ち伏せして襲い、敗走させた。ニカノルはエルサレムに撤退し、アンティオキアからの補助軍を待った。補助軍がユダヤ境界地域に到達したという報せを受けたニカノルは、シリアからの補助軍がベト・ホロン峠を無事に通過するよう護衛するため、軍勢を率いてエルサレムを出立した。

ユダ・マカベアはじっと時を待ち、シリアからの軍とニカノルの軍が合流しエルサレムに向かうところを、アダサ（エルサレムの北八キロ）で待ち伏せして攻撃した。合流し大きな軍勢になったセレウコス軍は、油断していたところをユダ・マカベア軍に急襲された。ニカノルはその戦闘でまっ先に倒れた。彼の軍はパニックにおちいったが、エルサレムへの退路はユダ・マカベア軍によって断たれたため、海岸平野に向かって逃走した。合図を受けた村々のユダヤ人たちはユダ・マカベア軍といっしょに、敗走するセレウコス兵を追撃し負かした。

ニカノルに対する勝利（前一六一年春）の結果、ふたたびユダヤの指導者に返り咲いたユダ・マカベアは、セレウコス朝の政治状況を改めて分析した。メディアとバビロニアのサトラップ、ティマルコスがデメトリオスに対する忠誠を破棄しようとしており、一方デメトリオスはローマの支援を望んでいなかった。そこでユダ・マカベアは、ローマと友好関係を樹立するために使節を派遣した（マカベア第一書8：23～30）。ユダヤは、バビロニア捕囚以後初めて独立国家として、それも当代の世界的大

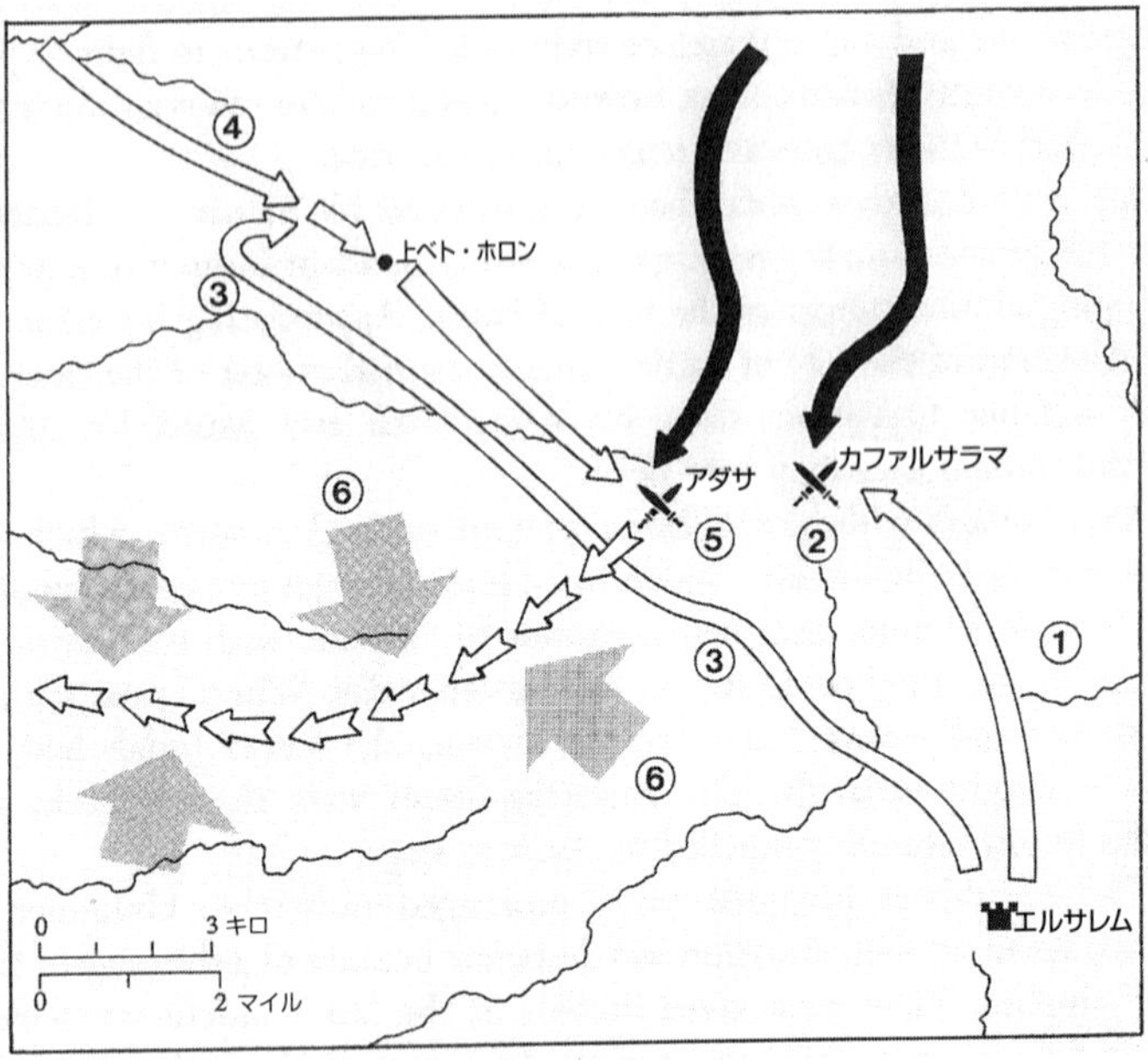

地図 37　カファルサラマとアダサにおける戦い

1　ニカノル、マカベア軍を鎮圧するためにエルサレムから出陣する。

2　ユダ・マカベア、カファルサラマで待ち伏せし、ニカノルを打ち負かす。

3　ニカノル、海岸から上ってくるシリアからの援軍と合流するために出陣する。

4　シリアからのセレウコス軍、上ベト・ホロンでリュシアスの軍隊と合流する。

5　合流したセレウコス軍、エルサレムに向かう途中、アダサで待ち伏せに遭う。

6　逃走するセレウコス軍、周辺の村々の住民の攻撃を受ける。

国（！）によって認められたのである。

ローマとの同盟は、ひょっとするとユダが成しとげた最大の政治的成功といえるかもしれない。ところが皮肉なことに、その重要な同盟が、ユダが失脚する直接の原因になってしまうのである。(2) セレウコスの支配者たちは、ユダヤ地方で周期的に勃発する反乱を冷静な目で見ていた。というのは、機会がくれば、ユダヤの支配など簡単にできるという自信が彼らにはあったからである。しかし、ユダヤがローマという大国と同盟関係を結び、その被保護国になったとなれば事情は変わってくる。状況はセレウコス朝にとってはなはだ危険である。というのは、ローマの支持を受けたユダヤ国は、エジプトからのセレウコス帝国に対する脅威を強めることになるからである。この勢力の集まりは、最終的にアレクサンドリアのプトレマイオス朝とユダヤの同盟に発展するであろうし、それはとりもなおさずライバルのエジプト王朝の力が、セレウコス家の入口にまで迫ることを意味するからである。

明らかに危険が身に迫っているのを察知したデメトリオスはただちに行動に移った。彼の決断を支えたのは、ユダヤには宗教的弾圧をはね返すためにものすごい力を発揮したあの力はもはやないという報告であった。事実、デメトリオスの先行者のリュシアスはユダヤ人の宗教の自由を認めることで、ユダヤ人の不満の原因を取り除いたのであった。こうして、デメトリオスは攻撃をマカベア一族に集中することで、ユダヤ人の反乱の力を弱めることに成功した。実際、デメトリオスの状況判断の正しさは証明された。前一六〇年春、デメトリオスの命令を受けたバキデスは、二万の軍勢と二千の騎兵とともに、ガリラヤ西部の道を通ってエルサレムにまっすぐ向かった。デメトリオスが正しく計算したように、ユダ・マカベアは三千の兵を動員するのがやっとであった。

ユダ・マカベアの最後の戦い

バキデスは、エルサレムの北約十三キロ、現在のラマッラ付近に陣をかまえた。それに対し北からきたユダ・マカベア軍はそれを通り過ごし、バキデスを基地から切り離すため、南西に向きを変えた。ところが、バキデスはユダ軍を迎え、両軍はベト・ホロンの東約一〇キロのエラサにおいて激突した。セレウコス軍の軍勢のおびただしいのを見たユダの兵士たちの士気は萎えてしまった。多くの離脱者が出て、結局、ユダとともに戦場にとどまった者は八百名だけであった。ユダはこのわずかな勇敢な戦士たちを励まして言った――「さあ立ち上がって敵に向かおう。勝利の余地はまだ残っている」。彼の兵士たちはユダに攻撃を止めさせ、彼らの本来得意とするゲリラ戦に持ちこむためいったん山地に退き、次の戦いにそなえるべきだと言って必死に説得した。しかし、ユダの返事は、「断じて敵に後ろを見せてはならない。死ぬべき時がきたなら、同胞のために、いさぎよく死のうではないか」であった。

ユダは、すでに多くの離脱者たちが出てしまったあとで、さらに彼に忠実な兵士たちが敵前逃亡したらどうなるか。ユダヤの民は意気沮喪し、ユダヤの抵抗運動は消え去ってしまうに違いない。そうではなく、不可能に対し命をかけて戦うことによって、自分に続く者たちに勇気を与えることができるはずだ。そう、考えたのであった。彼の決断は、戦争における他のどの原理よりも兵士の士気を重視し、部下たちの士気は、軍事的文脈においてだけでなく、政治的文脈においても有効な武器であるということを信じて疑わない指揮官の古典的例である。

八百名の勇敢な部下を率いたユダは、二万人を越す敵を相手に戦った。マカベア書はこう記している――

セレウコス軍の騎兵隊は二手に分かれた。また投石隊や弓矢部隊が軍勢の先頭に立ったが、最前線の者は皆勇猛な者ばかりであった。バキデスは右翼精鋭部隊の中におり、密集部隊が両翼から接近して、ラッパを吹き鳴らした。するとユダの軍もまた、ラッパを吹き鳴らした。大地は両陣営のどよめきに震え、朝から夕方まで激しい戦いが続いた。ユダは、バキデスとその部隊の中心が右翼にあることを知り、戦闘意欲の旺盛な者たちを皆率いて、右翼陣営を撃破し、彼らを追撃してアゾトの丘陵地帯に至った。左翼陣営は、右翼陣の壊滅を知って、向きを変え、ユダ軍の背後に迫って来た……（マカベア第一書9：11～16）

ユダ・マカベアは、攻撃をバキデスが率いる敵軍の右翼に集中した。攻撃は成功したが、そのいちばんの目標のセレウコス軍の指揮官を倒すことはできなかった。バキデスのいた右翼陣営は壊滅して逃走し、ユダ・マカベアとその兵士たちは追撃した。しかし、敵の左翼陣営はそれに対峙したユダ・マカベア軍を圧倒し、右翼陣営が壊滅したのを知ると、向きを変えて、バキデスとその右翼陣営を追

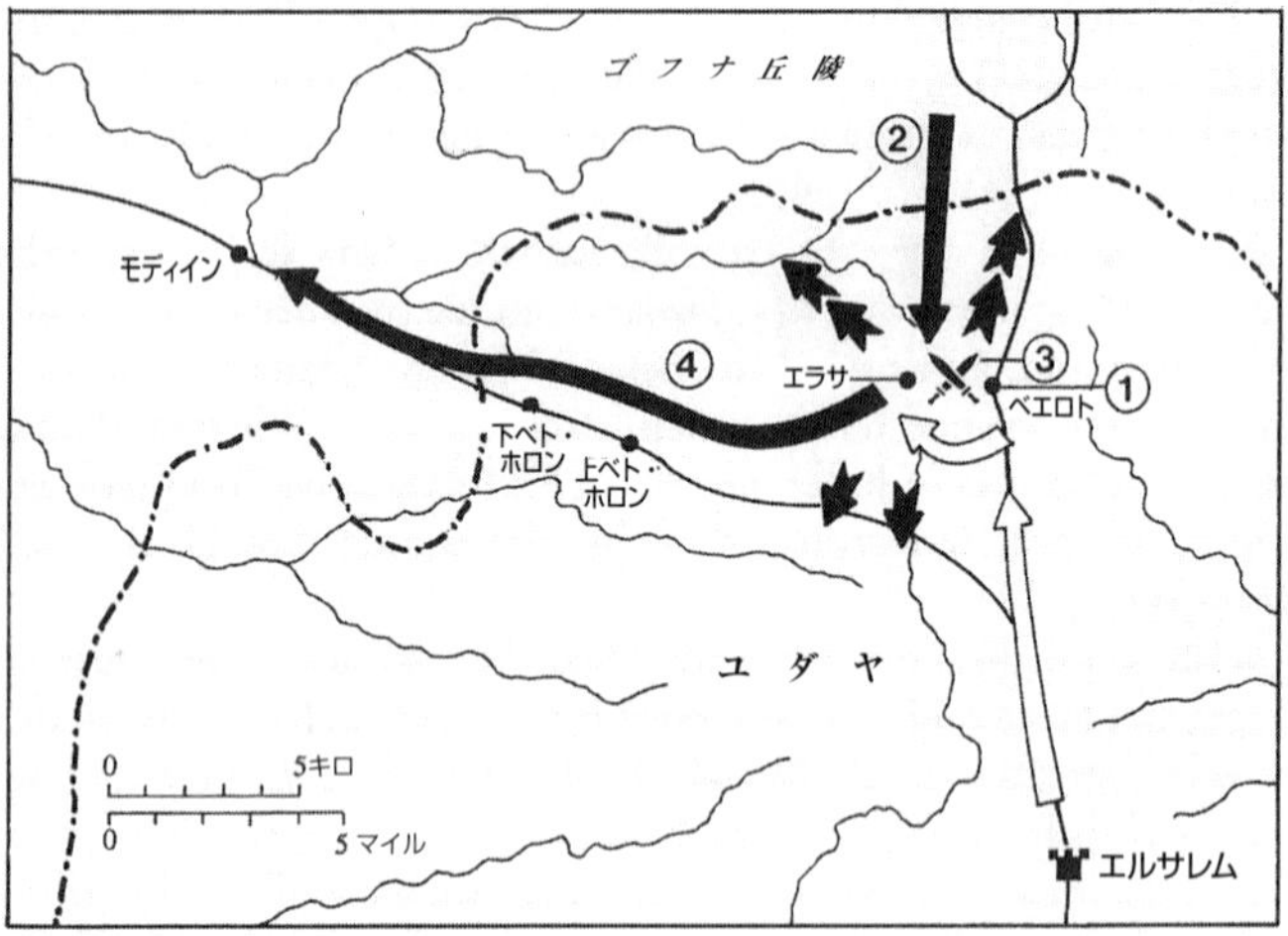

地図38　エラサの戦いとユダ・マカベアの死

1　バキデス、ベエロトに幕営する。
2　ユダ・マカベア、南へ向かう。
3　エラサの戦い。ユダ、敗れ、死す。マカベア軍敗走。
4　戦場から持ち出されたユダの遺体、モディインにある先祖の墓に埋葬される。

撃するユダ軍の背後に迫った。するとバキデスは向きを変え、ユダ・マカベア軍は挟み撃ちにあった。激しい戦闘が交わされ、双方で多数の兵士が倒れた。その中にはユダ・マカベアもいた。「イスラエル人は皆、彼のために号泣し、激しく胸を打ちたたき、何日もの間悲嘆に暮れて言った。『ああ、イスラエルを救う勇士は倒れた！』」

自分を犠牲にして模範を示したユダ・マカベアの姿に強く打たれた人びとはセレウコスとの戦いを続けた。リーダーシップはユダの兄弟たちによって引き継がれた。最初はヨナタンが、[3]次いでシモンが引き継いだ。シモンは長く厳しい戦いのあと、ユダヤ人が夢に描いた独立を勝ち取った。[4]

ユダ・マカベアの軍事的天才は、彼の数々の戦いをとおして明らかである。彼が戦った大きな戦いは、どれも数の上で圧倒的に有利な敵が相手であった。実際、彼の戦略と戦術は、数の上ではいかんともしがたいほど優位の立場にある敵を想定したものであった。ある冷静な軍事専門家の分析によると、それはユダ・マカベアの天性の軍事的才能、彼の軍隊の勇気、そしてそれを動かした強い精神的信念の結合の産物であった。

ユダ・マカベアの戦術を分析すると、彼の戦争の主要原理はあらゆる場合、いかなる状況においても「攻撃する」、そのことであった。彼は、融通性に欠く密集部隊を基本にしているセレウコス軍に対する勝利を保証する唯一の戦術は、こちらから攻撃することであると理解した。ユダ・マカベアを導いた第二の原則は、常に戦いの主導権を握ることであった。彼は地勢や地形を最大限に活かして、戦いの主導権を絶対に相手に渡さないために頭を使った。

セレウコス軍は、ユダヤ人の反乱の鎮圧を求める政策にもとづいて戦略を練った。そのために、セレウコス軍は最初にユダヤ軍の居場所を探し、彼らを見つけた上で、もっぱら自分たちが熟知している伝統的な密集方陣にもとづくやり方で戦おうとした。このセレウコス軍の柔軟性に欠ける戦略のことを知っていたユダ・マカベアは、自分たちにとっていちばん有利に戦える場所に敵軍を誘いこむためにさまざまな工夫をこらした。そしてもちろんユダは、彼の戦術の多くの土台を形成している奇襲戦法を盛んに用いた。

ユダ・マカベアの戦略は、非常に高度の組織力と効果的な情報収集能力を必要とした。ユダ・マカベアの戦いに関する記述のすべてから、彼が完成された軍事的情報網をもっていたこと、そしてそれが非常によく機能していたことがわかる。実際、効果的な情報網がなければ、ユダがその行動の基礎にしていた戦争の原則はまったく機能しなかったであろう。セレウコス軍が夜の行軍を避けたことも、ユダ・マカベアにとって好都合であった。ユダ・マカベアは、闇を味方にすることで数と量において勝る敵を混乱させ、戦闘の主導権を握るということを知っていた。

しかし、ユダ・マカベアが苦しい状況にある人びとのために役立つことができたのは、なによりも彼の思考と方法において示した柔軟性においてであった。セレウコス軍がマカベア軍との戦いから柔軟性というものを学ぶことはなかった。たとえば、騎兵部隊はユダ山地では決して効果を発揮できなかったにもかかわらず、彼らはそれを使用しつづけた。敵軍が採用した厳格な戦闘方法をうまく利用しているかぎり、ユダ・マカベアは戦闘で勝利した。

しかしながら、彼の軍隊が成長し、より進歩した洗練された兵器を使用するようになるにつれ、彼は敵の戦略を真似るようになった。ベト・ザカリアの戦いにおける彼の作戦の失敗の原因はまさにそ

モディインにあるマカベア家の墓 エラサの戦いで倒れたユダ・マカベアが埋葬された。また彼の兄弟およびマカベア一族が埋葬された場所。

れであった。とはいえ、彼は自分の主力部隊を決定的敗北から危機一髪のところで救うことができた。セレウコス軍の戦場における勢力が衰えることはなかった。他方、最盛期に一万五千名にまで成長したユダヤ軍の兵力は、内部における政治的立場の相違が兵士たちを浸食して、しだいに弱まっていった。ユダ・マカベアの最後の戦いにおいて彼とともに戦った兵士はわずか八百名であった。しかし、戦闘における士気の働きの重要性を知るユダ・マカベアは、数の上でとてもかなわない敵の軍勢を相手に最後まで戦って後退しなかった。

ユダ・マカベアは同胞を鼓舞して国家を形成し、その独立の夢を実現するためのリーダーになるように運命によって定められた人物であった。彼は、歴史上初めて、宗教的自由を目指して人びとを率いた人物であった。彼は大きな悲劇と極限状況における戦士であり、英雄であり、将軍であり、国民的指導者であった。ユダ・マカベアにおいて、精神の偉大さと勇気とが、並はずれた実行能力と抜群の指導力とがひとつに合わさっていた。彼は、歴史に現れた偉大な指揮官のひとりであった。

訳者あとがき

旧約聖書は創造神話、歴史書、預言書、詩歌、知恵文学、黙示文学など、多様なジャンルの作品群から成る書である。

その中には牧歌的な族長物語があれば、神の公正と義に対する強い信頼や訴えを綴った詩集がある。人生における真の知恵とは何かを教える格言集があり、若い男女の健康的な愛をいきいきと歌った書がある。さらには、世界と人生について「空の空、いっさいは空である」と語る知者の言葉を記したものまで含まれる。読者は旧約聖書という文学作品を、時間や空間の枠を超えて、地理、歴史、文学、言語、詩型、建築、植物、動物その他、縦からでも横からでも、それぞれの興味や関心の視点から自由に読み、味わうことができる。

本書は、民族や国家の安全・防衛の問題を直接の関心事とする二人のイスラエルの軍事史の専門家による、旧約聖書にある戦争の記事に焦点を合わせて語った古代ユダヤ戦争史である。全体は二部に分かれ、イスラエル王国成立前時代からバビロニア帝国軍による南王国ユダの滅亡までの時代についての執筆（第1章～11章）をモルデハイ・ギホン氏が担当し、アレクサンドロス大王の死後シリア・パレスティナを支配したセレウコス朝の軍隊を相手に戦ったユダ・マカベア時代（第12～13章）をハイム・ヘルツォーグ氏が担当している。

情報を可能な限り多く集め、それらをどこまでもクールに分析し判断することが求められる軍事専門家たちの目に、旧約聖書というはるか古代に書かれた書物はどのように映るであろうか。はたしてそこには、当時に比べると技術的に途方もなく高度に発達した現代に生きる軍事専門家たちが見てなお学ぶべきものはあるのだろうか。その問いに対し、著者たちは、大いにあると言う。

史料としての旧約聖書には、事実、戦いに関する記述が少なくない。今日ユダヤ教、キリスト教、イスラム教のいずれからも等しく「信仰の父」として尊敬されている族長アブラハムでさえ実は大きな戦闘の体験者であった。彼の神に対する信仰は、戦争の現実が何かを身をもって知った者としての信仰であった。旧約聖書が語るのは空想物語としての戦いではなく、歴史的出来事としての戦いである。しかもそれらの戦いの起きた場所や地域の名前が具体的に記されているため、それぞれの記事や伝承について歴史学や考古学の視点から検証することも可能である。

旧約聖書と新約聖書の違い

ここで一言、旧約聖書と新約聖書の違いについて触れておこう。というのは、しばしば、旧約聖書は、新約聖書に比べて戦争の記事が多い点を指摘し、後者は愛や平和を語る書で、前者は戦いを好む書であるといった非常に短絡的な説明がなされたりするからである。だが、それはまったくの誤解だと言わなければならない。旧約聖書が非常に多彩なジャンルの文学作品から構成されていることはすでに指摘したとおりであるが、愛や平和についての言及の多さにおいても、旧約聖書は新約聖書にいささかもひけを取らない。そればかりか、イエスが人間として最も重要な教えとして挙げた「自分を愛するようにあなたの隣人を愛しなさい」も、実はイエス自身が幼少の頃から学んだ（旧約）聖書からの引用であることを確認しておくのは無駄ではないであろう。

旧約聖書が関わる時代は一千年をはるかに越え、その歴史的文脈と現実の中で、神と人間と民イスラエルの過去や現在（現実）や未来が語られている。旧約聖書の記者や編者たちは、戦争を人間の歴史における否定しがたい厳しい事実として冷静に受けとめながら、その文脈の中で出来事や体験や思想や祈りを語り、後世に伝えようとしている。

それに対し、新約聖書の時代はわずか一世紀ほどで、非常に短い。だが、その短い時の間にも、パレスティナの人々は、ユダヤとローマによる大戦争を体験している。いわゆる第一次ユダヤ戦争（紀元後六六～七〇年）である。ただ新約聖書がそれについて具体的に記述しないだけである（一三二～一三五年には第二次ユダヤ戦争が起きている）。その第一次ユダヤ戦争の前夜から終結までの歴史を、いわば新約聖書に代わって記述したものは、同時代のユダヤ人歴史家ヨセフスが著した『ユダヤ戦記』である。『ユダヤ戦記』は新約聖書が書かれた時代とその歴史的文脈を理解する上で必須の「副読本」

である。そうした歴史の厳しい現実を語る「副読本」をも中に取り込みながら信仰や預言、あるいは愛や平和や知恵を語ろうとするのが、旧約聖書的編集姿勢であるとも言えよう。

地理・地勢――変らぬ舞台で

前述の通り、旧約聖書の戦いの記事はすべて具体的な地名をあげて語られていて、一つ一つの戦闘の地理的舞台や文脈がはっきりしているため、その後の時代に同じ舞台（パレスティナ、シリア、エジプト）で繰り広げられたさまざまな戦闘と比較しながら読むことができる。読み物としての本書の魅力の一つもそこにあり、聖書の戦いの記事はローマと周辺の民族との戦い、十字軍とイスラム軍の戦い、ナポレオン軍とトルコ・イギリス軍の戦い、第一次大戦中のパレスティナにおけるトルコ軍とイギリス軍の戦い、第二次大戦におけるドイツのロンメル将軍やイギリスのアレンビー将軍の戦略や指揮、さらには一九七三年の第四次中東戦争（ヨム・キプール戦争）におけるエジプト・シリア軍とイスラエル軍の戦闘などとの比較において語られている。

実際、戦闘の道具がいかに変化し進歩しようとも、現実の戦いの舞台の地理・地勢が変らないかぎり、その舞台で繰り広げられる戦いに関わる基本的な問題はどの時代もさほど変らない。戦いの雌雄を最終的に決めるのはやはり人間であり、なかでも指揮官の果たす役割は決定的であることを本書は繰り返し語る。

長い間平和の空気にどっぷり浸かって世界の現実から感覚的にかなりずれてしまったわれわれ日本

人も、指導者の能力と果たすべき責任がいかに大きいかを、二〇一一年三月の大震災・津波と原発の大事故を通してあらためて強く気づかされた。なかでも原発事故との戦いは聖書の知者や預言者たちも想像できない、まるで終わりの見えない恐怖の戦いであり、しかも始まったばかりなのである。

イスラエル（ユダヤ）の民は、その長い歴史の中で何度も、指導者の無能や状況判断ミスで戦いに敗れ、国を失い、追われ、捕虜・捕囚の辛酸をなめ、気が遠くなるほど長い民族流浪の苦痛を味わった。そのたびに彼らはなぜこうなったのか、指導者たちはどこで判断を間違ったのかを考えた。

実際、本書は、古代イスラエル軍事史の形をとりながら、民族や国家がその存在を揺るがす危機を乗り切るために何が必要か、国民や軍隊が信頼できる真の優れた指導者あるいは指導力《リーダーシップ》とは何かを考え、語ろうとした書であると言っても過言ではない。本書執筆の背景には、著者たちも体験した第四次中東戦争の緒戦でイスラエル軍がこうむった大打撃と強い精神的ダメージに対する深い反省があるのは疑いない。危機を乗り切るために指導者に求められるものは「正確な情報と冷静な判断力、胆力に支えられた使命感」（山内昌之氏）であり、本書が主張するのもまさにそれである。とりわけ最後の「胆力に支えられた使命感」は、イスラエル（ユダヤ）という少数民族がその数千年の歴史を通しいくたびも大きな危機に直面しながら生き延びることのできた、最後の力の源であった。

「丘の向こう側」を読む

いつの時代も、戦闘に直接たずさわる軍隊や指揮官にまず問われるのは、彼らがどこまで地理と地勢に精通しているかである。著者の言葉を借りれば、指導者は「非常に厳密かつ明確な地理上の要因」を常に頭にしっかり入れておかなければならないのだ（本書ⅱ頁参照）。かつて山本七平氏は訳者に、太平洋戦争における自らの体験に触れながら、国の実力は精密な地図を作る能力によってわかり、優れた軍隊や指揮官かどうかはその地図の内容をどれだけ消化し身体にしみ込ませているかでわかる、と語ったことがある。実際、どれほど大きな軍隊を持とうと、いかに優れた武器を手にしようと、正確な地理や地勢の知識と経験に欠けるなら、必ず敵のゲリラ戦法に翻弄され、最悪の場合、全軍壊滅の憂き目に遭うこともけっして稀ではないことを、本書はいくつもの事例を出して証明する。「山林・険阻・沮沢《そたく》（沼沢）の形を知らざれば、軍を行《や》ること能わず」（『孫子』行軍篇）である。「歴代の偉大な軍事指導者たちはいずれも、敵を出し抜くために、相手の意図、可能性、能力、兵力の配置、地形について可能なかぎり正確な情報を入手することに多くの時間を費やした」。一八一五年にワーテルローの戦いでナポレオン一世を破った英国の将軍ウェリントンは、長い時間ひとりこもって考えていることが多かった。いったい何を考えているのかと尋ねられると、彼はこう答えた「私は、丘の向こう側について考えているのだ」（本書二四頁参照）。

　実際、優秀な指揮官であるかどうかの重要な決め手の一つは、見えない「丘の向こう側」の敵軍の動きを読みながら——あるいは想定外も考慮に入れつつ——迅速にして的確な対応ができるか否かである。そのためには指揮下の偵察や諜報機関による情報収集が求められるだけでなく、報告された情報がはたして本当に正しいものであるかどうかを自分の責任において見極めなければならないのだが、これが容易ではない。なぜなら、「情報の受け手は常に他人の評価や解釈に基づいて自分の作戦を練って行動しなければならない」からで、「『他人』は、その性格や受けたトレーニング、あるいは傾向性次第で、もし指揮官が自分の眼で『丘の向こう側』の状況を確かめていたらおそらく引き出していたはずのものとは異なる結論に達してしまうかもしれない」からである。実は、他人から受けた情報を鵜呑みにしたために起きるトラブルは、われわれが日常生活でもたびたび経験していることである。

著者によれば、一七五九年のクンネルスドルフにおけるフリードリッヒ大王の敗北、一七九九年のナポレオン一世のアッコ奪取失敗、一九四四年のアルンヘムにおけるイギリス部隊の壊滅などはまさにそのケースにあたり、「もし最高司令官が、情報の根拠にされていた事実の重大性を自ら判断できていたなら起きなかったはず」（本書二六頁参照）である。

情報収集と人物

他人が認識したものに基づいて自分が判断を下すときについてまわる危険性を最小限に食い止める、そのために採られてきた方法の一つは、情報収集に当たる者たちに、「情報の確かさを証明する証拠をできるだけ多く収集する事の重要性を教え、その周知徹底に努める」ことであり、それを実践した指導者の聖書における一番の例は、エジプト脱出と荒野彷徨時代のイスラエル部族を率いたモーセである。

もう一つの方法は、情報収集という重要な任務には必ず「部下の中で最も優秀な者を選んで当たらせること」であり、「外国の宮廷に出入りして常に情報収集にあたるのが大使たちの主要な任務になってきた十七世紀のフランスの情報収集手引書は、「もっとも有能で器量の大きな将軍を大使に選ぶことが重要」としている（本書二七頁参照）。『孫子』も、諜報員には全軍で最も信頼のおける人物をあてることの重要性を説く。その者には最高を与え、その活動については完全に秘密を守らなければならない（「三軍（全軍）の事、交わりは間（間者）より親しきはなく、賞は間より厚きはなく、事は間より密なるはなし」（用間篇））。

日本の場合はどうか。「日清・日露戦争時は、後に大将になるような人物が数多く敵地に潜り込み、密偵をしていた……しかし、第二次大戦の頃になると、優秀な人物は日清・日露の戦争の前のようには、密偵にはならなくなったのである。その結果、情報戦で負けてしまったとも言えるのではないか」（渡部昇一『歴史街道』一九九四年五月号二四頁）。

しかし、第二次大戦中にも中立国スウェーデンにあって陸軍武官として活動した小野寺信《まこと》少将のように、その誠実な人柄から人種、国籍、宗教を超えて「情報の神様」と慕われた人物もいた。彼は、ヤルタ会談でドイツ降伏後にソ連が日本に参戦する密約が結ばれた事実を掴み、最高機密を本国に緊急電で報せたが、電報は参謀本部作戦課の思惑で握りつぶされた（岡部伸『消えたヤルタ密約急電』新潮選書）。山内昌之氏は言う、もしそうした参謀本部の「作為がなく日本の早期降伏が実現していれば、回避できた悲劇は多い。沖縄戦、原爆投下、シベリア抑留、中国残留孤児問題、北方領土問題。これらの一部あるいは全部を避けられたかもしれない……また、蒋介石の知遇を得て中国との和平工作に努力した小野寺の姿は、いまの日本にいかなるタイプの人材が必要なのかを私たちに問いかけてやまない」と（読売新聞二〇一三年九月三〇日書評欄）。

自分たちにとっていかなるタイプの人材が必要なのか。それはまさにユダヤ人が聖書時代から絶えず思い抱き続けてきた問いであり、本書の執筆の一番の動機になっているものである。訳者は、満州に生まれ、終戦の混乱の時期を蒋介石の国民軍と毛沢東の共産軍の戦いがまだ続く現地で過ごし、ソ連軍による自宅占拠を体験、あと一歩で「中国残留孤児」の一人になるところであった。いま、本訳書の記述に山内氏の言葉を重ねながら、国家や指導者について思うことは多い。

騙しの戦術と第四次中東戦争

しっかり準備して待ち構えている相手と戦う時はどうするか。ローマの「ポンペイウスが、あるとき、対岸に布陣した敵軍に渡河を阻まれたとき、彼は自分の軍隊を率いて陣営から出てはまた戻るという行動を繰り返し行なった。そして、ついにその行動に見飽きた敵軍が、前の道路の監視を緩めたのを見た彼は軍を一気に突進させ、渡河を成功させた」（三六頁参照）。

著者によれば、モーセの後継者ヨシュアがエリコ征服に際し用いたのも同じ騙しの戦術であった。彼は、六日間にわたって、戦闘員たちに町の城壁の周囲を行き巡らし、エリコの兵士たちがそのパフォーマンスに「見飽きて」油断したところを一気に攻撃したのであった。一九一六年には、イギリス軍がシナイ半島において、同じ手を使ってトルコ軍とドイツ軍の判断を誤らせた。

そして一九七三年には、ヨシュアのエリコ征服物語についてイスラエル人ならだれでもよく知っているはずなのに、彼らは反対に「騙される側」の体験をするはめになった。同年十月の第四次中東戦争（ヨム・キプール戦争）が勃発する前、南のエジプト軍と北のシリア軍が、同じ戦術でイスラエル軍を騙したのである。「彼らが、軍を動員して運河や国境に橋を渡す訓練をするだけでなく、イスラエル国境に攻撃を仕掛ける演習を何度も繰り返しているうちに、それに慣れたイスラエル人たちはすっかり油断してしまったのである」（三七頁参照）。

この戦争は、訳者がエルサレムの大学で学んでいるときに勃発した。大学院の古代史のゼミで一緒だった友人の一人は、ちょうどその時予備役兵として、シナイ半島の前線基地で兵役に就いていた。（イスラエルの男子は、三年の兵役を終えた後も、五十五歳になるまで毎年、一定の期間、軍隊の指示に従って兵役の義務に就かなければならない。）修士論文を仕上げようとしていたところだったので、彼は重い本を何冊も砂漠の基地に運び、休憩時間や消灯前のテントの中で読んでいた。

あと数日で任務は終わり大学に戻れるというとき、突然、部隊はエジプト軍の猛攻撃を受けた。寝耳に水だった。スエズ運河に沿って強力なイスラエル防衛ラインが築かれていて、エジプト軍はそれを簡単に越えられないはずだった。しかし、その防衛ラインが難なく破られた。エジプト軍の攻撃は夢ではなく現実であった。

その日はちょうどユダヤ教で最も厳粛な「贖罪の日」（ヨム・キプール）に当たり、ユダヤ教徒のだれもが断食しながら一日を懺悔と聖書の朗読で過ごしていた。友人の部隊は空腹に耐えながら懸命に応戦したが叶わず、生き残った友人はエジプト軍の捕虜となった。

やがて休戦および捕虜交換の合意が成立し、友人も無事家に戻ることができたが、捕虜期間中に負った精神的傷は深く、奥さんと共に考えた末、しばらく仕事を休み、農村で暮らすことにしたと語った。

予備役兵として緊急動員されて北の戦線に送られたもうひとりの友人（考古学専攻）も、無事キャンパスに戻って来た。北の戦線においても、イスラエル軍はシリアの先制攻撃を受けて苦戦を強いられた。友人の部隊は、多くの犠牲を出しながら援軍の到来まで持ちこたえ、ようやく反撃に転じたところで、突如、停戦となった。普段無口な友人が、その日は違った。シリア側から飛んでくる砲弾がいかにすごかったか、まだ塹壕にいるかのように首をすくめながら語った。そして、自分が生き残ったのは全くの奇跡だ、これからは倒れた友人たちの分まで勉強しなくては、とも。

一方、戦前の南北国境におけるエジプト軍とシリア軍の「パフォーマンス」の真意を見誤った国家と軍の指導者たち、彼らに対する国民の怒りは大きかった。いったい、あなたたちは、イスラエル人なら子供でも知っているエリコ陥落物語の教訓を忘れてしまったのか。そのことであった。

エジプト軍は一周間前にスエズ運河地域に大軍を移動し始めていたにも関わらず、軍情報部長は当時の首相ゴルダ・メイア女史や軍参謀部に「ただの演習」にすぎないと保証していた。彼女は不安だったが将軍たちに異議を唱えることをしなかった。ヨム・キプールの朝、午前三時四十五分に彼女の電話が鳴り、軍事顧問の将軍から、海外の諜報責任者から最重要機密「日没前に戦争です」が届いたことを知らされたが、結果的に、予備役の完全動員には時間がたらず、動員された者たちもまる一日宗教的断食を守っていたため、体力は最低の状態にあった（まさにそれがエジプトとシリアの狙いでもあったのだが）。事前の敵の動きを見誤った政府と軍の指導者の責任を問うアグラナト査問委員会が、戦後ではなく、すでに戦争が始まって間もない段階で設置された。徹底した民主主義国家というか、聖書時代の厳しい預言者的批判精神の伝統が消えずに生きていると訳者は思った（本書第1章注11も参照）。

戦争終結を前に、当時のイスラエルの首相ゴルダ・メイア女史が軍関係の責任者二人（モーシェ・ダヤン国防相とダヴィッド・エラザール参謀総長）を連れて南部戦線を訪ねたとき、一人の兵士がメイヤに質問した。わが軍には「どうしてこんなにも備えがなかったのですか」。彼女は、自分はその分野に関してはこの二人に頼っていると答えた。それを聞いて、一人の大隊長が激怒して叫んだ、「私が部下を四十八人も失ったのは、あなたがこれらのことを理解しないためだったのか」。まわりにいた将校たちは懸命になって彼をなだめた（A・ラビノビッチ『みるとす』二〇一三年十月号三四頁）。

アグラナト査問委員会はその後、複数の軍指導者の退役を求める中間報告を出した。

作戦の段階から

勝って兜の緒を締めるではないが、ヨシュアは一時の勝利で安心せず、戦勝後のことをしっかり頭に描きながら行動した。ところが歴史を見ると、せっかくの戦勝が実を結ばずに終わってしまうケースが多い。それは、勝利者がせっかく得た勝利を活かす能力に欠けていたからだ、と著者は言う。リュッツェンの戦い（一六三二年）の勝利後のスウェーデン軍がそうであったし、タラベラ＝デ＝ラ＝レイナ（スペイン）の戦い（一八〇五年）でフランス軍を破ったあとのウェリントンの英軍がそうである。リニー（一八一五年）の戦いでブリュッヒャー率いるプロイセン軍を破っておきながら、二日後にこの老将軍が軍を立て直してワーテルローに現れるのを許して敗北したナポレオンもまた然り。そうした多くの失敗の例から学んで、現代の軍事教科書は、「戦場で勝利をおさめたあと、それを完全に活かすために何をすべきかをすでに作戦段階から教える」（本書四八〜四九頁参照）。すなわち、指揮官たる者は当面の作戦計画だけでなく、戦争全般に関する戦略や見通しをしっかりもっていなければならないということである。それはひとり軍事指導者に限らず、組織を率いるすべての指導者・責任者に求められていることであろう。

各部族の特性を発揮させる

古代イスラエルの軍隊には各部族がもつ個性が活かされた。なかでもエルサレムの北に居住するベニヤミンは小さな部族であったが、その戦士たちは「両手利き」を特性とし、右手でも左手でも石を投げ、矢を射ることができた。ヨルダン川東岸に居住したガト族の戦士たちは生粋の戦士で、小型の丸盾と槍で身を固め、しかもその足の速さは「山のかもしかのよう」であった。さらにイッサカル、これも北部の小部族であったが、この部族の者たちは「イスラエルが時に臨んでなすべきことをわきまえていた」ので、とくに諜報活動に才能を発揮したと思われる（一三三頁参照）。

イスラエル部族の一つに数えられながらまとまった領土を分与されなかったレビ人は、聖所における祭司の任務にあたったが、その彼らも、国の防衛のための重要な役割を果たした。事実、レビ人が定住した町や地域のほとんどは、常に安全問題を抱えた国境地域にあった。

実際、「特別な宗教的情熱と知識をもつレビ人は、彼らの倫理的宗教的強靭さに加え軍事的強さを身につけることで、国境を越えてやって来る精神的ないし物理的異物の侵入に対する恒久的防衛に力を発揮した。国家が非常に緊迫した状況に直面したとき、彼らは軍事的に不安定な地域にあってもそれを精神力ではね返すだけの力をもち、国境警備兵として非常に信頼できた」（一三九頁参照）。いわば大きな危機においても動じない、強い宗教的情熱に支えられた「胆力」であり、その例は天草の乱のキリシタンその他、現在にいたるさまざまな戦いにも見つけることができる。

「サウルのジレンマ」

イスラエルの最初の王サウルの息子ヨナタンは、しばしば、全軍の長たる父王の許可なしに配下の部下だけで敵の陣地を攻撃するなどの単独行動が目立った。軍の長からすれば、それは明らかに命令違反であり、ローマ軍法の規定では文句なしに死刑に処せられる行動であり、事実、サウルも、わが子の命令違反に対し死刑の判決を下したが、兵士たちの激しい抗議にあって取りやめざるを得なかった。似た例は、一六七五年のフェールベリンの戦いにおいて、先制攻撃でブランデンブルク軍に勝利をもたらしたホンブルク公のケースで、「大選帝侯」であった彼の伯父は命令違反で死刑を命じたが、将校たちのゼネストで命令は撤回された。反対に、ナポレオンの命令に従ったためにフランス軍の敗北を招いたグルーシー将軍のような例もある。まさにイスラエルで「サウルのジレンマ」と呼ばれるものであり、そのジレンマの解決法はいまに至るまで見つかっていない（九八～一〇二頁参照）。

著者はまた、ユダ国のウジヤ王の参謀本部について語りながら、あのワーテルローでナポレオンを破ったウェリントンの愚痴——前線の将軍は、国防大臣が要求している通り官僚的形式主義に従うのか、それとも自分の判断に従って軍を率い、戦闘に勝とうとするのか——を引き合いに出しながら、そしておそらく著者自身の実戦の場における経験から、「老兵は皆、官僚的形式主義によって多くの戦術が混乱に陥ったというウェリントンの意見に賛同するであろう。他方、彼らは、健全なスタッフ業務は勝利のための必要条件の一つであるという見方に賛同するであろう」と語っている（二八七頁参照）。おそらく、それはひとり軍事関係者に限らず、すべての職業の「前線」（現場）で働く責任者のだれもが一度は体験し痛感することであろう。

兵站学的視点

聖書外史料（アッシリア語文献）によると、前八五三年、シリアのオロンテス川中流域のカルカルの戦場において、北王国イスラエルの王アハブとシリアの王たちが率いるシリア・パレスティナ連合軍とシャルマネセル三世率いるアッシリアの大軍が激しく衝突した（そこではつい最近も、シリア内戦で政府軍と反政府軍による激しい戦闘が行なわれた）。

このときアハブ王は戦車二〇〇〇台、歩兵一万を率いて連合軍に参加した。それに軍需品を運ぶ輜重隊の牛馬を加えるなら、イスラエル遠征軍の列の長さは、単純計算でおよそ一〇キロになる。イスラエルの首都サマリアから戦場のカルカルまでの距離は四八〇キロを超える。一体、それだけの大部隊が、距離を進むのに、どのくらいの日数を要したのか。遠征軍はいろいろな目的のために一日約十一万ガロン（約五〇万リットル）の水が必要になるが、それをイスラエル軍は途中どのようにして補給したのか。馬の飼い葉あるいはそれに代わるものをどうやって確保したのか。

こうした具体的問題に関し、著者は、二〇世紀初頭の南アフリカのボーア戦争（軍が同じ距離を移動するのに三〇日要した）あるいは一九一五年冬のスエズ運河攻撃に関わったトルコ軍（二万の兵力が一四日間の軍事遠征に必要な水を運ぶのに五千頭のラクダを要した）などの例と比較しながら検証し推測する（一九一〜一九二頁参照）。さらに、敵の攻囲を受けた同胞を救出しそれを安全な場所（町）まで護送するのも軍の重要な任務である（三五四〜三五八頁参照）。戦時の軍の移動や民間人の救出・避難のための戦略あるいは兵站学的教訓は、大洪水、津波、土砂災害、さらには想定外の原発事故と放射能汚染といった大災害や危険から逃れることのできないわが国の現実にも十分に適応するものであろう。

旧約聖書の知者は言う、「日の下では、すべてに時期があり、すべての出来事に時がある。生むに時があり、死ぬに時がある……殺すに時があり、建てるに時がある……（そして）戦いの時があり、平和《シャローム》の時がある」と（コーヘレト書）。

前一六二年、長い間ユダ山地に侵攻してくるセレウコス朝の遠征軍と戦ってことごとくこれを翻弄し敗走させてきたユダ・マカベアの軍は、南からユダ山地に攻め込んだリュシアス将軍率いる三万のセレウコス軍と戦って大敗を喫した。リュシアスは撤退するユダ・マカベア軍を追って北上し、ユダヤ人が立てこもるエルサレムの神殿の丘を攻囲した。「籠城軍は食糧も武器も不足し、非常に厳しい状況にあった。万事休すかと思われた、まさにその土壇場で」異変が起きた。本国の首都アンティオキアにおける重大な政変の報せを受け、リュシアスは、「ほとんど掌中に収めていた勝利をあきらめて、撤退しなければならなかった」。

しかし、ここでリュシアスは無駄には撤退しなかった。彼は「目の前の状況を最大限活かすため、ユダヤ人と平和協定を結び、彼らに慣習の遵守と信仰の自由を認めることを決定した」のである（三六四頁参照）。もしかしたら、あと「ひと押し」で、エルサレムのユダヤ人を壊滅に追いやることができるかもしれない。だが、それは他のユダヤ人のセレウコス朝に対する敵対意識をさらに煽って、双方の戦いのサイクルは永遠に終わらないであろう。それよりは、ここで思い切り彼らと平和協定を結び、彼らの慣習の遵守と信仰の自由を保証してやれば、彼らの反抗も止むであろう。そうリュシアスは読み、決断した。

そして、自分の将兵たちに「この際、この人々には和解の印として右手を差し出そう。そして彼らおよびその民族全体と和を結ぼうではないか。また、彼らに、従来どおり自分たちの慣習に従って生活することを許してやろうではないか。彼らが怒って、抵抗しているのは、我々が彼らの慣習を破棄させようとしたからだ」と言って理解を求めた（三六五頁参照）。つまり、リュシアスは大局的視点から絶好の「平和のタイミング」（山内昌之『リーダーシップ　胆力と大局観』新潮社　七五頁）を逃さなかったのである。

平和のタイミングを逃さない。そのために指導者たちは、戦場で互いに武器を手に戦う以上の覚悟と勇気が必要である。おそらく、それは、聖書時代の戦いがわれわれに教える一番の知恵であり教訓であり、本書が最終的に言いたいこともそこにあるのではないか。戦争を始めるのは簡単だが、一度起きてしまった戦争をどう収めるかは容易ではない。それをどう収めるかで指導者の真の力量が試される。

一九七三年の第四次中東戦争はシリアとエジプトによる南北からのイスラエルに対する先制攻撃で始まり、緒戦でイスラエルは大きな打撃を受けたが、徐々に持ち直し、終盤はイスラエルが優位に立った。南のエジプト戦線に関して言えば、少なくともイスラエル側の視点からすれば、あと「ひと押し」でエジプト軍は致命的打撃を与えることができたはずである。しかし、イスラエルは、米ソの強い介入もあってそれはしなかった、あるいはできなかった。つまり、エジプト、イスラエル双方は「ノーサイド」の形で停戦に入り、ともに勇気をふるって「平和のタイミング」を逃さないことを決意した。そして、四年後の一九七七年十一月にはエジプトのサダト大統領がエルサレムを電撃訪問して国会で演説、イスラエル国民から大歓迎され、さらに翌年九月の米キャンプデービッドでの両国の平和合意へと発展した。まさに「戦いの時があり、やすらぎ（平和）の時がある」である。

遺跡丘――考古学的視点と軍事的視点と

聖書の歴史的物語や伝承と考古学的発掘成果との間にしばしば見られるズレについては著者も言及しているが、軍事専門家にとって、聖書の戦いの物語や伝承は、その地勢・地理・地名がはっきりしていれば、十分に意味をもつのである。なぜなら、仮に考古学的調査で、聖書の戦いの記事に登場するある町が当時は人の住まない廃墟であったという結果が出たとしても、その場所がもつ戦略的価値は少しも消えないからである。

事実、実戦になれば無人だと人が思い込んでいる遺跡丘（テル）の背後にも敵の強力な部隊が潜んでいるかもしれないのだ。中東世界では古来、町は戦略的に重要な場所に作られるのが普通である。狐や山犬の住処となった廃墟あるいは遺跡丘も、ヨシュアの記事に出てくるアイ（廃墟の意）のように、ひとたび戦闘が起きればたちまち戦略上重要な「前哨基地」に変身する（四〇～四五頁参照）。もし自分が相手の参謀ならどうするかを頭に入れながら考える指揮官は、無人のはずの「丘の向こう側」に潜む危険に対する注意を怠らない。実際、「想定外」を含むあらゆる形での戦闘のシミュレーションを行ない、兵士を訓練しておかなければならない軍責任者や軍事専門家軍にとって、聖書の戦いの記事は、ナポレオンの軍隊や両大戦におけるトルコ・ドイツ軍やイギリス軍の戦いの記録同様、学ぶべき重要な史料の役割を果たすのである。

遺跡丘は、考古学的にはあくまでも「過去」の丘であるかもしれないが、軍事的には戦略的有用性を失っていない、生きた「現在」の丘なのである。

軍人考古学者

本書でしばしば引用されるイスラエルの学者はいずれも豊かなエピソードに事欠かないのであるが、ここではその中の一人、イガエル・ヤディン（一九一七〜一九八四年）について一言触れてみたい。ヤディンはマサダ、メギド、ハツォルなどの大遺跡の発掘を指揮したイスラエルの代表的考古学者であり、訳者がエルサレムで学んだ頃、つまり一九六〇年代末から七〇年代にかけてヘブライ大学の考古学教授として活動の最盛期にあった。ヤディン教授は、イスラエルの独立戦争（一九四八年）では弱冠三十二歳で国防軍第二代参謀総長に任命されるほど、軍事指導者としても優れていた。考古学者として遺跡の発掘を指揮する時のヤディンは、夜、隊員たちが寝る時間になっても、ひとりテントの外に出て、星空の下に黒く大きく横たわる遺跡の周囲を歩きながら、静かに考えにふけるのであった。それは、軍人の嗅覚で、遺跡丘の中に隠れている古代の城塞や町の姿を「見抜き」、最も無駄のない的確な発掘をするためである。実際、ヤディンの「嗅覚」は鋭く、軍事司令官としては、見えないはずの「丘の向こう側」の敵の動きを的確に摑んですばやく判断し、考古学者としては、素人には見えない「(遺跡)丘の内側」を読む目をもったオールマイティの指揮官であった。

著者たち

最後に、著者たちのプロフィールを紹介する。

モルデハイ・ギホン氏は、一九二二年ベルリンに生まれ、一九三四年、家族と共にパレスティナに移住。一九四二年、パレスティナ駐在の英国陸軍に入隊。第二次大戦終結後、テル・アヴィヴ大学で考古学を学び、死海沿岸のエン・ボケクその他、ローマ時代の軍事基地跡の遺跡の発掘に従事。長年テル・アヴィヴ大学で軍事史と古典(ローマ時代)考古学を講じた。現在テル・アヴィヴ大学名誉教授。氏はまたナポレオン研究家としても知られ、イスラエル・ナポレオン協会初代会長を務めた。主な著書には、本書の他に、『エン・ボケク——死海のオアシスにおける発掘』、『パレスティナ歴史地図——ベタルからテル・ハイまで』、『歴史における境界地域としてのシナイ』などがある。

もう一人の著者ハイム・ヘルツォーグ氏は、一九一七年、アイルランドのダブリンに、高名なアイルランドのユダヤ教ラビの息子として生まれ、ダブリンのウェスリー・カレッジで学び、一九三五年、パレスティナに移住。第二次世界大戦中は英国陸軍に入り、機甲師団の一員としてドイツ作戦に参加。イスラエル建国後、第二次大戦中の諜報員としての経験が大いに活かされ、イスラエル参謀本部諜報局の局長に就任(一九四八~五〇、一九五九~六二年)。一九六七年の第三次中東戦争(六日間戦争)ではイスラエル放送局の軍事解説者として働いた。これは、父、夫、息子、娘を戦場に送り出している妻や両親、また予備役としていつ軍から召集がかかるかもしれない多くの国民が一番求めている、最新の戦況についての「飾らない」報告と分析をわかりやすく伝えるという、ある意味で戦時下における最も重要な任務の一つである。ヘルツォーグ氏は、一九七三年の第四次中東戦争（ヨム・キプール戦争）の際にもその任務に就いた。訳者も戦時下のエルサレムで、毎日、ラジオから流れる氏の落ち着いた声と明解な言葉による戦況分析に耳をすませた時のことを思い起こす。一九七五年、ヘルツォーグ氏はイスラエルの国連大使に任命され、一九七八年までその地位に就いた。一九八三年には第六代イスラエル大統領に選出され、五年の任期を二期務めた。一九九七年四月一七日死去、享年八十歳であった。氏の主な著書として、本書の他に『イスラエルの英雄たち』、『アラブ・イスラエル戦争』（邦題『図解中東戦争　イスラエル建国からレバノン侵攻まで』滝川義人訳　原書房）、『贖罪の戦争』などがある。

なお本書における聖書の引用は主に『旧約聖書翻訳委員会訳』（岩波書店、二〇〇四〜二〇〇五年）、『新共同訳　旧約聖書続編つき』（日本聖書協会、一九九七年）を使用した。その他参考にした主な文献や翻訳については以下の通りである。

Y・アハロニ／M・アヴィ＝ヨナ『マクミラン聖書歴史地図』（池田裕訳）原書房、一九八八年。
ストラボン『ギリシア・ローマ世界地誌I〜II』（飯尾都人訳）龍渓書舎、一九九四年。
M・ハルエル／D・ニール『イスラエル』（池田裕訳）帝国書院〔世界の地理教科書シリーズ16〕

一九八〇年。

プリニウス『プリニウスの博物誌Ⅰ〜Ⅲ』（中野定雄・中野里美・中野美代訳）雄山閣、一九八六年。

ヨセフス『ユダヤ戦記Ⅰ〜Ⅲ』（新見宏・秦剛平・中村克孝訳）山本書店、一九七五、一九八一〜八二年。

ヨセフス『ユダヤ古代誌Ⅰ〜ＸＸ』（秦剛平訳）山本書店、一九八〇〜一九八四年。

本書が完成するためにいろいろな方の協力を得た。いまその方々に心から感謝したい。軍事史研究家であり、『古代ローマ軍団大百科』（Ｅ・ゴールズワーシー著　東洋書林）の共訳者である古畑正富氏からは主に軍事史に関し貴重なコメントをいただいた。訳者にとって、本書の翻訳は、長年学んできた旧約聖書の歴史と思想、地理と自然、「想定外」を前提に考えるのが常識になってしまったようなユダヤ人の長い苦難の歴史、遺跡丘がもつ戦略的現代的意味、危機と指導者の器量などについて、もう一度初心にかえり、総合的に見直す貴重な機会となった。この本の翻訳の機会を与えてくださった悠書館の長岡正博氏に厚く御礼申し上げる。本書が幅広い読者によって読んでいただけるならば幸せである。

池田　裕

二〇一四年五月

索　引

人名索引

ア　行

カ　行

サ　行

タ　行

ナ　行

ハ　行

マ　行

ヤ　行

ラ　行

地名・事項索引

ア 行

カ　行

サ　行

タ　行

ナ　行

ハ 行

マ　行

ヤ　行

ラ 行

ワ 行

原　注

（Hはヘブライ語文献をあらわす）

略語一覧

AASOR	Annual of the American Schools of Oriental Research
ABD	Anchor Bible Dictionary
ANET	*Ancient Near Eastern Texts*, ed. J. B. Pritchard (Princeton, 1955)
AV	Holy Bible, Authorized Version
BA	Biblical Archaeologist
BAR	Biblical Archaeology Review
BASOR	Bulletin, The American Schools of Oriental Research
EB	Encyclopedia Biblica [Hebrew]
HJP	*A History of the Jewish People*, I-III, ed. H. Ben Sasson (Cambridge, Massachusetts, 1976)
HUCA	Hebrew Union College Annual
IEJ	Israel Exploration Journal
JNES	Journal for Near Eastern Studies
JPOS	Journal of the Palestine Oriental Society
JQR	Jewish Quarterly Review
JSOT	Journal for the Study of the Old Testament
JSS	Journal for Semitic Studies
LB	*The Land of the Bible*, Y. Aharoni (London, 1979)
MHBT	*The Military History of the Land of Israel in Biblical Times*, ed. J. Liver (Jerusalem, 1964) [Hebrew]
NEAEHL	*New Encyclopedia of Archaeological Excavations in the Holy Land*, I-IV, ed. E. Stern et al. (Jerusalem, 1993)
PEQ	Palestine Exploration Quarterly
RB	Revue Biblique
RE	*Pauly's Realenzyklopädie der Klassischen Altertumswissenschaft*,ed. G. Wissowa et al. (Stuttgart, 1893-1964)
VT	Vetus Testamentum
Yadin, *Warfare*	*The Art of Warfare in the Biblical Lands*, Y. Yadin (London,1963)
ZAW	Zeitschrift für Alttestamentliche Wissenschaft
ZDPV	Zeitschrift des Deutschen Palästina Verein

序　文

1. H. Gressmann, M. Noth, A. Altたちによる基礎的文献に加え、Child, B. S., "The Etiological Tale Reexamined", *VT* xxxiv, 4, pp. 25-397参照。本書は、聖書の軍事的エピソードの原因譚的解釈を行なわない。原因譚物語では、聖書記事のような詳細を創作することはできないだけでなく、そうした創作の動機について説明できないし、古代の吟遊詩人たちが好んで語った英雄の個人的行為についての詳細が聖書では無視されている事実の説明も難しい。

2. 聖書記事に関わる考古学的視野についてまとめたものとして、Myers, E. M., “The Bible and Archaeology”, *BA* 47(1984), pp. 36-40。聖書考古学にともなうさまざまな問題とその解決法については、本書の注の各所で触れる W. G. Dever の論文を参照。
3. 聖書における戦闘の記事の詳細に本来備わっている信憑性に関するわれわれの見方は、聖書の物語の多くに備わった「生活の座」の信憑性を認める――つまり、問題の物語が、それの作成された時代の社会的、技術的、知的背景を正しく反映していると見る――学派の立場と軌を一にしている。Buss, J., “The Idea of Sitz im Leben”, *ZAW* 90 (1978), pp. 158-70。
4. われわれ以外で、聖書の記述の歴史的価値を認める研究者たちとその見解については、本書第 1 章の注 1、注 17 その他を参照。Soggin, J. A., Supp. *ZAW* 100 (1988) は正しくも、聖書の編集に後代の編集者の手が加わっても、出来事の信憑性そのものを疑う根拠にならないと見ている。聖書研究の有用な入門書として、Rendtdorff, R., *The Old Testament* (London, 1985); Schmidt, W. H., *Introduction to the Old Testament* (London, 1984) 参照。

第 1 章

1. Pritchard, J. B.(ed.), *ANET*, pp. 227-8。
2. イスラエルを除いて、このパレスティナの「陸橋」で長い期間自立を保持できた集団は、エルサレムの十字軍王国である。彼らが、数の上で圧倒的に優勢なイスラム勢力と拮抗できるだけの力とスタミナを持ち続けたのは、やはりイスラエルと同じく、強い宗教的信念と神に対する献身を支えにしていたからである。
3. Gichon, M. “The Influence of the Mediterranean shores upon the security of Israel in historical retrospect”, in *The Sea and the Bible* (Haifa, 1970), pp. 71-96. Cf. Yevin, S., “Did the Kingdoms of Israel have a maritime policy?”, in *JQR* 50 (1960), pp. 193-228.
4. 以下の注 19 と 20 をみよ。
5. 聖書時代のパレスティナの地理について以下参照。Smith, G. A., *A Historical Geography of the Holy Land* (London, 1894); Abel, A., *La géographie de la Palestine* I and II (Paris, 1933-38).
6. ヒクソスの起源とその最後について以下をみよ。Winlock, H. E., *The Rise and Fall of the Middle Kingdom in Thebes* (New York, 1947), pp. 91ff.; Alt, A., *Der Herkunft der Hyksos in neuer Sicht* (Berlin, 1954); Mazar, B., *Canaan and Israel* (Jerusalem, 1964), pp. 64ff.(H). 現在知られている最古の戦車は、前三千年紀

前半のシュメールの四輪および二輪の戦車である。Yadin, Y., *Warfare*, pp. 36ff; Salonen, A., *Notes on Waggons in Ancient Mesopotamia* (Helsinki, 1950) 参照。

7. アブラハムと族長たちについて、以下をみよ。Malamat, A., in *HJP* I, pp. 37ff. (H); Albright, W. F., *From Stone Age to Christianity* (Baltimore, 1940), pp. 179ff.; Boehl, F. M., *Das Zeitalter Abrahams* (Leipzig, 1930).
8. McMunn, G., and Falls, C., *Military Operation in Egypt and Palestine* II, 2 (London, 1928), pp. 560-95; Gullet, H. S., *Official History of Australia in the War of 1914-1918* IV (Sydney, 1923), pp. 734-75.
9. Muffs, Y., "Abraham The Noble Warrior", *JSS* 33 (1982), pp. 81-107 とそこにあるグロティウスの引用。
10. *ANET*, p. 378. 内容の信憑性を否定するどのような試みがなされようと、石碑および「イスラエル」についての記述の真正性は変らない。イスラエルの名前についた限定詞（象徴）が「国」ではなく「民」のそれであることは、彼らがまだ最終的に定着していなかったことを暗示している。*ANET* および Bimson, A., "Mernephtah's Israel and recent Theories", *JSOT* 49 (1991), pp. 1-26　をみよ。
11. 預言者の活動は、過度の中央集権的傾向を相殺する平衡力の一つであった。最も横暴な王ですら公の場での預言者との対決は避けようとした。ダビデとウリヤの話（サムエル記下 11 ～ 12 章）やアハブとナボテの話（列王記上 21 章）もこの文脈で見ることができる。イスラエル的支配体制について、Sulzberger, M., *Am Ha-arez, The Ancient Hebrew Parliament* (Philadelphia, 1909); De Vaux, R., *Ancient Israel* (London, 1961),pp. 111-13 をみよ。
12. Newberry, P. E., *Beni Hasan* (London, 1893), Pl.28, 30-31.
13. 以下、131 ～ 33 頁と第 5 章の注 16 をみよ。
14. Javis, C. S., "The Forty Years' Wandering of the Israelites", *PEQ* 70 (1938), pp. 32ff. これと全く異なるアプローチおよびすべての方法論の総括について、以下の注 18 を参照。
15. Diodorus Siculus I, 30, 4.
16. Strabo, *Geography* III, 17.
17. Frederick II, *Die Instruktion Friedrichs des Grossen für sine Generale von 1747*, Foerster, R. (ed.) (Berlin, 1936), pp. 38ff., 42.
18. Harel, M., *The Sinai Wanderings* (Tel Aviv, 1968), pp. 90ff. (H). ハルエルは提案されたすべての出エジプトのルートを踏査し、さらに別のルートについての証拠を挙げている。彼によると、イスラエル人はラス・スダルからカデ

シュ・バルネアに向かう中間のルートを進んだ。ビル・エル＝アブド鉄道駅近くに幹線道路を外敵から防ぐためにエジプト人が設けた要塞の一つがあったが、そこの発掘は長い間行なわれなかった。Oren, E., *Qadmoniot* VI (1973), 101-104.

19. カナン征服とその背景および結果について、Malamat, *HJP* I, pp. 51ff.; Mazar, *Canaan and Israel*, pp. 102-20; Alt, A., *Kleine Schriften zur Geschichte des Volkes Israel* I (Munich, 1953), pp. 89ff.; Rowley, H. H., *From Joseph to Joshua* (London, 1950); Yeivin, S., *The Israelite Conquest of Canaan* (Istanbul, 1971) をみよ。われわれの見解と部分的に異なるのは、*The Story of Israel between Settlement and Exile* (London, 1983) で示された A. D. H. Mayers の見解である。イスラエルの平和的カナン侵入説について Fritz, V., "The Israelite Conquest", *BASOR* 241 (1980), pp. 61-73 をみよ。Finkelstein, I., *The Archaeology of Israelite Settlement*, Jerusalem 1988; idem, "Conquest or Settlement", *BA* 50 (1987), pp. 84-100 はよりバランスのとれた見解を示している。W. G. Dever は、現代の理論家たちが互いに矛盾する議論を繰り返すだけで、非常に問題のある考古学的証拠に頼っている彼らの理論から生じる問題点に対し答えを出せないでいることをくり返し批判している（たとえば、"Archaeological Data on the Israelite Settlement", *BASOR* 284 (1991), pp. 70-90）。イスラエル人のカナン起源説について、Kempinski, A., "How Profoundly Canaanized Were the Early Israelites?", *ZDPV* 108 (1992), pp. 1-7 をみよ。
20. Simons, J., *Handbook for the Study of Egyptian Topographical Lists relating to Western Asia* (Leyden, 1937), nos. 4, 8, 17, 23; Gardiner, A. H., *Ancient Egyptian Onomastica* I (Oxford, 1917), p. 193; *ANET*, p. 477 に言及されているエジプトの史料はすべてアシェル族が、セティ 1 世時代以降カナンに定住していたことを記している。
21. たとえば、アッコにおいてナポレオンは、一般市民が 12 年前に集めた情報、またアッコを防衛する敵側の兵力等について精査する前に負傷した将校による報告を信頼した。Gichon, M., "Acre 1799, Napoleon's first assault" in *Army Quarterly* 89 (1964), pp. 100ff. をみよ。
22. 上記注 19 をみよ。

第 2 章

1. 上記第 1 章注 17 をみよ。「ゾナー」の本来の意味に関するわたしの見解とそれに対する支持について、Schulte, H., "Beobachtungen zum Begriff der Zona im A. T.", *ZAW* 104 (1992), pp. 255-62 をみよ。

2. 以下の注 3 をみよ。

3. Garstang, J., *Foundations of Bible History: Joshua and the Judges* (London, 1932)。地震は非常に古い時代からパレスティナの地形に大きな変動を起こした。Amiran, D., “A revised earthquake catalogue of Palestine”, in *IEJ*, pp. 223-46. エリコの征服に関する考古学的証拠について、Kenyon, K. M., *Digging up Jericho* (London, 1957), 256ff. をみよ。

4. McMunn and Falls, *Military Operations*, pp. 175-204; Gullet, *Official History*, pp. 126-63; Kressenstein, F. K. V., *Mit den Türken zum Suezkanal* (Berlin, 1938), pp. 171-91.

5. われわれは、「海の道」（ヴィア・マリス）という用語を使用する。たぶんそれは歴史的誤称だと思うが、しかし、パレスティナを通る街道――カルメル山で二またに分かれ、一本は北のフェニキアに向かい、もう一本は北東のダマスコ（ダマスカス）に向かい、後者のもう一本の支線は東のベト・シャンに向かう――を適切に表現しているからである。それについての文献に関しては、Beitzel, B. J., “The Via Maris”, *BA* 54 (1991), pp. 64-75 をみよ。

6. Gichon, M., “The conquest of Ai” (*Zer L'Gevurot*), Shazar volume, *Yearbook of the Israel Society for Biblical Research* (1973), pp. 56-73 (H).

7. ヨシュアが用いた太陽光線を反射させて彼の分遣隊と連絡をとる方法は他に例がないわけではない。その有名な例は、ヘロドトスが語るアテナイ人とペルシア人のマラトンにおける戦い（前 480 年）に見いだされる。それによると、ペルシア軍に同調した者たちは、マラトンの沖合にいるペルシア艦隊と連絡をとって無防備のアテナイを占領させようとした。マラトンの伝令が必死に走り続けたためかろうじて間に合い、弱小守備隊に危機を知らせることができたのであった（ヘロドトス『歴史』VI, 115)。聖地では、第一次大戦におけるアレンビー将軍の軍隊で再び太陽光線による信号が使用された。それはその当時から 1948 年のイスラエル国家が誕生するまで、しばしば孤立状態に置かれた各地のユダヤ人入植者たちは、古代のイスラエルの人々が考案したものだなどと思うこともなく交信に使用した。

8. 341 頁を参照。

9. Fuller, J. F. C., *The Decisive Battles of the Western World and their Influence upon History* II (London, 1955), pp. 72, 509.

10. 非常な悪天候のためアレンビー将軍はユダ山地への進軍を急がなければならなかった。彼の参謀長だった A. Wavell の記述 (*Palestine Campaigns*, London, 1931, pp. 160-620) 参照。聖書のエピソードを神話的に潤色されたものと見なす必要はない。風向きが突然変ったためにマサダ要塞の木造の防

壁が燃え上がってしまったときや、暴風がスペインの無敵艦隊に甚大な損害をもたらしたときなど、古来戦士たちは、実戦の場で起きた自然による災害を神の行為の結果と見なしてきた。

11. 上記第 1 章の注 9、20 を参照。

12. マリアンヌについて、Callaghan, R. T. O., “New Light on the Maryannu”, *Jahrbuch für Kleineasiatischen Forschungen* I (1950-1), pp. 309ff. Reviv, R., “Some comments on the Maryannu”, *IEJ* 22 (1972), pp. 218ff.　戦車だけでなく、カナンの軍事制度全体が、イスラエルの部族的戦闘組織に比べて発達していた。たとえば、Rainey, A. F., “The Military personnel of Ugarit”, *JNES* 24 (1965), pp. 17-27; *Social Structure of Ugarit* (Jerusalem, 967), pp. 73-80 を参照。戦車について、第 1 章の注 6,　第 5 章注 28 を参照。

13. いつの時代も装備、点呼、配置の手順を踏まなければならないことが騎馬隊や戦車部隊にとっての弱点であった。同じ理由から、第二次大戦中、縦に並ぶのではなく、西部開拓時代の幌馬車隊のように円陣の形で宿営した機甲部隊は、すぐにいつでも行動に出られるようにある割合の乗物のエンジンをかけたままにしておいた。

14. 近くの小川の名前をとってメメロムという名の町もあった。戦略上重要であったため、ラメセス 2 世によって破壊された（Malamat, *HJP*, p. 61 参照)。この戦いをめぐっての議論について、Aharoni, Y., *LB*, pp. 221ff. と注をみよ。聖書に記された事の順序が正しいとするわれわれの見解を確証する考古学的証拠は、Yadin, *Hazor* (London, 1975), pp. 254ff. に整理して記述されている。

15. Fritz, V., “The Israelite Conquest”, *BASOR* 241 (1980), p. 88.

16. ハビルについて、Lemche, M. P. , *ABD* III, p. 95 (“Hebrew”), pp. 7-10 (“Habiru”) をみよ。

17. 城壁の欠如は、しばしば聖書にある町の取得は平和裏になされたとする見解の証拠として利用されるが、それはその当時の町の経済的その他の力が一般的に弱かったため、住民たちは（エリコやアイの場合のように）より古い時代の城壁で間に合わせたか、あるいは、人びとは、歴史全体を通してみられるように、町の地形や民家の周壁を「天然の防御線」にしたと考えられる。Boling, R. G., “Joshua, Book of”, *ABD* III, pp. 1002-15 参照。

第 3 章

1. 上記第 1 章注 19、20 参照。士師の役割について、Malamat, A., *Magnalia Dei*, Cross, F., Lemke, W., Miller, D. (eds.) (New York, 1977), pp. 152-68。

2. 最近では、Dever, D. W., "Ceramics, Ethnicity and the Question of Israel's Origins", *BA* 58 (1993), pp. 200ff.。特に同 211 頁で、ディーヴァーは、パレスティナ西部の非居住地域に入植し、イスラエル国家を実現させた社会的民族的「ごたまぜ」の中でカナン人は顕著な存在であったと語る。しかしながら、そこでディーヴァーが見落としているのは、その種の過程における主要構成要素として、自分たちの明確な国家意識をもち、周囲の民まで吸収してしまうほどの強力な民族的核の存在が必要であるということである。この過程には、一、二世代の時を要する（つまり、「イスラエル」がメルエンプタハによって言及される前である）。「核」になったのは、事実、他のすべての民族的グループにとって全く異質だった一神教を自分たちの明確な宗教として採用したイスラエルという部族連合体であった。
3. Aharoni, Y., "The Battle of the Waters of Merom and the battle with Sisera" in *MHBT*, p. 100 (H).
4. ハロシェト・ハゴイムの同定について *Encyclopedia Judaica*, p. 1347 をみよ。Aharoni, "Battle of the Waters", pp. 99ff. 参照。
5. カナンの戦車、三重の鎌の形をした剣をもつカナン歩兵、槍兵、鎖かたびらを着たカナン兵について、Yadin , *Warfare*, pp. 86ff., 206, 242 参照。トゥトモセ 3 世のメギド遠征について、Faulkner, R. O., "The Battle of Megiddo", *Journal of Egyptian Archaeology* XXVII (1942) 参照。
6. 聖書記述のテキスト上の分析および最終編集者の意図の解釈について、Neef, H. D., "Der Sieg Deboras und Baraks über Sisera", *ZAW* 101 (1989), pp. 28-49 をみよ。イスラエル人とケニ人の関係について、Fensham, F. C., "Did a Treaty between Israelites and Kenites exist?", *BASOR* 174 (1964), 51-4 をみよ。
7. Gichon , M., "The Origin of the Limes Palestinae and the major phrases in its development", *Bonner Jahrbucher Beiheft* XIX (1967), pp. 175-93; "The Defence of the Negev in military retrospect", *Maarachot* (April, 1963), pp. 13-21 (H).
8. オフラについて、Kleinmann, S., *EB* VI, col.124-5; Aharoni, *LB*, pp. 263-4 参照。
9. 国をすばやく駆け抜ける遊牧民の略奪集団を捕えるには、任務のはっきりした二つの部隊が必要である。より大きいが機動性には劣る部隊は略奪者たちの退路を断つためできるだけ多くの街道を封鎖し、もう一方の小さなより機動力に富む部隊は略奪者たちを追撃し正しい方向に追いつめる。これは 500 年以上もの間、すべての砂漠の国境を守るローマ帝国軍がとった戦略であった（Gichon, M., *Roman Frontier Studies* (Tel Aviv, 1968), pp. 191ff.）。ギデオンの率いる軍勢が「多すぎる」（士師記 7:2）というのは、追撃隊は逃げる遊牧民の戦士たちと同様軽装備で足が速くなければなら

ないという意味である。ギデオンは軍勢を少しずつ減らしていき、最後に300名になったのかどうかははっきりしない。しかしながら、残りの兵士たちは遊牧民の逃げ道を塞ぐために用いられたと考えるべきである。

10. Wavell, A. P., *The Good Soldier* (London, 1948); Malamat, A., *MHBT*, pp. 116-17.
11. マムルーク軍の司令官は間一髪のところで城門を閉じてフランス軍に要塞の占拠を許さなかった。Gichon, M., "The sands of El Arish and Mount Tabor", *Maarachot* (July 1964), p. 160 (H) 参照。

第4章

1. ペリシテ人について、Mazar, B., "The Philistines and the Rise of Israel and Tyre", *Israel Academy of Science and Humanities* I (Jerusalem, 1964), 7; Raban, A., "The Philistines in the Western Jezreel Valley", *BASOR* 248 (1991), pp. 17-28 をみよ。
2. 本書ではサムソンの伝説的軍事行動については紙面の関係上議論できないが、それらが戦略上重要な地域に関係していることを指摘しておきたい。ツォルアやエシュタオルは、イェホシャファト時代に重要な町として登場する。ツォルアは、レホブアム時代からの王直轄の要塞の一つであった（223頁参照）。ユダの王アマツヤは覇権をめぐってイスラエルの王イェホアシュとそこで交戦した（列王記下14章）。第一次大戦やイスラエル独立戦争の際にもそこで戦闘があった。伝承でサムソンはガザの門を閂もろとも引き抜いて両肩に担ぎ上った山（士師記16:3）とされているアリ・エル＝ムンタルの丘は、第一次大戦（McMunn and Falls, *Military Operations* I, pp. 270ff.）や1956年および1967年のイスラエル・アラブ戦争だけでなく、ナポレオンのエジプト遠征でも重要な場所であった。(Napoleon Bonaparte, *Campagnes d'Egypte et de Syrie* II (Paris, 1947), pp. 39-40). Gichon, "Carta's Atlas of Palestine from Beth-ther to Tel Hai", *Military History* II (1974), pp. 85, 104, 118 参照。
3. 全体的背景について、Aharoni, *LB*, p. 286; Peckham, B., "Deuteronomistic History of Saul and David", *ZAW* 97 (1985), pp. 109-209 参照。
4. たとえば、1260年のアイン・ジャルドの戦いや1616年のラダニジャの戦いにおいて。Gichon, "Carta's Atlas", pp. 65, 74; Smail, R. C., *Crusading Warfare 1097-1193* (Cambridge, 1956), pp. 78ff. をみよ。
5. カンナエについて、たとえば、Dellbruck, H., *History of the Art of War*, I (London, 1975), pp. 315-35 をみよ。また Frederick II, *Principes Generaux de la Guerre* (Berlin, 1748), chapter 11 をみよ。
6. 聖地の地勢学的特徴に付随した戦略的価値の一貫性の生き生きした例は、1917年2月12日における英軍アレンビー将軍によるミクマス占領に関わっ

た第 60 師団の第 181 旅団によってはっきり示された。攻撃の直前に、聖書を読んだ旅団副官は司令官に正面攻撃を止めさせ、まさにヨナタンが実行したルートに沿って敵陣に忍び寄ることを強く進言した。

7. H. von Kleist の有名な戯曲 “Der Prinz von Homburg”; Becke, A. F., *Napoleon at Waterloo* vol. II, London, 1914, pp. 158ff. 参照。

8. 上記第 3 章注 7 をみよ。

9. Kellermann, D., “David und Goliath im Lichte der Endokrinologie”, *ZAW* 102 (1990), pp. 347-57. ゴリアトの武装について、Brown, J. P. , “Peace Symbolism”, *VT*, XXI (1970), pp. 1-32 参照。

10. サムエル記上 28 ～ 30 章。

11. 北部平野におけるペリシテ人について、Rowe, A., *The Topography and History of Beth-shan* (Philadelphia, 1930), pp. 23ff.; Garstang, *Foundations*, pp. 310ff.; Alt, A., “Das Stützpunktsystem der Pharaonen Beiträge zur Biblischen”, *Landes und Altertumskunde* LXVIII (1950) をみよ。

12. ペリシテ五大都市の指導者の称号を指す聖書的用語「セレン」（seren）は「僭主」を表すギリシア語「テュラノス」と同じ語源に遡ると考えられる。現代イスラエル軍では「大尉」を指す。

第 5 章

1. キリスト教世界における「9 人の雄々しい騎士」は、ヨシュア、ダビデ、ユダ・マカベア、ヘクトル、アレクサンドロス大王、カエサル、アーサー王、カール大帝（シャルルマーニュ）、ゴドフロワ＝ド＝ブイヨン〔第 1 回十字軍の指導者〕である。

2. イェブス人について、Alt, A., *Palästina Jahrbuch* 24 (1928), pp. 79-81; Mazar, B. (Maisler), *JPOS* 10 (1930), pp. 189ff. ; *Sefer Yerushalayim*, Aiv-Yonah (ed.), I (Jerusalem, 1956), pp. 107ff. (H); Avigad, N., *IEJ* 5 (1955), pp. 163ff. をみよ。

3. ダビデ以前のエルサレムについて、Kenyon, K. M., *Jerusalem*: *Excavating 3000 Years of History* (London, 1967), pp. 9-53 をみよ。「シオンの要害」はまだ同定されていないが、そこではないかと推定されている町の北部は発掘されなかった（Kenyon, plan 5)。大きな塔 － M －は「要害」の一部だったかもしれない。仮にそれが、ケニヨン女史が考えたように、城門の一部だったとしても、「要害」がその近くにあったと見るのが、地形学的にも防衛の視点からも論理的である。Kenyon, K. M., *Digging up Jerusalem* (London, 1974), pp. 77ff. 参照。

4. Yadin, *Warfare*, pp. 268-9。また、次の注 5 をみよ。

5. 「ツィンノール」について、本書 301 頁の図および Kenyon, *Digging up Jerusalem*, pp. 84ff. をみよ。サムエル記下 5:6 ～ 9 と歴代誌上 11:4 ～ 6 に関する多くの不自然な説明は一部 Mazar, *Sefer Yerushalayim*, pp. 108-10 にまとめられているが、いずれも軍事的視点からすると説得性に欠ける。ヘブライ語テキストをそのまま読むと、ダビデは、最初に要害を征服し、次に町の残りの部分を征服したようだが、「イル・ダヴィド」を「ダビデの町」と訳すのは、「イル」はより厳密には「町の要塞」を指すという点からすると、不完全な訳であることを指摘しておきたい。歴代誌下 26:6 は「そして彼はアシュドドにいくつかの要害を建てた」と訳すべきである。サムエル記上 5:9 は、要害の位置を町の北端に定め、ダビデはそこと神殿の丘の間の溝を埋めて二つをつないだ。後に、要害はたぶんその「埋め立て地」（ミロ）の上にまで拡大されて「要害」の名が付けられたらしい。Simons, J., *Jerusalem in the Old Testament* (Leiden, 1952), pp. 70-4 参照。
6. Kenyon, K. M., *Digging up Jerusalem*, pp. 84.; Shiloh, Y., loc. cit.
7. Yeivin, S., "The Wars of David", in *MHBT*, p. 156.
8. サムエル記下 8:13; 列王記上 11:14 ～ 15; 歴代誌上 18:12。
9. Mazar, *Canaan and Israel*, pp. 245-69 をみよ。アラム人について、Malamat, A., "The Aramaeans", in *Peoples of the Old Testament Times*, Wiseman, D. J. (ed.) (Oxford, 1973), pp. 134-5〔『旧約聖書時代の諸民族』（池田裕監訳、日本基督教団出版局）〕をみよ。*ABD* I, pp. 338ff., 345ff. 参照。
10. ヨーロッパの歴史に見る「隣人の隣人」について言えば、ポーランドに関して、帝政ロシアやソヴィエト連邦やプロイセンとドイツとが、フランスに関して、ハプスブルク家やブルボン家やフランコ政権スペインとドイツとが、また、イングランドに関して、スコットランドとフランスが互いにその関係にあった。
11. これらの事実、特に問題の連隊の名前を教えてくださったエリック・パターソン大佐に心から感謝する。
12. Gichon, "Carta's Atlas", pp. 36, 37, 201 および参考文献、また、Playfair, I. S. O., et. al., *History of the Second World War: The Mediterranean and Middle East* 2 (London, 1956) をみよ。
13. 海岸沿いの街道（「海の道」）あるいは「王の道」のいずれかを失うことは、敵対勢力たちにイスラエルとユダ両国の東西の地域での自由な行動を許す事を意味した。イスラエルとユダ両国は、彼らの領土が小さくなりパレスティナ中央山地に押し込められたときにそれを痛いほど思い知らされたし（次章参照）、ずっと後の時代に十字軍がトランス・ヨルダンの支配

を失ったときもそうであった。砂漠縁辺地域の支配は、砂漠の条件に慣れた敵対勢力を統治する上で必須であった。634 年頃、その地域の支配をものにしたムスリム勢力はシリアとネゲブの往来が自由にできるようになった。Gichon, "Carta's Atlas", pp. 18-9 参照。

14. 上記第 1 章注 3 をみよ。当時のエジプトによるペリシテ海岸の支配について、Mazar, "The Philistines and the Rise of Israel" (上記第 4 章注 1), p. 19 をみよ。聖書の記述からすると、弱体化したエジプト第 21 王朝にはイスラエルに対抗する力はなかったが、両者には共通の利害関係があったと考えられる。ソロモン治世晩年になってイスラエルが弱体化すると、今度はエジプトがイスラエルに取って代わろうとした。ソロモンあるいは後のウジヤがそれぞれの黄金期にトランス・ネゲブ交易の販路のユダヤ化を避けたことを軍事的あるいは純粋に政治的理由に帰すことはできない。

15. トランス・ヨルダンの砂漠縁辺部の防衛について、Clark, D. R., "The Iron I Western Defense System at Tel Umeri, Jordan", *BA* 57 (1994), pp. 138-48 をみよ。

16. アルベラの戦いにおけるペルシア軍の陣容について、アッリアノスの『アレクサンドロス大王東征記』III 8〔大牟田章訳、岩波書店〕をみよ。ローマの補助軍について、Webster, G., *The Imperial Roman Army* (London, 1969), pp. 124-55 をみよ。16 世紀になっても代々の戦闘形式を大事に守っていたジェノアの石弓射手、スイスの槍兵と鉾槍兵、クロアチアの軽装騎馬兵の需要がなくなることはなかった。

17. 歴代誌上 27:16 ～ 22 のリストにガド族とアシェル族の長（ナギード）についての言及が見られないのは後代の筆記者の見落としにちがいない。ひょっとすると筆記者は、イスラエル 12 部族を計算するときに、ヨルダン川両岸に住む四つの半部族が別々に数えられていることを忘れたのかもしれない。部族の「長」についてのいささか異なる見解について、Yeivin, S., in *The Administration in Ancient Israel in the Kingdoms of Israel and Judah*, Malamat, A. (ed.) (Jerusalem, 1961), pp. 47-61 (H) 参照。

18. 「三十人」について、Mazar, *Canaan and Israel*, pp. 183-207 をみよ。ダビデの軍隊に関する部分的に異なる見解について、De Vaux, R., Ancient Israel, *Its Life and Institution*s (London, 1962); Yadin, *Warfare*, pp. 275ff.; Zeron, A., "Der Platz Benajahus", *ZAW* 90 (1978), pp. 20-4 参照。

19. Mazar, "The Philistines and the Rise of Israel", p. 187 をみよ。ケレテ人について Albright, W. F., "A Colony of the Cretan Mercenaries on the Coast of the Negev", *JPOS* 1 (1921), pp. 187-99; Declor, M., "Les Keretim et les Cretois", *VT* XXVIII (1978), pp. 409-22 をみよ。

20. Mazar, B., *VT*, Supp. 7 (1960), pp. 193-205. Alt, A., "Festungen und Levitenorte im Landes Juda" in *Kleine Schriften* II, pp. 306-15 参照。レビ人の勤務表を後の時代のものと見なすべきであるとする説は、変化した政治的状況によって意味をなさないし、それを虚構だとする議論も説得性に欠ける。
21. 密集方陣は前 3 千年紀のシュメール人にまでさかのぼる。ラガシュの王エンアンナトゥムの浮彫石碑にみる証拠について、Parrot, A., *Tello* (Paris, 1948) Pl. VIb をみよ。
22. 4 で割れる数字について、出エジプト記 12:37*、民数記 2 章（ガドを除く全部族）、31:5*、ヨシュア記 4:13、7:4*、8:3*、士師記 7:8*、7:16*、20:15、20:34、サムエル記上 13:5*、サムエル記下 18:2*、列王記上 10:26、20:15、歴代誌上 27:1; 歴代誌下 14:8*、26:13。 3 で割れるか、特に三つの隊に分けたと記されている箇所は数字に * が付いている。
23. Mazar, "The Gibborim of David" in *Canaan and Israel*, pp. 189-90.
24. Gichon, M., "The Defences of the Solomonic Kingdom" in *PEQ* (1968), pp. 113-14.
25. 上記第 1 章注 3 をみよ。ソロモンはカブルの地をティルスに割譲して同国との同盟の基礎を固めたため、両国はエジプトが独占していた紅海交易に挑戦し、成功した。本書 267 ～ 268 頁以下をみよ。
26. 引用されている数字は必ずしも誤りではないが、疑問の余地は残る。列王記上 5:6 は、ソロモンのための「馬屋（ウルヴォート）4 万」について言及する。G. I. Davies (*JSS* XXXIV (1989)) は、他のセム語との比較から「ウルヴォート」を「一組の馬」の意味に理解するが、問題の完全な解決にはならない。歴代誌下 9:25 では「馬屋 4 千」とある。
27. Yadin, *Warfare*, pp. 86ff.
28. ソロモンの戦車について、Yadin, *Warfare*, pp. 284ff. 参照。ヤディンは、戦車は聖書に引用されているものより少なかったと見ている。だが、アッシリアの史料が記すアハブ時代のイスラエルの戦車 2 千台（190 頁参照）を認めるなら、1400 台は最盛期の統一王国の戦車の数として途方もない数字ということにはならない。
29. Yadin, *Warfare*, p. 366.　三人目の戦車兵士は通常ヘブライ語の「シャリシュ」と同定される。「シャリシュ」のそれ以外の軍事的・宮廷官吏的機能について、Mastin, B. A., "Was the "shalish" the Third Man in the Chariot?", *VT*, Suppl. 30 (1979), pp. 124-54 参照。「シャリシュ」の第一の機能からそうした機能が発展したかもしれない。
30. 上記第 3 章注 5; *ANET*, p. 246 をみよ。

31. ソロモン王の要塞全体および個々の要塞の詳細について、Gichon, “The Defences”, pp. 113-26 をみよ。
32. メギド、ハツォル、ゲゼルについて、それぞれ Shilo, Y., *NEAEHL* III, pp. 1016-23; Ben Tor, A., ibid. II, pp. 594-605; Dever, W. G., ibid. II, pp. 502-6 をみよ。タマルについては、下記第 10 章注 21 をみよ。
33. ヤディンによるハツォル、メギド、ゲゼルにおける発掘で出土した 6 室から成る塔およびそれに近接した幕壁の時代をソロモン時代とすることに対して最近出された疑念は、いずれも説得性に欠ける。たとえば、ホイットマン（G. T. Whitman, *BASOR* 277/8, pp. 5-22）による性急な結論は、ディーヴァー（W. G. Dever , ibid., pp. 121-30）によって批判された。ホイットマンは、ソロモンにとっての防衛の必要性を否定したときに生じる危険性を無視している。さらに、先見の明ある支配者は通常自分たちの領土の強化を図るものであり、特に最近発展したばかりとあればなおさらである。
34. ソロモンの行政組織について、Aharoni, *LB*, pp. 303-20; Alt, A., “Israel”s Gaue unter Salomon” in *Kleine Schriften* II, pp. 76-98; Yeivin, *The Administration*（上記注 17）をみよ。

第 6 章

1. Mazar, *VT*, Suppl. 4 (1975), pp. 57-66.
2. Glueck, N., “Tel el Khaleifa”, *NEAEHL*, II, p. 582.
3. アラム人とイスラエルの関係について、Mazar, *Canaan and Israel*, pp. 245-69 をみよ。
4. 列王記上 15:27、16:15。
5. ティルツァとその防衛について、De Vaux, R., “La troisième campagne de fouilles à Tel-el Farah”, *RB* 58 (1951), pp. 409ff. をみよ。
6. Yadin, *Hazor*, p. 199.
7. 筆者は、アミランの土器編年の書物（Amiran, R., *The Ancient Pottery of Eretz Israel* (Jerusalem, 1963),195ff. and Pl.75 II (a) and (b)）に言及されているものに似たサマリア式鉢や料理用深鉢断片のような典型的土器片を集めた。
8. 歴史を通じての「ナフタリ防衛ライン」について、Gichon, ”Carta’s Atlas”, pp. 24-5,71。

第 7 章

1. メシャ碑文について、Albright, *ANET*, p. 320 をみよ。
2. サマリアとその防衛について、Crowfoot, J. W., Kenyon, K. M., and Sukenik, E.

L., *The Buildings at Samaria* (London, 1942), pp. 5ff. をみよ。それは Reissner と Fisher の発掘報告について言及している。もし、イズレエル谷を通る北からの接近路とドタン谷を通る北西からの接近路を守るイブレアム（レビ人の町）の要塞——まだ発掘されていないが——をシケム（Wright, G. E., *Shechem*: *The Biography of a Biblical City* (London, 1950), p. 150）、サマリア、ティルツァの三つの堅固な要塞に加えれば、サマリア中央山地の防衛にとっては理想的プランに基づく四辺形要塞地による防衛システムが構築されていたわけで、同時にそれらの要塞は四方に向かって攻撃を仕掛ける上での作戦基地としての機能を果たしたことになる。これは、18 〜 19 世紀北イタリアのハプスブルク家の四辺形要塞地よりも優れているように思える。

3. 列王記上 20:7、14。同 12 節から、ベン・ハダドがすでにサマリアの前に宿営し、町を包囲していたのは明らかである。したがって長老や知事たちはすでに市内に入っていた。電話のない時代に、指揮官が 64 キロ離れた場所から前線の兵士たちに指令を出すのは不可能なことであった（Yadin, *Warfare*, pp. 305ff. 参照）。
4. 「ネアリーム」について、De Vaux, *Ancient Israel*, p. 220-1 参照。
5. McMunn and Falls, *Military Operations* II, 2, pp. 416-546; Gullet, *Official History of Australia*, pp. 692-712; Guhr, H., *Als türkischer Divisionskommandeur in Kleinasien und Palästina* (Berlin, 1937), pp. 286-61; Gichon, "Carta"s Atlas", p. 109.
6. 列王記上 20:26 は、アラム人による最初の侵略直後の一年の間に新たな敵対関係が生じたことを暗示している。しかしながら、これは、第 2 次遠征前になされたアラム王国の根本的組織改造と一致しない。
7. Yadin, *Warfare*, p. 309.
8. 筆者は個人的にその 4 本の小道をすべて踏査する機会があった。
9. *LB*, p. 381, notes 14 and 15 参照。しかしながら、戦闘の場をヤルムク谷に移し換えることは無理である。
10. Taylor, F., *The Wars of Marlborough 1702-9*, I (Oxford, 1921), p. 213; Fuller, *The Decisive Battles*, pp. 150, 211-2.
11. イスラエルとアッシリアの関係について、Malamat, "The Wars of Israel and Assyria", in *MHBT*, pp. 241ff. 参照。
12. Yadin, *Warfare*, pp. 382ff.
13. Yadin, *Warfare*, p. 297. しかしながら、このイエフの言葉は、二人とも戦車に乗っていたという意味にもとれる。
14. *ANET*, pp. 278-9.

15. 極端な見解について、Naaman, N., *Tel-Aviv* 3 (1976), pp. 89-106 をみよ。しかしながら、そこでの議論の一部は妥当性に欠ける。

16. Gunner, E., *The Officer's Field Note and Sketch Book and Reconnaissance Aide-Memoire* (14th edition, reivised and rewritten) (London, 1912), pp. 58ff.

17. 上記第 7 章注 14 をみよ。

18. アラムとイスラエルの利害が衝突する北ギルアド地域について、Mazar, *Cannan and Israel*, pp. 245ff.; Mazar, "Havoth Yair", in *EB* III, pp. 66-7 をみよ。

第 8 章

1. *ANET*, p. 320

2. *ANET*, para.(25). アロエルの発掘について、*NEAHL*, Avi-Yonah (ed.), pp. 99-100 をみよ。

3. Kressenstein, *Mit den Türken*, pp. 181ff.

4. Liver, J., "The Wars of Mesha, King of Moab", *PEQ* 99 (1967), p. 30 をみよ。列王記下 3:27 の後半部「するとイスラエルに対して大いなる怒りが起こり、彼らはそこを引き揚げて国に帰った」の意味ははっきりしない。なぜ、イスラエルに対して怒りが起きたのか。P. D. Stern, "Of Kings and Moabites", *HUCA* LIV (1993), pp. 1-14 も説得的答えを提供してくれていない。しかしながら、彼は、モアブ王が犠牲にした「長男」は戦闘中にモアブ軍に捕らえられたエドム王の跡取りだったという見解を述べている（26 頁）。もしそうだったとすれば、怒ったエドム人がその怒りの矛先をイスラエルに向け、イスラエル軍が攻撃されたときエドム軍は救援にまわるという約束を破って「しっぺ返し」をしたのかもしれない。

5. 列王記下 7:6 によると、アラム人はエジプトも攻撃してくるのではないかと心配している。イスラエルの王イェホラムとエジプトとの同盟は、パレスティナ内のより弱い勢力を助けることで強い勢力を抑えようとするエジプトの政策と一致した。それは、イギリスが、大陸に対する「バランス・オブ・パワー」政策として特に（イスラエルと多くの地理的特徴が似ている）オランダを援助したことを思い起こさせる。その当時、エジプトが最も気にしていたのは、海軍の保持に不可欠なレバノン杉の確実な供給であった。

6. Mazar (Maisler), B., *Untersuchungen zur alten Geschichte und Ethnographie Syriens und Palästinas* (Giessen, 1930); Tadmor, H., in *HJP* I, pp. 122ff.

7. Biran, A., and Naveh, J., "An Aramaic Stele Fragment from Tel Dan", *IEJ* 43 (1993), pp. 81-98. *Ibid*. 45 (1995), "The Tel Dan Inscription: A New Fragment", pp. 1-18. これは、ダビデ王とアハズヤ王に言及した最初の聖書外史料である。

そのため、ダン碑文の発見は、ダビデやソロモンの存在そのものを疑っていた研究者たちの無用な「嫉妬」を買ったのだった。

8. アラムに対するアッシリアの圧力が強まったことで、イェホアシュが利を得たのは間違いない。Weippert, M., “Die Feldzüge Adadniraris III”, *ZDPV* 108 (1992), pp. 42-67.

9. 欽定訳は、アモス 6:13「ロ・デバル」を誤って「何もない」と訳しているが、聖書史料（サムエル記下 9:4、17:27）および聖書外史料からそれが地名であることは明かである。

10. Lipinski, E., “An Israelite King of Hamat?”, *VT* 21 (1971), pp. 371-3.

11. Biran and Naveh, op. cit.

12. アッシリアの新型の軍隊を描いた浮彫について、Yadin, *Warfare*, pp. 406ff. をみよ。

13. イスラエル王国末期の歴史的概要について、Tadmor, H., in *HIP* I, pp. 133. 参照。

14. 複雑な政治的状況に関する洞察について、Ehrlich, C. B., “Coalition Politics in 8th cent. BCE Palestine”, *ZDPV* 108 (1991), pp. 16-23　参照。

15. Mittmann, S., “Gabbutuna”, *ZDPV* 105 (1989), pp. 56-69.

第 9 章

1. 詳しい記述および関連文献について、Gichon, M., “The Fortifications of Judah” in *MHBT*, pp. 420-25 をみよ。いくぶん異なる見解については、Kallai, Z., “The Kingdom of Rehoboam”, *Encyclopedia Judaica* 10, pp. 246ff.

2. アラム・エル＝ハルファについて、de Guingand, F. W., *Operation Victory* (London, 1947), pp. 139ff.

3. 第 11 章 注 15; *BAR* IX (1983), pp. 6-8; Mazar, A., “Iron Age Fortresses in the Judean Hills”, *PEQ* 114 (1982), pp. 87-109.

4. たとえば Kochavi, M. ed., Judaea, Samaria and the Golan, *Archaeological Survey 1967-1968* (Jerusalem, 1972)。

5. ホルヴァト・ウザについて Beit Arieh, I., *NEAEHL* IV, pp. 1495-7 を、カデシュ・バルネアについて Cohen, R. *ibid*. III, pp. 843-7 をみよ。

6. 前 2 千年紀からパレスティナ南端地域に住んでいたアフリカ系住民について、Mazar (Maisler), B., *Untersuchungen zur alten Geschichte und Ethnographie*, pp. 46-7.

7. *ANET*, pp. 255-57.　ラキシュの攻囲はニネベのセンナケリブの王宮の壁を飾る浮彫に詳細に描かれている。Barnett, R. D., *Assyrian Palace Reliefs and*

their Influence on the Sculpture of Babylonia and Persia(London, 1960), pp. 44-9.

8. A. van der Kooji, "Das assyrische Heer von der Mauern Jerusalems···", *ZDPV* 102 (1986), pp. 93-110 は、この遠征に関し一歩踏み込んだ議論をしている。そこに挙げられている文献一覧を参照。彼のテキスト解釈によると、アッシリア軍はエルサレム市を完全に封鎖した後、しかし攻囲態勢に入る前に、野営を引き払った。
9. Tadmor, H., "The Campaign of Sargon II of Assur", *Journal of Cuneiform Studies* 12 (1958), pp. 80ff. タドモルは、この特別な攻囲をサルゴン 2 世によるものとしている。
10. De Bourienne, F., *Memoirs of Napoleon* (Edinburgh, 1830), p. 153 ("Crassus" に代わって "Cestius" と読むべきである)。フラウィウス・ヨセフス『ユダヤ戦記』II 542 以下参照。

第 10 章

1. ミツパについて、McCown, C. C., *Tell en Nasbeh* I : *Archaeological and Historical Results* (New Haven, Conn., 1947) を、ギベアについて、Albright, W. F., *AASOR* IV (1992-3); Sinclair, L. A., *AASOR* XXXV (1954-6), pp. 5ff. をみよ。ゲバは発掘されていない。レハブアムの息子アビヤとヤロブアムとの間の戦いの記事（歴代誌下 13 章）の信憑性を疑う見解が出されている。(Klein, R. W., "Abija's Campaign", *ZAW* 95 (1982), pp. 210-17)。しかし、戦いは聖書記事に記されているようなユダ王国の圧勝という結果には終わらなかったかもしれないが、落ち着いた状態に至るまでに両国はひんぱんに衝突を繰り返した事実を反映している。
2. Aharoni, Y., *Excavations at Ramat Rahel*, I and II (Rome, 1962-4)。ベト・ハケレムの同定について、同書 122-3 頁をみよ。筆者はベテルで 8 世紀の土器を発見している。
3. *NEAEHL* の関連項目をみよ。ツィクラグもテル・セラと同定された。Seger, J. D., "The Location of Biblical Ziglag", *BA* (1984), pp. 47-53。
4. ホルヴァト・ラシャムについて、Rahamani, L. I., *Yediot* 28 (1964), pp. 209ff. をみよ。
5. Kochavi, M. (ed.), *Judea, Samaria and the Golan Archaeological Survey* 1967-1968 (Jerusalem, 1972)。以下の鉄器時代 II の遺跡は、イェホシャファトまたは彼の後継者たちによって建てられた要塞であったと考えられる（ユダ砂漠 :nos.4, 92, 93, 145, 199, 202。ユダ山地 :nos.28, 79,166）。
6. 歴代誌下 8:5。聖書に登場する要塞の考古学的証拠および文献につ

いては *NEAEHL*, Avi-Yonah (ed.) を、より短くまとめたものとしては、*Archaeological Encyclopedia of the Holy Land*, Negev, A. (ed.) (London, 1932) を参照。

7. それらの特徴は、ローマ軍の実例に示されているが、旧約聖書時代にもあてはまる。Gichon, M., in *Akten des 14 Int. Limeskongress Carnuntum* 1986, ed. Vetters and Kandler (Wien, 1990), pp. 193-214 をみよ。

8. 上記注 7 をみよ。駐屯兵の力について、Gichon, M. "Estimating" in *The Eastern Frontier of the Roman Empire*, I, pp. 121-42（聖書時代にも応用できる）ed. French and Lightfoot (London, 1989) をみよ。

9. *NEAEHL* の該当項目をみよ。

10. Yadin, *Warfare*, pp. 36ff.

11. Herzog, Z., "The Storehouses", *Beersheba* I, Aharoni, Y. (ed.), (Tel Aviv, 1973), pp. 23-30.

12. Aharoni, Y., *IEJ* 18, pp. 162ff. 北王国の要塞に聖所が存在したことは聖書の記述からわかる。南北王国におけるそのような要塞として、アハロニは、ダン、ベテル、ゲバ、アラド、ラキシュを挙げている。

13 Meshel, Z., *NEAEHL*, IV, s. v. Teiman, Horvat, pp. 458-64.

14. Aharoni, "Hebrew Osraca from Arad", *IEJ* 15 , pp. 1-15.

15. Tadmor, H., "Azriyau of Yaudi", *Scripta Hierpsolymitana* VIII (1961), pp. 232-71; *ANET*, p. 282.

16. 第二神殿の破壊までイスラエル人の弓兵の腕のよさはよく知られていた。ベニヤミン族の伝統（249 頁）は、アレクサンドロス大王のエジプト遠征に参加した騎馬弓兵たちにも生きていた。ヘロデは、外敵の侵入を防ぐために馬上の弓術に長じていたユダヤ人の一隊にバタネアという土地を与えた（ヨセフス『アピオンへの反論』I,22;『ユダヤ古代誌』XVII 2, 3。紀元 2 世紀にはシリアのエメサ出身のユダヤ騎馬弓兵隊がローマ軍に仕えていた（RE IV, 1, col. 295, s. v. cohorts）。

17. ヨシュア記 15:21 ～ 62 にはイェホシャファト時代の行政区についての記述が見られる。ヘブライ語テキストには 10 の行政区が記されているが、七十人訳ギリシア語聖書はより完全な史料に基づき 11 番目の行政区についても言及している。12 番目の行政区はイェホシャファトの父王が占領し、イェホシャファトがそこに駐屯兵を配備したベニヤミン南部の町から成っていた（歴代誌下 17:2 参照）。これらの町のリストはヨシュア記 18:21 ～ 8 に記載されている。Alt, "Juda's Gaue unter Josia", *Kleine Schriften* II, pp. 276-88; Aharoni, *LB*, pp. 347-56 参照。

18. 筆者は、イスラエル国防軍に勤務していた頃、こうしたワディの大部分が現在の戦闘でも敵の戦車の行動を阻止するために有用であることを証明した。

19. ベエル・シェバの発掘により、そこがユダ王国の国境地域における、防衛、攻撃、行政の三重の機能を兼ね備えた重要な要塞都市であったことが明らかになった。*Beersheba* I, Aharoni (ed.) をみよ。その国境要塞としての戦略的価値は、ギリシア時代、ヘロデ時代、ローマ時代になっても変らなかった。Gichon, M., "Idumea and the Herodian Limes", *IEJ* 17 (1967), pp. 27-55 をみよ。第一次大戦におけるパレスティナの運命は、1917 年 10 月、アレンビー将軍のベエル・シェバ占領によって決まった（Gichon , "Carta's Atlas", p. 105 と文献一覧をみよ）。*NEAEHL* のベエル・シェバ、マソス、マラタ（Malatha）、アラド、イラ（Ira）の項をみよ。

20. 163 ～ 164 頁をみよ。

21. ハツェバについて、Cohen, R., "The Fortress at En Hazeva", *Elat*, ed. Aviram, J. et al., pp. 150-68 (H) をみよ。カデシュ・バルネア、ヨトヴェタについて、*NEAEHL* III, pp. 843-7, IV, pp. 1517-19 をみよ。

22. 第一神殿時代におけるネゲブの防衛について、Aharoni, Y., "Forerunners of the Limes", *IEJ* 17 (1967), pp. 1-17 および下記注 25 をみよ。

23. Glueck, N., *Rivers in the Desert*: *a History of the Negev* (London, 1959), pp. 168ff. における総括、また同著者による詳細な記述（*BASOR* 1953-60 ）をみよ。R. Cohen による最終的分析については、下記注 25 をみよ。

24. 上記第 10 章注 7 をみよ。

25. Cohen, R., *NEAEHL* III, pp. 1126-33, s. v. Negev.

26. ヘブライ語の原語は、「一部のペリシテ人が持って来た」とも、「ペリシテ人からイェホシャファトは受け取った」とも解せる。

27. 上記注 13 をみよ。

28. エツヨン・ゲベル、カデシュ・バルネア、アラドについて、*NEAEHL* のそれぞれの項をみよ。最南端の要塞クレイイェについて、Meshel, S., *Hadashot Archeologist* (October 1975), pp. 51-2 (H) をみよ。

29. ラキシュの攻囲を描いたセンナケリブの浮彫りにユダ軍の戦車が描かれている。本書 259 頁、上記第 9 章注 7、Yadin, *Warfare*, p. 301 をみよ。戦車の解体および操縦について、Botta, L. E., *Monument de Ninive* I (Paris, 1849), Pl.20 ; Yadin, p. 426 をみよ。

30. Mazar, B., *The Excavations at Tell Qasile* (Jerusalem, 1950).

31. 現代の研究者たちはメウニム（メフニム）を古代ユダ王国の南国境をさら

に越えた場所に求める傾向にある。Tadmor, in *MHBT*, pp. 266ff. をみよ。一部の研究者（たとえば Albright, W. F., *BASOR* 129, pp. 10-24 ）は、バニ・マイン、つまり古典文献に南アラビアと地中海を結ぶ交易に関わった者として登場する「ミナイオイ」と結びつける。仮にこの結びつきが誤りだとしても、この部族がパレスティナの西から東にのびる広い地域を支配していたことは確かと思われる。Borger, R., and Tadmor, H., “Zwei Beitrage zur A. T. Wissenschaft”, *ZAW* 94 (1982), pp. 250-1 は、メヌイム（メフニム）とマンとの結びつきを強調する。

32. Gichon, M., *Sinai as a Frontier Area in Historic Retrospect* (Tel Aviv, 1069), pp. 17ff.; Gichon, “Carta’s Atlas” の当該地図 ; Abel, F. M., *Géographie de la Palestine* II, p. 218 をみよ。ミグドルはテル・エル＝ヘルと、ペルシウムはテル・ファラマと同定。メシェルによる発掘で出土したユダの要塞と聖所について、Meshel, Z., *Qadmoniot* 36 (1977), pp. 115ff. をみよ。
33. ローテンベルク（B. Rothenberg）の詳細な調査は、鉄器時代 II のネゲブに典型的な「ミディアン」タイプと呼ぶべき特殊な土器の存在を明らかにした。最南端地域で生活したユダヤ部族は、特に土着の「ミディアン人」を吸収同化させた後は、地元の文化の多くを吸収しながら遊牧的生活を続け、なかなか中央集権的定住生活へ移行しなかったという見方は正しいようだ。
34. De Vaux, *Ancient Israel*, pp. 69-70; McKane, W., “The Gibbor hayil…”, *Glasgow University Oriental Society Transactions* XVII (1959), pp. 28-37.
35. 反アッシリア同盟の指導者としてのウジヤについて、上記第 10 章注 15 参照。
36. ヨセフス『ユダヤ戦記』V, 73-97。
37. Webster, *The Imperial Roman Army*, pp. 166ff.　陣営の 3 区分と本陣について、Novaesium のプランをみよ。陣営の 4 区分と本陣については、Birrens and Fendoch をみよ。また、Hahlweg, W., *Die Heeresreform der Oranier* (Wiesbaden, 1973), pp. 362-7 をみよ。
38. Barnett, R. D., *European Judaism* 8 (1968), pp. 1*-6*; Yadin, *European Judaism* 8, p. 6*.
39. アロエルについて、Biran, A., *NEAEHL* I, pp. 89-92.

第 11 章

1. 歴代誌上 4:41 ～ 3、歴代誌下 30、31:1。テキストから、ヒゼキヤはかつての北王国イスラエルの住民をエルサレム神殿の宗教行事に参加させることに成功したことがわかる。歴代誌下 31:6 はまた、ヒゼキヤが北のイスラエ

ル住民の一部をユダ領内に移住させることに成功したことを暗示している。ユダ・マカベア（マカベア第一書）や現代のイスラエルの最初の政府のように、ヒゼキヤは外国からの圧力に対抗するため国外のユダヤ人により自国の軍隊の補強をしなければならなかった。

2. ペリシテやアッシリアに対抗するヒゼキヤについて、Tadmor, *MHBT*, pp. 138ff. をみよ。
3. 列王記下 20:12 ～ 13; 歴代誌下 32:31。
4. Maspero, G., *The Passing of Empires 850 BC-330 BC* (London, 1900), pp. 251-3（古いがいまも読む価値のある本である）。さらに Breasted, J. H., *A History of Egypt* (London, 1964), pp. 460-1 をみよ。
5. Avi Gad, N., *The Upper City of Jerusalem* (Jerusalem, 1980); Winter, F. E., *Greek Fortification* (London, 1971), chapter 8.
6. Yadin, *Warfare*, pp. 326-7.
7. *ANET*, p. 321; Baikie, J., *Lands and Peoples of the Bible* (London, 1932) 参照。
8. Naveh, J., "Old Inscriptions in a Burial Cave", *IEJ* 13 (1963), pp. 74-92.
9. *ANET*, p. 287-8。エルサレム包囲について、本書 235 ～ 237 頁をみよ。
10. 上記第 11 章注 3 をみよ。
11. Loewenstam, S. E., *EB* V, s. v. Manasseh, cols. 4-5.
12. Lawrence, A. W., *Greek Aims in Fortification* (Oxford,1979) , p. 87 に訳されたフィロンの「メアンダー式システム」。それは彼の最初のシステムに関係している（pp. 75ff.）。Biran, *NEAEHL* I, pp. 89-92 (Aroer)。
13. メツァド・ハシャヴェヤフについて、Naveh, J., *IEJ* 12, pp. 89-99; *IEJ* 10, pp. 129-39 をみよ。
14. ヨシヤの治世の政治的背景について、Malamat, *MHBT*, pp. 296ff. 参照。彼の軍事的改革について広範な議論は、Jung, E., in *Beitrage zur Wissenshaft der Alte und Neue Testaments* 1937: *der Wiederaufbau der Heerwesens des Reichen Juda unter Josia* (Stuttgart, 1937) . さまざまな問題の解釈をめぐってわれわれの見解は異なる。
15. Torczyner, H., et. Al., "The Lachish Letters", in *Lachish* I, Harding, I., (ed.), (London, 1938): Ostracon 4; *ANET*, p. 322. 現代の規則と同様、聖書時代においても信号を直接送るのが不可能の場合には、代わりの通信手段が選ばれた。イスラエルでは士師時代から火や「のろしの煙」を信号に使用していた（士師記 20:36）。それらの合図は通常、駐屯部隊との間で交わされた。ずっと後の 1799 年に、ナポレオンはガリラヤで火と煙を信号に使用した。Vegetius Renatus, *The Roman Military Manual* III, 5:「夜は火で、昼

は煙で」(per noctem flammis per diem fumo) 同盟軍と交信する。古代東方について、Dossin, G., "Signaux lumineux du pays du Mari", *Revue Archeologique* XXXV (1938) 参照。

16. ユダ王国末期の政治的・戦略的背景について、Malamat, A., "The twilight of Judah", *VT*, Suppl. 28 (Edinburgh, 1974) をみよ。

17. ディアスポラの広がりについて、Strabo, *Hist. Hypomnemata apud Josephus, Antiquities* XIV, pp. 114-18。ディアスポラの拡大の主要原因としての兵役について、Hengel, M., *Judentum und Hellenismus*, Tübingen, 1973, pp. 27-31.

第 12 章

1. もっとも、セレウコス 4 世（前 187 ～ 176）は、ローマが彼の父アンティオコス 3 世に課した税を徴収するためエルサレム神殿の宝庫を荒らしたのであった〔マカベア第二書 3 章〕。

2. アンティオコスとマカベアの反乱については、それぞれ異なる記者の作であるマカベア第一書とマカベア第二書に記されている。アンティオコスによる迫害は旧約聖書のダニエル書の記述にも反映している。ヨセフスもマカベアの反乱について記している。

3. Avisar, E., *The Wars of Judah and Macabee* (Tel Aviv, 1965)。

4. 聖書がモーセに帰し、ダビデによっても用いられた組織（第 1、5 章）による。

第 13 章

1. 字義通りには「敬虔なる者たち」。彼らはヘレニズム的ユダヤ教には徹底的に反対したが、武器を手にしたようには思えない。「ソロモンの詩編」はパリサイ人を「ハシディーム」と呼んでいる。1 世紀頃死海沿岸に居住し、ヘレニズム化したハスモン家が支配するユダ・マカベアの後継者たちに反対した「エッセネ派」の名前はハシディームに由来するかもしれない。のちに、中世および 18 世紀以降のポーランドやリトアニアのリバイバル派ユダヤ人たちも「ハシディーム」と呼ばれた。

2. このローマとの同盟に関する史料はユダヤに好意的なマカベア第一書の記者であるが、そうした史料の存在を疑う必要はない。同盟はユダ・マカベアの後継者のハスモン王朝によって更新されたが、それは王朝の支配者、祭司、彼らを支持する富裕階級、サドカイ派によってしか認められなかったので、ユダヤ社会の紛争の種であった。

3. ヨナタンはセレウコス朝の支配者アレクサンドロス・バラスにより大祭司に

任命されたが、彼の家族は大祭司の家系ではなかったため、彼の任命はその後のユダヤにおける緊張の火種となった。

4. 前142年のことであった。以後、マタティアの子孫はハスモン王家となり、「大祭司にしてユダヤ人の支配者」の称号を世襲した。ローマ人はシモンを通じてユダヤ人との合意を更新する。

著者：モルデハイ・ギホン（Mordechai Gichon）
1922年ベルリン生まれ。34年に家族とともにパレスティナに移住。42年にイギリス陸軍に入隊。第2次大戦終結後、テル•アヴィヴ大学で考古学を学び、長年、同大学で軍事史と古典考古学を講じた。テル・アヴィヴ大学名誉教授。著書に『エン・ボケク——死海のオアシスにおける発掘』『パレスティナ歴史地図』『歴史における境界地域としてのシナイ』などがある。

ハイム・ヘルツォーグ（Chaim Herzog）
1917年ダブリン生まれ。ダブリンのウェスリー•カレッジで学び、第2次大戦中はイギリス陸軍に入隊。イスラエル建国後は同国参謀本部諜報局局長に就任（1948～50、1959～62年）。75～78年、イスラエル国連大使。83年には第6代イスラエル大統領に選出され、5年の任期を2期務める。97年4月17日死去。著書に『イスラエルの英雄たち』『アラブ・イスラエル戦争』（邦題『図解中東戦争』原書房刊）『贖罪の戦争』などがある。

訳者：池田裕（いけだ・ゆたか）
1940年生まれ。筑波大学名誉教授、公益財団法人中近東文化センター附属博物館長、同附属三笠宮記念図書館長。Ph.D.（エルサレム・ヘブライ大学大学院）。著書に『旧約聖書の世界』（岩波書店）、『エルサレム』『聖書名言辞典』（講談社）、『古代オリエントからの手紙』（リトン）、『聖書と自然と日本の心』『死海文書Q&A』（ミルトス）など。訳書に『サムエル記〈旧約聖書Ⅴ〉』『列王記〈旧約聖書Ⅵ〉』（岩波書店）、フルッサー『ユダヤ人イエス』（教文館）、アハロニ他『マクミラン聖書歴史地図』（原書房）、ゴールズワーシー『古代ローマ軍団大百科』、デイヴィス他『死海文書大百科』、ケリガン『世界の碑文』、ドドソン他『全系図付エジプト歴代王朝史』、レンフルー他『考古学—理論・方法・実践』（東洋書林）など多数。

古代ユダヤ戦争史
—聖地における戦争の地政学的研究—

2014年6月16日　初版発行

著　者　モルデハイ・ギホン
　　　　ハイム・ヘルツォーグ
訳　者　池田　裕
装　幀　桂川　潤
発行者　長岡正博
発行所　悠　書　館

〒113-0033　東京都文京区本郷2-35-21-302
TEL 03-3812-6504　FAX 03-3812-7504
http://www.yushokan.co.jp

印刷・製本：理想社

ISBN978-4-903487-89-2

定価はカバーに表示してあります